9º ANO
Ciências da
NATUREZA

Caro leitor:

Visite o site **harbradigital.com.br** e tenha acesso aos **objetos digitais** especialmente desenvolvidos para esta obra. Para isso, siga os passos abaixo:

▶▶ acesse o endereço eletrônico **www.harbradigital.com.br**
▶▶ clique em **Cadastre-se** e preencha os **dados** solicitados
▶▶ inclua seu **código de acesso**:

4C8093894BFB048B67CC

Requisitos do sistema
- O Portal é multiplataforma e foi desenvolvido para ser acessível em *tablets*, celulares, *laptops* e PCs (existentes até ago. 2018).
- Resolução de vídeo mais adequada: 1024 x 768.
- É necessário ter acesso à internet, bem como saídas de áudio.
- Navegadores: Google Chrome, Mozilla Firefox, Internet Explorer 9+, Safari ou Edge.

Seu cadastro já está feito! Agora, você poderá desfrutar de vídeos, animações, textos complementares, banco de questões, banco de imagens, entre outros conteúdos especialmente desenvolvidos para tornar seu estudo ainda mais agradável.

Acesso
Seu código de acesso ... por 1 ano a ... a data de seu ... ro no portal ... RADIGITAL.

BNCC — MATRIZ DE COMPETÊNCIA

CIÊNCIAS DA NATUREZA

#	Competência	Eixo
1	Observar o mundo a sua volta e fazer perguntas.	Definição de problemas
2	Analisar demandas, delinear problemas e planejar investigações.	
3	Propor hipóteses.	
4	Planejar e realizar atividades de campo (experimentos, observações, leituras, visitas, ambientes virtuais etc.).	Levantamento, análise e representação
5	Desenvolver e utilizar ferramentas, inclusive digitais, para coleta, análise e representação de dados (imagens, esquemas, tabelas, gráficos, quadros, diagramas, mapas, modelos, representações de sistemas, fluxogramas, mapas conceituais, simulações, aplicativos etc.).	
6	Avaliar informação (validade, coerência e adequação ao problema formulado).	
7	Elaborar explicações e/ou modelos.	
8	Associar explicações e/ou modelos à evolução histórica dos conhecimentos científicos envolvidos.	
9	Selecionar e construir argumentos com base em evidências, modelos e/ou conhecimentos científicos.	
10	Aprimorar seus saberes e incorporar, gradualmente, e de modo significativo, o conhecimento científico.	
11	Desenvolver soluções para problemas cotidianos usando diferentes ferramentas, inclusive digitais.	
12	Organizar e/ou extrapolar conclusões.	Comunicação
13	Relatar informações de forma oral, escrita ou multimodal.	
14	Apresentar, de forma sistemática, dados e resultados de investigações.	
15	Participar de discussões de caráter científico com colegas, professores, familiares e comunidade em geral.	
16	Considerar contra-argumentos para rever processos investigativos e conclusões.	
17	Implementar soluções e avaliar sua eficácia para resolver problemas cotidianos.	Intervenção
18	Desenvolver ações de intervenção para melhorar a qualidade de vida individual, coletiva e socioambiental.	

9º ANO
Ciências da NATUREZA

ARMÊNIO UZUNIAN
Mestre em Ciências na área de Histologia pela Universidade Federal de São Paulo
Médico pela Universidade Federal de São Paulo
Professor e Supervisor de Biologia em cursos pré-vestibulares na cidade de São Paulo

ERNESTO BIRNER
Licenciado em Ciências Biológicas pelo Instituto de Biociências da Universidade de São Paulo
Professor de Biologia na cidade de São Paulo

JOSÉ EDUARDO REZENDE
Bacharel em Física pela Universidade Estadual de Campinas
Coordenador e professor de Física, Química e Matemática em escolas particulares e cursos pré-vestibulares
Trabalha com projetos de formação continuada de professores da rede privada

MARLON WRUBLEWSKI
Mestre em Ciência e Engenharia de Materiais pela Universidade Federal do Paraná
Licenciado em Física pela Universidade Federal do Paraná
Professor de Física em cursos de graduação em Engenharia na Pontifícia Universidade Católica do Paraná
Professor de Física do Ensino Fundamental e Médio

Direção Geral:
    Julio E. Emöd

Supervisão Editorial:
    Maria Pia Castiglia

Edição de Texto:
    Carla Castiglia Gonzaga

Programação Visual:
    Mônica Roberta Suguiyama

Editoração Eletrônica:
    Neusa Sayuri Shinya

Assistente Editorial:
    Darlene Fernandes Escribano

Capa:
    Grasiele Lacerda Favatto Cortez

Fotografias da Capa:
    Shutterstock

Impressão e Acabamento:
    Log&Print Gráfica

CIP-BRASIL. CATALOGAÇÃO NA PUBLICAÇÃO
SINDICATO NACIONAL DOS EDITORES DE LIVROS, RJ

C511

Ciências da Natureza : 9º ano / Armênio Uzunian ... [et al.]. - 1. ed. - São Paulo : HARBRA, 2020.
    302 p. : il. ; 27 cm.   (Ciências da natureza)

Inclui bibliografia
manual do professor e objetos digitais
ISBN 978-85-294-0529-2

1. Ciências - Estudo e ensino (Ensino fundamental). I. Uzunian, Armênio. II. Série.

19-60147

CDD: 372.35
CDU: 373.3.016:5

Vanessa Mafra Xavier Salgado - Bibliotecária - CRB-7/6644

Ciências da NATUREZA – 9º ano
Copyright © 2020 por editora HARBRA ltda.
Av. Lins de Vasconcelos, 2334
04112-001 – São Paulo – SP
Tel.: (0.xx.11) 5084-2482. Site: www.harbra.com.br

Todos os direitos reservados. Nenhuma parte desta edição pode ser utilizada ou reproduzida – em qualquer meio ou forma, seja mecânico ou eletrônico, fotocópia, gravação etc. – nem apropriada ou estocada em sistema de banco de dados, sem a expressa autorização da editora.

ISBN (coleção) 978-85-294-0516-2

ISBN 978-85-294-0529-2

Impresso no Brasil   *Printed in Brazil*

PREFÁCIO

Prezado estudante:

É com prazer que lançamos uma coleção que valorizará sempre a sua intensa participação e incentivará o conhecimento das Ciências da Natureza com ética, responsabilidade, estimulando o respeito a si próprio e ao outro. Dirigiremos nossas abordagens principalmente ao princípio da valorização do meio ambiente e incentivaremos sempre que possível a sustentabilidade ambiental de forma responsável, conscientes de que é preciso interagir e efetuar um trabalho em conjunto, com ênfase na ética e na cidadania, sempre com a meta de formar cidadãos responsáveis e participativos.

Nesta coleção, valorizaremos insistentemente o processo investigativo e questionador, sempre recorreremos à contextualização dos conhecimentos, e utilizaremos as Ciências da Natureza para incentivá-lo a tomar decisões frente a questões científicas, tecnológicas e socioambientais, com respeito à saúde individual e coletiva. Enfatizaremos os princípios éticos, democráticos, sustentáveis e solidários. Para isso, é preciso reconhecer a importância da transversalidade e a integração dos conhecimentos de Química, Biologia e Física, e mostrar que as novidades derivadas dessas áreas contribuem para formar cidadãos participativos, questionadores e difusores de boas práticas diárias de respeito ao meio ambiente e às pessoas que nos cercam, valorizando a diversidade de indivíduos e grupos sociais, sem preconceitos de qualquer natureza.

Nós, professores, precisamos levar em conta a opinião dos nossos alunos. Precisamos valorizar a sua opinião, necessitamos de sua conhecida capacidade de observar fenômenos, propor hipóteses, fazer perguntas, planejar e realizar atividades que permitam a perfeita compreensão dos fenômenos que ocorrem à sua volta. Esse é um dos importantes diferenciais da presente obra – contar com a participação dos estudantes. Esse foi o desejo da editora HARBRA e dos autores, também professores, ao lançar a presente coleção de Ciências destinada aos alunos do Ensino Fundamental de nosso país e que se enquadra perfeitamente bem às novas orientações geradas pela Base Nacional Comum Curricular.

Os autores.

APRESENTAÇÃO DA COLEÇÃO

Organização do volume

① Unidades organizadas segundo a BNCC
A abertura de cada unidade assim como de cada capítulo, com fotos motivadoras e texto cuidadosamente preparado, visam captar a atenção dos alunos, apresentando-os ao conteúdo a ser estudado e sua relação com o cotidiano.

② Linguagem adequada à faixa etária dos alunos
Textos escritos em linguagem acessível, de modo a facilitar a compreensão dos conceitos.

Quadros à margem do texto estimulam a interação dos alunos com o conteúdo

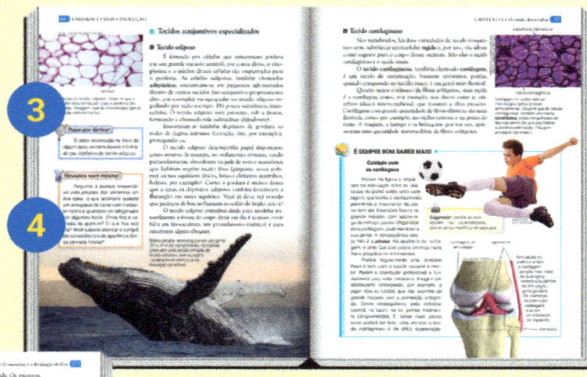

③ Fique por dentro!
Pequenas curiosidades motivadoras sobre o tema em pauta.

④ Descubra você mesmo!
Neste momento, os alunos são convidados a pesquisar em livros da biblioteca ou por meio eletrônico, hoje praticamente ao alcance de todos, para descobrir respostas a atividades propostas.

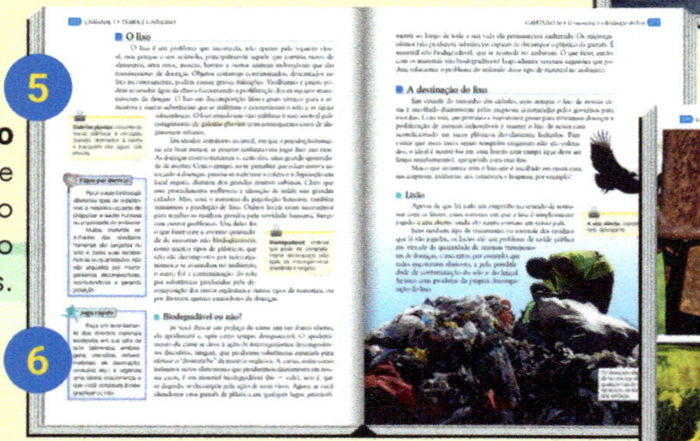

⑤ Glossário
Nova oportunidade para enriquecer o vocabulário dos leitores.

⑥ Jogo rápido
Perguntas simples sobre o tema que acabou de ser exposto, cujas respostas podem estar no próprio capítulo ou já fazer parte do repertório dos alunos.

Lembre-se
São destacados do corpo do texto dados e informações relevantes que os alunos não podem deixar de contemplar.

Complementando a teoria, quadros apresentam uma diversidade de situações em que o tema em estudo é aplicado

7 De olho no planeta
Meio ambiente, Sustentabilidade e Ética & Cidadania
Neste quadro, a importantíssima questão socioambiental, tema da atualidade, é abordada, em seus três pilares, objetivando o desenvolvimento da capacidade de atuação no e sobre o mundo, importante ao exercício pleno da cidadania.

8 Estabelecendo conexões
Cotidiano, Interdisciplinaridade e Saúde
Quadros que integram os temas abordados no capítulo com outras áreas do conhecimento, situações do cotidiano e saúde.

9 É sempre bom saber mais!
Destacados do corpo principal do texto, esses sempre interessantes aprofundamentos podem ser abordados em sala de aula a critério do professor.

12 Nosso desafio
Ao fim do capítulo, atividade de construção de mapas de conceitos.

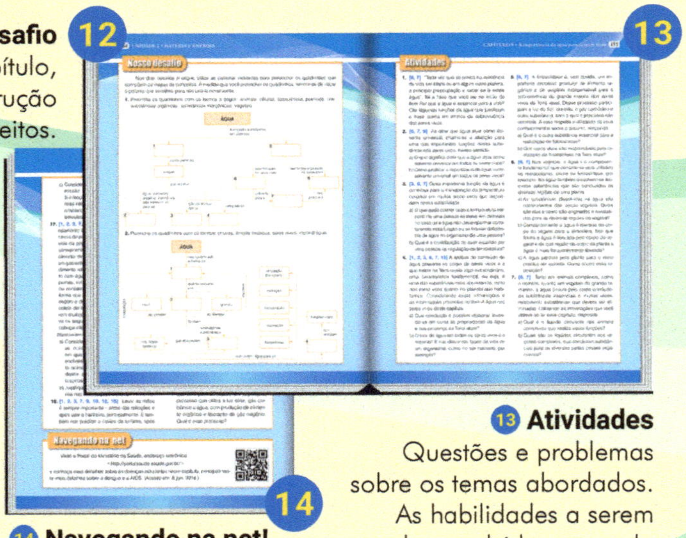

10 Entrando em ação!
Práticas que não precisam de laboratório para serem realizadas.

Em conjunto com a turma!
Atividades facilitadoras de integração e interação entre os membros da equipe. Estimulam o interesse e a curiosidade científica, permitem definir problemas, levantar, analisar e representar resultados, comunicar conclusões e propor intervenções.

14 Navegando na net!
Sugestão de *sites* relacionados ao tema do capítulo.

13 Atividades
Questões e problemas sobre os temas abordados. As habilidades a serem desenvolvidas em cada atividade estão indicadas entre colchetes no início de cada uma.

Ao final de cada unidade

15 Leitura
Enriquecendo a unidade, uma leitura direcionada, seguida de uma ou mais questões para reflexão, é mais uma oportunidade para estimular os alunos a investigar sobre os temas apresentados.

16 Tecnews
Leitura em formato de revista científica. Inclui sugestão de pesquisa, oportunidade em que os alunos podem utilizar ferramentas, inclusive digitais, para coleta, análise e representação de dados.

CONTEÚDO

UNIDADE 1 — Vida e EVOLUÇÃO ... 13

capítulo 1 — GENÉTICA E HEREDITARIEDADE ... 14

- As primeiras explicações 15
  - "Zoístas e ovistas": qual é a diferença? 15
  - Surge uma nova ideia 15
- Mendel e o estudo da hereditariedade: o nascimento de uma nova Ciência ... 16
  - Os cruzamentos realizados por Mendel 17
  - Entendendo os cruzamentos de Mendel 18
  - O que são os "fatores" mendelianos 19
- Reprodução sexuada 20
- Conceitos fundamentais em Genética ... 23
  - Cromossomos homólogos e genes alelos 23
  - Genótipo e fenótipo 23
  - Homozigoto e heterozigoto 24
  - Cromossomos sexuais 25
- Herança dos grupos sanguíneos 25
  - Sistema sanguíneo ABO 25
  - Sistema sanguíneo Rh 26
- Anomalias genéticas 27
- Nosso desafio 29
- Atividades 30
- Navegando na net 32

capítulo 2 — BIOTECNOLOGIA E SAÚDE ... 33

- A diferença entre biotecnologia e engenharia genética 34
- Organismos transgênicos 35
- Clonagem 38
  - Clonagem reprodutiva: a ovelha Dolly ... 39
  - Clonagem terapêutica 40
- Células-tronco: a origem de novas células 40

- Células-tronco: possibilidade de cura para muitas doenças? 42
- Terapia gênica: a cura com genes "sadios" 42
- Projeto Genoma Humano: sequenciamento de genes e suas bases nitrogenadas 43
- DNA e Medicina Legal 44

Nosso desafio 46
Atividades 47

capítulo 3 — A EVOLUÇÃO DOS SERES VIVOS 49

- Espécies fixas e imutáveis? 50
- As espécies se modificam 51
  - A teoria de Lamarck sobre a modificação das espécies 52
  - A teoria de Darwin: mais convincente 53
    - Seleção natural × seleção artificial ... 55
- Evidências da evolução – registros fósseis 56
- Preservação da biodiversidade e evolução biológica 59
- Unidades de Conservação e Parques Nacionais 62

Nosso desafio 63
Atividades 64
Navegando na net 69
Leitura 70
Tecnews 71

UNIDADE 2 — MATÉRIA E ENERGIA 73

capítulo 4 — A NANOCIÊNCIA E A NANOTECNOLOGIA 74

- Há muito espaço lá embaixo 75
- Aplicações da nanotecnologia na natureza e no mundo 80
  - A Física e a Química 84
    - As divisões da Física e da Química 86

Nosso desafio 89
Atividades 90
Navegando na net 91

capítulo 5 — ESTRUTURA ATÔMICA DA MATÉRIA 92

- Os modelos atômicos ao longo da história 93
    - O modelo de átomo de John Dalton 93
    - O modelo de Thomson 94
    - O modelo de Rutherford 94
        - Núcleo, prótons e elétrons 95
    - O modelo de Bohr 96
    - O modelo atômico atual 96
- Propriedades dos átomos 98
    - Número atômico (Z) 98
    - Número de massa (A) 99
    - Elemento químico e íons 99
    - Isótopos, isóbaros e isótonos 100
- Tabela periódica dos elementos 100
    - Grupos ou famílias 102
        - Metais 102
        - Não metais 104
        - Semimetais 104
        - Gases nobres 105

Nosso desafio 107
Atividades 108
Navegando na net 109

capítulo 6 — LIGAÇÕES QUÍMICAS 110

- As ligações entre os átomos 111
    - Distribuição dos elétrons ao redor do núcleo 111
- As ligações iônicas ou eletrostáticas 113
    - Propriedades dos compostos iônicos ... 115
- As ligações covalentes ou moleculares 117
- As ligações metálicas 120

Nosso desafio 122
Atividades 123

capítulo 7 — FUNÇÕES QUÍMICAS 125

- Ácidos 126
    - Classificação e nomenclatura dos ácidos 127
- Bases 130
    - Classificação e nomenclatura das bases 131
- Sais 134
    - Nomenclatura dos sais 134
- Óxidos 137
    - Nomenclatura dos óxidos 137

Nosso desafio 140
Atividades 141
Navegando na net 143

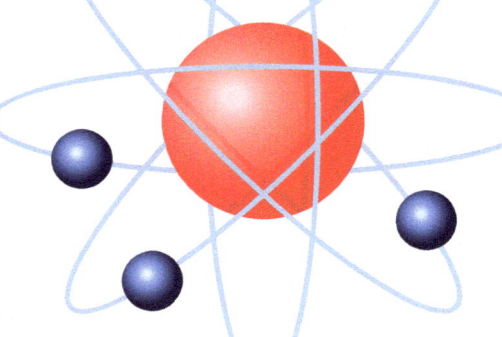

capítulo 8 — REAÇÕES QUÍMICAS 144

- Representação das reações químicas 145
  - Balanceamento das equações químicas 146
- Leis que regem as reações químicas 147
  - Lei da conservação da massa 148
  - Lei das proporções constantes 149
- Classificação das reações químicas 152
  - Reações de síntese 152
  - Reações de decomposição 152
  - Reações de simples troca 152
  - Reações de dupla troca 153
- Reações químicas na natureza 156

Nosso desafio 158
Atividades 158

capítulo 10 — AS FORÇAS E O MOVIMENTO 182

- Inércia e a Primeira Lei de Newton 183
  - Galileu e o método científico 183
  - Conceito de inércia 185
  - Conceito de força 186
  - As ideias de Newton 189
- Alterando movimentos – Segunda Lei de Newton 192
  - Queda dos corpos 193
- Ação e reação – Terceira Lei de Newton 196
  - Jogo de tênis e a ação e reação 198
  - Futebol e a ação e reação 199
  - Corpo em queda e a ação e reação 200

Nosso desafio 202
Atividades 203
Navegando na net 205

capítulo 9 — DESCREVENDO MOVIMENTOS (CINEMÁTICA) 161

- Movimento e referencial 164
- Velocidade média 169
- Velocidade instantânea 172
- Grandezas escalares e vetoriais 173
- Aceleração média 176

Nosso desafio 178
Atividades 179
Navegando na net 181

capítulo 11 — ONDAS E SOM 206

- Ondas 207
  - Onda que se propaga em uma só direção 208
  - Características de uma onda 208
    - Frequência e período 208
    - Amplitude e comprimento de onda 209
    - Velocidade de propagação 210
- Ondas sonoras 212
  - Ondas sonoras e audição 213
  - Características das ondas sonoras 215
    - Intensidade 215
    - Altura 216
    - Timbre 216
- Reflexão de ondas 218
- Nosso desafio 222
- Atividades 223

capítulo 12 — LUZ E IMAGEM 226

- A natureza da luz 227
  - A luz como onda 228
- Fenômenos ópticos 230
  - Reflexão da luz 230
  - Refração da luz 232
    - Decomposição da luz branca 232
  - Absorção da luz 234
- O espectro eletromagnético 235
- Formação de imagens 236
  - Espelhos planos 236
  - Lentes 239
  - Câmaras fotográficas 241
  - Microscópios ópticos 243
  - Telescópios e lunetas 243
- Nosso desafio 244
- Atividades 245

capítulo 13 — CARGAS, CORRENTE ELÉTRICA E MAGNETISMO 247

- Princípios fundamentais da eletricidade 248
  - Condutores e isolantes 249
  - Processos de eletrização 251
    - Eletrização por atrito 251
    - Eletrização por contato 253
    - Eletrização por indução 253
  - A medida da carga elétrica 256

- Corrente elétrica e circuitos elétricos. 256
  - Diferença de potencial (ddp) 258
  - Resistência elétrica 259
- Potência elétrica 260
- Efeito Joule 261
- Magnetismo 262
  - Polos de um ímã 263
- Eletromagnetismo 264
  - Indução eletromagnética 266
- Nosso desafio.................................... 270
- Atividades 271
- Navegando na net............................. 273
- *Leitura*... 274
- *Tecnews* 275

UNIDADE 3 — TERRA E UNIVERSO 277

capítulo 14 — MUITO ALÉM DO PLANETA TERRA 278

- O Sistema Solar 280
  - Sol 280
  - Planetas.. 280
  - Planetas anões 284
  - Cometas e asteroides 284
- Astronomia e cultura......................... 287
  - O céu indígena 290
- É possível ao ser humano viver fora da Terra? 291
  - Uma base na Lua 291
- Medidas astronômicas 294
- Ciclo de vida das estrelas.................. 294
  - Como as estrelas morrem? 294
    - Nebulosa planetária 295
    - Anã branca 295
    - Anã negra 295
    - Supernova................................. 296
    - Buracos negros 296
  - O Sol... 297
- Nosso desafio.................................... 298
- Atividades 299
- *Leitura*... 300
- *Tecnews* 301
- *Bibliografia*..................................... 302

UNIDADE 1

Vida e EVOLUÇÃO

É comum você ouvir alguma fala como: "João herdou o cabelo crespo do pai" ou "os olhos azuis de Maria foram herdados da mãe". A área da Biologia que estuda a transmissão das características hereditárias de geração em geração é a Genética. Essa ciência, que teve seu início com os estudos de um monge com ervilhas, hoje em dia evoluiu tanto, a ponto de se tornar uma das ferramentas mais importantes no desenvolvimento de remédios, vacinas, técnicas de identificação de paternidade, entre tantas outras aplicações.

Nesta unidade, vamos iniciar nosso estudo sobre essa fascinante ciência e conhecer algumas de suas aplicações. Também conheceremos algumas teorias científicas sobre a evolução dos seres vivos.

MONKEY BUSINESS IMAGES/SHUTTERSTOCK

capítulo 1 — GENÉTICA E HEREDITARIEDADE

Cada pessoa é única!

Apresentamos várias características, como a cor dos olhos e dos cabelos, por exemplo, que nos tornam únicos e que estão relacionadas às "informações" que trazemos em nossos cromossomos, "informações" que herdamos. Mas, é claro, não somos apenas resultado da combinação dos cromossomos que recebemos de nosso pai e de nossa mãe, e não são apenas as características herdadas as responsáveis pelas muitas diferenças entre os seres humanos.

Somos únicos, também, porque somos fruto de um ambiente e de um estilo de criação particulares, que geram experiências que moldam nossa personalidade, nosso caráter, e influenciam o modo como nos relacionamos com o mundo à nossa volta.

Neste capítulo, conheceremos um pouco da história da descoberta dos mecanismos de transmissão das características hereditárias, os conceitos fundamentais em Genética, de que forma estão envolvidos com a divisão celular e quais os cromossomos relacionados com o sexo do bebê.

VAL THOERMER/MARY981

As primeiras explicações

Os primeiros a tentarem explicar fenômenos relacionados à hereditariedade foram os filósofos gregos. Acreditavam que o sêmen misturado com o líquido menstrual adquiria forma e se desenvolvia em um ser humano! Com o passar do tempo e o avanço do conhecimento humano, outros cientistas também passaram a estudar o assunto.

Hereditariedade: conjunto de processos biológicos que garante que cada ser vivo receba e transmita informações genéticas por meio da reprodução.

"Zoístas e ovistas": qual é a diferença?

Anton van Leeuwenhoek, cientista holandês que viveu no século XVII, inventor de um microscópio rudimentar, chamou os espermatozoides de **animálculos**. Acreditava que em cada um deles existia uma miniatura do ser humano, conhecida como **homúnculo**. Nessa linha de pensamento, as mulheres tinham a função de ceder o útero para o desenvolvimento do homúnculo. Ainda no mesmo século, Reignier de Graaf, outro cientista holandês, descobriu os folículos ovarianos e afirmou que o gameta feminino continha uma miniatura do ser humano. Nesse caso, o papel dos espermatozoides seria apenas o de estimular o desenvolvimento do ovo para a formação de um indivíduo.

No século XVII, então, havia dois grupos de cientistas: os *zoístas*, que acreditavam que o espermatozoide possuía o homúnculo; e os *ovistas*, que acreditavam que o gameta feminino carregava a miniatura do ser humano.

Surge uma nova ideia

A divergência entre as teorias propostas por zoístas e ovistas continuou até que uma nova ideia surgiu a partir dos resultados que floristas europeus obtinham durante o **cruzamento de plantas**. Ao realizarem cruzamentos de plantas ornamentais para produzir novas variedades, os floristas europeus notavam que, muitas vezes, os descendentes possuíam **características intermediárias** em relação às variedades cruzadas. Então, passou-se a acreditar, ainda sem nenhuma comprovação **científica**, que nos descendentes ocorreria uma mistura de materiais **materno** e **paterno**.

Ilustração representativa de espermatozoide com homúnculo.

Mendel e o estudo da hereditariedade: o nascimento de uma nova Ciência

Entre os anos de 1855 e 1864, Gregor Johann Mendel (1822-1884), um monge austríaco, realizou vários experimentos que resultaram na explicação de como as características são transmitidas ao longo das gerações.

Mendel trabalhou com plantas de ervilha-de-cheiro, que pertencem ao mesmo grupo do feijão e da soja. Sua escolha não foi casual: essa planta é fácil de cultivar, de ciclo reprodutivo curto e produz muitas sementes. Outra vantagem dessa planta é que a estrutura da flor faz com que ocorra a **autofecundação**, isto é, os grãos de pólen conduzem "gametas" masculinos que fecundarão gametas femininos que se encontram nos óvulos da mesma flor. Desse modo, as sementes, ao germinarem, produzem sempre **linhagens puras**, isto é, plantas que conservam sempre as mesmas características da planta-mãe.

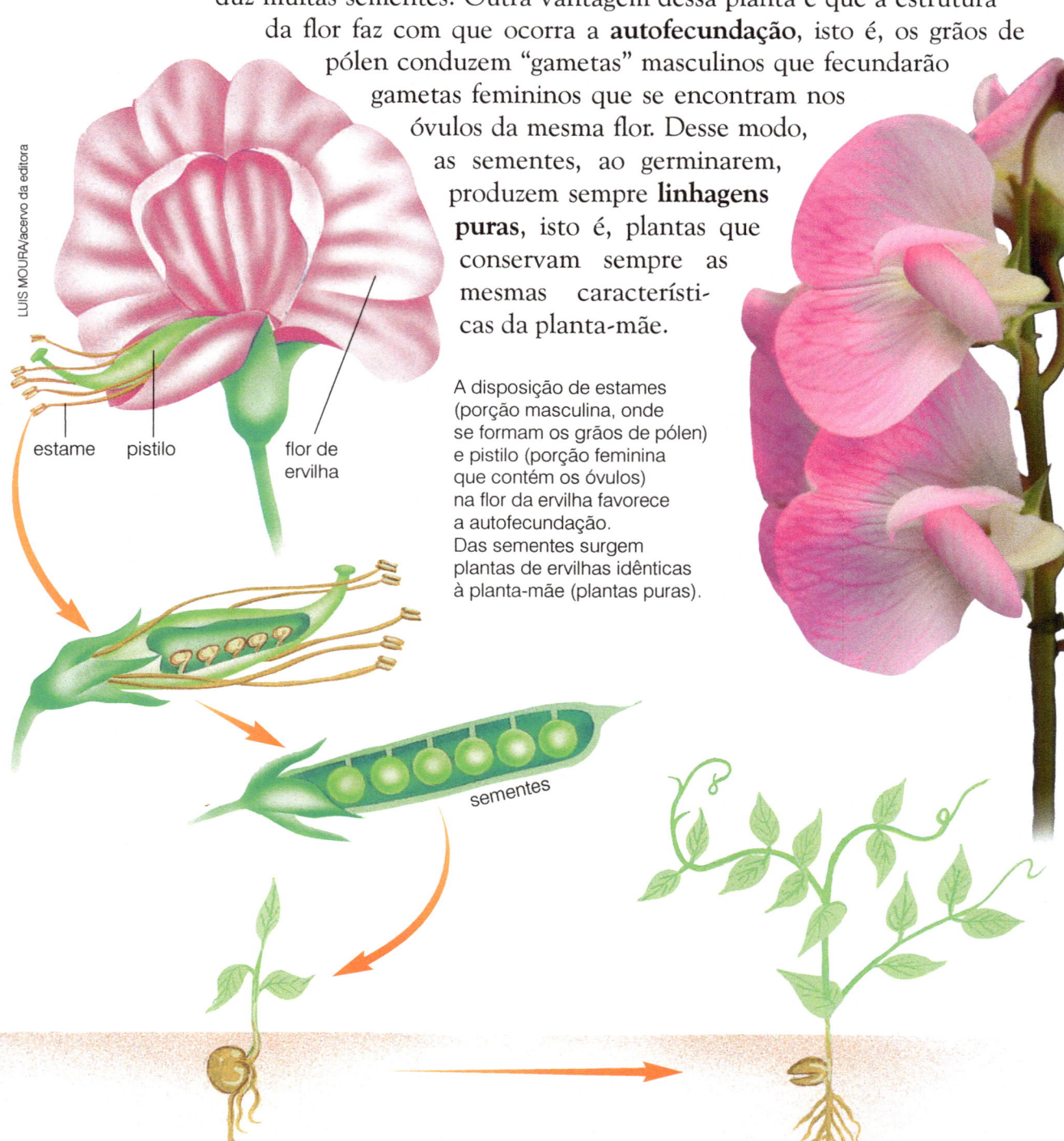

A disposição de estames (porção masculina, onde se formam os grãos de pólen) e pistilo (porção feminina que contém os óvulos) na flor da ervilha favorece a autofecundação. Das sementes surgem plantas de ervilhas idênticas à planta-mãe (plantas puras).

Os cruzamentos realizados por Mendel

Mendel separou diversas linhagens puras de plantas de ervilha com as características que ele pretendia estudar. Por exemplo, para estudar a cor da semente da ervilha, ele selecionou as plantas produzidas a partir de sementes verdes (e que sempre produziam sementes verdes) e plantas produzidas a partir de sementes amarelas (que produziam apenas sementes amarelas).

Depois de selecionar linhagens puras de plantas que produziam sementes amarelas e outras que produziam sementes verdes, Mendel efetuou um cruzamento entre as duas variedades, transferindo cuidadosamente o pólen de uma planta para a outra (**fecundação cruzada**).

> **Lembre-se!**
> A fecundação em que os gametas masculino e feminino pertencem ao mesmo indivíduo é chamada de **autofecundação**. Quando os gametas envolvidos na fecundação são de indivíduos diferentes, o processo é chamado de **fecundação cruzada**.

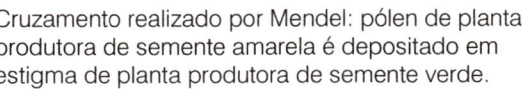

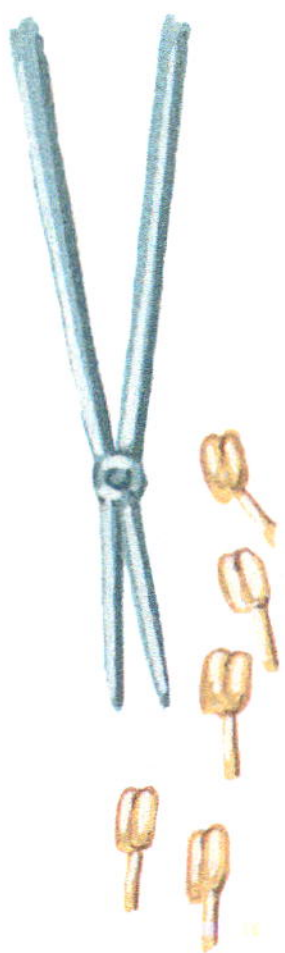

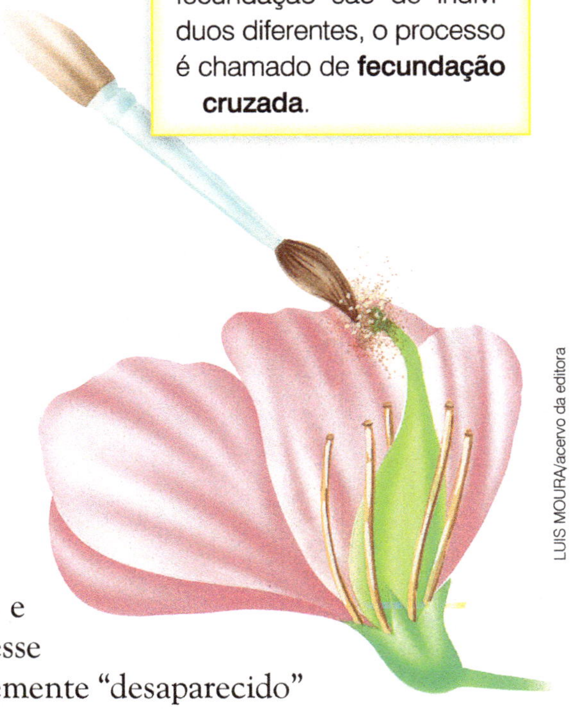

Cruzamento realizado por Mendel: pólen de planta produtora de semente amarela é depositado em estigma de planta produtora de semente verde.

Essas plantas constituem a geração parental (P) e Mendel verificou que todas as sementes originadas desse cruzamento eram amarelas. A cor verde havia aparentemente "desaparecido" nos descendentes dessas duas linhagens, que constituem a primeira geração filial (F_1). Concluiu, então, que a cor amarela "dominava" a cor verde. Chamou a cor amarela da semente de **dominante** e a verde de **recessiva**.

A seguir, Mendel fez germinar as sementes amarelas dessa primeira geração (F_1) e deixou que as flores se autopolinizassem. Então, veio a surpresa: as vagens continham sementes amarelas e verdes. Ou seja, a cor verde da semente reapareceu nos descendentes da segunda geração (F_2), porém em proporção menor que as sementes amarelas. Após repetir várias vezes o mesmo cruzamento e analisar um grande número de sementes, Mendel constatou uma proporção aproximada de 3 sementes amarelas para cada verde.

> **Lembre-se!**
> Descendentes de linhagens puras são chamados de **híbridos**.

Entendendo os cruzamentos de Mendel

Mendel realizou cruzamentos entre variedades da ervilha que diferiam quanto a altura das plantas (altas × anãs), cor das flores (púrpuras × brancas), textura das sementes (lisas × rugosas) etc., totalizando sete características, obtendo sempre as mesmas proporções na segunda geração (F_2).

A partir desses resultados, Mendel concluiu que cada característica era determinada por **dois fatores**, e que esses **fatores** deveriam separar-se na formação dos gametas (células reprodutivas). Cada gameta carregaria apenas um fator, pois somente assim poderiam ser produzidas plantas das variedades recessivas em F_2.

Para explicar melhor a sua ideia, Mendel escolheu uma letra, a inicial do caráter recessivo (verde), no caso da cor das sementes de ervilha-de-cheiro, para representar os fatores para cor das sementes. Assim, a letra V (maiúscula) representava o *fator dominante* e a letra v (minúscula), o *fator recessivo*.

Devido à dominância, e como são dois os fatores que determinam cada característica, a cor amarela da semente tem duas combinações possíveis de letras (VV ou Vv), enquanto a cor verde só tem uma combinação (vv).

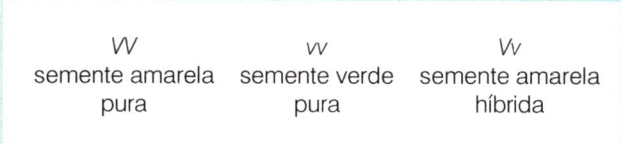

O desaparecimento da cor verde na geração F_1 e o seu reaparecimento na geração F_2 foi explicado a partir do conhecimento de que cada um dos fatores se separava durante a formação das células reprodutoras, os gametas:

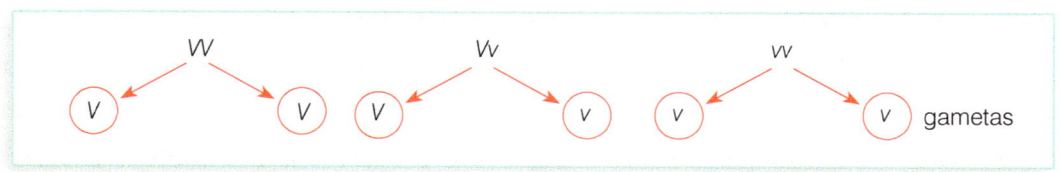

Agora podemos entender como o material hereditário passa de uma geração para outra. Acompanhe nos esquemas abaixo os procedimentos adotados por Mendel com relação ao caráter *cor da semente em ervilhas*.

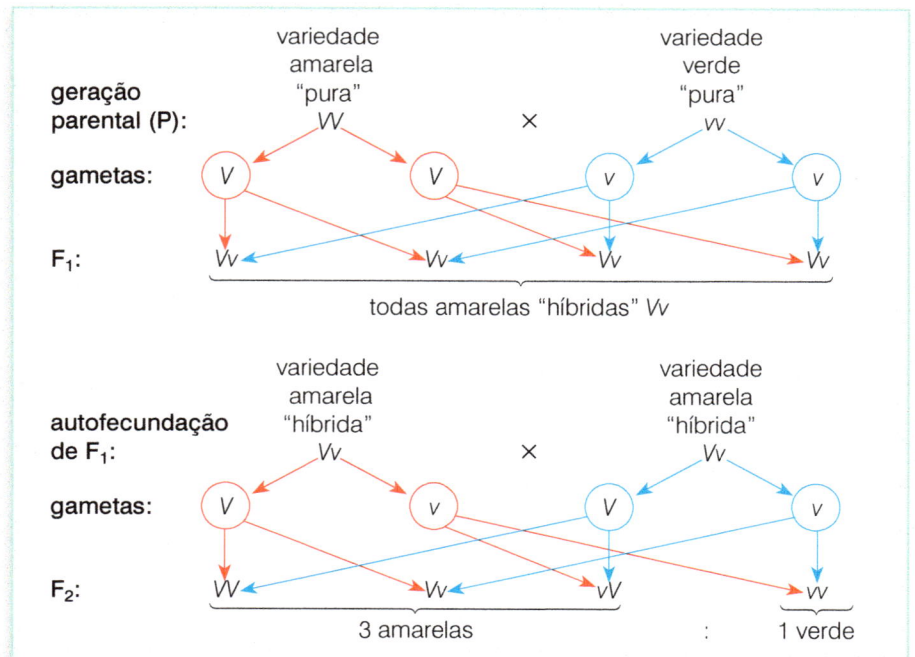

Lembre-se!

Segundo Mendel, cada característica é determinada por dois "fatores" que se separam na formação dos gametas.

Observe no resultado que Mendel obteve 3 sementes amarelas para cada semente verde. Agora, pense nessa pergunta: "caso um dos pais seja Vv e o outro vv, seria possível nascer um indivíduo produtor de sementes verdes"?

A resposta é não. Veja o cruzamento abaixo:

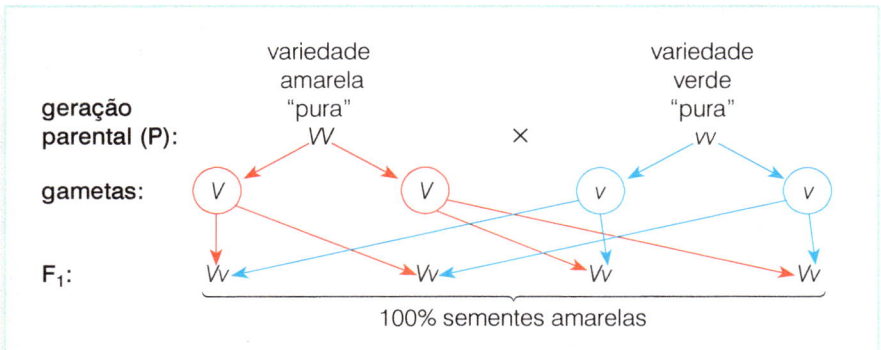

Nesse caso, só existem duas possibilidades de encontro de gametas: V com V, resultando em indivíduos VV, ou V com v, resultando em indivíduos Vv. Nessa situação, surgirão apenas plantas de ervilha produtoras de sementes de cor amarela.

É SEMPRE BOM SABER MAIS!

Outra forma de representar os cruzamentos é por meio de uma "tabela", conhecida como **quadrado de Punnett**. Nessa tabela, as colunas e as linhas correspondem aos tipos de gametas masculinos e femininos formados. Do cruzamento das linhas com as colunas são obtidos os resultados possíveis.

Veja ao lado a representação pelo quadrado de Punnett do cruzamento entre uma planta produtora de semente amarela Vv e outra produtora de semente verde vv:

		Gametas paternos	
		V	v
Gametas maternos	v	Vv	vv
	v	Vv	vv

O resultado esperado para esse cruzamento é 50% de sementes amarelas e 50% de sementes verdes.

O que são os "fatores" mendelianos

Mendel apresentou seu trabalho à comunidade científica em 1865. Naquela época, os conhecimentos sobre as células estavam praticamente começando. Por isso, Mendel não conseguiu elucidar a constituição e a localização dos "fatores".

Com o passar do tempo, mais precisamente no século XX, aperfeiçou-se o estudo da célula e do material genético contido no núcleo. Os pesquisadores, então, verificaram que os "fatores mendelianos", eram, na verdade, unidades chamadas "genes".

Os **genes** podem ser definidos como unidades que determinam, em cada espécie, as características que passam de uma geração a outra por meio da

Lembre-se!

O gene dominante é representado por letra **MAIÚSCULA** e o gene recessivo, por letra **minúscula**.

reprodução. Cada gene é um segmento de cromossomo que contém informação a respeito de determinada proteína ou característica.

Como já vimos, os cromossomos são formados por longas sequências de DNA (ácido desoxirribonucleico) e, assim, podemos dizer que gene é uma sequência de DNA.

ENTRANDO EM AÇÃO

Nesta atividade, vamos simular um dos cruzamentos de Mendel referente à cor da semente da ervilha-de-cheiro. Para isso, você vai precisar de duas caixas ou dois recipientes com tampa, quatro bolinhas pequenas de isopor (ou quatro pedacinhos de papel), uma folha de papel e caneta (ou lápis).

- Marque duas bolinhas com a letra V (maiúscula) e duas com a letra v (minúscula).
- Coloque uma bolinha marcada com V e uma com v em cada frasco e identifique um deles com o título "gametas paternos" e o outro com "gametas maternos".
- Em uma folha de papel, prepare a tabela a seguir.

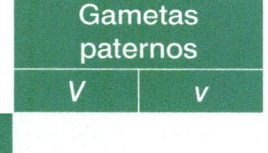

- Agora, retire uma bolinha de cada frasco e assinale com um "x" na tabela o resultado do cruzamento.
- Retorne as bolinhas para os respectivos frascos, tampe-os e agite cada um deles para misturar bem os "gametas".
- Repita o "cruzamento" por 20 vezes e conte os resultados obtidos.

1. Quantas sementes verdes e quantas sementes amarelas resultaram dos cruzamentos?

2. Calcule a proporção de sementes amarelas para cada semente verde obtida. Essa proporção é a mesma encontrada por Mendel (de 3 amarelas para 1 verde)?

3. Caso a proporção obtida não seja a esperada, sugira um motivo para essa discrepância.

▶ Reprodução sexuada

Na reprodução sexuada cada indivíduo é formado a partir de uma única célula, o zigoto. O zigoto resulta da fecundação, isto é, da união de duas células sexuais, os gametas masculino e feminino. No homem e em outros animais, o gameta masculino é o *espermatozoide* e o gameta feminino é o *óvulo imaturo*, produzidos nos respectivos órgãos reprodutores por meio de uma divisão celular chamada **meiose**.

Na fecundação, cada gameta contribui com um conjunto de igual número de cromossomos. Os gametas devem conter, então, a metade do número de cromossomos do zigoto; caso contrário, o número de cromossomos dobraria cada vez que um organismo se reproduzisse sexuadamente.

Cada espermatozoide humano contém 23 cromossomos e cada ovócito secundário 23 cromossomos. Ao se unirem na fecundação, forma-se o zigoto com 46 cromossomos (23 pares), que é o número normal de cromossomos da espécie humana.

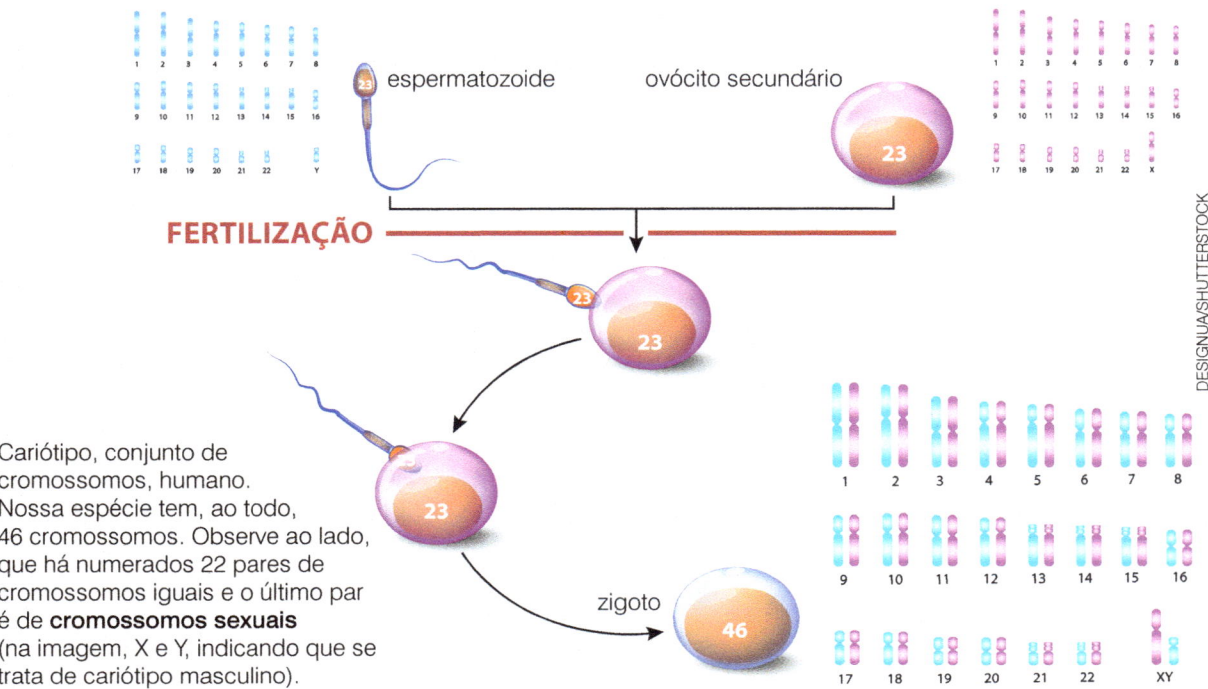

Cariótipo, conjunto de cromossomos, humano. Nossa espécie tem, ao todo, 46 cromossomos. Observe ao lado, que há numerados 22 pares de cromossomos iguais e o último par é de **cromossomos sexuais** (na imagem, X e Y, indicando que se trata de cariótipo masculino).

É SEMPRE BOM SABER MAIS!

Células haploides e diploides

Cada espécie de ser vivo possui em suas células certo número de tipos de cromossomo (cada um contendo uma sequência específica de genes).

No homem, as células *somáticas* (responsáveis por todas as funções orgânicas relacionadas à sobrevivência) e as *germinativas* (responsáveis pela formação dos gametas) possuem 23 pares de cromossomos – ou 46 cromossomos –, dois de cada tipo. Chamamos de **diploides** (do grego, *diploos* = duplo) as células que possuem dois cromossomos de cada tipo. Se representarmos por n o número de tipos de cromossomo, então, uma célula diploide será representada por $2n$. No caso do homem, $2n = 46$. Já nas células reprodutivas – os *gametas* –, existe apenas um cromossomo de cada par. Ou seja, o *espermatozoide* e o *ovócito secundário* (os gametas humanos) contêm, cada um, 23 cromossomos apenas, um de cada tipo. Cada gameta é uma célula **haploide** (do grego, *haploos* = simples) e é representado por $n = 23$.

A tabela a seguir mostra o número *diploide* de cromossomos das células de alguns seres vivos.

Espécie	Número de cromossomos (célula diploide)	Número de cromossomos nos gametas (células haploides)
homem	46	23
chimpanzé	48	24
cachorro	78	39
cavalo	64	32
mosquinha-das-frutas (drosófila)	8	4

É SEMPRE BOM SABER MAIS!

Meiose

Diferentemente da mitose, em que uma célula origina duas células-filhas com o mesmo número de cromossomos existente na célula original, a **meiose** é um tipo de divisão celular em que uma célula se divide, originando quatro células com metade do número de cromossomos da célula-mãe.

A meiose ocorre na formação dos gametas e é importante para que se mantenha o número de cromossomos da espécie – quando ocorre a fecundação, com o encontro dos gametas feminino e masculino, o número de cromossomos da espécie é restabelecido.

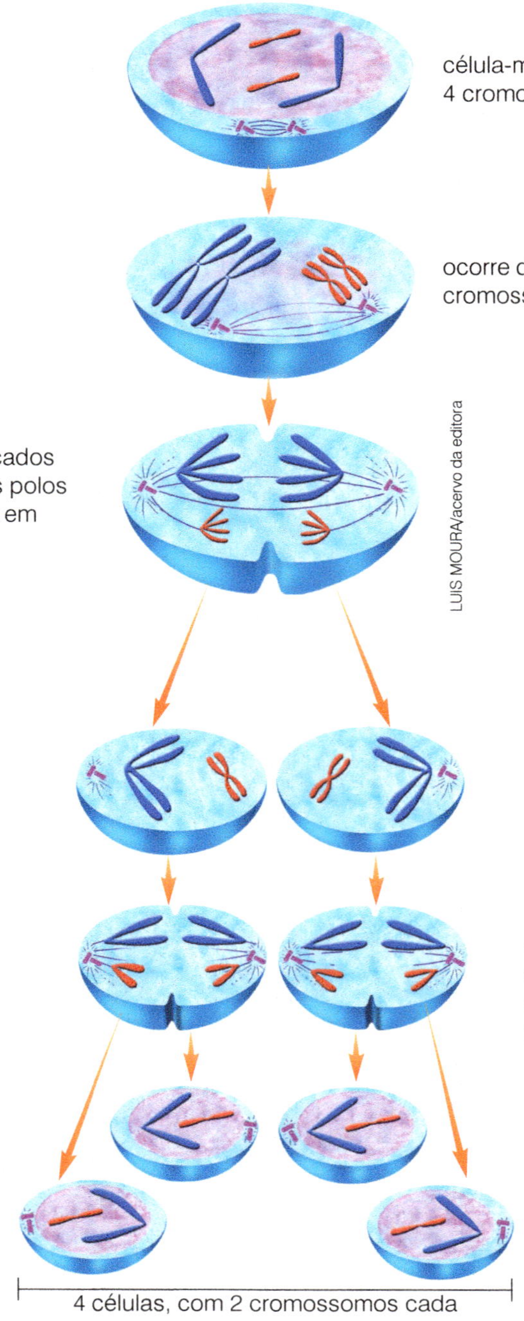

célula-mãe apresenta 4 cromossomos

ocorre duplicação dos cromossomos

os cromossomos duplicados são deslocados para os polos da célula, que se divide em duas células-filhas

os cromossomos duplicados se separam nas células-filhas e são deslocados para os polos das células

as duas células-filhas se dividem e, como resultado, tem-se 4 células com 2 cromossomos cada

4 células, com 2 cromossomos cada

Conceitos fundamentais em Genética

Vamos, nesta seção, conhecer alguns conceitos importantes em Genética.

Cromossomos homólogos e genes alelos

Nas células diploides, os dois cromossomos de cada tipo são chamados de cromossomos **homólogos**. Temos, então, na espécie humana, 23 pares de cromossomos homólogos nas células do corpo, excetuando, claro, os gametas. Em cada par homólogo existe uma correspondência, região por região, dos genes que ele contém. Cada par de genes correspondentes atua no mesmo caráter. Por exemplo, um específico par de genes determina a produção ou não do pigmento melanina na pele, outro atua na cor dos olhos, e assim por diante.

Os genes que ocupam posições correspondentes em cada homólogo e que atuam na mesma característica são conhecidos como genes **alelos**. Esses genes são representados pela mesma letra, sendo maiúscula para o alelo dominante e minúscula para o alelo recessivo. No esquema abaixo está representado o par de genes alelos que determina uma característica que é a habilidade para a utilização das mãos direita e esquerda.

A habilidade para usar a mão direita deve-se a um gene dominante (C); o alelo recessivo (c) manifesta-se nos indivíduos com habilidade para o uso da mão esquerda. Portanto, um indivíduo destro pode ser CC ou Cc. O indivíduo canhoto só pode ser cc.

> **Lembre-se!**
>
> Pode-se associar ao termo separação dos fatores, utilizado por Mendel, o significado de separação dos alelos, evento que ocorre na meiose para a formação de células sexuais, ou gametas.

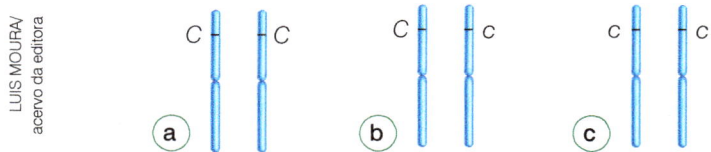

Esquema que representa um par de cromossomos homólogos e as combinações possíveis de dois genes (C e c) em indivíduos destros ou canhotos.

> **Jogo rápido**
>
> Identifique, na imagem ao lado, qual(is) alternativa(s) indica(m) pessoa(s) destra(s) e qual(is) indica(m) pessoa(s) canhota(s).

Genótipo e fenótipo

O **genótipo** é a constituição genética de um organismo, isto é, o conjunto de genes que o descendente recebe dos pais. O genótipo é representado por letras. Assim, os possíveis genótipos da cor da semente nas ervilhas são: VV, Vv e vv. O **fenótipo** é a aparência, ou seja, as manifestações físicas do genótipo. Dessa forma, não "enxergamos" nas ervilhas o genótipo VV e sim a sua manifestação física que, nesse caso, é a cor amarela das sementes (fenótipo).

> **Lembre-se!**
>
> Gene recessivo só manifesta sua característica se estiver em dose dupla (por exemplo, vv).

O fenótipo pode ser influenciado por *fatores ambientais*, como a prática de exercícios físicos, nutrição, problemas de saúde, alterações hormonais etc. Por exemplo, indivíduos com o mesmo genótipo para a cor branca da pele, poderão ter tonalidades diferentes, dependendo da maior ou menor exposição à luz solar.

Homozigoto e heterozigoto

Se em um indivíduo os genes alelos do par forem iguais (*AA* ou *aa*, por exemplo) dizemos que esse indivíduo é **homozigoto** para a característica em questão (*homo* significa "igual"). Por outro lado, se o par de genes alelos for diferente (*Aa*), o indivíduo é chamado de **heterozigoto** (*hetero* significa "diferente"). Por exemplo, na espécie humana, o gene para cabelo crespo (*L*) é dominante sobre o gene para cabelo liso (*l*). Um indivíduo com genótipo *LL* é homozigoto para cabelos crespos; outro, com genótipo *Ll* é heterozigoto para cabelos crespos. Um indivíduo de cabelos lisos só pode ser homozigoto (*ll*).

Indivíduos homozigotos para certa característica formam apenas um tipo de gameta. Os heterozigotos, por sua vez, formam dois tipos de gametas: um tipo carrega o gene dominante e o outro tipo carrega o gene recessivo.

> **Lembre-se!**
> - Homozigoto: par de genes alelos iguais.
> - Heterozigotos, par de genes alelos diferentes.

> **Fique por dentro!**
> Pesquise três características dos seres humanos que são determinadas por genes recessivos, além das citadas no texto.

ESTABELECENDO CONEXÕES

Cotidiano

Você consegue enrolar a língua?

Se a resposta for sim, então saiba que você possui uma característica dominante. Seu cabelo é liso? Então você é dotado de uma característica recessiva.

Assim como esses dois fenótipos, na espécie humana é possível reconhecer a dominância ou a recessividade de inúmeros outros fenótipos, ou de anomalias.

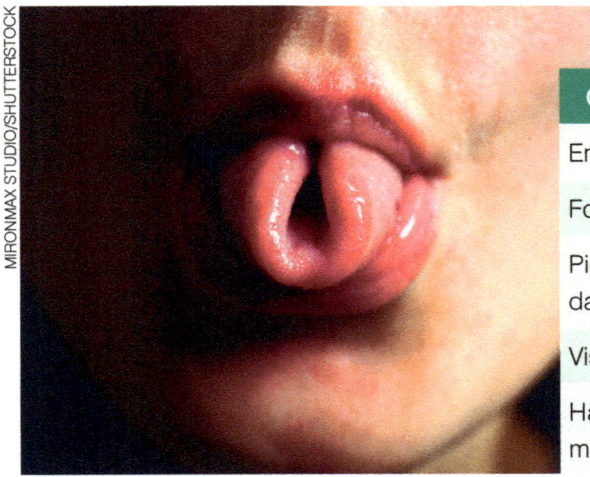

Algumas características da espécie humana e sua determinação genética.

Característica	Dominante	Recessiva
Enrolar a língua	Capacidade (*I*)	Incapacidade (*i*)
Forma do cabelo	Crespo (*L*)	Liso (*l*)
Pigmentação da pele	Pigmentada (*A*)	Albina (*a*)
Visão	Normal (*M*)	Míope (*m*)
Habilidade manual	Destro (*C*)	Canhoto (*c*)

Cromossomos sexuais

Como você já sabe, a espécie humana tem 46 cromossomos (23 pares) em suas células, exceto nos gametas e nas células anucleadas (hemácias). Destes, 22 pares (44 cromossomos) são homólogos no homem e na mulher. Cada par é igual quanto à forma, ao tamanho e, em locais equivalentes, possuem genes alelos, isto é, que determinam as mesmas características (cor dos olhos, tipo de cabelo, visão normal ou míope etc.).

Porém, os cromossomos do último par, chamados de **cromossomos sexuais**, podem ser de dois tipos, conhecidos como cromossomos **X** e **Y**. São eles que diferenciam os indivíduos do sexo masculino e do sexo feminino. Na mulher há dois cromossomos X (genótipo XX), enquanto que no homem há um cromossomo X e um Y (genótipo XY).

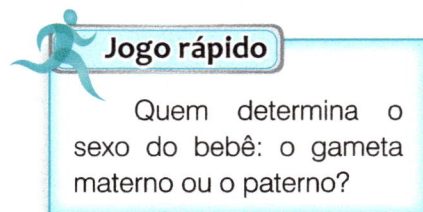

Jogo rápido

Quem determina o sexo do bebê: o gameta materno ou o paterno?

Herança dos grupos sanguíneos

Vimos que genes alelos são aqueles que atuam na determinação de uma característica e estão presentes em uma mesma posição em cromossomos homólogos, como no caso das sementes de ervilha-de-cheiro. Mas há casos, na população, em que existem mais de dois alelos para uma característica, como, por exemplo, no caso da herança dos grupos sanguíneos do **sistema ABO**, em que existem três alelos, e do **sistema Rh**.

Sistema sanguíneo ABO

Vamos relembrar que na superfície dos glóbulos vermelhos existem dois **antígenos naturais** relativos ao sistema ABO: o antígeno **A**, o antígeno **B**, ou pode ser que não haja nenhum deles. No plasma, existem dois **anticorpos naturais** do sistema ABO: são anticorpos produzidos sem estímulos de antígenos, chamados de **anti-A** e **anti-B**.

No sistema ABO, a produção de aglutinogênios A e B é determinada, respectivamente, pelos genes I^A e I^B. Um terceiro gene, chamado i, recessivo, condiciona a não produção de aglutinogênios. Trata-se, portanto, de um caso de vários alelos na determinação de uma característica. Entre os genes I^A e I^B não há dominância de um sobre o outro ($I^A = I^B$), mas cada um deles domina o gene i ($I^A > i$ e $I^B > i$). Veja a tabela ao lado.

Possíveis fenótipos e genótipos do sistema ABO.

Fenótipos	Genótipos
A	$I^A I^A$, $I^A i$
B	$I^B I^B$, $I^B i$
AB	$I^A I^B$
O	ii

Vamos analisar um exemplo de como se dá a herança do grupo sanguíneo ABO. Suponha um cruzamento entre um pai heterozigoto para tipo sanguíneo A e uma mãe heterozigota para o tipo sanguíneo B. Quais serão os fenótipos dos descendentes desse casal em relação ao grupo sanguíneo ABO?

Para responder a essa pergunta, podemos dispor o genótipo dos gametas dos pais no quadrado de Punnett e verificar o resultado esperado:

		Gametas paternos	
		I^A	i
Gametas maternos	I^B	$I^A I^B$	$I^B i$
	i	$I^A i$	ii

Os fenótipos esperados do cruzamento são: 25% de descendentes do grupo sanguíneo AB (representados pelo genótipo $I^A I^B$), 25% de grupo sanguíneo B ($I^B i$), 25% de grupo sanguíneo A ($I^A i$) e 25% de grupo sanguíneo O (ii).

Sistema sanguíneo Rh

Trabalhando com sangue de macacas *Rhesus*, os médicos Karl **Landsteiner** (austríaco), Alex **Wiener** (estadunidense) e colaboradores descobriram outro grupo sanguíneo, que recebeu o nome de grupo Rh (em alusão ao nome das macacas). Após efetuarem várias injeções de sangue de *Rhesus* em cobaias e coelhos, verificaram que esses animais ficavam sensibilizados e produziam um anticorpo que provocava a aglutinação das hemácias. Seus estudos levaram à conclusão de que na superfície das hemácias das macacas existia um antígeno, denominado de **fator Rh**, que estimulava a produção de anticorpos (**anti-Rh**), responsáveis pela aglutinação das hemácias nos coelhos e cobaias.

Ao analisar o sangue humano, verificou-se que 85% da população apresenta o **fator Rh** nas hemácias e são classificados como indivíduos do grupo sanguíneo Rh^+. Os 15% restantes não têm o fator Rh e são indivíduos Rh^-.

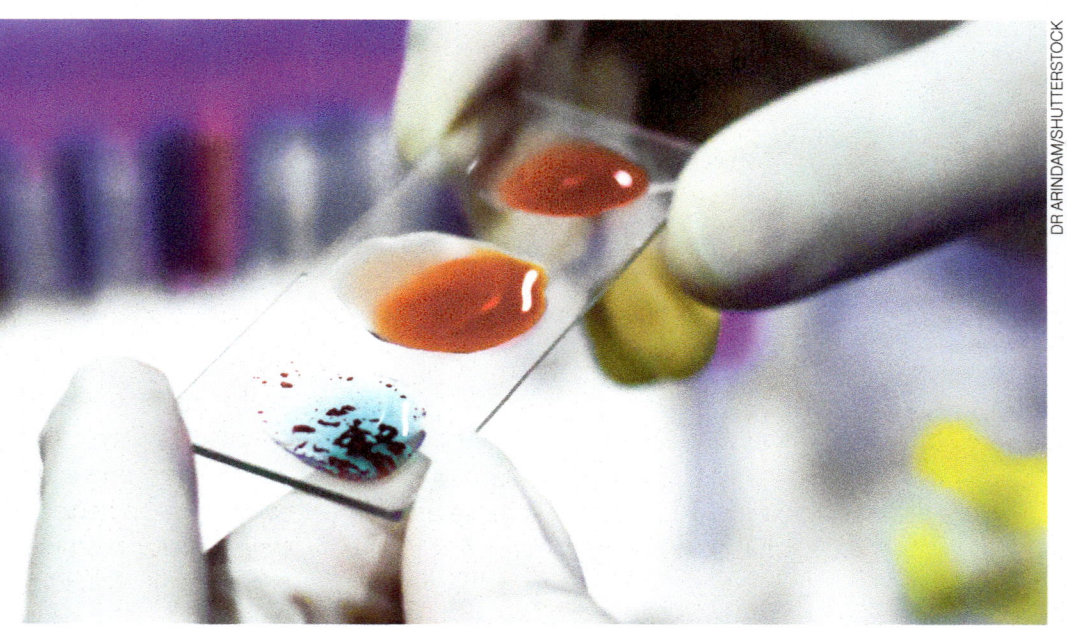

Se, em contato com o soro anti-Rh, as hemácias do sangue sofrem aglutinação (como à esquerda) é porque existe fator Rh no sangue, e este é classificado como Rh^+. Quando não sofrem aglutinação (como à direita na lâmina), há ausência de fator Rh nas hemácias e esse sangue é classificado como Rh^-.

Três pares de genes estão envolvidos na herança do fator Rh. Para simplificar, no entanto, considera-se o envolvimento de apenas um desses pares na produção do fator Rh: o gene R, dominante, determina a presença do fator Rh, enquanto o gene r, recessivo, condiciona a ausência do referido fator.

Os possíveis fenótipos e genótipos relacionados ao sistema Rh.

Fenótipos	Genótipos
Rh^+	*RR, Rr*
Rh^-	*rr*

EM CONJUNTO COM A TURMA!

Conhecer a que tipo sanguíneo a pessoa pertence é importante não apenas para o caso de uma transfusão de emergência, mas também porque algumas situações potencialmente danosas estão associadas a eles. Uma dessas situações envolve mulheres Rh^-, grávidas de feto Rh^+. Nessas condições pode ocorrer a doença hemolítica do recém-nascido, também chamada de **eritroblastose fetal**.

Com seu grupo de trabalho, preparem um painel mostrando, de modo simplificado, o que é essa doença.

Anomalias genéticas

Na formação do zigoto, pode ocorrer uma modificação em um gene ou mesmo no número de cromossomos e, como resultado, o bebê se desenvolve com algum tipo de limitação.

Uma dessas anomalias, conhecida como **fenilcetonúria**, ocorre no metabolismo do aminoácido fenilalanina. Os portadores dessa anomalia apresentam uma alteração em determinado gene (do cromossomo 12) e não metabolizam esse aminoácido. Acumulando-se no sangue, a fenilalanina é convertida em substâncias tóxicas que provocam alterações no sistema nervoso. Com o passar do tempo ocorrem convulsões e deficiências motoras.

A boa notícia é que um simples teste, chamado **teste do pezinho**, realizado após o nascimento do bebê, pode identificar os portadores da anomalia a tempo de serem eliminados os seus efeitos danosos. Uma dieta sem o aminoácido fenilalanina permite o desenvolvimento normal do bebê.

É SEMPRE BOM SABER MAIS!

Teste do pezinho

O teste do pezinho é um exame feito a partir de sangue coletado do calcanhar do bebê e que permite identificar doenças graves, como o hipotireoidismo congênito (glândula tireóidea do recém-nascido não é capaz de produzir quantidades adequadas de hormônios), a fenilcetonúria (doença do metabolismo) e as hemoglobinopatias (doenças que afetam o sangue).

Essas doenças não apresentam sintomas no nascimento e, se não forem tratadas cedo, podem causar sérios danos à saúde, inclusive retardo mental grave e irreversível.

Todas as crianças recém-nascidas, a partir de 48 horas de vida até 30 dias do nascimento devem fazer o teste, isso porque qualquer pessoa pode ter um filho portador da doença, mesmo que nunca tenha aparecido um caso na família.

Hoje em dia, o teste é obrigatório por lei em todo o território nacional. Alguns municípios, inclusive, não permitem que a criança seja registrada em cartório se não tiver feito o teste do pezinho anteriormente.

Adaptado de: Teste do pezinho. *Disponível em:* <http://bvsms.saude.gov.br/bvs/dicas/180_teste_pezinho.html>. *Acesso em:* 15 maio 2019.

Anomalias no número de cromossomos são originadas na formação dos gametas e tanto podem ocorrer nos cromossomos somáticos como nos sexuais. Duas dessas alterações são bem conhecidas e levam os nomes de **síndrome de Down** e **síndrome de Klinefelter**.

Fique por dentro!

O nome síndrome de Down é uma homenagem ao médico britânico John Langdom Down, que foi quem primeiro descreveu essa síndrome em 1861.

Os portadores da síndrome de Down apresentam em suas células um cromossomo 21 a mais, ou seja, três cromossomos 21. Os portadores dessa síndrome possuem aspectos físicos característicos, como olhos um pouco mais afastados e amendoados, queixo pequeno e pescoço um pouco mais curto. Também apresentam altura abaixo da média e dificuldades no desenvolvimento intelectual.

Com estímulo adequado e fisioterapia, fonoaudiologia e terapia ocupacional, os portadores de síndrome de Down podem vencer várias de suas dificuldades.

Descubra você mesmo!

Pesquise na internet ou em livros da biblioteca de sua escola se os estudos científicos indicam alguma relação entre presença de síndrome de Down e idade materna.

CARIÓTIPO DE SÍNDROME DE DOWN

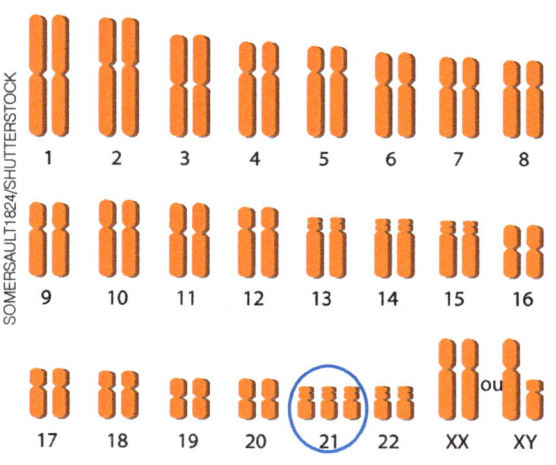

Ilustração de cariótipo humano de portador de síndrome de Down. Observe a presença de três cromossomos 21, em lugar de haver apenas um par. Essa síndrome também é conhecida como trissomia do 21.

A síndrome de Klinefelter está presente em indivíduos do sexo masculino que apresentam um cromossomo X a mais; portanto, em lugar de serem XY, são XXY. Com isso, os homens portadores dessa síndrome possuem testículos pequenos e produzem pouco ou nenhum espermatozoide. São normalmente altos e possuem seios um pouco desenvolvidos. Aproximadamente metade dos portadores dessa anomalia apresenta certo grau de retardamento mental.

CARIÓTIPO DE SÍNDROME DE KLINEFELTER

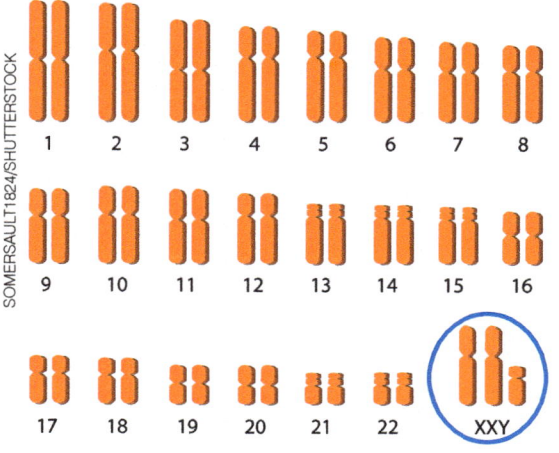

Ilustração de cariótipo de homem portador de síndrome de Klinefelter. Observe a presença de dois cromossomos X em lugar de haver apenas um.

CAPÍTULO 1 • Genética e hereditariedade

Nosso desafio

Para preencher os quadrinhos de 1 a 10, você deve utilizar as seguintes palavras: alelos, dois tipos, fenótipo, genótipo, hereditariedade, heterozigoto, homólogos, homozigoto, recessivos, um tipo. Qual é o significado da sigla DNA? E da sigla RNA?

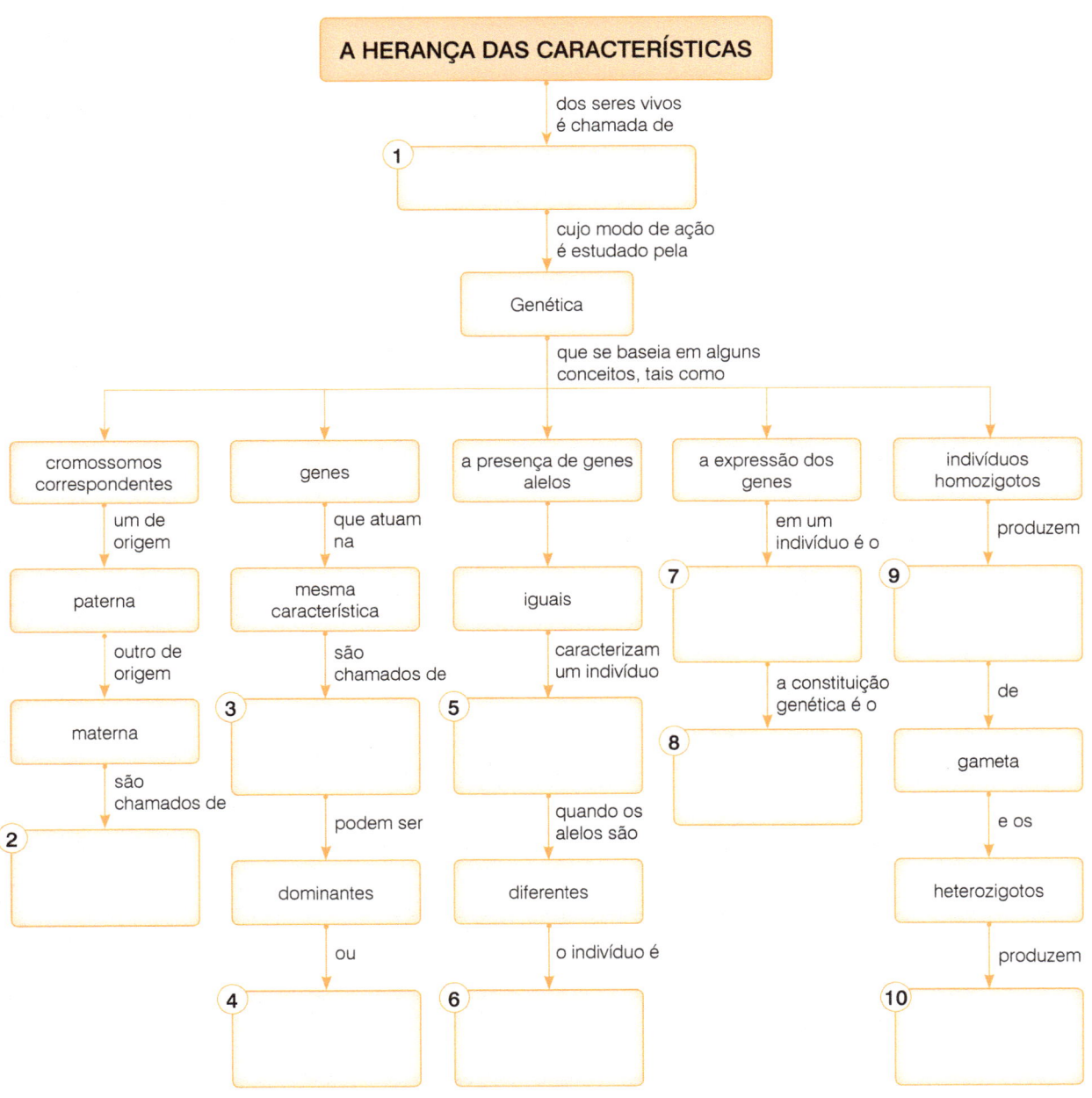

Atividades

Leia com atenção o texto abaixo e responda às questões de **1** a **9**.

A cor da pelagem dos camundongos pode ser preta ou marrom. Um pesquisador iniciou um projeto de pesquisa promovendo vários cruzamentos. Começou com a geração parental (P) e com ela realizou vários cruzamentos entre camundongos pretos, obtendo apenas camundongos de pelagem preta. Realizou a seguir vários cruzamentos entre camundongos marrons, e também só obteve pelagem marrom. Chamou as linhagens da geração P de puras.

Seguindo o experimento, realizou vários cruzamentos entre camundongos de linhagem pura de pelagem preta com camundongo de linhagem pura para pelagem marrom. O cientista ao realizar esses cruzamentos teve a preocupação de promover o cruzamento de macho de pelagem preta com fêmea de pelagem marrom, e o inverso, macho de pelagem marrom com fêmea de pelagem preta. O cientista pensou nas seguintes possibilidades quanto à cor da pelagem dos descendentes dos cruzamentos realizados:

a) apenas camundongos pretos.
b) apenas camundongos marrons.
c) cor intermediária entre marrom e preto.
d) camundongos pretos e marrons.
e) camundongos com cor totalmente diferente de preto e de marrom.

O cientista notou que de todos os cruzamentos só surgiram camundongos de pelagem preta (geração F_1). O cientista foi em frente em seus experimentos e cruzou entre si camundongos pretos da geração F_1 e obteve a geração seguinte, que chamou de F_2. Em F_2 notou que, para cada três camundongos de pelagem preta, havia um camundongo de pelagem marrom; proporção de 3 : 1.

1. [1, 2, 3, 6, 7, 10] Do cruzamento entre a linhagem pura preta com linhagem pura marrom, o que sucedeu com a cor marrom? Foi eliminada pela cor preta? Estaria ainda presente, porém mascarada? Justifique sua resposta.

2. [1, 2, 3, 6, 7, 10] Por que o fenótipo dos camundongos pretos da linhagem F_1 é idêntico ao fenótipo dos camundongos da linhagem pura para pelagem preta (geração P)? E por que os genótipos são diferentes? Justifique sua resposta.

3. [1, 2, 3, 6, 7, 10] É correto afirmar que a característica cor da pelagem é determinada por um único fator? Justifique sua resposta.

4. [1, 2, 3, 6, 7, 10] É correto afirmar que os camundongos pretos e marrons puros, da geração P, produzem dois tipos de gametas, e os camundongos de linhagem preta de F_1 produzem apenas um tipo de gameta para a característica cor? Justifique sua resposta.

5. [1, 2, 3, 6, 7, 10] Se o cruzamento entre camundongos puros pretos (P) sempre produzia descendentes pretos, por que não se verificava o mesmo resultado quando se cruzavam entre si camundongos de pelagem preta da geração F_1? Justifique sua resposta.

6. [1, 2, 3, 6, 7, 10] Caso se cruzasse um camundongo preto da geração F_1 com um camundongo da linhagem pura também de pelagem preta, o cientista obteria o mesmo resultado que o cruzamento entre dois camundongos pretos da geração F_1? Justifique sua resposta.

7. [1, 2, 3, 6, 7, 10] É correto afirmar que a característica cor da pelagem do camundongo é determinada por dois fatores que se separam na formação dos gametas? Justifique sua resposta.

8. [1, 2, 3, 6, 7, 10] Em que lugar da célula eucariótica se encontram os fatores que determinam a cor da pelagem dos camundongos?

9. [1, 2, 3, 6, 7, 10] Por que o cientista promoveu alguns cruzamentos da geração P entre machos de pelagem preta e fêmeas marrons e, em outros, o inverso, machos marrons com fêmeas de pelagem preta?

10. [1, 2, 4, 5, 6, 7, 8, 10] Para responder a esta questão consulte os experimentos de Mendel realizados com a planta ervilha-de-cheiro para a característica cor da semente (amarela ou verde), que se encontra na página 16.

Mendel realizou cruzamentos com a planta ervilha-de-cheiro, planta que normalmente se autopoliniza. Pergunta-se:

a) Qual foi o benefício que trouxe aos experimentos de Mendel o fato de a ervilha-de-cheiro se autopolinizar e ter também polinização cruzada?

b) Mendel estudou durante três anos Física, Matemática e Zoologia na Universidade de Viena. Ele aplicou seus conhecimentos de Matemática em Biologia. Que vantagens trouxe para seus experimentos o uso de conceitos matemáticos?

c) A escolha da planta ervilha-de-cheiro por Mendel não foi casual. Essa planta tem um tempo de geração relativamente curto e o número de descendentes em cada geração é grande. Por que essas duas características foram importantes para os seus experimentos?

d) Por que Mendel não concluiu que eram os genes os fatores determinantes das características que se separam na formação dos gametas?

11. [1, 3, 6, 7, 10] Meiose é uma divisão celular que origina células com metade do número de cromossomos da célula-mãe. A meiose ocorre na formação de gametas; portanto, existe uma relação entre a meiose e a lei mendeliana que diz que os "fatores" se separam indo cada um para um gameta.

É correto afirmar que a fertilização do gameta feminino pelo gameta masculino é um processo *inverso* à meiose? Justifique sua resposta.

12. [1, 6, 7, 10] Sabendo que a característica pigmentação normal da pele é dominante sobre o albinismo (ausência de pigmentação), é possível um casal de pigmentação normal ter um filho albino? Justifique a resposta.

13. [1, 6, 7, 10] A habilidade de utilizar a mão direita (destro) é dominante sobre a habilidade de usar a mão esquerda (canhoto). É possível um casal de canhotos ter um filho destro? Justifique a resposta.

14. [1, 6, 7, 10] O gene para cabelo claro é recessivo em relação ao gene para cabelo escuro. Pergunta-se

a) Que cor de cabelo uma pessoa poderá ter se ela herdar um gene para cabelo claro e um gene para cabelo escuro? Por quê?

b) Escolha letras para representar os genes para cabelo claro e cabelo escuro e escreva as combinações dos genes (genótipos) para fenótipos cabelos claros e cabelos escuros.

c) Você esperaria que um casal de cabelos claros tivesse filhos com cabelos escuros? Justifique.

d) Um casal de cabelos escuros poderia ter filho com cabelos claros? Justifique a resposta.

15. [2, 6, 7, 10] Suponhamos que em uma planta a cor vermelha é condicionada por um gene dominante *B* e a cor branca, pelo seu alelo recessivo *b*. Uma planta de flor vermelha cruzada com outra branca produz, na geração F_1, descendentes com flor vermelha e flor branca na proporção de 1 : 1. Quais são os genótipos dos tipos parentais? Justifique sua resposta.

16. [2, 6, 7, 10] Um rato marrom foi cruzado com duas fêmeas pretas. O cruzamento com uma das fêmeas (I) produziu 9 descendentes pretos e 8 marrons. O cruzamento com a fêmea (II) produziu 19 descendentes todos pretos. Qual é o genótipo do macho e quais são os genótipos das fêmeas (I) e (II)? Justifique sua resposta.

17. [2, 6, 7, 10] Uma planta hermafrodita pode apresentar sementes amarelas ou verdes. A planta com sementes amarelas é autofecundada, produzindo 30 plantas com sementes verdes e 71 com sementes amarelas.
a) Pelo resultado do cruzamento, é possível determinar qual é o caráter dominante, amarelo ou verde? Justifique sua resposta
b) Qual é a proporção *teoricamente esperada* para os descendentes do cruzamento citado?

18. [2, 6, 7, 10] Sabendo que os genótipos do grupo sanguíneo A são $I^A I^A$ ou $I^A i$; do grupo sanguíneo B são $I^B I^B$ ou $I^B i$; do grupo AB é $I^A I^B$ e do grupo O é *ii*, determine os *genótipos dos pais* nos dois cruzamentos seguintes.
a) O pai tem sangue tipo A e a mãe, sangue tipo B. Cada um de seus quatro filhos apresenta um tipo sanguíneo diferente.
b) A mãe tem sangue tipo B e o pai, sangue tipo AB. De seus filhos, ¼ tem sangue tipo A, ½ sangue tipo B, ¼ sangue tipo AB.

19. [1, 6, 7, 10] Que gameta determina o sexo de uma criança, o espermatozoide ou o ovócito secundário? Justifique a resposta.

20. [1, 6, 7, 10, 11, 13, 15, 16, 17, 18] Em 1861, John Langdon Down, médico inglês, descreveu integralmente as anomalias da doença que levou o seu nome, síndrome de Down. Ele achava que a causa dessa síndrome seria devido à tuberculose. Foi somente em 1959 que se descobriu que a causa é de origem genética. Em 2015, cerca de 5,4 milhões de pessoas em todo o planeta tinham síndrome de Down.

Atualmente, crianças com síndrome de Down frequentam escolas comuns, concluem o ensino secundário e chegam a se matricular no ensino universitário. Muitas exercem atividade profissional.

Explique por que a origem da síndrome de Down é considerada de causa genética.

Navegando na net

Assista ao vídeo sobre portadores da síndrome de Down no endereço eletrônico abaixo e conheça um pouco mais sobre a potencialidade dessas pessoas (*acesso em:* 5 jun. 2019).

<https://www.youtube.com/watch?v=sa36ZKDg7jQ>

BIOTECNOLOGIA E SAÚDE

capítulo 2

Novos desafios

Que a descoberta das vacinas foi uma das principais conquistas da Medicina no último século, ninguém discute. Vacinação é importante e protege contra várias viroses e bacterioses que prejudicam a saúde de seres humanos, notadamente crianças. Ultimamente, tem sido noticiada, nos meios de comunicação, a possível rejeição, por parte de muitas pessoas, do procedimento de vacinação. Um dos motivos alegados é a suposta ocorrência de efeitos colaterais. Levantamentos efetuados por cientistas de muita credibilidade contestam tal afirmação e *reforçam a importância da imunização preventiva contra vários microrganismos*. Sem dúvida, vacinas vieram para ficar e, considerando sua eficácia na proteção de várias moléstias infecciosas, é procedimento que deve ser estimulado pelas autoridades de saúde de nosso país e de tantos outros.

A boa notícia a respeito de vacinação está relacionada às denominadas "vacinas comestíveis", possíveis graças aos recentes avanços da engenharia genética. É isso mesmo! Os estudos para desenvolver vacinas "comestíveis" começaram no início da década de 1990 e, hoje em dia, já mostram resultados promissores. Bananas, batatas, tomates, alface, além de muitos outros alimentos, podem ser modificados geneticamente de maneira a estimular nosso organismo a produzir anticorpos contra diversas doenças, como hepatite B e diarreias bacterianas ou virais, por exemplo.

A vantagem desse tipo de vacina é enorme: custo menor do que o da produção de vacinas convencionais, uma vez que os vegetais citados, geneticamente modificados, poderiam ser plantados nas regiões em que fossem necessários. Também seriam minimizados problemas relacionados à contaminação e ao descarte de milhares de agulhas e seringas.

Adaptado de: <http://www.revistas.unal.edu.co/index.php/actabiol/article/view/20063/27965>.
Acesso em: 21 mar. 2019.

Neste capítulo, aprenderemos um pouco mais sobre as modernas técnicas utilizadas pela engenharia genética, que permitiram, entre tantos avanços, o desenvolvimento das vacinas "comestíveis" que mencionamos acima.

A diferença entre biotecnologia e engenharia genética

A **biotecnologia** costuma ser definida, de maneira ampla, como um conjunto de procedimentos ou técnicas que manipulam organismos vivos (ou parte deles) em benefício do ser humano.

Civilizações antigas já empregavam algumas dessas técnicas há, pelo menos, 8.000 anos. A produção de pão, bebidas alcoólicas fermentadas, como o vinho e a cerveja, derivados do leite, como a coalhada e o queijo, é conhecida desde a Antiguidade. Porém, os povos antigos não tinham condições de desvendar os "segredos" que causavam a fermentação do trigo, da uva, da cevada ou do leite. Afinal, os microrganismos foram observados, pela primeira vez, através de um microscópio rudimentar criado pelo comerciante holandês Anton van Leeuwenhoek, entre 1676 e 1683. Quase um século mais tarde, entre 1856 e 1876, o francês Louis Pasteur descobriu que a fermentação era resultado da ação de microrganismos, como certas bactérias e fungos (leveduras, por exemplo).

A domesticação de animais para a produção de carne, leite, pele, lã etc. e a seleção e cruzamento de plantas e animais de interesse humano também faziam parte da biotecnologia tradicional em tempos **remotos**.

Depois do conhecimento da estrutura do DNA, na década de 1950, e do entendimento de seu processo de duplicação e de sua importância na produção de proteínas, surgiu uma vertente da biotecnologia moderna, conhecida como **engenharia genética**, que, por meio de técnicas de manipulação do DNA, permite a seleção e modificação de organismos vivos, com a finalidade de obter produtos úteis ao homem e ao meio ambiente.

Temas com frequência citados e discutidos na mídia, relacionados a organismos transgênicos, clonagem, célula-tronco, terapia gênica e Projeto Genoma serão abordados nas próximas seções.

> **Jogo rápido**
>
> Qual é o significado da sigla DNA? E da sigla RNA?

Remotos: distantes, antigos, afastados, longínquos.

> **Fique por dentro!**
>
> A Genética percorreu um longo caminho desde os cruzamentos de plantas produtoras de ervilhas feitos por Mendel até nossos dias. Grandes progressos da Ciência aconteceram nos últimos 30 anos, buscando soluções para os problemas das populações humanas, como, por exemplo, a maior produtividade alimentar e os novos métodos de tratamento de muitas doenças.

> **Lembre-se!**
>
> A engenharia genética também é conhecida como **tecnologia do DNA recombinante**.

Organismos transgênicos

Organismo transgênico (também chamado de **organismo geneticamente modificado, OGM**) é aquele que recebe, incorpora ao seu material genético e expressa um "DNA estranho", proveniente, de modo geral, de outra espécie de ser vivo. O "DNA estranho", chamado **transgene**, tem alguma propriedade desejável e se expressa no organismo receptor, produzindo alguma substância útil para o homem. Leia a seguir, como surgiu o *milho Bt*, exemplo de organismo geneticamente modificado.

A bactéria *Bacillus thuringiensis* (Bt) vive nos solos e parte de seu DNA produz uma proteína que, ingerida por determinados insetos, retarda o desenvolvimento, podendo levá-los à morte. Essa bactéria é letal apenas para certos insetos e não é tóxica para pássaros e mamíferos.

O milho costuma ser "atacado" por certos insetos causadores de pragas, como as lagartas-do-cartucho-do-milho e lagartas-da-espiga-do-milho, que causam grandes prejuízos às lavouras.

Utilizando técnicas de engenharia genética, cientistas introduziram o gene da bactéria em células de embriões de milho contidos nos grãos desse cereal. Criou-se, assim, o *milho Bt*, geneticamente modificado (transgênico), que ao ser ingerido causa a morte dos insetos e o consequente controle da praga.

A proteína do milho, alterada pela engenharia genética, não causa qualquer problema aos vertebrados, entre eles os seres humanos, pois o pH intestinal desses animais é suficientemente ácido para degradá-la.

Fique por dentro!

Segundo a Embrapa (Empresa Brasileira de Pesquisa Agropecuária), as perdas com as pragas do milho podem chegar a reduzir a produção em até 34%. Com o milho Bt tem-se conseguido, em geral, uma redução entre 16% e 20% de perda na colheita. Além disso, a redução do uso de inseticidas diminui os riscos de intoxicação, contaminação do meio ambiente, preocupações com descarte de embalagens, economia de água e combustível, entre outros.

Jogo rápido

Organismos transgênicos são também simbolizados pela sigla OGM. Qual é o significado dessa sigla?

As perdas com as pragas do milho podem chegar a reduzir a produção em até 34%.

ESTABELECENDO CONEXÕES
Saúde

Engenharia genética e produção de insulina

A produção de insulina humana, atualmente, é feita utilizando-se bactérias geneticamente modificadas, que recebem, incorporam e expressam o gene, retirado de células humanas, responsável pela síntese desse importante hormônio. Milhares de diabéticos são beneficiados pela produção de insulina humana de origem bacteriana.

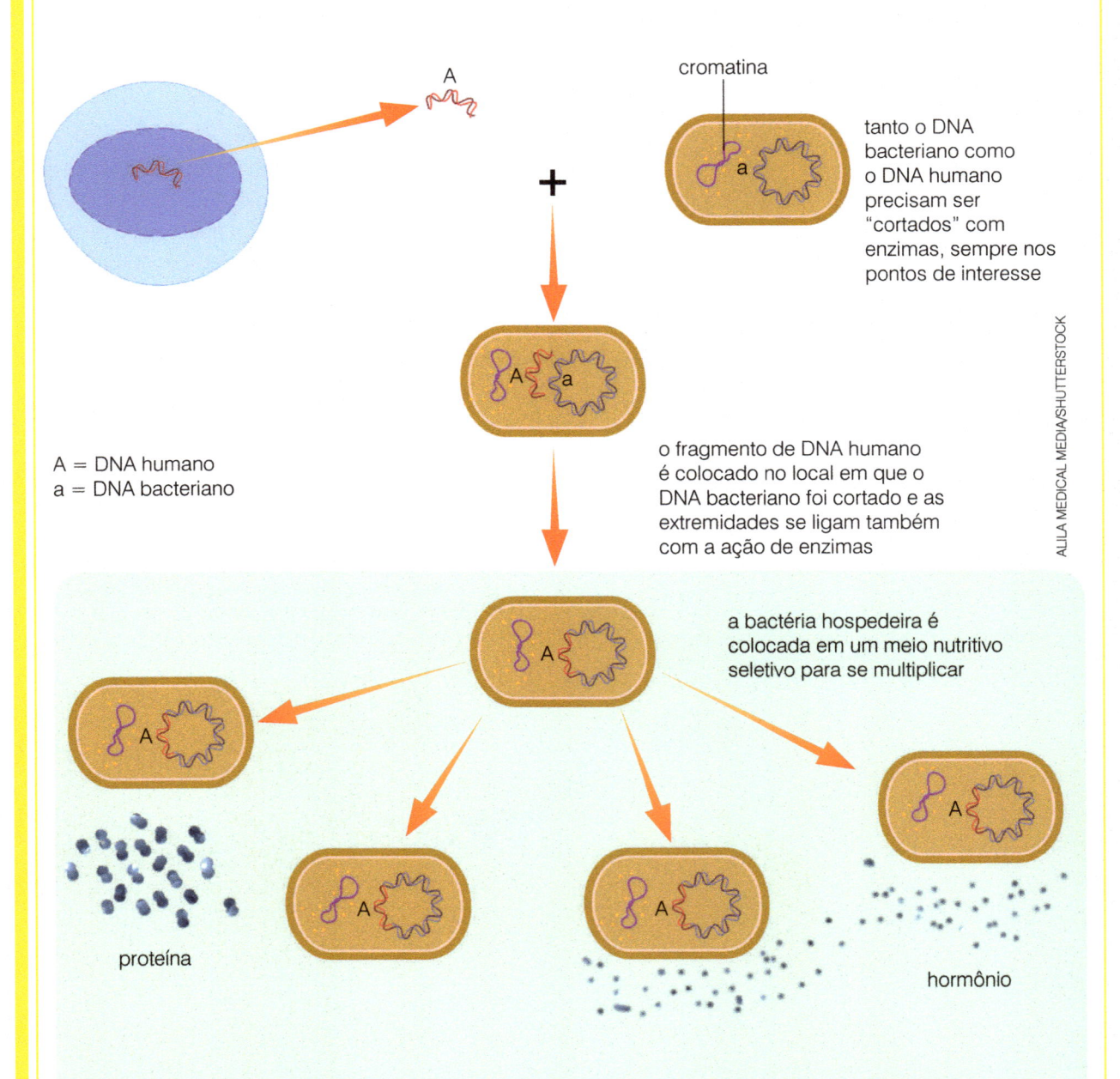

A = DNA humano
a = DNA bacteriano

cromatina

tanto o DNA bacteriano como o DNA humano precisam ser "cortados" com enzimas, sempre nos pontos de interesse

o fragmento de DNA humano é colocado no local em que o DNA bacteriano foi cortado e as extremidades se ligam também com a ação de enzimas

a bactéria hospedeira é colocada em um meio nutritivo seletivo para se multiplicar

proteína

hormônio

Após muitas gerações de bactérias, os genes duplicados ou os produtos de expressão do fragmento de DNA clonado (que podem ser um hormônio – insulina ou hormônio do crescimento humano, por exemplo – ou uma proteína que, isolada, poderá servir para a confecção de uma vacina) são retirados.

ALILA MEDICAL MEDIA/SHUTTERSTOCK

Esquema ilustrativo da técnica de engenharia genética ou do DNA recombinante para a produção de proteínas ou genes de interesse. (Cores-fantasia. Ilustrações fora de escala.)

DE OLHO NO PLANETA
Ética & Cidadania

Alimentos transgênicos: uma polêmica a ser resolvida

Os jornais falam com frequência em alimentos transgênicos ou geneticamente modificados. Vegetais transgênicos são produzidos a partir de sementes que foram alteradas com material genético de outro ser vivo.

Apesar de terem surgido no final da década de 1970 e início dos anos 1980, quando os pesquisadores conseguiram transferir genes específicos de um ser vivo para outro, a polêmica sobre eles se tornou intensa, principalmente depois que a indústria agrícola começou a utilizar técnicas para eliminar ou introduzir genes, visando obter plantas mais resistentes a pragas. Muitas dessas plantas fazem parte de nossa dieta alimentar. Como exemplos temos a soja, o milho e a cana-de-açúcar geneticamente modificados. Então, por que temer os transgênicos?

Existem dois lados para essa polêmica toda. As empresas, os produtores e os cientistas favoráveis a essa nova tecnologia dizem que ela aumentará a produtividade, barateará o preço do produto final, alimentará mais pessoas e permitirá uma significativa redução na quantidade de agrotóxicos utilizados.

Os que são contrários ao uso dos transgênicos, principalmente os ambientalistas e outros tantos pesquisadores, afirmam que os alimentos derivados dos transgênicos são perigosos, pois ainda não se conhecem seus efeitos sobre a saúde humana. Além disso, argumentam que é difícil avaliar o impacto ambiental que pode ser causado pelos transgênicos no futuro.

> ➤ Existem muitas recomendações para que alimentos que consumimos contenham, nas embalagens, o alerta se são ou não constituídos de vegetais ou animais transgênicos. Em sua opinião, qual é a validade desse alerta?

São inúmeros os programas de melhoramento genético, muitos deles associados a fruticultura, gado de corte, fármacos, cana-de-açúcar e grãos. As pesquisas buscam oferecer ao mercado consumidor produtos mais resistentes a pragas, ou de melhor qualidade, ou ainda a possibilidade de, no caso dos tomates, por exemplo, uma colheita mecanizada, aliada à maior resistência do produto durante o transporte. À esquerda, na foto abaixo, tomates comuns. À direita, a mesma espécie geneticamente modificada apresenta resistência ao transporte e armazenamento. Esse tipo de tomate foi o primeiro produto geneticamente modificado à venda no mercado em 1994, EUA.

MARTYN F. CHILLMAID/SPL/LATINSTOCK

EM CONJUNTO COM A TURMA!

Com seu grupo de trabalho, completem corretamente os quadrinhos de 1 a 9. Vocês devem utilizar as seguintes palavras: Antiguidade, DNA, engenharia genética, fermentação, genes, moderna, plantas, ser humano, tradicional.

À medida que você preencher os quadrinhos, risque a palavra que você escolheu para não usá-la novamente.

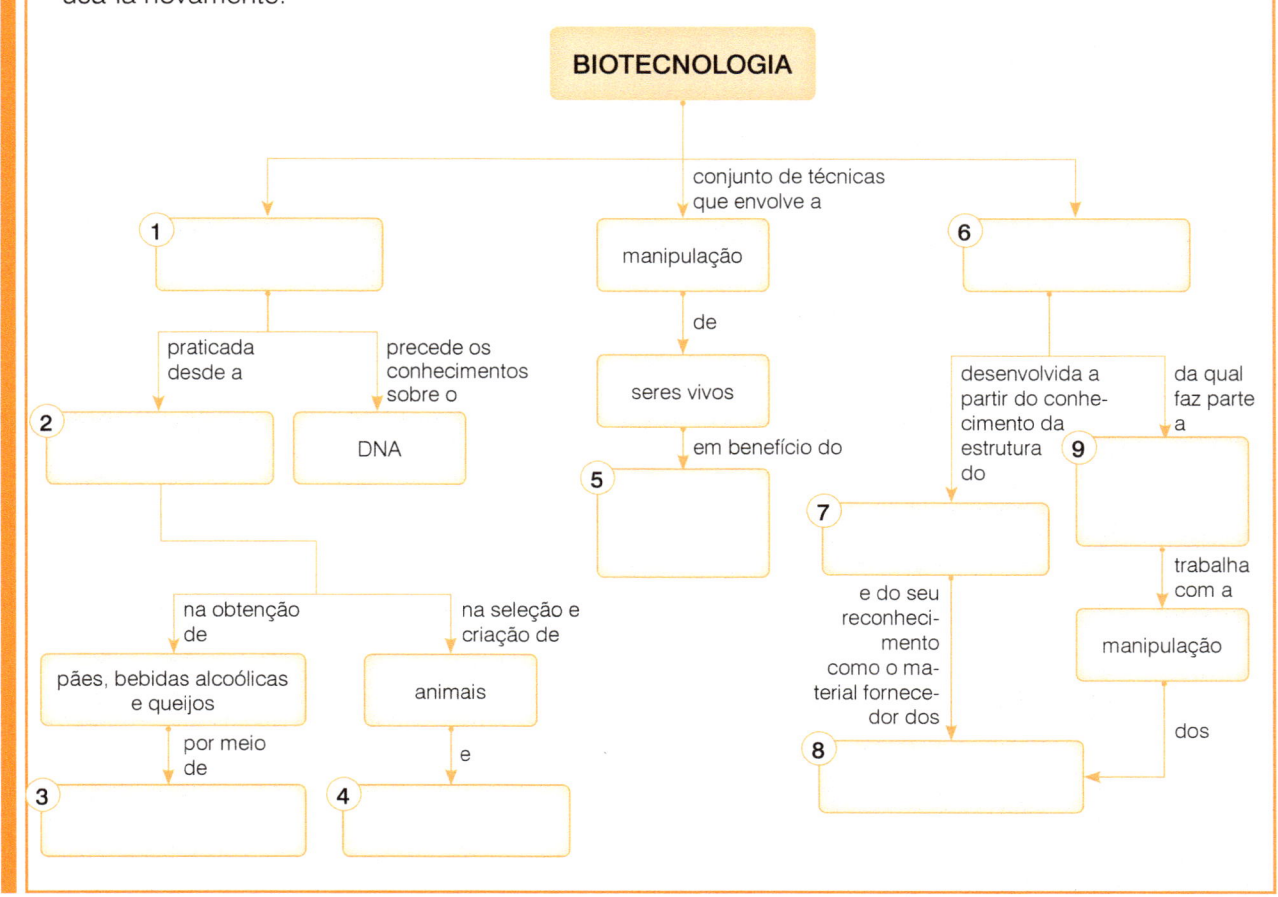

BIOTECNOLOGIA

conjunto de técnicas que envolve a

1 — praticada desde a — 2 — precede os conhecimentos sobre o — DNA

manipulação de seres vivos em benefício do — 5

6 — desenvolvida a partir do conhecimento da estrutura do — 7 — e do seu reconhecimento como o material fornecedor dos — 8

da qual faz parte a — 9 — trabalha com a manipulação dos

2 → na obtenção de → pães, bebidas alcoólicas e queijos → por meio de → 3

2 → na seleção e criação de → animais e → 4

Clonagem

Clonagem é o processo de produção e propagação de indivíduos geneticamente idênticos, originados a partir de reprodução assexuada (não envolve encontro de gametas) e, portanto, não há variabilidade genética. É assim, por exemplo, que podemos multiplicar inúmeros vegetais a partir de fragmentos (pedaços de caule, folhas) de uma planta original (mandioca, cana-de-açúcar, violetas etc.).

Para os biólogos, a multiplicação de genes ou de células de interesse médico e científico também pode ser considerada um caso de clonagem.

Bactérias (seres vivos unicelulares) são capazes de se reproduzir assexuadamente em poucos minutos e originar clones bacterianos. É assim que as bactérias geneticamente modificadas para produzir insulina humana podem produzir, em tempo reduzido, grande quantidade desse hormônio para aplicação em diabéticos.

Fique por dentro!

Os gêmeos idênticos (unizigóticos ou univitelinos) constituem um caso natural de clonagem.

CAPÍTULO 2 • Biotecnologia e saúde 39

A clonagem de animais multicelulares de organização complexa não é um processo simples e os resultados são duvidosos, enquanto a produção de clones de genes e de células é um processo cuja tecnologia atual já proporciona muitos resultados positivos.

Clonagem reprodutiva: a ovelha Dolly

No começo de 1997, Dr. Ian Wilmut e seus associados do Instituto Roslin, em Edimburgo, Escócia, comunicaram ao mundo científico uma conquista que muitos acreditavam ser impossível: a **clonagem de um mamífero adulto**, que resultou no nascimento da ovelha Dolly.

Wilmut e seus associados retiraram o núcleo de uma célula das glândulas mamárias de uma ovelha adulta (ovelha A – acompanhe pela ilustração abaixo). Em seguida, transferiram esse núcleo para um ovócito de outra ovelha (ovelha B), cujo núcleo havia sido retirado. Descargas elétricas fazem com que citoplasma e núcleo se fundam. Com isso, o óvulo da ovelha B passou a ter o material genético contido no núcleo da ovelha A, e, portanto, a mesma carga cromossômica do zigoto que originara a ovelha A. O próximo passo foi colocar esse óvulo modificado no útero de uma ovelha "mãe-de-aluguel" e, depois de uma gestação normal, nasceu Dolly, geneticamente idêntica à ovelha A.

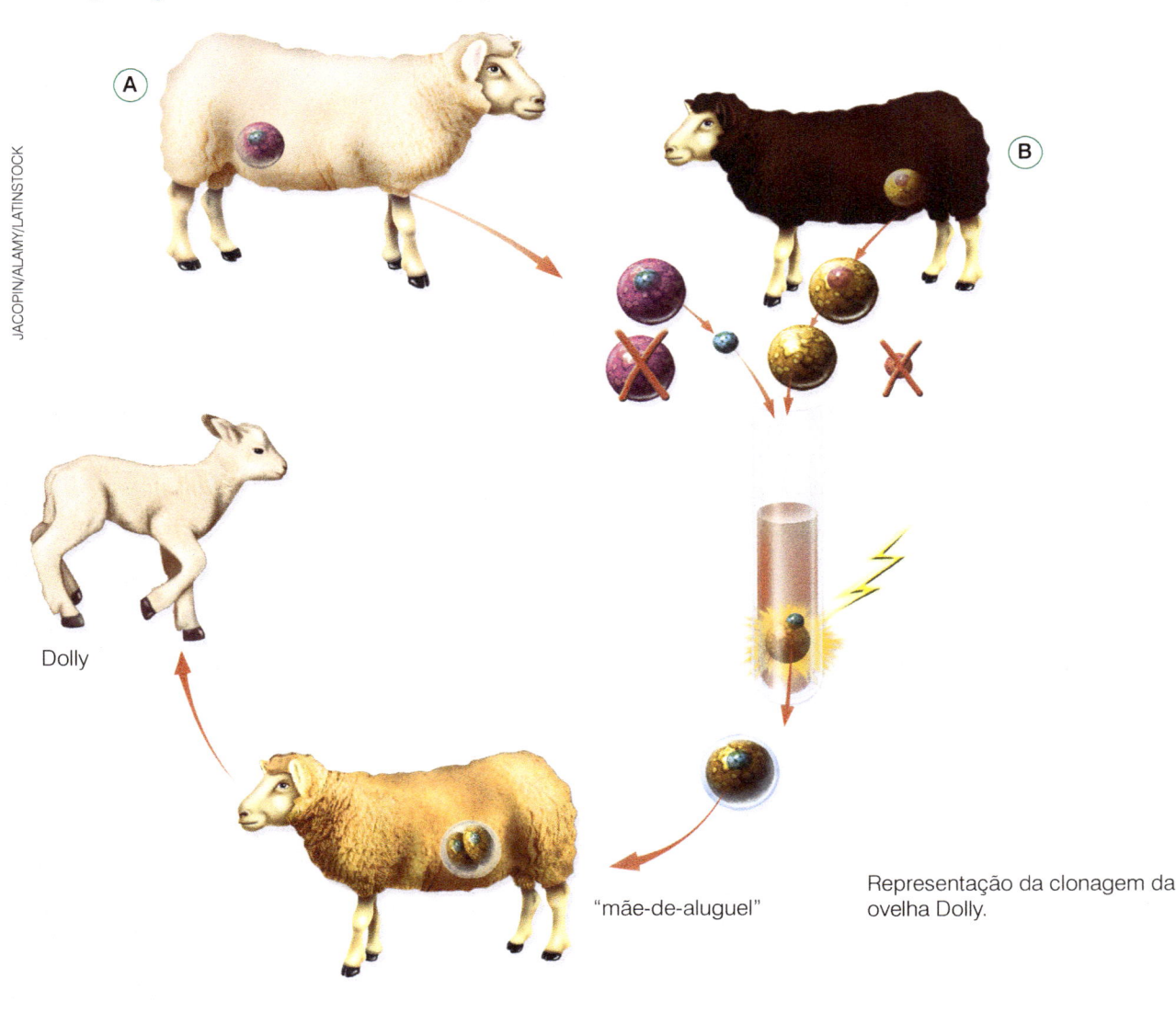

Representação da clonagem da ovelha Dolly.

O nascimento de Dolly foi bastante comemorado, mas também gerou muita polêmica no meio científico. Isso porque Dolly foi clonada a partir de genes de uma ovelha de 6 anos de idade. Por isso, algumas questões foram levantadas: qual seria a idade real de Dolly?; como ocorreria o seu processo de envelhecimento?; sua vida seria mais curta do que a das ovelhas que nasceram pelo processo natural de fecundação?

Dr. Ian Wilmut e a ovelha Dolly.

Em 1999, quando Dolly tinha cerca de 2 anos, já se constatava um envelhecimento precoce e acelerado. Em 14 de janeiro de 2003 Dolly foi sacrificada aos 6 anos de idade por sofrer de uma doença pulmonar incurável. Entretanto, Wilmut e seus colaboradores afirmaram que a doença pulmonar de Dolly nada tinha a ver com a clonagem.

Fique por dentro!

Wilmut e colaboradores removeram 277 núcleos de células de uma ovelha adulta e transferiram para 277 ovócitos cujo material genético tinha sido removido. A maior parte dos embriões formados não sobreviveu. Apenas 29 embriões sobreviventes foram colocados em "mães-de-aluguel". Aproximadamente 5 meses e meio depois da implantação, somente uma ovelha nasceu e, como você já sabe, ela ficou conhecida como Dolly.

Clonagem terapêutica

Diferentemente da clonagem reprodutiva, em que um embrião em seu estádio inicial, com células que ainda não se diferenciaram, é implantado no útero de um animal, na **clonagem terapêutica** células e tecidos são multiplicados a partir de células indiferenciadas (células-tronco) com a finalidade de tratar determinada doença. As células indiferenciadas são cultivadas em laboratório e são induzidas a se diferenciarem em, por exemplo, tecido ósseo ou nervoso, por exemplo.

Células-tronco: a origem de novas células

Ao ocorrer o encontro do espermatozoide com o ovócito secundário origina-se o zigoto, célula que dá início ao desenvolvimento embrionário. O zigoto se divide, originando-se duas células, que também se dividem. As divisões sucessivas resultam em muitas células que, aos poucos, se diferenciam e originam células especializadas, como as musculares, epiteliais, hepáticas, nervosas etc. Então, não é difícil concluir que o zigoto é uma célula **indiferenciada** (não especializada), enquanto as demais células citadas são **diferenciadas**, especializadas em determinada função.

Jogo rápido

Qual é a diferença básica entre clonagem reprodutiva e clonagem terapêutica?

Células indiferenciadas, com grande capacidade de divisão e transformação em células especializadas no desempenho de determinada função, são chamadas **células-tronco** (por comparação ao tronco de uma árvore, do qual derivam estruturas diferenciadas: ramos, folhas, flores e frutos). Todo o zigoto, portanto, é uma **célula-tronco totipotente**, isto é, capaz de se diferenciar em qualquer tipo de célula. O embrião, nos primeiros dias do desenvolvimento, ainda é constituído por células indiferenciadas, ou seja, por **células-tronco embrionárias**. Dessas células surgirão todas as demais células diferenciadas dos diversos tecidos.

Indivíduos adultos também apresentam células-tronco, pois nosso corpo é formado por órgãos e tecidos cujas células são renovadas constantemente. É o que ocorre, por exemplo, com a produção contínua das células do sangue (glóbulos vermelhos, brancos e plaquetas), a partir de células-tronco existentes na medula óssea vermelha. Porém, as células indiferenciadas de adultos não são totipotentes como as do zigoto, uma vez que originarão apenas células de alguns tecidos específicos do corpo humano, como é o caso das células-tronco da medula óssea, que somente dão origem a células sanguíneas.

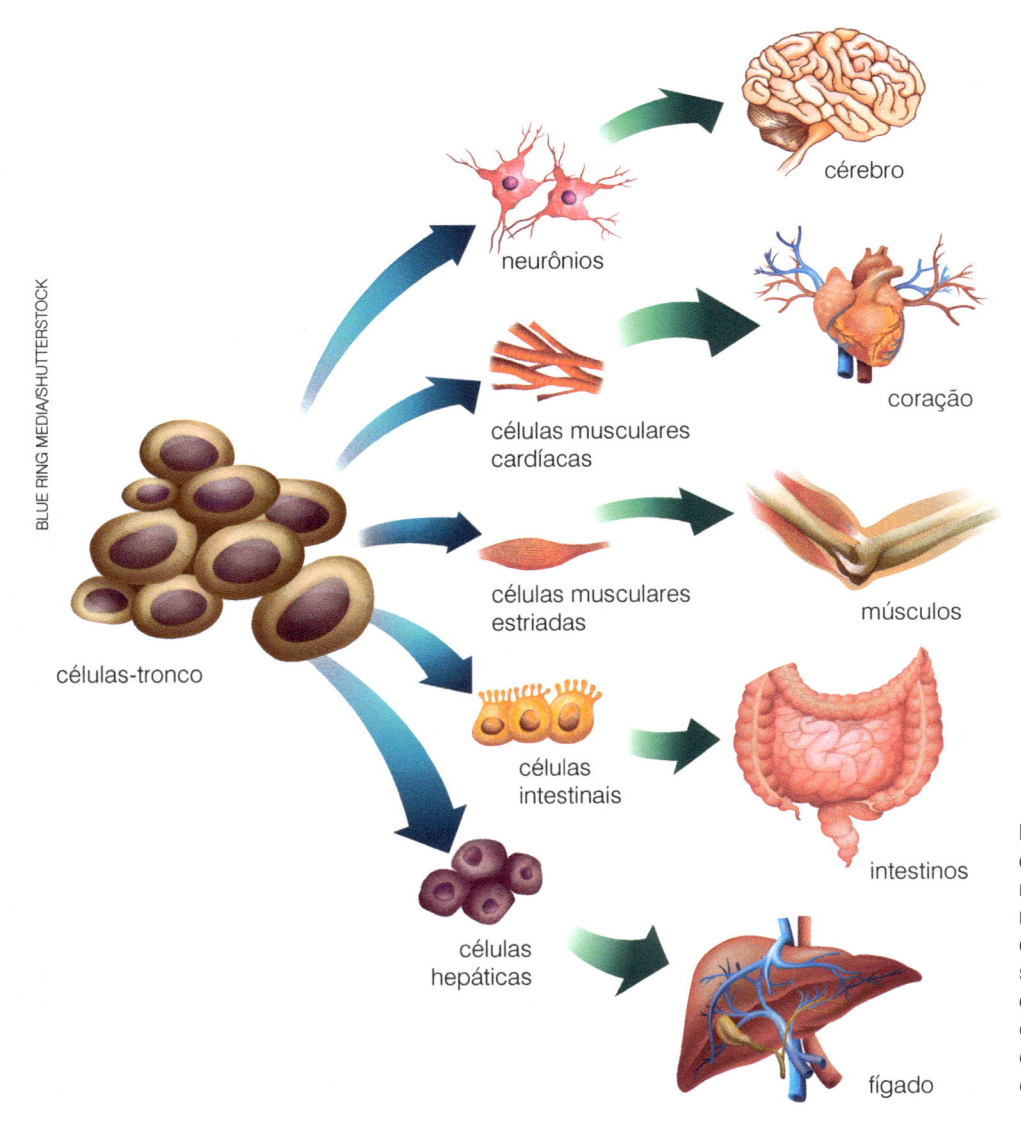

Potenciais aplicações das células-tronco. Atualmente, muitas pesquisas têm sido realizadas na tentativa de estimular as células-tronco a se diferenciarem em células de outros tecidos, de modo que possam ser utilizadas em órgãos ou tecidos doentes ou danificados.

Células-tronco: possibilidade de cura para muitas doenças?

Muitas pesquisas estão sendo realizadas com células-tronco adultas visando a cura de algumas doenças. Já foram obtidos alguns resultados animadores, porém uma parte dos pesquisadores afirma que ainda faltam muitos conhecimentos para que o uso dessas células seja bem-sucedido e utilizado de maneira rotineira. Por exemplo, imagine um paciente que sofreu um acidente de carro e ficou paraplégico, isto é, perdeu os movimentos dos membros inferiores. Se o paciente fosse submetido a um tratamento com células-tronco e elas fossem injetadas na parte lesada da medula espinhal, essas células-tronco poderiam, então, se diferenciar em neurônios medulares e levar o paciente à cura.

Esse mesmo raciocínio valeria para a cura de algumas doenças como mal de Parkinson, mal de Alzheimer, esclerose múltipla, distrofia muscular e leucemias, entre outras.

> **Jogo rápido**
>
> Qual é a razão de se utilizar o termo célula-tronco?

É SEMPRE BOM SABER MAIS!

Banco de cordão umbilical e placenta

Os cientistas identificaram células-tronco no cordão umbilical e na placenta. Essas células não podem ser consideradas células-tronco embrionárias, pois o cordão e a placenta são estruturas externas ao corpo do embrião. Elas têm potencial para originar células de vários tecidos diferenciados, principalmente o sangue.

Por isso, tanto no exterior como no Brasil, existem dezenas de instituições em que o sangue é coletado do cordão umbilical e da placenta de doadores, sendo armazenado em condições adequadas para pesquisas e utilização futura, podendo, inclusive, ser doado para uso em outros pacientes.

Hoje em dia, muitos pais coletam e armazenam o sangue do cordão umbilical de seus filhos, cujas células-tronco podem ser importantes em casos de doenças que afetem a medula óssea, como leucemias, por exemplo. Nessa situação, não há necessidade de se procurar um doador compatível nos bancos de medula, já que o sangue do cordão umbilical da própria pessoa pode ser utilizado, fazendo com que o transplante possa ser realizado mais rapidamente e com menos risco.

Terapia gênica: a cura com genes "sadios"

A **terapia gênica** (também chamada de **geneterapia**) é o processo no qual um gene "defeituoso", causador de alguma doença, pode ser substituído por um gene normal. Não é um procedimento simples, pois existem várias etapas a serem superadas. Por exemplo, para que a terapia gênica tenha sucesso, é preciso que o gene defeituoso seja identificado e que uma cópia correta desse gene seja obtida por meio de clonagem. Em seguida, o gene correto deve ser adequadamente incorporado ao tecido-alvo do paciente.

CAPÍTULO 2 • Biotecnologia e saúde   43

É SEMPRE BOM SABER MAIS!

Imunodeficiência grave

A imunodeficiência grave é uma doença em que o indivíduo não tem uma proteção natural contra microrganismos que causam doenças, devido à incapacidade dos glóbulos brancos produzirem determinada enzima. Essa doença é causada por uma sequência defeituosa (incorreta) de um pedaço de DNA.

No início da década de 1990, em uma primeira tentativa de terapia gênica, pesquisadores inseriram a sequência correta do pedaço de DNA nos glóbulos brancos para que eles pudessem produzir a enzima faltante. Eles utilizaram os glóbulos brancos, pois são de fácil obtenção e de fácil reintrodução no corpo. A paciente foi uma menina que possuía um sistema de defesa extremamente deficiente e não podia se defender contra infecções. Depois da terapia gênica, exames de laboratório confirmaram o sucesso do tratamento, que precisou ser repetido outras vezes, uma vez que os glóbulos brancos geneticamente modificados só funcionaram corretamente por poucos meses, pois, como você já sabe, essas células são continuamente produzidas na medula óssea. E os novos glóbulos ainda portavam os genes defeituosos.

Atualmente, apesar dos grandes progressos, a terapia gênica em seres humanos ainda é um procedimento muito complexo. Os resultados mais promissores estão sendo esperados para doenças como fibrose cística, hemofilia e distrofia muscular.

Apesar das perspectivas positivas, a terapia gênica, assim como outros tratamentos que envolvem manipulação de genes, levanta sérias questões éticas.

Projeto Genoma Humano: sequenciamento de genes e suas bases nitrogenadas

Cada cromossomo é formado por uma sequência linear de genes e cada gene corresponde a um pedaço de DNA, você já sabe disso.

O DNA, por sua vez, é uma molécula longa e complexa, formada por uma sequência de pares de moléculas menores, chamadas bases nitrogenadas, representadas pelas letras A (adenina), G (guanina), C (citosina) e T (timina). Assim, determinadas sequências das bases formam genes, que determinam características hereditárias. O Projeto Genoma Humano teve por finalidade determinar a sequência completa das bases nitrogenadas do DNA humano, passo importante para conhecer todos os genes, que são responsáveis pelas características e funcionamento do nosso corpo.

> **Jogo rápido**
>
> A molécula de DNA é constituída de uma sequência de nucleotídeos. Quais são os componentes de um nucleotídeo de DNA?

O Projeto Genoma Humano foi um grande desafio para os cientistas de todo o mundo, pois, nesse projeto, eles teriam de determinar a sequência completa das bases A, C, G e T que correspondem ao conjunto de genes dos cromossomos humanos. Essa empreitada durou praticamente uma década, entre os anos 1990 a 2000. No ano 2000 foi anunciado o término desse trabalho, com o mapeamento de mais de 90% dos 3 bilhões de bases que formam o material genético humano. Mas é preciso ter muito cuidado com as conclusões: foi apenas determinada a sequência completa das bases nitrogenadas do DNA humano. Muitas etapas ainda terão que ser percorridas até se chegar ao reconhecimento completo dos genes humanos, principalmente os causadores de doenças genéticas e, com isso, estabelecer prevenção e tratamento.

DNA e Medicina Legal

A parte da Medicina associada ao Direito, a fim de solucionar questões jurídicas, é conhecida como *Medicina Legal*. Ela se aplica, por exemplo, na determinação de casos de paternidade ou na identificação de um criminoso.

Qualquer célula ou fragmentos de tecidos, mesmo mortos (fios de cabelo, manchas de sangue ou esperma), podem ser analisados e o seu DNA comparado com o DNA de outras células colhidas de uma pessoa suspeita. Isso porque cada ser humano possui uma composição genômica única, com exceção dos gêmeos univitelinos. Dizendo de outro modo, dois indivíduos até podem ter partes do material genético idêntico, porém, ao se fazer uma análise de todo o seu genoma, com certeza encontraremos diferenças. Por isso, a análise do DNA serve como uma verdadeira "impressão digital molecular", que é conhecida como *fingerprint do DNA* (do inglês, *fingerprint* = impressão digital). Para a determinação do *fingerprint*, basta obter uma célula que possua o DNA intacto. A seguir, por meio de técnicas específicas, efetua-se a clonagem e análise do DNA obtido.

Algo semelhante se faz para determinar se um homem é o pai de uma criança. Células de ambos, examinadas e comparadas, podem levar à exclusão ou confirmação de paternidade com praticamente 100% de acerto.

> **Jogo rápido**
>
> Atualmente, na elucidação da origem de vítimas fatais de acidentes, também é comum recorrer-se à análise do DNA mitocondrial das pessoas envolvidas. Recordando, qual é o papel dessas organelas no metabolismo celular?

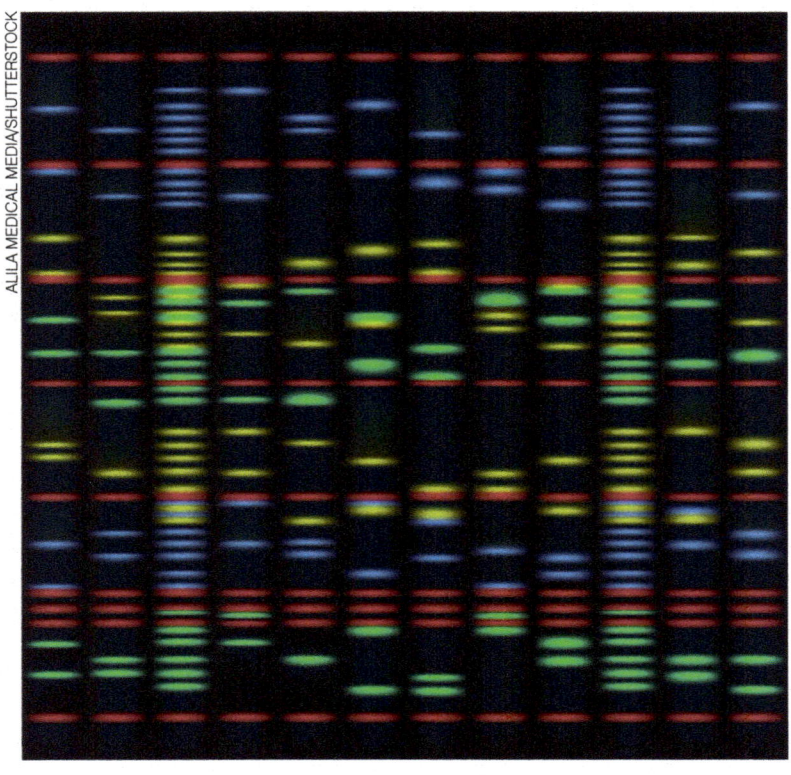

O DNA, submetido a determinado procedimento laboratorial, forma uma imagem de "bandas", faixas, característica para cada pessoa. Essa "impressão digital" (*fingerprint*) do DNA permite determinar parentesco, pois algumas bandas são iguais entre pais e filhos. A imagem mostra as bandas do DNA de 12 pessoas. Observe pelas linhas vermelhas que os indivíduos 3 e 10 apresentam bandas exatamente coincidentes. Em geral, para se ter 99% de certeza de paternidade, é preciso que haja coincidência de, pelo menos, 11 bandas.

ESTABELECENDO CONEXÕES
Cotidiano

CSI – Investigação Criminal

Essa série de TV de filmes policiais, mais conhecida apenas como CSI (de *Crime Scene Investigation*), caiu no gosto popular e hoje temos a equipe do CSI Nova York, CSI Miami, CSI Las Vegas, para falar apenas das produções norte-americanas.

Meio detetives, meio cientistas, os "investigadores criminais" do CSI são especialistas muito bem treinados, com amplo conhecimento, que analisam até os menores detalhes da cena de um crime – aqueles que poderiam passar despercebidos para um leigo – a fim de descobrir quem cometeu o delito.

A busca por algum fragmento de DNA do criminoso, por minúsculo que seja, que multiplicado leve ao sequenciamento de suas bases e, a partir daí, ao estabelecimento de sua identidade – desde que seu DNA esteja arquivado em um banco de dados –, está presente em praticamente todos os episódios.

Mas a investigação criminal por peritos com esse grau de conhecimento não é pura ficção. A Polícia Científica (ou Técnico-Científica) é uma realidade também em nosso país e tem participado ativamente para ajudar a esclarecer vários crimes. Se a tecnologia envolvida com o DNA pode indicar criminosos, ela também tem sido muito útil para inocentar pessoas acusadas injustamente.

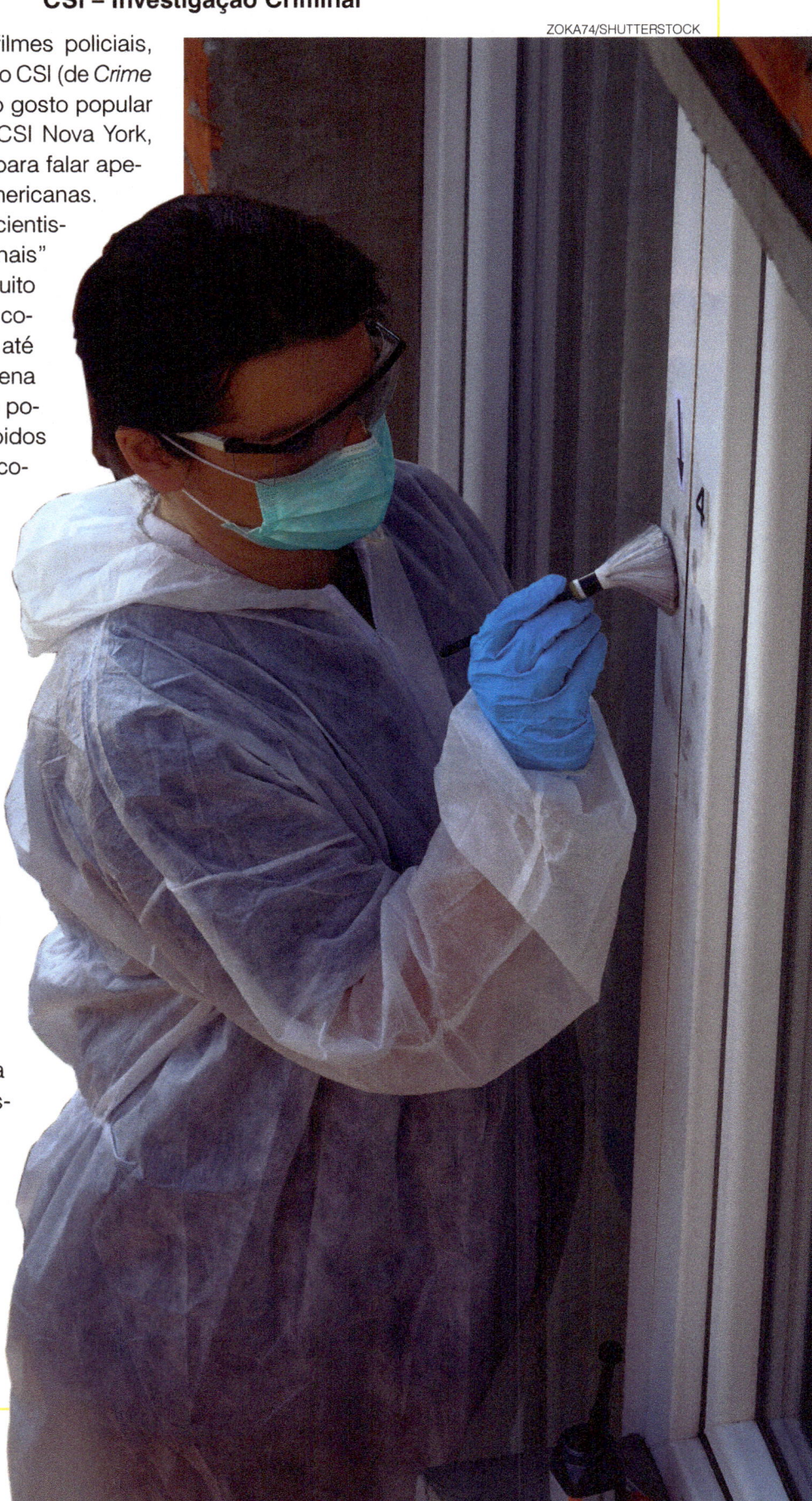

46 UNIDADE 1 • VIDA E EVOLUÇÃO

Nosso desafio

Para preencher os quadrinhos de 1 a 10, você deve utilizar as seguintes palavras: bases nitrogenadas, clone, cromossomos, DNA, gene, indivíduo geneticamente idêntico, organismo transgênico, óvulo imaturo, Projeto Genoma Humano, terapia gênica.

À medida que você preencher os quadrinhos, risque a palavra que escolheu para não usá-la novamente.

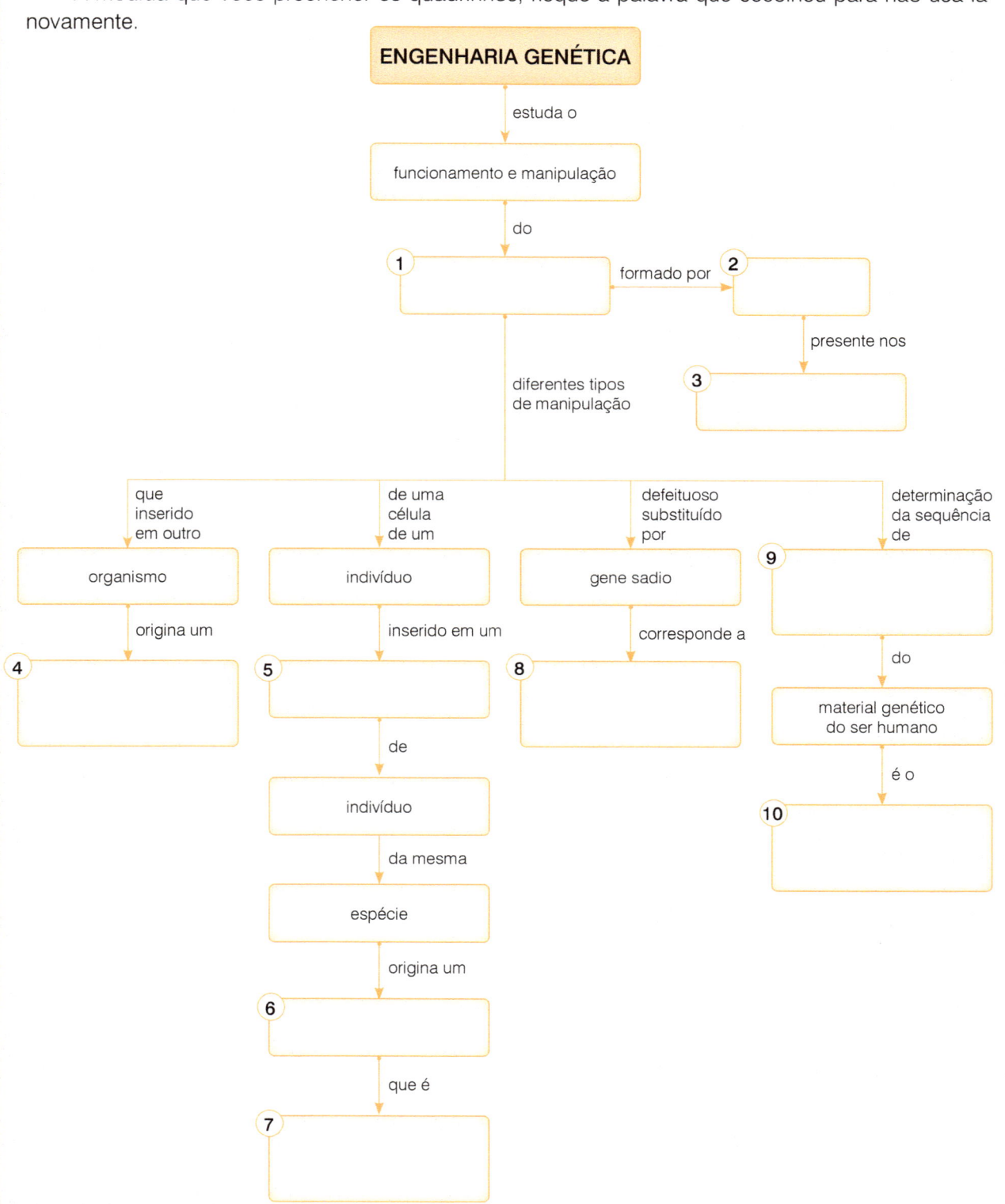

ENGENHARIA GENÉTICA

estuda o

funcionamento e manipulação

do

1 ──formado por──▶ **2**

diferentes tipos de manipulação　　　　　presente nos ▶ **3**

- que inserido em outro **organismo** → origina um → **4**
- de uma célula de um **indivíduo** → inserido em um **5** → de **indivíduo** da mesma **espécie** → origina um **6** → que é **7**
- defeituoso substituído por **gene sadio** → corresponde a **8**
- determinação da sequência de **9** → do **material genético do ser humano** → é o **10**

Atividades

Leia com atenção o texto abaixo e responda às questões de **1** a **3**.

Há muitas definições para o termo *biotecnologia*. Há quem a considere a aplicação dos princípios da ciência e da engenharia ao tratamento de materiais por agentes biológicos na produção de bens e serviços. Outros consideram que biotecnologia inclui qualquer técnica que utiliza organismos vivos (ou parte deles) para obter ou modificar produtos, melhorar plantas e animais, ou desenvolver microrganismos para usos específicos.

Biotecnologia ainda pode ser interpretada como o uso controlado da informação biológica ou, ainda, o uso de processos biológicos para resolver problemas ou fazer produtos úteis.

1. [1, 6, 8, 10, 15] Segundo as definições relatadas no enunciado, a domesticação de alguns animais, a seleção de algumas plantas para o cultivo e a preparação de alimentos por fermentação (pão, queijo) na Antiguidade, em torno de 10.000 anos atrás, pode ser considerado como biotecnologia? Justifique sua resposta.

2. [1, 6, 8, 10, 15] A utilização, em Manchester, na Inglaterra, em 1910, de sistemas de purificação de esgoto baseados na atividade microbiana pode ser conceituado como biotecnologia? Justifique sua resposta.

3. [1, 6, 8, 15] A realização do primeiro transplante de córnea com sucesso, em 1905, é biotecnologia?

4. [1, 6, 7, 10, 15] É correto dizer que a elucidação da estrutura da molécula de DNA, o modelo de Watson-Crick (dupla-hélice), abriu um novo campo de pesquisa para a biotecnologia? Justifique sua resposta.

5. [1, 6, 7, 10, 15] Por que antes do modelo de DNA proposto por Watson e Crick não se falava em engenharia genética?

6. [1, 6, 7, 10] Como se define um organismo transgênico, também denominado de organismo geneticamente modificado?

7. [1, 6, 7, 10] Qual é a diferença entre melhoramento genético e modificação genética?

8. [1, 6, 7, 10] Por que na natureza não ocorre transferência de genes entre organismos eucariontes de espécies diferentes, originando seres transgênicos?

Leia com atenção o texto abaixo e responda às questões **9** e **10**.

Clone é um indivíduo ou conjunto de indivíduos geneticamente idênticos, derivados apenas de um único progenitor (pai ou mãe).

Imagine que você esteja vendo um filme de ficção, em que uma mulher infértil, que não pode engravidar mesmo com a fecundação *in vitro*, deseja engravidar. Esse personagem ficcional resolve engravidar por meio da seguinte técnica: colheu-se um ovócito secundário da mulher, foi retirado o núcleo desse ovócito e nessa célula inseriu-se o núcleo de uma célula adulta do "futuro pai". Depois, o ovo foi implantado no útero de uma "mãe-de-aluguel". Após uma gestação normal, o bebê nasceu e sobreviveu.

9. [1, 6, 7, 10, 15, 16, 18] É possível afirmar que a passagem do filme relatado no texto teve como referência o nascimento da ovelha Dolly (releia o experimento na página 39)? Justifique sua resposta.

10. [1, 6, 7, 10, 15] Por que o bebê pode ser considerado um clone?

11. [1, 6, 7, 10] A inseminação artificial é uma técnica amplamente utilizada pelos criadores de rebanhos bovinos. Com isso os criadores conseguiram aumentar a produção de leite. Passaram a produzir mais leite com 10 milhões de vacas do que produziam em 1945 com 25 milhões de animais. O sêmen dos melhores touros do ponto de vista genético foi congelado e pode, então, ser utilizado para inseminar as vacas. Os bezerros que nasceram da inseminação artificial são considerados clones dos touros cujo sêmen foi congelado? Justifique sua resposta.

Leia com atenção o texto abaixo e responda às questões **12** a **14**.

A bactéria *Agrobacterium tumefaciens* consegue injetar em certos tipos de plantas pedaços de seu material genético, que se incorporam no material genético das células da planta próximas ao local injetado. O material genético incorporado pelas células da planta induz à formação de um tipo de tumor, cujas células fornecem alimento para a bactéria. Com isso a bactéria se sustenta e se reproduz.

Após essa descoberta, os cientistas retiraram o pedaço de material genético da bactéria que causa o tumor e introduziram material genético de interesse para aumentar a produtividade em plantas, como o tomate, por exemplo. Dessa forma, a bactéria não mais introduz o material genético que causa o tumor, mas, sim, genes de interesse, que se incorporam ao material genético da planta, que passa a produzir substâncias uteis para o ser humano. Mais de 20 plantas importantes para a agricultura já receberam material genético de interesse com essa técnica: uma delas, a planta do tabaco, tem sido geneticamente modificado dessa forma para produzir proteínas, como a hemoglobina.

12. [1, 6, 7, 10, 15] O processo de transferência natural do material genético da bactéria que causa a formação de tumor nas plantas é um caso de engenharia genética? Justifique sua resposta.

13. [1, 6, 7, 10, 15, 18] Reveja o conceito de planta transgênica e responda: por que a planta que recebe o material genético da bactéria, que provoca tumor, não é considerada transgênica, enquanto a planta que recebe material genético da bactéria para produzir hemoglobina conceitualmente é planta transgênica?

14. [1, 6, 7, 10, 15] A proteína luciferase é uma enzima que produz luz dos vaga-lumes. Descreva em poucas palavras, usando a técnica descrita no enunciado da questão, como os cientistas conseguiram produzir uma planta que brilha no escuro.

Leia com atenção o texto abaixo e responda às questões **15** e **16**.

O distúrbio conhecido como "doença da bolha" é resultado de uma mutação (mudança na sequência de bases nitrogenadas do DNA) de um gene que codifica a enzima ADA. Na falta dessa enzima, são sintetizadas toxinas que matam as células do sistema imunológico. Logo, o indivíduo fica sujeito com extrema facilidade a infecções corriqueiras, tipo gripe, que podem levá-lo à morte. O garoto texano, David Vetter, vitima dessa mutação, viveu 12 anos (21/9/1974 até 22/02/1984) praticamente em uma bolha totalmente esterilizada (água, alimento, fraldas, roupas, pasta de dente etc., totalmente livres de micróbios). Apenas conseguia sair da bolha, por alguns minutos, revestido por uma roupa especial preparada pela NASA. Aos 12 anos foi submetido a um transplante de medula, retirado de sua irmã. O transplante foi bem-sucedido, porém, uma infecção se instalou e David veio a falecer.

Médicos ingleses conseguiram sucesso por meio da *terapia gênica* com uma criança cujo sistema imunológico também estava absolutamente ausente. Os médicos retiraram amostras da medula óssea da criança e isolaram as células de defesa do organismo. Em seguida, conseguiram corrigir essas células. Por fim, introduziram as células corrigidas no corpo do paciente, que passou a produzir as proteínas de defesa, passando a ter uma vida normal.

15. [1, 6, 7, 10, 15, 17, 18] Explique o significado da expressão "corrigir as células de defesa", no que diz respeito ao funcionamento da célula.

16. [1, 6, 7, 10, 15, 17, 18] A terapia gênica poderia ter salvo David Vetter?

17. [1, 2, 6, 7, 8, 10, 13, 15, 16, 17, 18] Assim como tantas outras descobertas realizadas pelos seres humanos, o Projeto Genoma Humano sem dúvida abre novos horizontes para a ciência.

Reflita e levante algumas questões de natureza ética, social ou mesmo legal que poderiam envolver essa nova tecnologia.

A EVOLUÇÃO DOS SERES VIVOS

capítulo 3

A cauda dos macacos

Segurar-se com a longa cauda aos galhos de uma árvore é uma das habilidades de muitos macacos que vivem nas nossas matas. Será que a *necessidade* de alcançar folhas e frutos fez os macacos espicharem suas caudas *para*, assim, obterem seu alimento? Que tal pensar em outra hipótese? Quem sabe, alguma modificação genética, que ocorreu nos macacos ancestrais, tenha feito a cauda espichar e, assim, possibilitou aos seus portadores explorar um novo meio, escapando de predadores e obtendo os alimentos que lhes permitiram sobreviver sem competir com outros macacos, que continuavam a obter alimentos no solo? Sendo bem-sucedidos, os macacos de cauda longa se reproduziram e geraram uma linhagem com essa nova característica, que se mantém até hoje. Essa e outras dúvidas, relacionadas à origem das inúmeras adaptações presentes nos seres vivos da Terra atual, poderão ser respondidas por meio da leitura das páginas deste capítulo, relacionado às prováveis hipóteses de como teria ocorrido a evolução dos seres vivos.

Você já deve ter visto um beija-flor inserindo o seu longo bico em uma flor colorida para coletar alimento, como mostra a imagem ao lado. Bonito mesmo é ver o flamingo rosa, como o da foto abaixo, abaixar a cabeça até o solo alagadiço em que vive para buscar seu alimento com o bico que possui o formato adaptado para esse fim. Estes exemplos revelam a perfeita *harmonia*, o perfeito entrosamento entre estruturas existentes nos seres vivos e o modo como exploram os diferentes ambientes em que vivem. Do mesmo modo que você viu no exemplo da cauda dos macacos, na abertura do capítulo, estas estruturas constituem *adaptações* que favorecem a sobrevivência. Mas como elas surgiram?

Fique por dentro!

Você sabia que os filhotes de flamingo nascem branquinhos? Essas aves tornam-se mais ou menos rosadas dependendo de sua alimentação: a ingestão de algas, pequenos camarões e outros animais que contêm caroteno, um tipo de pigmento orgânico de cor alaranjada, faz com que esses animais adquiram sua cor característica.

Espécies fixas e imutáveis?

Ao se observar a natureza e as diferentes espécies de seres vivos que nela habitam, a impressão que se tem é que elas sempre foram do mesmo jeito ao longo dos séculos. Por muito tempo, predominou a crença de que, uma vez criadas, as espécies não sofreriam modificações. Essa ideia – de que as espécies são *fixas* e *imutáveis* –, faz parte de uma corrente de pensamento denominada **fixismo**.

Imutável: que não muda; permanente; constante.

Essa corrente de pensamento de que as espécies são imutáveis, tendo sido criadas da forma como se encontram, tem como fundamento princípios religiosos que atribuem a um ente superior a criação das espécies. Ao criá-las com as adaptações adequadas a cada ambiente, colocou-as nos lugares certos e nunca mais as teria modificado. Essa corrente de pensamento, o **criacionismo**, é ainda aceita em muitos grupos sociais.

Neste livro, abordaremos a evolução dos seres vivos do ponto de vista da Ciência, nem questionando nem comentando crenças religiosas.

Este afresco pintado por Michelângelo no teto da Capela Sistina, Vaticano, entre 1508 e 1512, representa o momento em que Deus (à direita) dá alma ao recém-criado Adão (à esquerda) por meio do toque de seus dedos. Acredita-se que, nessa representação, Deus envolve Eva com seu braço esquerdo e sua mão toca o menino Jesus. O artista – Michelângelo Buonarrotti (1475-1564) – foi um dos grandes escultores do Renascimento, além de arquiteto, pintor e poeta.

As espécies se modificam

No século 19, porém, a convicção de que as espécies eram **imutáveis** começou a ser abalada. Evidências geológicas revelavam que *assim como os ambientes da Terra se modificam, o mesmo ocorre com as inúmeras espécies que neles habitam*. Fortalecia-se, assim, a crença na *transformação das espécies*. Os achados fósseis eram uma evidência de que, em um passado remoto, em outras eras geológicas, a Terra havia sido povoada por formas diferentes de vida, já extintas. Essa ideia estabelecia que a vida tem uma longa e contínua história durante a qual os seres vivos foram se transformando e povoando a Terra. No entanto, era preciso explicar, com base na Ciência, de que modo isso ocorria.

Um longo caminho começou a ser percorrido no século 19 por cientistas que acreditavam na **evolução biológica**,

Era geológica: um longo intervalo de tempo geológico.

> **Jogo rápido**
>
> Grife o trecho do texto que contém o conceito de evolução biológica.

ou seja, *nas modificações dos seres vivos, que poderiam adaptá-los a possíveis alterações do ambiente*. Para explicar as modificações e adaptações, foram propostas **teorias da evolução das espécies**. Duas delas ganharam grande destaque: a do cientista francês Jean-Baptiste Lamarck (1744-1829) e a do naturalista inglês Charles Robert Darwin (1809-1882).

> **Naturalista:** diz-se de quem estuda plantas, animais e minerais.

Jean-Baptiste Lamarck.

A teoria de Lamarck sobre a modificação das espécies

Em 1809, Lamarck propôs uma ideia lógica e cativante. Para ele, mudanças ocorridas no ambiente estimulariam o aparecimento ou a modificação de *características* ou *estruturas* dos seres vivos, que os levariam a adaptar-se às novas condições. As ideias de Lamarck estão contidas em duas leis formuladas por ele:

1º – a **Lei do Uso e do Desuso**, que estabelecia que toda *estrutura corporal* ou *órgão* muito utilizado tenderia a se desenvolver. Se, ao contrário, em outra situação, o *órgão* deixasse de ser utilizado, ele poderia reduzir de tamanho e até desaparecer; e

2º – a **Lei da Transmissão das Características Adquiridas**, que estabelecia que *as modificações sofridas pelos seres vivos ao longo da vida, como consequência do uso ou do desuso, seriam transmitidas aos seus descendentes*.

Segundo Lamarck, a "necessidade" de adaptação "forçaria" o aparecimento das novas características, que seriam mantidas pelo uso, tornando-se hereditárias. No entanto, nunca se comprovou que as características adquiridas fossem herdadas pelos descendentes, razão pela qual essa teoria de Lamarck **não** é mais aceita pelos cientistas.

Um exemplo pode nos ajudar a compreender como se aplicariam na natureza as leis propostas por Lamarck. Suponha que em algum momento no passado distante as girafas tivessem pescoço mais curto. Segundo as leis propostas por Lamarck, diante de uma possível mudança ambiental, por exemplo, provocada pela escassez de alimento no solo seco durante longos períodos, as girafas teriam sido forçadas a esticar o pescoço para alcançar folhas e brotos no alto das árvores. Esse esforço (uso constante do pescoço), durante várias gerações, teria provocado o

> **Lembre-se!**
>
> Apesar de a explicação de Lamarck sobre as características adquiridas não ser mais aceita, esse cientista foi importante por ter proposto no início do século 19 que os seres vivos se modificam, não são imutáveis.

alongamento gradual dessa estrutura. Por meio da reprodução, a característica adquirida *pescoço comprido* seria *transmitida* aos descendentes, e depois de muitas gerações as girafas já nasceriam com os pescoços mais longos.

Segundo a teoria de Lamarck, o constante hábito de se alimentar das folhas das copas das árvores teria levado ao alongamento do pescoço das girafas.

LUIS MOURA/acervo da editora

A teoria de Darwin: mais convincente

Charles Darwin (1809-1882) partiu da Inglaterra em 27 de dezembro de 1831 para uma viagem de volta ao mundo a bordo do navio *Beagle*. Durante essa longa viagem (que durou cinco anos), as observações feitas por ele e as amostras que recolheu foram importantíssimas para uma mudança a respeito do pensamento sobre a modificação das espécies.

Darwin percebeu que algumas amostras de animais extintos apresentavam pontos em comum com outras de espécies ainda vivas e buscou achar uma explicação para isso: provavelmente, as espécies *teriam se modificado ao longo do tempo*. Também o inquietava o fato de existirem diferenças entre filhos de mesmo pai e de mesma mãe (a existência de *variabilidade* entre os descendentes), e por que alguns seres conseguem sobreviver em um ambiente (por que estão *mais adaptados?*) enquanto outros não.

Lembre-se!

Nunca se comprovou que as características adquiridas apenas pelo uso ou desuso de alguma estrutura fossem herdadas pelos descendentes, razão pela qual essa teoria de Lamarck **não** é aceita pelos cientistas.

Charles Darwin.
NICKU/SHUTTERSTOCK

As ilhas Galápagos, pertencentes ao Equador, foram visitadas por Darwin em sua viagem de volta ao mundo. A análise de algumas espécies dessas ilhas inspirou sua teoria da evolução.

Em 1859, depois de mais de vinte anos de estudo, Darwin publicou um livro em que expunha sua teoria acerca da modificação das espécies.

Conhecida como **Teoria da Seleção Natural**, a teoria de Darwin propõe que:

> **Fique por dentro!**
>
> O livro publicado por Darwin em 1859 tinha o título *A origem das espécies por meio da seleção natural*, mas é mais conhecido como, simplesmente, *A origem das espécies*.

- se os indivíduos de uma espécie não são iguais é porque ocorrem modificações, *que acontecem ao acaso*, que podem ser hereditárias;
- algumas dessas mudanças favorecem o ser vivo, tornando-o *mais adaptado* a um meio, facilitando sua sobrevivência, enquanto outras não;
- com isso, há uma espécie de **seleção natural**, em que os mais adaptados têm maior probabilidade de sobreviver e de se reproduzir;
- esse lento e permanente processo de modificação ao acaso, adaptação e seleção teria levado à modificação das espécies.

LUIS MOURA/acervo da editora

Retomando o exemplo das girafas, como seria a explicação para seu pescoço tão longo, segundo a Teoria da Seleção Natural proposta por Darwin? No passado, nas espécies ancestrais às atuais girafas existiriam animais com pescoço mais longo e outros com pescoço mais curto, uma característica hereditária. Quando houve uma mudança no meio ambiente e o alimento ficou escasso, somente os indivíduos que apresentavam pescoço mais longo conseguiram se alimentar e sobreviver. Eles se reproduziram e geraram descendentes com essa característica (pescoço longo). Os demais, dotados de pescoço de pequeno tamanho, foram gradualmente eliminados.

EM CONJUNTO COM A TURMA!

A "mudança" de coloração das mariposas da espécie *Biston betularia*

Em meados do século 19, a população dessas mariposas nos bosques dos arredores de Londres era constituída predominantemente por mariposas de asas claras, embora houvesse algumas de asas escuras, chamadas de melânicas.

Naquela época, os troncos das árvores eram cobertos por liquens, seres vivos simples que conferiam uma cor cinza-claro aos troncos. As mariposas melânicas (escuras), que neles pousavam, constrastando com a cor clara dos troncos, eram caçadas pelos pássaros.

Na medida em que a industrialização crescente provocou o aumento de resíduos poluentes, matandos os liquens, os troncos das árvores passaram a ficar escurecidos.

Em conjunto com seu grupo de estudo observem as fotos a seguir.

1. Qual é o efeito da mudança ambiental (escurecimento do tronco das árvores) sobre a população de mariposas?

2. No século passado, com a adoção de medidas para reduzir a poluição ambiental, como a instalação de filtros nas chaminés das fábricas, os liquens voltaram a povoar os troncos das árvores. Que novas alterações puderam ser notadas na população de mariposas?

Mariposas da espécie *Biston betularia* pousadas sobre troncos de árvore de cores diferentes.

▪ Seleção natural × seleção artificial

Darwin sabia que seria impossível efetuar experimentos de *seleção natural*, ou seja, experimentos relacionados a eventos ocorridos há milhares de anos, que viessem a comprovar sua hipótese. Foi então que teve a ideia de elaborar um *modelo* que simulasse a ação da natureza, recorrendo aos experimentos de **seleção artificial**. O que significa isso?

Há séculos, o homem percebeu que a *variabilidade* existente entre os descendentes de animais e plantas permitia-lhe selecionar os melhores, aprimorando e modificando as espécies de acordo com seus interesses. Pense, por exemplo, nas diversas variedades de cães, de gado e de plantas criadas pelo homem para melhor atender às suas necessidades. O próprio Darwin foi um grande criador de pombos-correio, e obtinha e selecionava variedades do mesmo modo que faziam os criadores de diversas variedades de animais e plantas. Assim, concluiu: *se o homem pode fazer essa seleção, ao modificar várias espécies de seu interesse em pouco tempo, a natureza, ao longo de milhões de anos e dispondo de uma ampla variabilidade entre os componentes de cada espécie, poderia fazer o mesmo.* Sua hipótese da seleção natural foi confirmada por meio de experimentos de seleção artificial.

É SEMPRE BOM SABER MAIS!

O que Darwin não sabia: qual é a origem da variabilidade?

Tanto Darwin quanto qualquer outra pessoa de seu tempo poderia perceber as diferenças que há entre os indivíduos de uma mesma espécie. Bastaria, por exemplo, olhar para as pessoas de uma mesma família. Porém, por falta de conhecimento científico, a origem dessa variabilidade não podia ser explicada naquela época.

Hoje, sabemos que o material genético (DNA) que faz parte de nossas células pode sofrer alterações, em sua estrutura molecular, as chamadas **mutações**. Essas mudanças podem fazer com que determinada característica hereditária passe a se manifestar de modo diferente. Dependendo das condições ambientais, as mutações podem ser favoráveis ou não aos indivíduos de uma espécie e aos seus descendentes.

Além disso, a reprodução sexuada origina indivíduos geneticamente diferentes, que reagem de modo diferente às diversas influências do meio em que vivemos. É sobre a *variabilidade* que a *seleção natural* atua.

ESTABELECENDO CONEXÕES
Saúde

Resistência de bactérias a antibióticos

Antibióticos são receitados por médicos toda vez que, por exemplo, uma pessoa possui sintomas de uma infecção bacteriana. É o que ocorre quando você consulta um médico e ele constata uma infecção com pus na garganta.

O antibiótico indicado nesse caso, diz o médico, tem que ser tomado durante determinado número de dias, em horários bem definidos.

Imagine que, ao tomar as primeiras doses, você melhore e decida suspender o tratamento. Alguns dias depois, a infecção na garganta retorna exigindo doses muito maiores do medicamento ou a troca por outro antibiótico mais poderoso. O que aconteceu?

Ao tomar o remédio, foram eliminadas as bactérias mais sensíveis ao medicamento, dando a impressão de melhora. No entanto, entre as bactérias devia haver algumas previamente resistentes, o que é de se esperar, pois entre bactérias de uma mesma espécie também há variabilidade. As bactérias mais resistentes somente são eliminadas depois de muitos dias expostas ao antibiótico.

Quando você parou de tomar o antibiótico, as bactérias mais resistentes foram selecionadas, proliferaram e a infecção retornou. O antibiótico não faz aparecer bactérias resistentes, apenas seleciona, na população, as que já são previamente resistentes.

Certamente, o uso inadequado e indiscriminado de antibióticos é uma das causas do reaparecimento com sintomas mais fortes de inúmeras doenças, como, por exemplo, a tuberculose.

Evidências da evolução – registros fósseis

Claro que é praticamente impossível *comprovar* de que modo, no passado, a evolução dos seres vivos ocorreu. Mas é possível recorrer a *evidências* de que as espécies se modificam ao longo do tempo e, mais do que isso, mostrar a existência de **ancestrais** comuns aos diversos grupos de seres vivos. Entre elas, vale citar os **registros fósseis**.

Descubra você mesmo!

Procure, em um dicionário, o significado das palavras *evidência* e *comprovar*.

Ancestral: termo relativo a antepassados ou antecessores.

Fósseis são restos ou vestígios de seres vivos de épocas remotas que ficaram preservados em rochas. Podem ser ossos, dentes, conchas, pedaços de caules, folhas ou até marcas, pegadas ou pistas, deixadas por seres vivos do passado. Por meio do estudo dos fósseis, os cientistas puderam concluir que o nosso planeta foi, no passado, habitado por seres diferentes dos atuais, que se modificaram ao longo do tempo.

Porém, ainda existem grandes mudanças sem explicações – espécies que surgem no registro fóssil sem que se tenha conhecimento das fases intermediárias da formação desses organismos.

Fóssil de *Archaeopteryx*, descoberto em 1860, a ave mais primitiva que se conhece.

Fóssil de trilobita, datado de aproximadamente 400-360 milhões de anos atrás. Essa espécie de animal marinho encontra-se extinta.

É SEMPRE BOM SABER MAIS!

A Chapada do Araripe

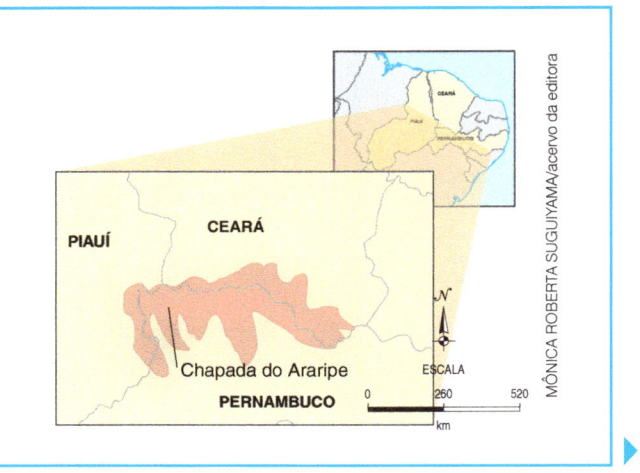

Desde o século 19, mais precisamente a partir de 1840, a Chapada do Araripe, que se encontra na divisa dos estados de Ceará, Piauí e Pernambuco, começou a ser de interesse de pesquisadores, pois lá se encontram ricos depósitos de fósseis (de invertebrados, peixes, anfíbios, répteis, incluindo dinossauros), bem preservados em função do terreno sedimentar. Mais de um terço de todos os registros fósseis de pterossauros, primeiros vertebrados com capacidade de voar, foram encontrados no Araripe.

Os registros fósseis da Chapada do Araripe (alguns datam de 110 milhões de anos atrás) são mais uma evidência de que, no passado, os continentes americano e africano estiveram unidos, pois esses fósseis também são encontrados no Gabão, Nigéria e Guiné Equatorial (países da África Ocidental).

Fóssil de peixe (*Cladocyclus gardneri*), de 110 milhões de anos, encontrado na Chapada do Araripe (CE).

ENTRANDO EM AÇÃO

Simulação de um registro fóssil

São considerados fósseis os registros de mais de 10.000 anos atrás, mas nesta atividade vocês simularão a formação de um "vestígio vegetal".

Material necessário

- massa de modelar
- um pedaço de cartolina (20 cm de comprimento x 5 cm de largura)
- fita adesiva
- vasilha
- água
- tesoura
- colher de sopa
- gesso
- uma folha de planta com nervuras bem evidentes (uma folha de espécie diferente para cada grupo de trabalho)

Como preparar

Com seu grupo de trabalho, pressionem a massa de modelar sobre uma superfície plana (mesa, bancada, entre outras) e coloquem a folha da planta sobre ela de modo que fique impressa a nervura da folha na massa de modelar. Importante: a nervura precisa ser bem evidente senão o registro não ficará nítido.

Façam um anel com a cartolina, unindo as pontas com a fita adesiva e encaixem esse anel sobre a massa com a folha.

A seguir, peguem a vasilha e misturem homogeneamente a água e o gesso. A proporção é de 1/2 copo de água para 5 colheres de gesso.

Retirem a folha vegetal que estava sobre a massa e coloquem a mistura de gesso dentro do anel de cartolina, de modo que cubra toda a área de impressão da nervura.

Esperem três dias para que a massa e o gesso sequem, depois retirem a cartolina e está pronto seu fóssil vegetal.

Disponível em: <http://www.pontociencia.org.br/experimentos-interna.php?experimento=640&FAZENDO+FOSSEIS#top>.
Acesso em: 2 fev. 2014.

Preservação da biodiversidade e evolução biológica

Com a aceitação da ideia de variabilidade do ponto de vista da genética e os mecanismos que proporcionam sua ocorrência, fica fácil entender a atuação da seleção natural ao favorecer seres vivos já dotados de características que possibilitam sua adaptação ao meio ambiente. E, graças a esse evento, é igualmente fácil explicar a explosão na quantidade de espécies que ocorreu em nosso planeta, a conhecida **biodiversidade**.

Em termos bem simples, biodiversidade significa a riqueza em espécies presentes em determinado ambiente, região ou país. Ao longo do tempo geológico, graças aos mecanismos geradores de variabilidade e à atuação constante da seleção natural, a riqueza em espécies aumentou progressivamente em nosso planeta. Embora eventos geológicos catastróficos tenham eliminado muitas espécies que não se adaptaram às mudanças ambientais por eles causadas, ainda assim a biodiversidade se ampliou bastante, resultando no atual quadro de riqueza em espécies presente em vários países, notadamente no Brasil. Mas nem tudo é um "mar de rosas" – atualmente, muitos fatores de alteração ambiental têm afetado a sobrevivência de numerosas espécies e a integridade de muitos ecossistemas, o que, evidentemente, coloca em risco a biodiversidade existente em nosso país e no planeta.

O aquecimento global ultimamente em evidência, sobretudo em virtude da **ação antrópica**, ou seja, devido à atividade humana, é fenômeno que tem sido atribuído ao excesso de emissão de gases de estufa decorrentes da intensa utilização de combustíveis fósseis por indústrias ou veículos automotores. De acordo com a opinião de inúmeros cientistas, a emissão excessiva desses gases, entre outros efeitos, está colocando em risco a integridade de vários recifes de coral, devido ao aumento de temperatura e da acidez das águas marinhas, fatores que prejudicam a sobrevivência dos animais formadores dos recifes. Esse fenômeno é evidente em muitos oceanos, notadamente na famosa barreira de recifes de corais na Austrália.

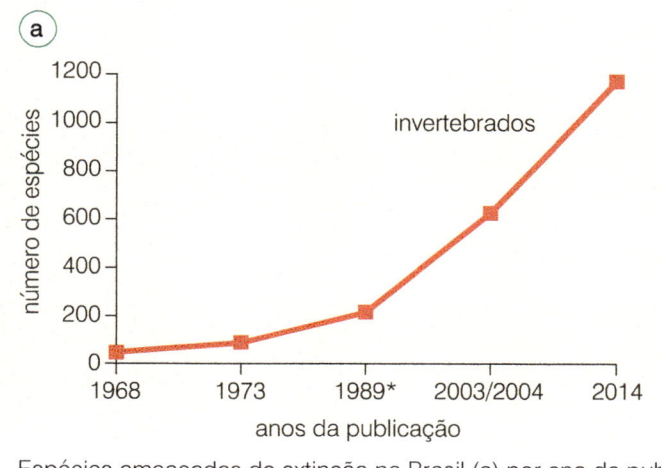

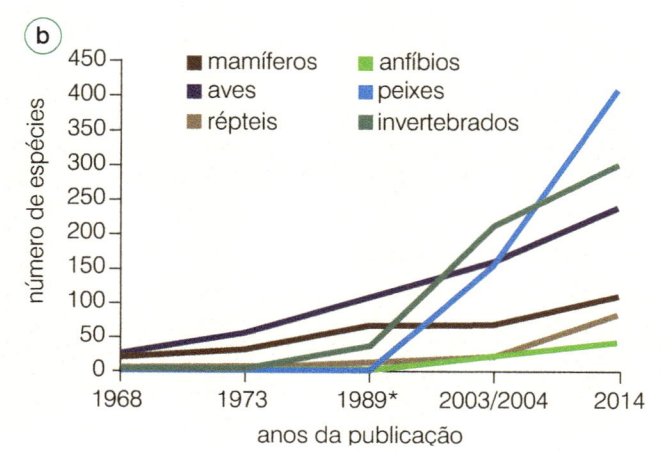

Observe o branqueamento do coral *Pacillopora* sp. devido ao aquecimento das águas no oceano Pacífico.

Espécies ameaçadas de extinção no Brasil (a) por ano da publicação e (b) por grupo taxonômico.

Fonte: BRASIL. *Livro Vermelho da Fauna Brasileira Ameaçada de Extinção*. Brasília: ICMBio/MMA, 2018. v. 1. p. 46.

Outro fator que compromete a biodiversidade é o desmatamento descontrolado de inúmeros ambientes florestais tropicais, notadamente os brasileiros, colocando em risco inúmeras espécies presentes em nossas matas.

Um terceiro fator que pode acentuar a perda de biodiversidade é a liberação sem critérios de diversos tipos de substâncias poluentes, sejam gases atmosféricos ou os que atingem solos e recursos hídricos, fato que também compromete a vida nesses ambientes e coloca em risco a biodiversidade.

A introdução de espécies exóticas, ou seja, estrangeiras, que normalmente não são encontradas em determinado ambiente, também constitui um fator de risco à biodiversidade, na medida em que, na falta de inimigos naturais, elas proliferam, o que reduz sensivelmente o número de espécies nativas que com elas competem em desigualdade de condições.

A introdução do javali (*Sus scrofa ferus*) no Brasil tem sido responsável por importantes prejuízos na agricultura e no assoreamento de cursos d'água.

Tendo em vista esses aspectos, inúmeras entidades governamentais e ambientalistas no mundo todo têm chamado a atenção para o risco que representa a perda da biodiversidade global, principalmente a relacionada a áreas florestais, muitas delas responsáveis pela liberação de oxigênio na fotossíntese e retenção de carbono na madeira das árvores em crescimento, pela manutenção da riqueza dos solos, e, sobretudo, pela formação de chuva, como ocorre com a nossa Floresta Amazônica, geradora do que se conhece como "rios voadores", cuja água precipita em vários estados brasileiros.

Preservar a biodiversidade é fundamental para a sobrevivência do planeta e todos devemos contribuir com atitudes responsáveis para a sua manutenção.

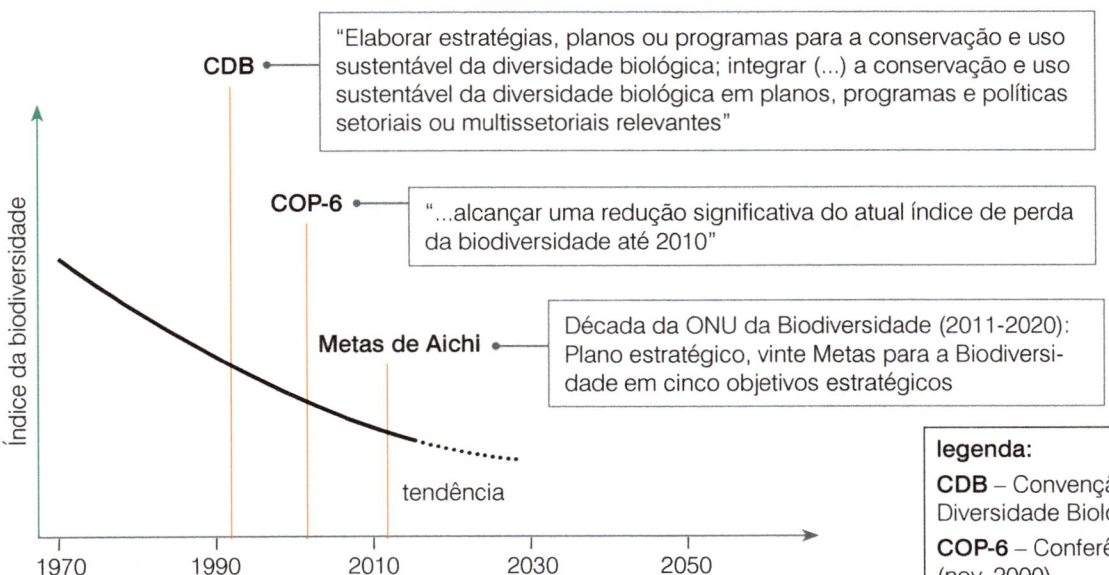

CDB: "Elaborar estratégias, planos ou programas para a conservação e uso sustentável da diversidade biológica; integrar (...) a conservação e uso sustentável da diversidade biológica em planos, programas e políticas setoriais ou multissetoriais relevantes"

COP-6: "...alcançar uma redução significativa do atual índice de perda da biodiversidade até 2010"

Metas de Aichi: Década da ONU da Biodiversidade (2011-2020): Plano estratégico, vinte Metas para a Biodiversidade em cinco objetivos estratégicos

legenda:
CDB – Convenção sobre Diversidade Biológica
COP-6 – Conferência das Partes (nov. 2000)
Metas de Aichi – Metas de Aichi para a Biodiversidade

Os declínios da biodiversidade continuaram apesar dos repetidos compromissos de política destinados a retardar ou deter a taxa de perda.

Fonte: WWF. 2018. GROOTEN, M.; ALMOND, R. E. A. (Eds.). *Relatório Planeta Vivo – 2018*: uma ambição maior. WWF: Gland, Suíça. Disponível em: <https://d3nehc6yl9qzo4.cloudfront.net/downloads/lpr_2018_summary_portugues_digital.pdf>. (Adaptado). Acesso em: 26 abr. 2019.

Entre as espécies brasileiras criticamente ameaçadas de extinção, encontram-se (a) mutum-de-bico-vermelho (*Crax blumenbachii*), (b) bugio-marrom (*Alouatta guariba guariba*), (c) atum-azul (*Thunnus thynnus*) e (d) estrela-do-mar da espécie *Linckia guildingi*.

Fonte: BRASIL. *Livro Vermelho da Fauna Brasileira Ameaçada de Extinção*. Brasília: ICMBio/MMA, 2018. v. 1..

É SEMPRE BOM SABER MAIS!

Exemplo de perda de biodiversidade na Amazônia

A conversão da Floresta Amazônica em áreas de plantio e de pasto tem sido apontada como responsável por redução das chuvas, aumento das secas e degradação dos ecossistemas aquáticos. Agora, um novo estudo liderado por um cientista brasileiro nos Estados Unidos mostra que o desmatamento também tem impacto na produção comercial de peixes. Para o professor Leandro Castello, da Faculdade de Recursos Naturais e Meio Ambiente da Virginia Tech (Estados Unidos), "as florestas em planícies de inundações podem fornecer estruturas que protegem os peixes e servem como *habitat* para insetos que são o alimento de muitas das espécies de peixes. Essas florestas também produzem plantas que fornecem comida para alguns deles. Quando as florestas são cortadas, o rendimento da pesca nesses lagos é reduzido. O desmatamento não é só questão terrestre – ele pode reduzir o número de peixes disponíveis para uma das populações mais pobres do mundo, disse o cientista.

Adaptado de: CASTRO, F. Desmate afeta produção de peixes na Amazônia.*O Estado de S. Paulo*, São Paulo, 14 dez. 2017, p. A22. cad. Metrópole.

Unidades de Conservação e Parques Nacionais

A partir do momento em que a ação antrópica coloca em risco a manutenção de muitos ambientes naturais, surgiram iniciativas que visam a protegê-los e, assim, possibilitar a continuidade dos ecossistemas ameaçados de alterações, muitas delas irreversíveis.

É evidente que a alteração das características dos ambientes naturais ou mesmo sua destruição remontam a tempos históricos, por meio da ação de povos e civilizações do passado. Mas não restam dúvidas de que na atualidade esse procedimento é mais acentuado, sobretudo devido ao crescimento da população humana mundial, que implica, entre outras necessidades, a produção cada vez mais intensa de recursos alimentares e de habitação. Assim, a urgência em promover a manutenção dos ambientes naturais justificou a criação das chamadas Unidades de Conservação, que representam áreas de proteção ambiental e da biodiversidade. No Brasil, essa prática teve início com a instituição do Sistema Nacional de Conservação da Natureza (SNUC), com a promulgação da Lei n.º 9.985, de 18 de julho de 2000. Paralelamente a essa inovação protetora, foi também estimulada a manutenção ou a criação de Parques Nacionais, localidades situadas em vários estados brasileiros, que podem ser visitados e conhecidos pela população. A intenção é igualmente proteger a natureza e estimular a manutenção da biodiversidade brasileira, uma das maiores do planeta.

Existem dois tipos de Unidades de Conservação: a integral e a de uso sustentável. À primeira modalidade pertencem aquelas unidades que não podem ser habitadas, sendo permitido seu uso para pesquisas científicas e turismo ecológico. Nas unidades de uso sustentável admite-se a construção de moradias, estimulando-se atitudes de conservação da natureza com o uso moderado e sustentável de recursos naturais.

Parque Nacional da Chapada Diamantina.
Procure se informar a respeito dos Parques Nacionais do Brasil. São muitos e cada um deles apresenta características, diversidade biológica e objetivos de manejo que vale a pena conhecer.

CAPÍTULO 3 • A evolução dos seres vivos 63

Nosso desafio

Para preencher os quadrinhos de 1 a 9, você deve utilizar as seguintes palavras: criacionismo, Darwin, evolucionismo, fixismo, Herança dos Caracteres Adquiridos, Lamarck, seleção natural, Uso e Desuso, variabilidade.

À medida que você preencher os quadrinhos, risque a palavra que escolheu para não usá-la novamente.

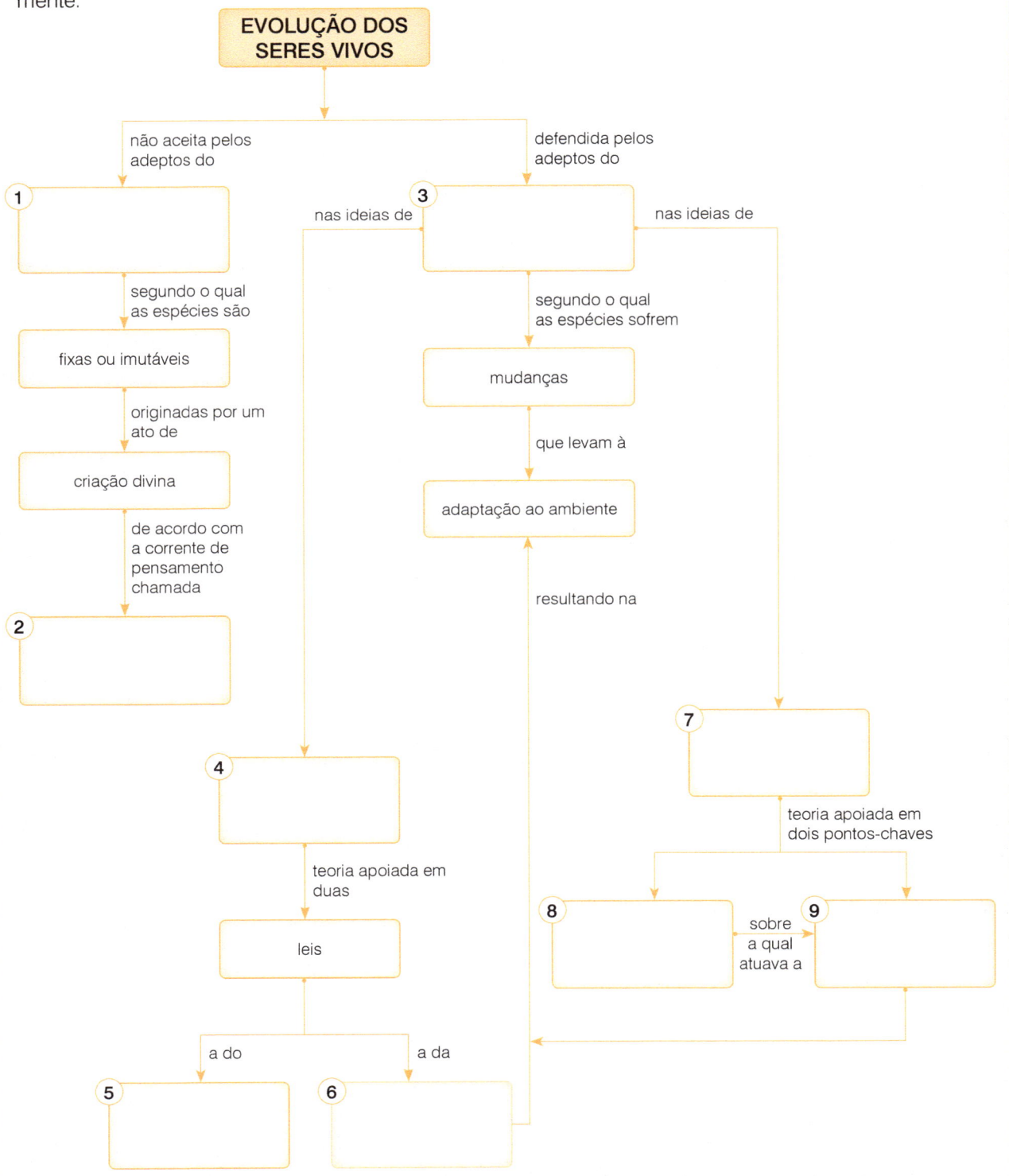

EVOLUÇÃO DOS SERES VIVOS

não aceita pelos adeptos do

1 ▢

segundo o qual as espécies são

fixas ou imutáveis

originadas por um ato de

criação divina

de acordo com a corrente de pensamento chamada

2 ▢

defendida pelos adeptos do

3 ▢

nas ideias de

segundo o qual as espécies sofrem

mudanças

que levam à

adaptação ao ambiente

resultando na

nas ideias de

7 ▢

teoria apoiada em dois pontos-chaves

8 ▢   sobre a qual atuava a   **9** ▢

4 ▢

teoria apoiada em duas

leis

a do   a da

5 ▢   **6** ▢

Atividades

1. **[1, 2, 3, 6, 7, 10, 12, 15]** Assim como uma chave se ajusta perfeitamente a uma fechadura e um *pen-drive* a uma entrada USB, também nos seres vivos há exemplos de integração com outros seres vivos e com o ambiente. O bico do beija-flor inserido em uma flor tubulosa colorida, a cauda dos macacos enrolando-se em galhos de árvore, um pica-pau bicando em galhos de árvore à procura de alimentos são alguns exemplos dessa integração. O mesmo ocorre com a integração dos dedos das pessoas ao teclarem em um celular ou *tablet*. Todos esses exemplos ilustram a existência de resolução de problemas, muitos deles relacionados à sobrevivência.

   Considerando todos esses exemplos:
   a) Indique o termo que é utilizado em linguagem científica ao se referir ao ajuste ou à harmonia existente nesses casos e que pode ser estendido ao dia a dia das pessoas.
   b) Quais são as duas possíveis explicações que podem ser utilizadas na argumentação da origem desses ajustes nos seres vivos?

2. **[1, 2, 3, 7, 8, 9, 12, 15]** Considere a frase: "Podemos contar agora tantas espécies quantas foram criadas no princípio", que foi dita pelo naturalista Carlos Lineu (1707-1778). Em sua opinião, esta frase refere-se ao *fixismo*, ao *criacionismo* ou à ocorrência de *transformação das espécies*? Justifique a sua resposta.

3. **[1, 2, 3, 7, 8, 9, 12, 15]** Por longo tempo predominou o conceito de que as espécies teriam surgido na Terra devido a algum mecanismo de criação e se mantido imutáveis por séculos, até eventualmente desaparecerem. No século 19, porém, alguns pensadores e cientistas se destacaram na defesa da modificação das espécies. Na argumentação então empregada na defesa dessa nova proposta foram utilizadas algumas importantes evidências, notadamente as relacionadas a aspectos geológicos do nosso planeta.
   a) Releia novamente o item *As espécies se modificam*, neste capítulo, e indique o argumento relacionado a aspecto geológico que foi determinante na proposta da modificação das espécies.
   b) Que crença passou a ser favorecida, a partir do argumento relacionado a aspectos geológicos, na defesa da ocorrência da modificação das espécies?
   c) Com essa nova visão a respeito da longa trajetória da vida em nosso planeta, passou-se a sugerir, ao longo do século 19, a ocorrência do processo que foi denominado de evolução biológica. Em poucas palavras, como conceituar evolução biológica? Evolução biológica implica sempre na melhoria ou aperfeiçoamento dos seres vivos e de suas características ou estruturas?

4. **[1, 6, 15]** Quais foram os dois cientistas que se destacaram ao propor teorias de evolução biológica no século 19?

5. **[1, 2, 3, 7, 8, 9, 12, 15]** Jean Baptiste Lamarck iniciou a era da divulgação de teorias que tentavam explicar a ocorrência de evolução dos seres vivos. Em 1809, o cientista francês divulgou sua proposta, que era lógica e cativante à época e que foi aceita por inúmeros pensadores. Para Lamarck, mudanças que ocorriam no ambiente constituiriam um estímulo que proporcionaria o aparecimento, modificação ou mesmo o desaparecimento de características ou estruturas dos seres vivos. A tese desse cientista tinha duas leis como fundamento.
   a) Indique as duas leis que constituíam a teoria de Lamarck.
   b) O que era estabelecido na primeira lei da teoria de Lamarck?
   c) Na verdade, um ponto de destaque caracteriza a primeira lei de Lamarck. Qual é esse destaque relacionado à adaptação dos seres vivos ao ambiente?

d) Indique a principal característica determinante da segunda lei de Lamarck.

Utilize as informações do texto a seguir para responder às questões **6** e **7**.

No mesmo ano em que Jean Baptiste Lamarck divulgava suas propostas sobre evolução biológica, nascia Charles Robert Darwin. Em 1931, Darwin participou de uma longa viagem marítima a bordo do navio Beagle, por várias ilhas e países, inclusive o Brasil. Foi um grande observador, tendo recolhido amostras valiosas que ajudaram a fundamentar sua visão sobre a evolução dos seres vivos. Passou pelo arquipélago de Galápagos, ocasião em que observou e coletou aves hoje conhecidas como tentilhões de Darwin, constituídas por 13 espécies, que o ajudaram em sua argumentação evolutiva. O que chamou bastante a atenção de Darwin foram as diferenças marcantes entre animais extintos e outras espécies ainda vivas, além de se impressionar com a diferença entre filhos de mesmo pai e mesma mãe. Ficou evidente para ele a grande *variabilidade* natural existente entre os organismos das diferentes espécies.

De volta à Inglaterra, Darwin deu início a uma série de procedimentos que culminaram, em 1859, com a publicação da primeira edição de seu livro, *A Origem das Espécies*, no qual explicita suas ideias a respeito do mecanismo que promove as diferenças entre as espécies, ou seja, o mecanismo que favorece a ocorrência de evolução dos seres vivos por **seleção natural** e sua constante **adaptação** aos diferentes meios de vida.

6. [1, 2, 3, 7, 8, 9, 12, 15]
 a) Indique os princípios básicos da teoria de Darwin sobre a evolução das espécies.
 b) Como foi denominada a teoria proposta por Charles Darwin?

7. [1, 2, 3, 7, 8, 9, 12, 15]
 a) Preencha as lacunas dos retângulos a seguir com os termos dos três tópicos relevantes da teoria de Darwin que estão destacados no texto.

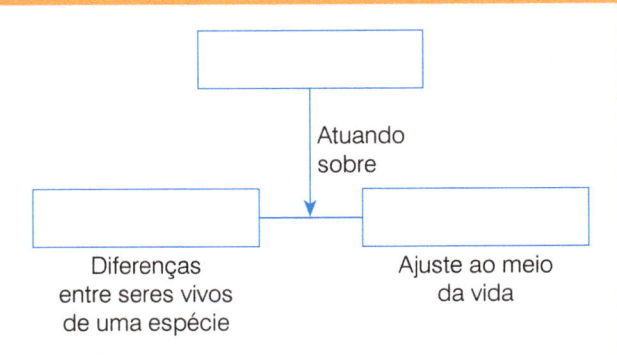

[Diagrama: retângulo superior → Atuando sobre → Diferenças entre seres vivos de uma espécie / Ajuste ao meio da vida]

 b) Indique a principal lacuna deixada pela teoria de Darwin, em decorrência do desconhecimento, à época, de processos fundamentais relacionados à hereditariedade.

8. [1, 2, 3, 7, 8, 9, 12, 15] De volta de sua viagem marítima ao redor do mundo e à procura de evidências concretas que possibilitassem a compreensão de sua proposta a respeito da evolução dos seres vivos, Darwin procedeu a uma série de atividades que tinham como fundamento uma comprovação quase que experimental a respeito da atuação da seleção natural sobre a variabilidade existente nos seres vivos. Na busca dessas evidências realizou vários cruzamentos entre pombos domésticos, além de ser um eficiente criador e multiplicador de orquídeas. Dialogava também com criadores de animais, principalmente cães e donos de rebanho de gado e de cavalos. A partir dos experimentos que executou e das conversas com criadores, resultou uma base científica que tentava fundamentar os princípios de sua teoria. A respeito desse assunto:

 a) Indique a que princípio estavam relacionados os experimentos que Darwin realizou.
 b) Como Darwin justificava os resultados de seus experimentos e suas conversas na tentativa de consolidar a sua teoria da evolução dos seres vivos?

9. [1, 2, 3, 6, 12, 16] Considere as afirmações a seguir.
 I. "O uso constante e continuado do pescoço, faria o mesmo se alongar, adaptando a girafa a alcançar o seu alimento de ma-

neira mais fácil. Ao ocorrer a reprodução, a característica pescoço comprido seria transmitida aos descendentes, que já nasceriam com o tamanho adequado do pescoço."

II. "No passado, havia girafas com tamanhos diferentes de pescoço. Graças à existência dessa variabilidade, apenas as girafas que já tinham pescoço longo o suficiente conseguiam alcançar as folhas de ramos elevados das árvores e, assim, sobreviver."

a) Ao ler a frase I, um estudante concluiu que ela expressava um conceito lamarckista. Cite as informações contidas no texto que justificaram a escolha do estudante.

b) O mesmo estudante concluiu que a afirmação II possuía conotação darwinista. Dos fatores evolutivos característicos da teoria darwinista, um deles está citado no texto, enquanto o outro é o que justifica a adaptação e a sobrevivência das girafas que já possuíam pescoço longo. Quais são esses fatores?

10. [1, 2, 3, 6, 12, 16] O que há de comum e de diferente entre as teorias de Lamarck e de Darwin?

11. [1, 2, 3, 7, 8, 9, 12, 15, 16] Mariposas da espécie *Biston betularia* com asas de coloração escura, denominadas de melânicas, costumam pousar em troncos de árvores desprovidos de liquens, que normalmente conferem coloração típica prateada a esses troncos. Assim, permanecem camufladas e conseguem de modo geral escapar de seus predadores. Por sua vez, mariposas dessa espécie, de coloração clara, ao pousarem nesses mesmos troncos desprovidos de liquens, são mais visíveis e sujeitas à ação de predadores. A esse respeito:

a) Segundo o darwinismo, tais mariposas já são dotadas desses tipos de coloração de asas ou os desenvolvem em resposta ao local em que pousam? Justifique sua resposta.

b) Como Lamarck explicaria essa variedade de cores de asas nessa espécie de mariposa?

12. [1, 2, 3, 7, 8, 9, 12, 15, 16] O tratamento de doenças causadas por bactérias é frequentemente feito com a utilização de antibióticos. De acordo com recomendação médica, tais substâncias devem ser ingeridas por tempo determinado. No entanto, frequentemente a infecção não cede e o médico prescreve outro antibiótico, na esperança de que a contaminação cesse.

a) De acordo com a teoria da seleção natural de Darwin, como explicar o fato de não haver cura da infecção com a ingestão do primeiro antibiótico?

b) Como seria a explicação do mesmo fenômeno com base nas ideias de Lamarck sobre a evolução dos seres vivos?

13. [1, 2, 3, 7, 8, 9, 12, 15, 16] Leia a série de frases a seguir.

a) Antibióticos utilizados para o combate de infecções induzem as bactérias a adquirir resistência a esses medicamentos, que perdem sua eficiência.

b) Gafanhotos verdes passaram a ter essa coloração de tanto viverem entre a folhagem verde de um gramado.

As duas frases possuem conotação lamarckista. Como você as reescreveria no sentido de terem uma conotação darwinista?

14. [1, 2, 3, 6, 12, 16] Qual foi a importância do estudo dos fósseis para a compreensão da evolução biológica dos seres vivos?

15. [1, 2, 3, 6, 7, 8, 9, 12, 14, 15, 16] "A análise de um osso fossilizado, que tinha ido parar na casa de um sertanejo do Ceará, foi suficiente para demonstrar que havia dinossauros semiaquáticos no Brasil há 110 milhões de anos. O pedaço de uma tíbia (osso da canela) pertencia a um espinossauro, dino carnívoro que é um parente distante de superpredadores pré-históricos como o *Tyrannosaurus rex*. As características ósseas do

fragmento indicam que ele funcionava como uma espécie de lastro, ajudando o bicho a afundar nas águas onde pescava, na região onde hoje fica a chapada do Araripe."

Fonte: LOPES, R. J. Sertanejo do CE tinha em casa um osso de dino brasileiro nadador. *Folha de S.Paulo*, São Paulo, 26 maio 2018, p. B5. cad. Ciência.

a) O texto faz referência a osso fossilizado que supostamente teria pertencido a um dinossauro aquático. O que é um fóssil?

b) É possível dizer que fósseis são comprovações de que ocorreu o processo de evolução biológica?

c) Além do encontro de restos fossilizados de ossos longos de animais, como o citado no texto, que outros sinais podem ser considerados fósseis?

16. [1, 2, 3, 6, 7, 8, 9, 12, 14, 15, 16] No *Entrando em ação* da página 58, foi utilizada a mistura de água com gesso na cobertura das nervuras da folha que estavam impressas na massa de modelar. No passado, os seres vivos, ou seus restos, também devem ter sido cobertos por materiais que, supostamente, segundo os cientistas, teriam preservado esses restos ou, pelo menos, mantido sua forma.

a) Na natureza dos tempos passados, sugira um tipo de material que poderia ter coberto os seres vivos ou partes deles, possibilitando, assim, a sua fossilização.

b) Sugira uma provável explicação para o fato de que restos de seres vivos, cobertos por determinados tipos de materiais no passado, tenham sido preservados ou, pelo menos, mantido sua forma original.

17. [1, 2, 3, 6, 7, 8, 9, 12, 15, 18] "Nosso país é considerado megabiodiverso. Aqui se encontra uma grande variedade de espécies da fauna e da flora, compondo importantes ecossistemas que nos proporcionam um dos melhores climas do mundo, água pura e em grande quantidade, terras férteis e paisagens paradisíacas. Este é o nosso maior privilégio, esta é a nossa herança: temos uma natureza que nos oferece todos os recursos de que precisamos para viver bem. E essa herança deve ser protegida."

Disponível em: <http://www.mma.gov.br/areas-protegidas/unidades-de-conservacao>. *Acesso em:* 24 abr. 2019.

a) De acordo com as informações do texto nosso país é dotado de uma grande variedade de espécies vegetais e animais componentes dos ecossistemas encontrados em nosso território. Indique a denominação normalmente utilizada na designação dessa grande variedade de espécies típicas do nosso país.

b) O texto destaca que "...temos uma natureza que nos oferece todos os recursos de que precisamos para viver bem. E essa herança deve ser protegida". Que mecanismo jurídico foi criado no sentido de proteger a ampla variedade de espécies típicas de nosso país, ou seja, a biodiversidade, de nossos ambientes naturais?

18. [1, 2, 3, 6, 7, 8, 9, 12, 15, 18] "O Cerrado é a maior savana da América do Sul e a mais rica em biodiversidade no planeta, com 44% de endemismo das espécies de plantas. É também a segunda maior formação vegetal do continente, ocupando 1/4 do território brasileiro, que corresponde a 2 milhões de km² ou a soma das áreas de Espanha, França, Alemanha, Itália e Reino Unido. É considerado berço das águas por ser fundamental para oito das 12 bacias hidrográficas brasileiras. Além disso, todos os afluentes meridionais do Amazonas, com exceção do Juruá e Purus, nascem nesse bioma, assim como vários rios do Maranhão e Piauí. (...) O material em suas mãos é um compilado de informações sobre uma área específica do Cerrado brasileiro nos estados do Maranhão, Tocantins, Piauí e Bahia, conhecida como MaToPiBa. Essa área é considerada a última fronteira agrícola e nos últimos anos

tem perdido grande parte de sua vegetação nativa para a produção de soja e pecuária, principalmente. De forma geral, o Código Florestal permite até 80% de desmatamento legal nas propriedades rurais da região e, assim, a dramática taxa de desmatamento pode encontrar amparo legal."

Disponível em: <https://www.wwf.org.br/?60465/Por-Dentro-do-Matopiba>. *Acesso em:* 24 abr. 2019.

a) No texto, destaca-se que o Cerrado brasileiro é rico em vegetais, sendo dotado de 44% de endemismo das espécies de plantas, e considerado a formação mais rica em biodiversidade no planeta. Em poucas palavras, explique o significado dos termos endemismo e biodiversidade.

b) Em termos de produtividade agrícola, a região denominada de MaToPiBa, de acordo com o texto, "tem perdido grande parte de sua vegetação nativa para a produção de soja e pecuária, principalmente". Em termos da manutenção da biodiversidade, que medida pode ser implementada no sentido de preservar os ambientes naturais localizados nessa região e também a biodiversidade?

c) Indique, em poucas palavras, o significado de Unidade de Conservação.

19. [1, 2, 3, 6, 7, 8, 9, 12, 15, 18] "O desenvolvimento das sociedades humanas sempre impacta o meio ambiente. Com o objetivo de preservar grandes áreas naturais, sua fauna e flora, surgem, no final do século XIX, os primeiros Parques Nacionais: áreas naturais, administradas direta ou indiretamente pelo Estado, destinadas à conservação de seus aspectos naturais e culturais para a posteridade e como símbolo representativo de uma nação. (...) No Brasil, quem inaugurou a categoria foi o Parque Nacional de Itatiaia, criado em 1937. (...) A União Internacional para Conservação da Natureza (IUCN), através de sua Comissão Mundial de Áreas Protegidas, definiu Parque Nacional como (...) área natural extensa de terra ou mar de grande relevância para a conservação da natureza e da biodiversidade, destinada a: (1) proteger a integridade ecológica de um ou mais ecossistemas para as gerações presentes e futuras; (2) excluir a exploração ou ocupação não ligadas à proteção da área; e (3) prover as bases para que os visitantes possam fazer uso educacional, lúdico, ou científico de forma compatível com a conservação da natureza e dos bens culturais existentes."

Disponível em: <http://www.oeco.org.br/dicionario-ambiental/28241-o-que-e-um-parque-nacional/>. *Acesso em:* 24 abr. 2019.

Pico das Agulhas Negras, com 2.790,94 m de altitude. Parque Nacional de Itatiaia, Serra da Mantiqueira, entre os estados do Rio de Janeiro e Minas Gerais.

a) Por meio das informações contidas no texto, indique o significado de Parque Nacional.

b) Utilize as informações contidas no texto e indique a importância de se definir uma área como Parque Nacional.

20. **[1, 2, 3, 6, 7, 8, 9, 12, 15, 18]** Recifes de coral são ecossistemas marinhos dotados de grande número de espécies, tanto de animais quanto de algas. Em várias partes do mundo, esses ecossistemas constituem uma atração turística e ajudam a sobrevivência de inúmeras pessoas, que recorrem a peixes que neles vivem para sua alimentação. No Brasil, alguns locais possuem tais formações, inclusive na região amazônica, dotada de formação de corais típica por estar associada ao encontro da água do rio com o oceano Atlântico. Atualmente, muitos recifes são ameaçados pelo excesso de emissão de gases de estufa, que contribuem para o incremento do aquecimento global. Dois fenômenos chamam a atenção: primeiro, o aquecimento da água marinha, cuja consequência é a expulsão, pelos animais construtores do recife, das minúsculas algas a eles associadas, o que conduz ao chamado branqueamento dos recifes de coral e, claro, à deterioração desses ecossistemas, com perda inevitável de inúmeras espécies que neles viviam, entre elas muitos peixes. Em segundo lugar, o risco de elevação da acidez da água, em decorrência do aumento da dissolução de gás carbônico, que gera muitas moléculas de ácido carbônico. O aumento da acidez oceânica conduz à dissolução dos esqueletos calcários do recife, com destruição da base de sustentação dos animais construtores dos recifes.

a) Uma característica dos recifes de coral muito valorizada é servir de ambiente para inúmeras espécies que deles dependem como locais de refúgio, obtenção de alimento e reprodução. Comparando-se um recife de coral com a Floresta Amazônica, por exemplo, pode-se afirmar que os dois possuem em comum uma importante característica, relacionada ao componente biótico dos ecossistemas. Indique qual é essa característica.

b) Do mesmo modo que atualmente aumentam as preocupações a respeito da ocorrência de desmatamento na Floresta Amazônica, na Floresta Atlântica e no Cerrado, ambientes presentes em nosso país, também os recifes de coral sofrem a ameaça de alterações irreversíveis, conforme relatado no texto. Indique pelo menos uma medida, de caráter mundial, que poderia atenuar os danos atualmente sofridos pelos recifes de coral e que poderiam ser evitados por meio da adoção dessa medida.

Navegando na net

Para saber mais sobre Unidades de Conservação e Parques Nacionais, consulte os endereços eletrônicos abaixo:

<http://www.mma.gov.br/areas-protegidas/unidades-de-conservacao>

<https://www.wwf.org.br/natureza_brasileira/questoes_ambientais/unid/>

<http://www.icmbio.gov.br/portal/visitacao1/visite-os-parques>

Leitura

Você, desvendando a Ciência

Testes genéticos e ética

Algumas pessoas acreditam que nossa capacidade de identificar genes defeituosos pode gerar dilema psicológico, emocional e social em um indivíduo. Esse pensamento procede?

Quando as doenças de origem genética podem ser tratadas, a resposta a nossa pergunta é *não*, pois os benefícios superam os danos pelo fato de existir cura. É o caso da doença hereditária *fenilcetonúria*, que pode levar a criança ao retardo mental. Mas se o bebê for tratado com uma dieta com baixo teor do aminoácido fenilalanina, além de outros cuidados, o retardo mental poderá ser evitado.

Porém, como fica a resposta a nossa pergunta no caso de a doença genética identificada por testes bioquímicos ser incurável, quando seu progresso não pode ser interrompido por qualquer tratamento médico conhecido? É o caso da doença de Huntington, distúrbio que tende a afetar pessoas nas faixas de 40 a 50 anos. Nesse caso, a informação da possibilidade de vir a ter essa doença deve ser comunicada para o indivíduo ou sua família?

Vamos lembrar que o fenótipo não resulta diretamente do gene defeituoso (genótipo). O fenótipo é resultado de um longo "caminho bioquímico", visto que existem diversas variáveis que o afetam, tais como influências ambientais e interação com outros genes. Portanto, em muitos casos a presença de um gene defeituoso não implica que o indivíduo terá uma anomalia, mas indica que ele tem uma *predisposição genética* para determinada doença. Em palavras simples: há o risco de ele ter a doença, porém não é certeza de que a tenha.

Sem dúvida, as descobertas tecnológicas aumentaram nossas opções: tecnologias mais avançadas possivelmente nos permitirão, além de curar doenças, alterar genes para altura do indivíduo, sua força, sua destreza e outras características que nada têm a ver com saúde. Porém, a possibilidade de mais opções que a tecnologia nos traz deve estar amparada pela *ética*, um conjunto de princípios e regras que orientam o comportamento do homem em sociedade a fim de garantir o bem social. Portanto, a ética indica os limites e as finalidades da intervenção humana.

Então, também é preciso refletir, do ponto de vista ético, sobre várias questões ligadas aos testes genéticos. Por exemplo, seria ético fazer testes que averiguem a presença de gene defeituoso em um bebê, sabendo que o mesmo indica apenas a probabilidade de vir a ter uma doença incurável? Caso o teste seja positivo para o gene defeituoso, a criança ao crescer deveria ser comunicada da possibilidade de ter a doença? Quem teria acesso às informações genéticas e com que objetivos?

> Faça uma reflexão e redija um pequeno texto a respeito da frase: "Nem tudo que é cientificamente possível é eticamente aceitável".

CAPÍTULO 3 • A evolução dos seres vivos

TecNews
O que há de mais moderno no mundo da Ciência!

Terapia gênica no tratamento de anomalias genéticas em seres humanos

Quem diria que, um dia, seríamos capazes de corrigir alterações que ocorrem no material genético de recém-nascidos, dotando-os da capacidade de executarem normalmente suas funções vitais após o nascimento. Pois, graças aos avanços da ciência e da biotecnologia, foi isso o que ocorreu, após tratamento a que foram submetidas nove crianças que nasceram com a chamada miopatia miotubular (em inglês, MTM, *Myotubular Myopathy*).

As crianças nasceram com uma alteração genética ligada ao cromossomo X, causada por um defeito no gene relacionado à produção de uma enzima chamada *miotubularina*, essencial para o correto desenvolvimento e função de músculos esqueléticos. Sem essa enzima, as células musculares não se desenvolvem corretamente, não se contraem adequadamente e, com isso, várias funções associadas a esses órgãos são severamente prejudicadas, tais como movimentos dos braços e das pernas, a locomoção e os movimentos respiratórios que ocorrem graças à atuação dos músculos diafragma e os localizados entre as costelas. Para sobreviverem, essas crianças têm que ser mantidas em aparelhos artificiais de respiração e sondas de alimentação gastrointestinal. E como foi que essa alteração foi resolvida e corrigida?

Pesquisadores de uma empresa de terapia gênica injetaram nas crianças, por via endovenosa, trilhões de partículas de um vírus inofensivo, o adenovírus, cada qual carregando uma cópia correta do DNA referente ao gene afetado. Ingressando nas células musculares, o DNA se incorporou ao material genético celular muscular e passou a comandar a produção da enzima *miotubularina*. Os resultados foram animadores. Das nove crianças, apenas três tiveram alguns efeitos colaterais, tais como inflamação da musculatura do coração, mas, nas demais, a terapia conduziu a uma melhora substancial do quadro de paralisia muscular. O resultado desse procedimento revela que, atualmente, não é novidade a prática de se interferir no material genético de células humanas e de outros seres vivos. Sem dúvida, é uma conquista da biotecnologia que veio para ficar. Esperamos que sempre resulte em benefícios à saúde humana.

Investigando

Com seu grupo de trabalho, pesquisem a respeito de outros procedimentos relativos à interferência em genes relacionados a anomalias ou à denominada "edição de genes", procedimento adotado em pesquisas em várias comunidades científicas.

UNIDADE 2

MATÉRIA E ENERGIA

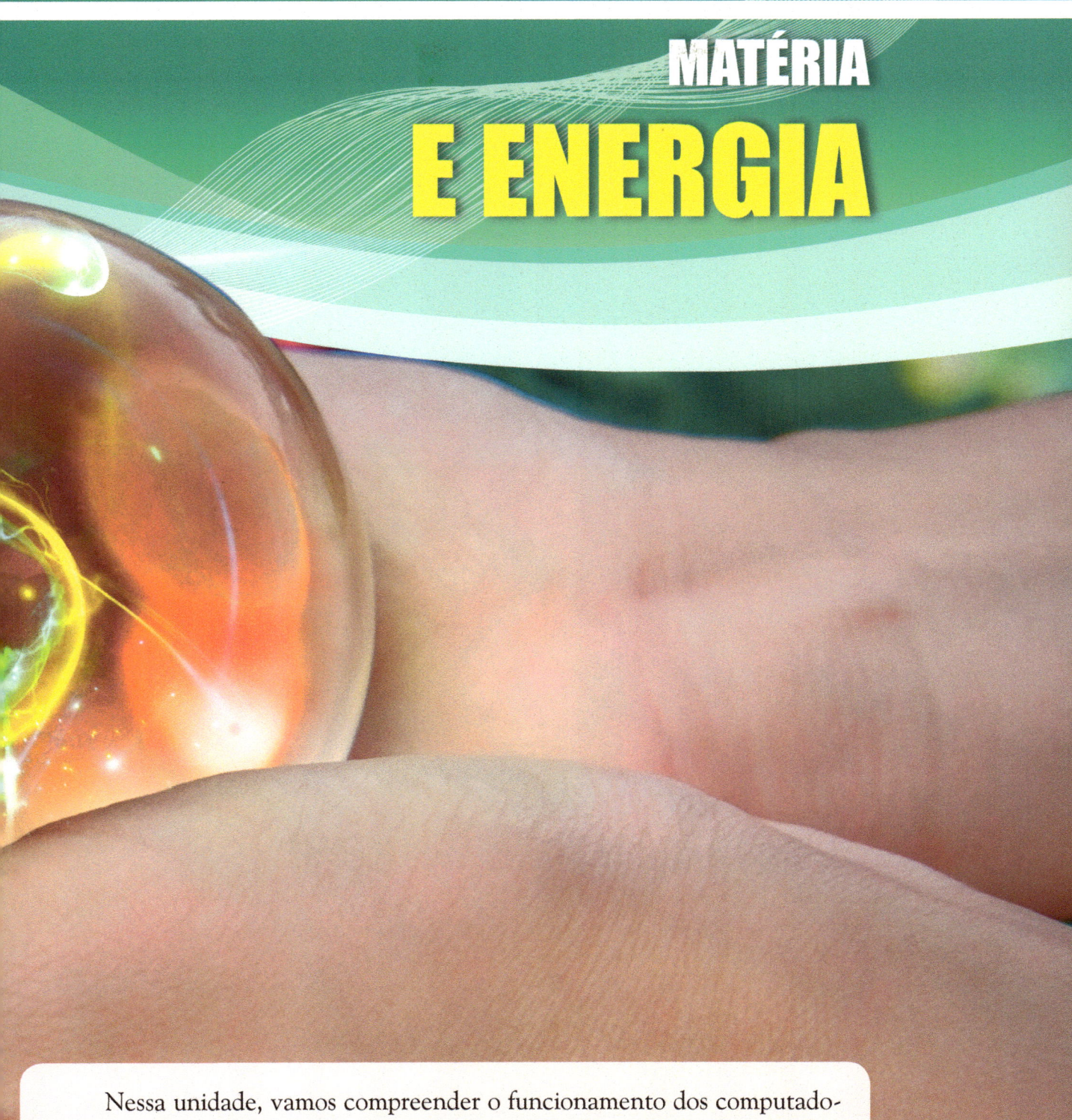

Nessa unidade, vamos compreender o funcionamento dos computadores, viajar ao mundo do muito pequeno, ao mundo da nanotecnologia. Apresentando e discutindo diversas aplicações, vamos descobrir a Física e a Química como áreas do conhecimento imprescindíveis para o desenvolvimento do universo nano.

Vamos entender o que a Física e a Química estudam, e como estudam, conhecer os métodos de investigação e descrição da natureza.

capítulo 4

A NANOCIÊNCIA E A NANOTECNOLOGIA

Os computadores e você

Qual é sua primeira lembrança do contato com algum tipo de computador? Eles fazem parte de nossa sociedade e estão inseridos nos mais diversos contextos. Você consegue imaginar como seria seu cotidiano sem eles? Gerações anteriores a sua possivelmente tenham lembranças de um mundo no qual os computadores pessoais não existiam (ou ainda eram extremamente caros). A influência da computação em nossa vida não se limita apenas aos equipamentos pessoais, *notebooks* ou *tablets*.

Muitas vezes os computadores não são protagonistas da cena, mas estão lá! Abrindo portas, acendendo as luzes automaticamente, controlando semáforos, ajustando a imagem da TV, monitorando a segurança dos carros, garantindo o voo dos aviões, levando pessoas para cima e para baixo nos elevadores e escadas rolantes, enfim... são diversas as aplicações dos dispositivos computacionais.

Mas como os computadores fazem isso? Como processam a informação? Como evoluíram desde sua invenção até hoje? Neste capítulo, vamos investigar essas perguntas e, na busca por respostas, seremos levados ao mundo da miniaturização e das invenções feitas a partir da manipulação de átomos e moléculas... o mundo da nanotecnologia!

RIDO/SHUTTERSTOCK

Há muito espaço lá embaixo

Iniciaremos nossa jornada de estudos entendendo como funcionam os computadores. Para isso, vamos fazer uma analogia entre o tipo de processamento da informação que ocorre no interior do computador e um simples jogo de adivinhação de palavras. Esse jogo consiste no seguinte: uma pessoa de um grupo de participantes pensa em um nome de fruta sem contar aos outros. Os demais precisam, um de cada vez, tentar adivinhar que fruta foi pensada e a pessoa que sabe a resposta só pode responder sim ou não.

Um grupo de 15 pessoas que experimentasse o jogo possivelmente acertaria a fruta pensada dentro de alguns minutos. Vamos comparar esse tempo com outra situação na qual quatro pessoas pensaram na mesma fruta e as outras 11 tentam adivinhar. Você acha que agora o tempo, em média, para acertar que fruta foi pensada será maior, menor ou igual? O que mudou entre a primeira e a segunda situação?

No primeiro caso, temos apenas um "processador de informação", que é a pessoa que pensou na fruta. Ela analisa uma informação de cada vez. Já no segundo caso, temos quatro "processadores de informação". As quatro pessoas podem analisar quatro tentativas de resposta ao mesmo tempo. Sendo assim, a fruta pensada será descoberta mais rapidamente.

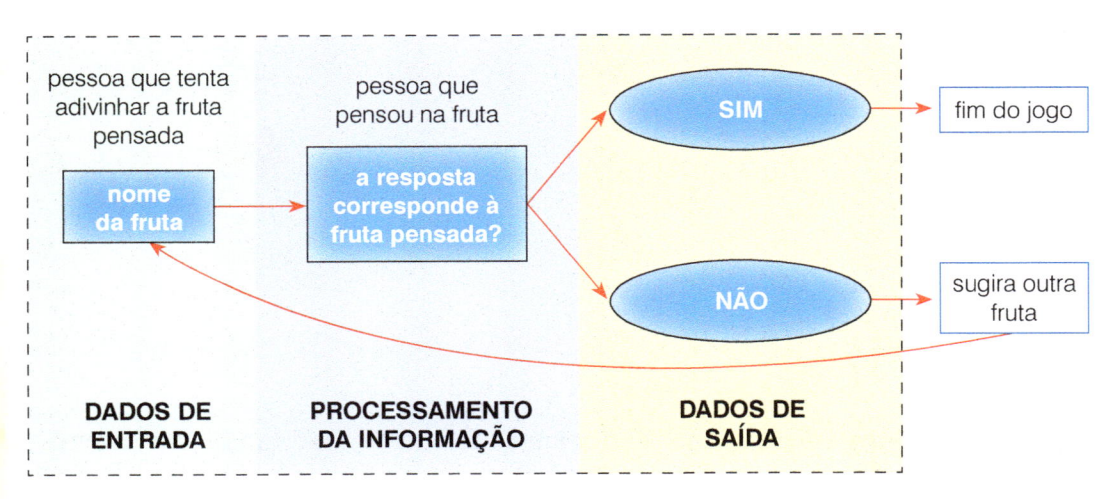

Mas o que tudo isso tem a ver com o funcionamento de um computador? Um computador funciona recebendo dados externos, processando esses dados e retornando uma ação. Por exemplo, quando digitamos uma palavra, esse é o dado de entrada. O computador processa a informação e o dado de saída é a palavra na tela.

Placa no interior de um computador mostrando o processador.

Transistor: componente eletrônico que, dependendo das condições de voltagem sob a qual é ligado, permite ou não a passagem de um sinal elétrico. Foi inventado em 1947 pelos físicos estadunidenses John Bardeen (1908-1991) e Walter Houser Brattain (1902-1987). Pela descoberta, ambos receberam o prêmio Nobel de Física de 1956. Os transistores foram de grande importância para o desenvolvimento não só dos processadores, mas também dos computadores.

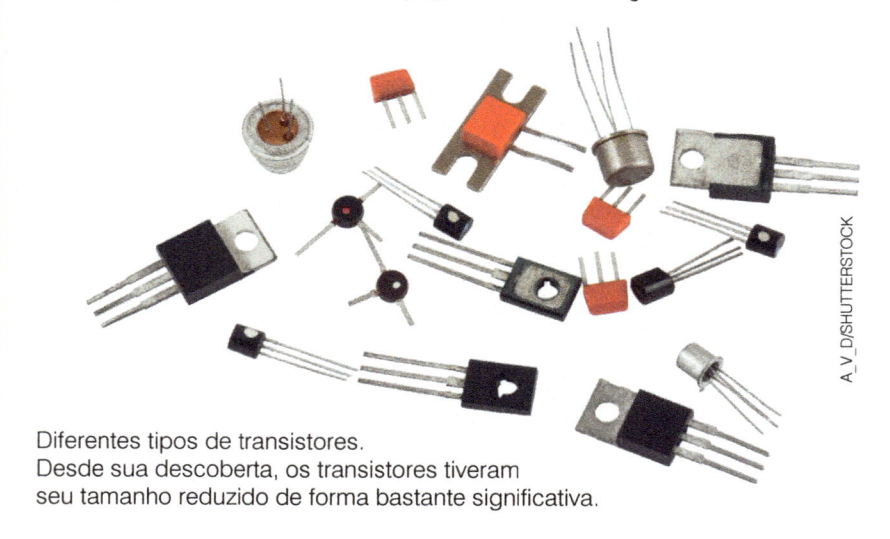

Os transistores utilizados nos computadores são extremamente pequenos, podendo ter tamanhos da ordem do milionésimo do metro.

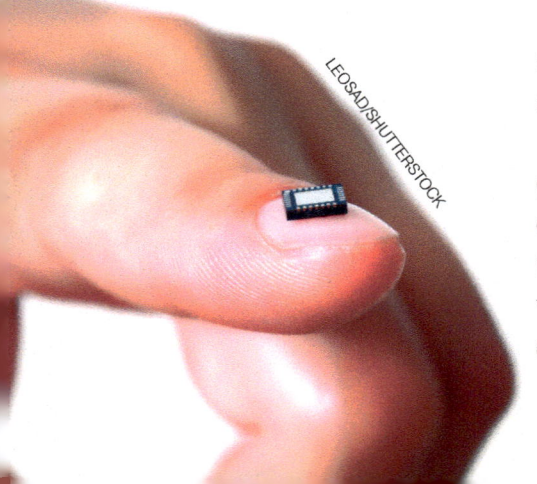

Enquanto no jogo é uma pessoa que processa a informação, em um computador é o **processador** que cumpre esse papel. Você já ouviu falar sobre os processadores de computador? Quando se busca informação sobre um computador, é comum falar sobre o tipo e a velocidade do processador. Esse é um dos parâmetros que se deve levar em consideração ao escolher um computador. Mas como funcionam os processadores?

Criados no início da década de 70, os processadores são o "cérebro" dos computadores e são compostos de outros dispositivos chamados **transistores**. Retomando a analogia com nosso jogo de adivinhar a fruta, um transistor funciona como se fosse a pessoa que pensou na fruta. Dependendo do sinal elétrico de entrada, ele permite ou não a passagem de um sinal de saída. As informações processadas são codificadas usando apenas algarismos zero e um (sistema binário), sendo que esses números corresponderiam ao "sim" e "não" no jogo de adivinhação.

Diferentes tipos de transistores.
Desde sua descoberta, os transistores tiveram seu tamanho reduzido de forma bastante significativa.

Mas as analogias com o jogo param por aí. Um computador atual possui no interior de seu processador mais de 700 milhões de transistores. É como se o jogo pudesse ser feito com 700 milhões de pessoas sabendo qual fruta é a correta! Não teríamos nem diversidade de frutas suficientes para fornecer tantas tentativas de acerto! O jogo não teria mais graça.

Como você deve imaginar, para que tamanha quantidade de transistores seja colocada no interior de um processador que tem alguns centímetros de tamanho, eles devem ser muito pequenos.

De fato, eles são! Mas nem sempre foi assim. Desde sua criação até hoje, o tamanho típico dos transistores utilizados em processadores reduziu mais de 1.000 vezes. O processo de redução de tamanho se iniciou na década de 70 e não parou mais. Dentre os vários países que contribuíram com pesquisas na área, destacam-se os japoneses, que fizeram grandes contribuições, pois já desenvolviam projetos de miniaturização de outros componentes eletrônicos desde o fim da Segunda Guerra Mundial.

É nesse contexto da busca por dispositivos cada vez menores que surge uma das áreas de estudo aplicado mais abrangentes da atualidade – a **nanotecnologia**. Você já leu ou ouviu falar sobre isso?

Para compreender melhor do que trata a nanotecnologia, vamos analisar o termo "nano". Nano refere-se à dimensão da qual se ocupa a nanotecnologia: 1 nm (um nanômetro) corresponde a bilionésima parte do metro. Difícil de imaginar? O infográfico a seguir ajudará a ter uma melhor noção do quão pequeno é o mundo da nanotecnologia.

> **Fique por dentro!**
>
> Pesquise com seus pais, avós ou pessoas mais velhas quais são as lembranças de quando os computadores não eram tão comuns nas residências e no cotidiano. Quais eram as formas de se comunicar com amigos e parentes há 15 ou 30 anos?

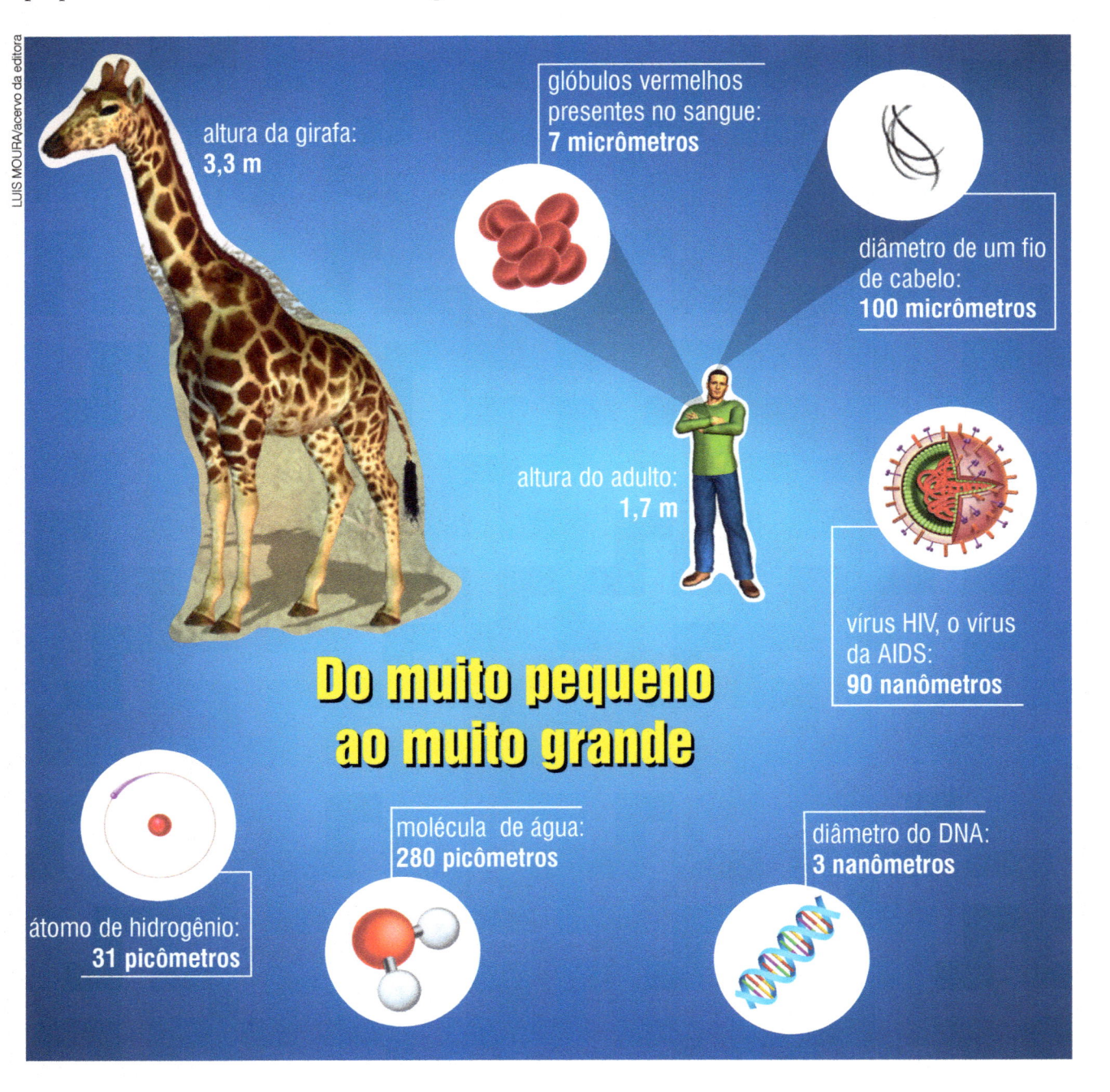

Do muito pequeno ao muito grande

- altura da girafa: 3,3 m
- glóbulos vermelhos presentes no sangue: 7 micrômetros
- diâmetro de um fio de cabelo: 100 micrômetros
- altura do adulto: 1,7 m
- vírus HIV, o vírus da AIDS: 90 nanômetros
- átomo de hidrogênio: 31 picômetros
- molécula de água: 280 picômetros
- diâmetro do DNA: 3 nanômetros

No infográfico, utilizamos alguns termos para descrever certas medidas, como micrômetro, picômetro e nanômetro. Veja a seguir uma tabela com esses e outros termos:

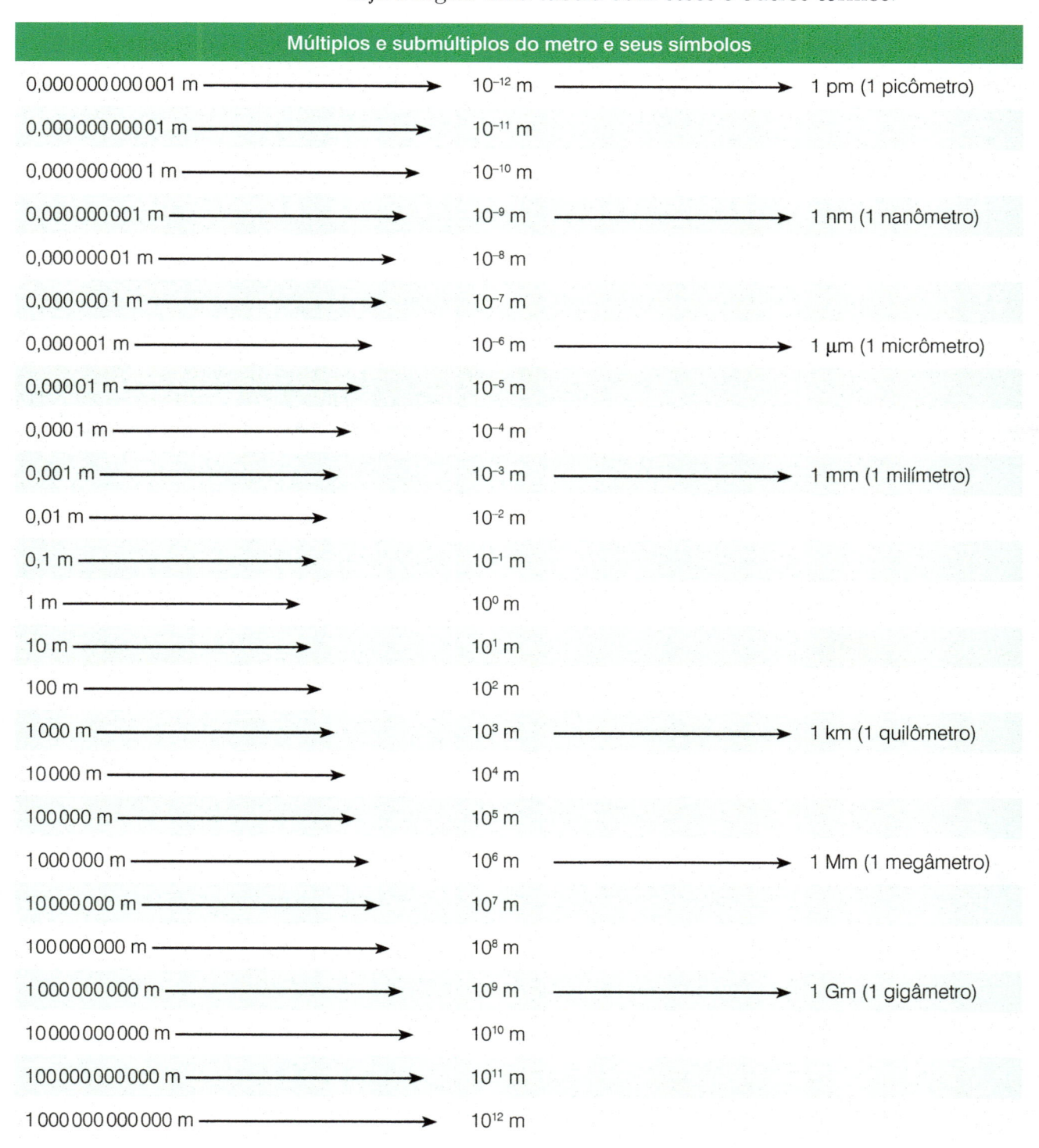

Múltiplos e submúltiplos do metro e seus símbolos		
0,000 000 000 001 m	10^{-12} m	1 pm (1 picômetro)
0,000 000 000 01 m	10^{-11} m	
0,000 000 000 1 m	10^{-10} m	
0,000 000 001 m	10^{-9} m	1 nm (1 nanômetro)
0,000 000 01 m	10^{-8} m	
0,000 000 1 m	10^{-7} m	
0,000 001 m	10^{-6} m	1 µm (1 micrômetro)
0,000 01 m	10^{-5} m	
0,000 1 m	10^{-4} m	
0,001 m	10^{-3} m	1 mm (1 milímetro)
0,01 m	10^{-2} m	
0,1 m	10^{-1} m	
1 m	10^{0} m	
10 m	10^{1} m	
100 m	10^{2} m	
1 000 m	10^{3} m	1 km (1 quilômetro)
10 000 m	10^{4} m	
100 000 m	10^{5} m	
1 000 000 m	10^{6} m	1 Mm (1 megâmetro)
10 000 000 m	10^{7} m	
100 000 000 m	10^{8} m	
1 000 000 000 m	10^{9} m	1 Gm (1 gigâmetro)
10 000 000 000 m	10^{10} m	
100 000 000 000 m	10^{11} m	
1 000 000 000 000 m	10^{12} m	

Esses prefixos facilitam a representação dos números e podem ser empregados não só para descrever tamanhos, em metros, mas também outras informações, como a massa em quilogramas (kg) ou a produção de eletricidade, em MW (megawatts).

CAPÍTULO 4 • A nanociência e a nanotecnologia

É SEMPRE BOM SABER MAIS!

Ordem de grandeza

Cada uma das potências de 10 da tabela representa o que chamamos de uma **ordem de grandeza**. A ordem de grandeza é a potência de 10 mais próxima da medida que se deseja representar. Para exemplificar, pense e procure responder: qual é a ordem de grandeza da altura de uma pessoa de 1,74 m?

A altura da pessoa está mais próxima de 10^0 ($10^0 = 1$) do que de 10^1 ($10^1 = 10$). Assim, dizemos que a ordem de grandeza da altura é 10^0 m.

A ordem de grandeza da altura de um dos maiores prédios do Brasil, o edifício Mirante do Vale, em São Paulo, com 170 m, é 10^2 m = 100 m.

A nanociência e a nanotecnologia são ramos do conhecimento científico correlatos. Ambas têm como objeto de estudo o mundo em escalas de tamanhos muito pequenos, de dimensões atômicas. Enquanto a primeira trata do estudo e da descrição dos diversos fenômenos que ocorrem nessa escala, a segunda trata das aplicações que decorrem desse estudo.

Um marco no desenvolvimento da nanotecnologia foi a palestra visionária apresentada pelo físico estadunidense Richard Feynman (1918-1988) em 1959. Enquanto muitos ainda nem sonhavam com as possibilidades tecnológicas em pequenas escalas, Feynman dizia na noite do dia 29 de dezembro: "Eu gostaria de descrever um campo no qual pouco se tem feito, mas que muito pode ser conseguido em princípio. O que eu quero falar é sobre o problema da manipulação e controle de coisas em pequenas escalas".

> **Descubra você mesmo!**
>
> Polegada é uma unidade de comprimento ainda utilizada por alguns países. Pesquise o porquê desse nome e qual o valor dessa medida no sistema métrico.

Alguns dos ouvintes achavam que ele se referia aos processos de miniaturização das coisas, mas Feynman falava sobre ir além – ele apontava para a possibilidade de construir coisas manipulando os próprios átomos. Nas palavras dele,

> Eu estimei quantas letras existem na Enciclopédia (...), e calculei, então, (...) que toda a informação que o homem cuidadosamente acumulou em todos os livros do mundo pode ser escrita desta forma em um cubo de material com um ducentésimo de polegada de largura – que é a menor partícula de poeira que pode ser distinguida pelo olho humano. Assim, há muito espaço lá embaixo! (...)

Aplicações da nanotecnologia na natureza e no mundo

Nos anos que se seguiram após a palestra de Feynman, o mundo na escala dos átomos atraiu o interesse de muitos outros cientistas. Em um estudo de 1974 sobre o comportamento de camadas muito finas de certa substância colocada sobre um material com propriedades elétricas, o pesquisador japonês Norio Taniguchi (1912-1999) foi um dos primeiros a utilizar o termo nanotecnologia. Atualmente, a nanotecnologia já saiu dos laboratórios e está no mercado, disponível para consumidores nas mais diversas áreas. O gráfico a seguir mostra a quantidade de produtos disponíveis ao mercado consumidor desde 2005 até 2013.

> **Fique por dentro!**
>
> Bancos de dados que organizam artigos de pesquisa registram mais de 650 mil textos publicados divulgando pesquisas científicas contendo ao menos uma das palavras: nanotecnologia, nanociência ou nanomaterial. Em *sites* de busca não especializados, encontramos da ordem de 1 milhão de resultados.

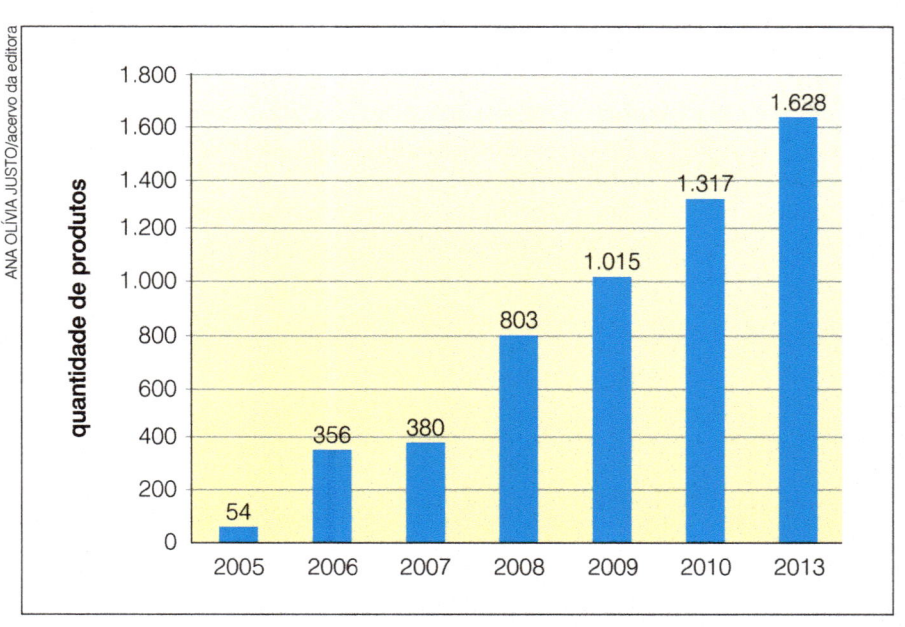

Ano	Quantidade de produtos
2005	54
2006	356
2007	380
2008	803
2009	1.015
2010	1.317
2013	1.628

Disponível em: <http://www.nanotechproject.org/cpi/about/analysis/>. Acesso em: 24 jul. 2014.

Em outubro de 2013, 1.628 produtos foram listados como contendo aplicações nanotecnológicas.

CAPÍTULO 4 • A nanociência e a nanotecnologia   81

A nanotecnologia está presente em alguns cosméticos, pigmentos de tinta, baterias de celular, tecido de roupas, estruturas automotivas, iluminação, entre outras aplicações.

Veja, na tabela abaixo, o emprego da nanotecnologia em diferentes setores da economia.

Setores da economia em que a nanotecnologia é empregada na produção

Setor	Tipo de produto/observações
Energia	Células solares; baterias; pás para geradores eólicos.
Iluminação	LEDs para iluminação pública, domiciliar e automobilística.
Automobilístico	Pinturas especiais (que não podem ser riscadas, autolimpantes); catalisadores para conversores catalíticos para gases de escapamento; sistemas eletroeletrônicos para veículos automotores; tecidos antibacterianos.
Esportes	Raquetes de tênis; roupas esportivas antitranspirantes e antibactericidas; calçados para esportes; quadros para bicicletas; tacos de golfe; luvas para esportes.
Tecidos	Tecidos resistentes a sujidades; tecidos antibactericidas; tecidos técnicos e não tecidos.
Embalagens	Embalagens com propriedades de barreira (umidade, gases); embalagens inteligentes, sensíveis a gases de decomposição de alimentos; recipientes bactericidas para guardar alimentos perecíveis.

Adaptado de: ABDI. *Cartilha sobre Nanotecnologia*. Brasília/Campinas: ABDI/Unicamp, 2010. p. 27. *Disponível em:* <http://lqes.iqm.unicamp.br/images/publicacoes_teses_livros_resumo_cartilha_abdi.pdf>.
Acesso em: 12 jul. 2019.

ESTABELECENDO CONEXÕES
Saúde

Dentre as várias conexões da nanotecnologia com outras áreas, a aplicação dessa tecnologia em Medicina é uma das que pode apresentar maior impacto sobre nossas vidas, em especial, nossa saúde. Conheça no artigo a seguir, algumas dessas possibilidades.

Nanotecnologia: a revolução começa aqui

Para quem nunca ouviu falar pode soar estranho, mas existem cremes antirrugas, com minúsculas cápsulas de vitamina A, que camuflam marcas de expressão; calças que depilam as pernas; peças de roupas que vêm com hidratante; uniformes de exército com sensores eletrônicos à prova de balas e capazes de estancar hemorragias. (...)

As possibilidades da nanotecnologia são imensas porque os átomos, quando na escala nanométrica, mostram características específicas como maior tolerância à temperatura, condutividade elétrica e força além do esperado. As partículas são milhares de vezes menores que um fio de cabelo, mas podem apresentar a resistência do aço. (...)

No campo da saúde, a chamada nanomedicina é considerada por muitos especialistas como o grande trunfo para o futuro: as expectativas são as maiores chances de identificar e destruir células doentes ou regenerar tecidos destruídos.

Os nanorrobôs atuariam dentro do corpo, introduzidos por via oral ou intravenosa. Sua função seria buscar células tumorais ou infectadas por vírus e destruí-las. Esse "nanoexército" poderia também exercer a função dos medicamentos convencionais: as nanopartículas potencializariam os processos químicos dos medicamentos, isso porque atuariam direto na lesão ou na célula doente. (...)

SBIB. *Nanotecnologia: a revolução começa aqui.*
Disponível em: <https://www.maestrosaude.com.br/genetica-medica/nanotecnologia/>.
Acesso em: 12 jul. 2019.

> ➢ Você já leu ou ouviu algum tipo de informação que indicasse a presença da nanotecnologia em materiais ou produtos? Pergunte isso aos seus familiares e amigos.

A descoberta, na década de 1980, de moléculas com 60 átomos de carbono, os chamados fulerenos, foi mais um importante passo nas aplicações da nanotecnologia em Medicina.

Essas moléculas reagem facilmente com radicais livres, entre outras reações termoquímicas, o que as torna promissoras em aplicações biomédicas, de inibição enzimática e de quebra do DNA por meio de luz, por exemplo.

A nanotecnologia não está presente apenas naquilo que foi produzido depois da década de 1950. A natureza e a própria história da humanidade estão repletas de exemplos de fenômenos e processos em escalas diminutas, como, por exemplo, o mecanismo de adesão de alguns seres vivos, como a lagartixa, cujas patas aderem na parede podendo suportar até 20 vezes seu peso. Tentando entender como besouros, moscas, aranhas e lagartixas andavam sobre superfícies lisas, como o vidro, sem cair, cientistas da Alemanha descobriram que há uma relação entre a massa corporal e o tamanho das estruturas biológicas nas patas.

CAPÍTULO 4 • A nanociência e a nanotecnologia 83

Estrutura das patas de (a) besouro, (b) mosca doméstica e (c) lagartixa, vistas ao microscópio eletrônico.

Concluíram que quanto mais pesada é a criatura, mais finas são as estruturas que fazem contato com a superfície. No caso das lagartixas, elas possuem uma espécie de nanocabelos nas ventosas de suas patas que têm cerca de 200 nm de diâmetro. Esse conhecimento tem ajudado engenheiros a desenvolver superadesivos, que buscam reproduzir artificialmente esse mecanismo natural.

Detalhe das patas de lagartixa.

DE OLHO NO PLANETA
Ética & Cidadania

Os impactos da nanotecnologia no meio ambiente

O rápido desenvolvimento de técnicas para manipulação de materiais e substâncias em níveis atômicos e moleculares pode ter impactos significativos no meio ambiente. O trecho do artigo a seguir trata desse delicado assunto.

(...) Ainda é bastante incipiente a discussão sobre os aspectos negativos da nanotecnologia no meio ambiente. Porém, na metade do mês de março, numa reunião realizada na *US Environmental Protection Agency* (EPA), órgão do governo dos Estados Unidos para a proteção do meio ambiente, pesquisadores relataram que foram encontradas nanopartículas no fígado de animais usados em pesquisas. Segundo a EPA, elas podem vazar em células vivas e, talvez, entrar na cadeia alimentar por meio de bactérias.

Os cientistas reclamam que o uso comercial do carbono em escala nanométrica não possui regulamentações, ou um corpo de leis para supervisionar essa nova tecnologia. Mesmo sem esse cuidado, empresas já estão produzindo toneladas de nanomateriais para que sejam usados como catalisadores, em cosméticos, tintas, revestimentos e tecidos. Outro agravante apontado por eles é o fato de que alguns materiais são compostos familiares que nunca foram comercializados, enquanto outros materiais são produzidos a partir de elementos atomicamente modificados que não existem na natureza. Portanto, seus efeitos negativos são ainda desconhecidos pelos cientistas. Por exemplo, algumas das novas formas de carbono, como nanotubos, estão sendo produzidas pela primeira vez.

NANI, Sara. *Vantagens e riscos da nanotecnologia ao meio ambiente*. SBPC, 2002. *Disponível em:* <http://www.comciencia.br/reportagens/nanotecnologia/nano04.htm>. *Acesso em:* 21 jul. 2019.

> ➤ Conforme mostra o texto, é evidente que a nanotecnologia apresenta certo impacto ambiental. Em sua opinião, como seria possível conciliar o desenvolvimento da nanotecnologia sem colocar em risco o meio ambiente? Discuta essas questões com seus colegas.

A Física e a Química

Agora que já temos algumas informações do que é e do que trata a nanotecnologia, será que você saberia dizer que tipo de formação têm os profissionais que atuam nessas inúmeras pesquisas e exemplos citados?

As pesquisas em nanociência/nanotecnologia encontram desdobramentos em diversas áreas, como Medicina, Biotecnologia e diversas Engenharias, como a química, de materiais, civil, entre outras. Portanto, há uma diversidade muito grande de profissionais que podem vir a contribuir com as pesquisas. Há, no entanto, duas áreas do conhecimento que são particularmente importantes para a nanotecnologia: a Física e a Química.

Podemos também citar a Biologia, ciência que estuda a grande diversidade de seres vivos e suas interações entre eles e com a natureza, temas já explorados em seus estudos. Já vimos, nos outros volumes desta coleção, capítulos relacionados à Química e à Física. Mas você sabe a origem dessas duas Ciências?

A origem da Química tem relação com os alquimistas da Idade Média. Dentre as ideias dos alquimistas, estava a de criar poções capazes de curar todo o tipo de doenças e prolongar a vida. Acreditavam na existência de uma matéria ou estado de material fundamental a partir do qual seria possível gerar toda a complexidade de substâncias presentes na natureza. Com o desenvolvimento científico, as ideias dos alquimistas foram abandonadas ou mesmo tomaram outra forma de se apresentar. Hoje, a Química é a ciência que estuda as propriedades, composição e estrutura da matéria, transformações que ocorrem com substâncias em processos naturais ou tecnológicos. O desenvolvimento da Química levou a humanidade a conhecer reações entre elementos, a estrutura do átomo, ao entendimento de como ocorrem ligações entre aglomerados de átomos formando substâncias e até mesmo ao que ocorre na própria estrutura do átomo. Por essa razão, o conhecimento da Química é tão importante para a nanociência/nanotecnologia.

Alquimistas: estudiosos que buscavam compreender os elementos da natureza e a transformação de uns em outros.

A Física também tem sua origem em um passado distante, nos filósofos da natureza. Estudiosos que se preocupavam em descrever ciclos e fenômenos da natureza. Com o desenvolvimento de um conjunto de regras – o método científico – no fim da Idade Média e a incorporação de uma linguagem matemática para descrição de fenômenos, a Física se desenvolveu e hoje descreve uma grande diversidade de fenômenos naturais, como os fenômenos térmicos, elétricos, mecânicos. As leis enunciadas pela Física são capazes de explicar situações elétricas, mecânicas, magnéticas, térmicas, entre outras. Como a manipulação da matéria em escalas atômicas pode ser descrita pelas leis da Física, ela é essencial para a nanotecnologia.

Fique por dentro!

O estudo na natureza – *phýsis*, em grego – deu origem ao nome da ciência que conhecemos hoje como Física. Já Química tem seu nome derivado do grego *chymeia*, que tem significado relacionado a fluir.

Perceba que tanto a Física quanto a Química se ocupam da descrição de fenômenos que ocorrem na natureza ou de processos tecnológicos. Uma forma de diferenciar as duas ciências é por meio dos fenômenos que cada uma se preocupa em descrever.

Como você já sabe, nos fenômenos **físicos**, não há formação de novas substâncias; já nos fenômenos **químicos** há formação de novas substâncias.

Jogo rápido

João rasga uma folha de papel enquanto Marco queima outra folha igual. Que tipo de fenômeno ocorreu em cada caso?

Observe a imagem ao lado e procure identificar quais os processos químicos e físicos presentes.

O processo de moer grãos de sal em pedacinhos menores não modifica a estrutura nem cria novas substâncias, portanto é um processo físico. Já quando o sal – composto por sódio e cloro (cloreto de sódio) – é adicionado à água fervente, há a formação de novas substâncias com a dissolução do sal. Trata-se de um fenômeno químico. Pelas mesmas razões, o aquecimento da panela e da água é um fenômeno físico. Já a queima do gás para a produção do fogo é um fenômeno químico.

Utilizando um moedor de sal, o cozinheiro tempera a água para o cozimento de um alimento.

A reação **química** de dois líquidos incolores formou uma nova substância que se separa do líquido. Na foto, há formação de iodeto de chumbo.

Um comprimido efervescente quando colocado em água provoca uma reação química liberando certo tipo de gás.

▶ As divisões da Física e da Química

A descrição de dado fenômeno físico pode abordar vários aspectos. Vamos utilizar como exemplo um satélite em órbita da Terra.

Podemos estudar a questão da órbita desse satélite e, para tal, descreveremos sua velocidade, aceleração, raio de sua órbita, seu período de rotação, forças gravitacionais atuantes sobre ele etc. A parte da Física que se preocupa com esses aspectos é denominada **Mecânica**.

No entanto, podemos estar interessados em entender como os sistemas computacionais desse satélite funcionam. Nesse caso, estaríamos interessados em conhecer correntes elétricas, diferenças de potencial, potência elétrica etc. A parte da Física que se destina a esse estudo chama-se **Eletricidade**.

Já se fôssemos estudar qual é o efeito do campo magnético terrestre sobre o satélite, estaríamos falando de outro ramo da Física, o **Magnetismo**.

James C. Maxwell (1831-1879), matemático e físico britânico, desenvolveu uma teoria segundo a qual fenômenos elétricos e magnéticos têm uma relação de dependência muito intrínseca. Em vista disso, podemos caracterizar todos os fenômenos elétricos e magnéticos por uma área da Física que é chamada de **Eletromagnetismo**.

Por outro lado, é preciso se preocupar com as diferenças de temperatura a que o satélite estará sujeito, como acontecerá seu aquecimento ao ser iluminado pelo Sol e, caso isso não aconteça, como será seu resfriamento, como irá se dilatar nessas variações e como isso pode desgastar seus materiais constituintes. E é a **Termologia** que se ocupa da descrição de todos os fenômenos térmicos que podem afetar o satélite, sejam processos de trocas de calor com o ambiente, seja simplesmente um registro da temperatura em que o satélite irá funcionar.

Se esse satélite for projetado para observação astronômica, como o Hubble, teremos que nos preocupar com a construção e o funcionamento de espelhos e lentes. Entra em cena a **Óptica**, que estuda os fenômenos relacionados à luz.

A transmissão de informações obtidas por esse satélite é feita através de ondas de rádio (ondas eletromagnéticas). E quem se ocupa do estudo de fenômenos relacionados a oscilações, ondas em uma corda ou ondas sonoras é a **Ondulatória**.

Há uma grande diversidade de áreas da Física que contribuem para que um satélite, como o Hubble, seja colocado em órbita.

Já a interação entre luz e matéria que ocorre nos painéis solares do satélite e algumas correções de sua órbita são descritas por uma área da Física desenvolvida a partir do início do século XX, chamada de **Física Moderna**.

Assim como na Física, a Química também pode se ocupar de diversos aspectos no estudo de um fenômeno. Na indústria metalúrgica (foto ao lado), por exemplo, o estudo das propriedades das ligas metálicas assim como todos os outros estudos da matéria não orgânica é chamada de **Química Inorgânica**.

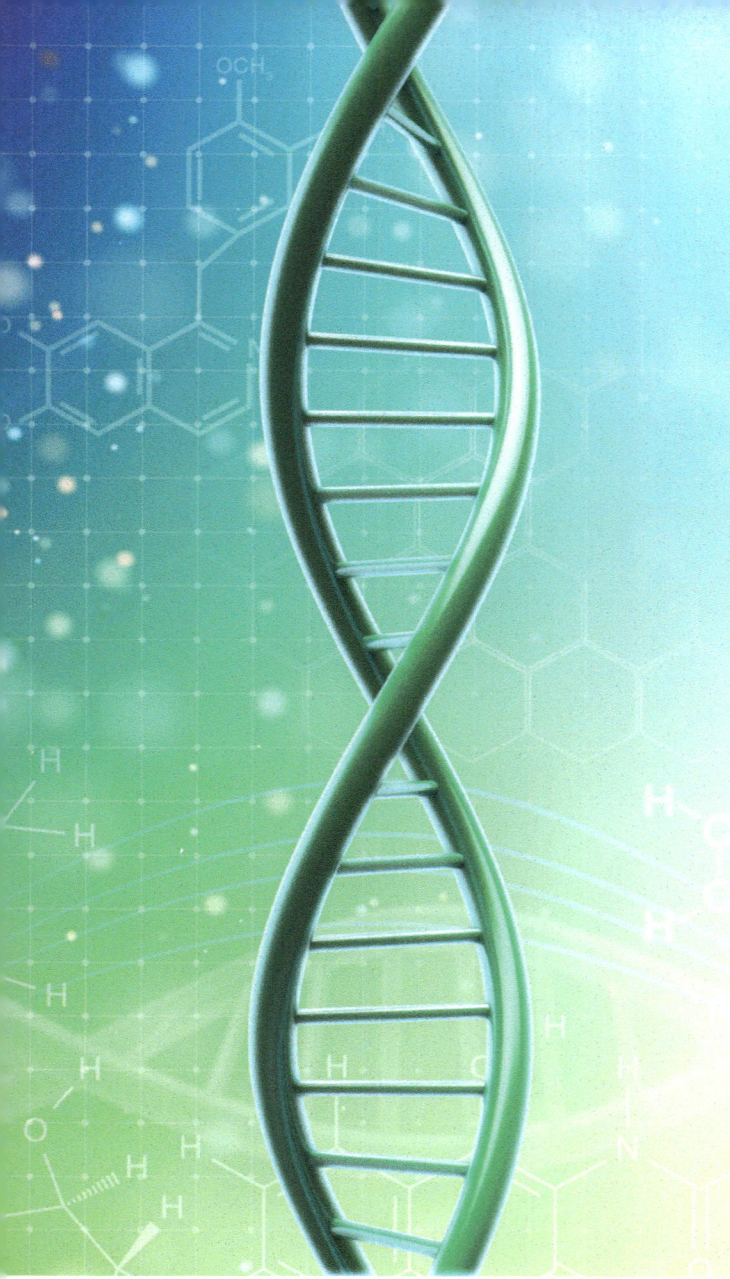

Já os estudos dos compostos orgânicos, como estruturas de plantas, plásticos e substâncias utilizadas na fabricação de alimentos, são classificados como pertencentes à **Química Orgânica**.

O estudo de reações químicas envolvendo organismos biológicos, como a proliferação de bactérias ou mesmo o estudo da estrutura do DNA é feita pela área conhecida como **Bioquímica**.

Os aspectos energéticos das reações químicas, quer em escalas macroscópicas ou em dimensões atômicas, são tema de interesse da **Físico-Química**. Já o estudo da estrutura e composição de materiais em termos de quantidades de cada substância ou espécie química é feito pela área da **Química Analítica**.

É importante ressaltar que essa divisão tem um objetivo puramente didático. Quando falamos de um fenômeno físico, é impossível pedir à natureza para exibir somente os fenômenos mecânicos e ignorar os térmicos ou qualquer outro.

A descoberta do DNA é um dos grandes méritos dos estudos em Bioquímica.

EM CONJUNTO COM A TURMA!

No início deste capítulo, falamos sobre um jogo no qual uma pessoa de um grupo pensa em uma fruta e os demais participantes devem tentar adivinhar qual fruta foi pensada.

Esse jogo foi utilizado para fazer uma analogia com a maneira como o computador funciona.

Organize um grupo de colegas para jogar conforme as seguintes regras:

- Apenas uma pessoa deve falar de cada vez para tentar adivinhar a fruta pensada.
- Aquele que pensou na fruta pode responder apenas "sim" ou "não".
- Quem acertar a fruta pensada é aquela que pensará na fruta na próxima rodada.

Após jogar algumas vezes, repita o jogo fazendo com que duas pessoas pensem em uma mesma fruta e possam responder a duas perguntas ao mesmo tempo.

Por fim, discuta com o grupo em qual modelo a resposta surgiu mais rápido e qual é a relação dessa atividade com o processamento de informação de um computador.

CAPÍTULO 4 • A nanociência e a nanotecnologia

Nosso desafio

Você já preencheu, na seção "Nosso desafio" dos capítulos desta coleção, os chamados mapas de conceitos, uma ferramenta de estudo bastante prática e visual que poderá ajudar você ao longo dos estudos nos próximos capítulos. Nesse primeiro momento, apresentaremos um mapa já construído para que você possa observar e revisar alguns dos elementos estudados. Nos demais capítulos, além de observar, você também irá contribuir para a construção dos mapas de conceito.

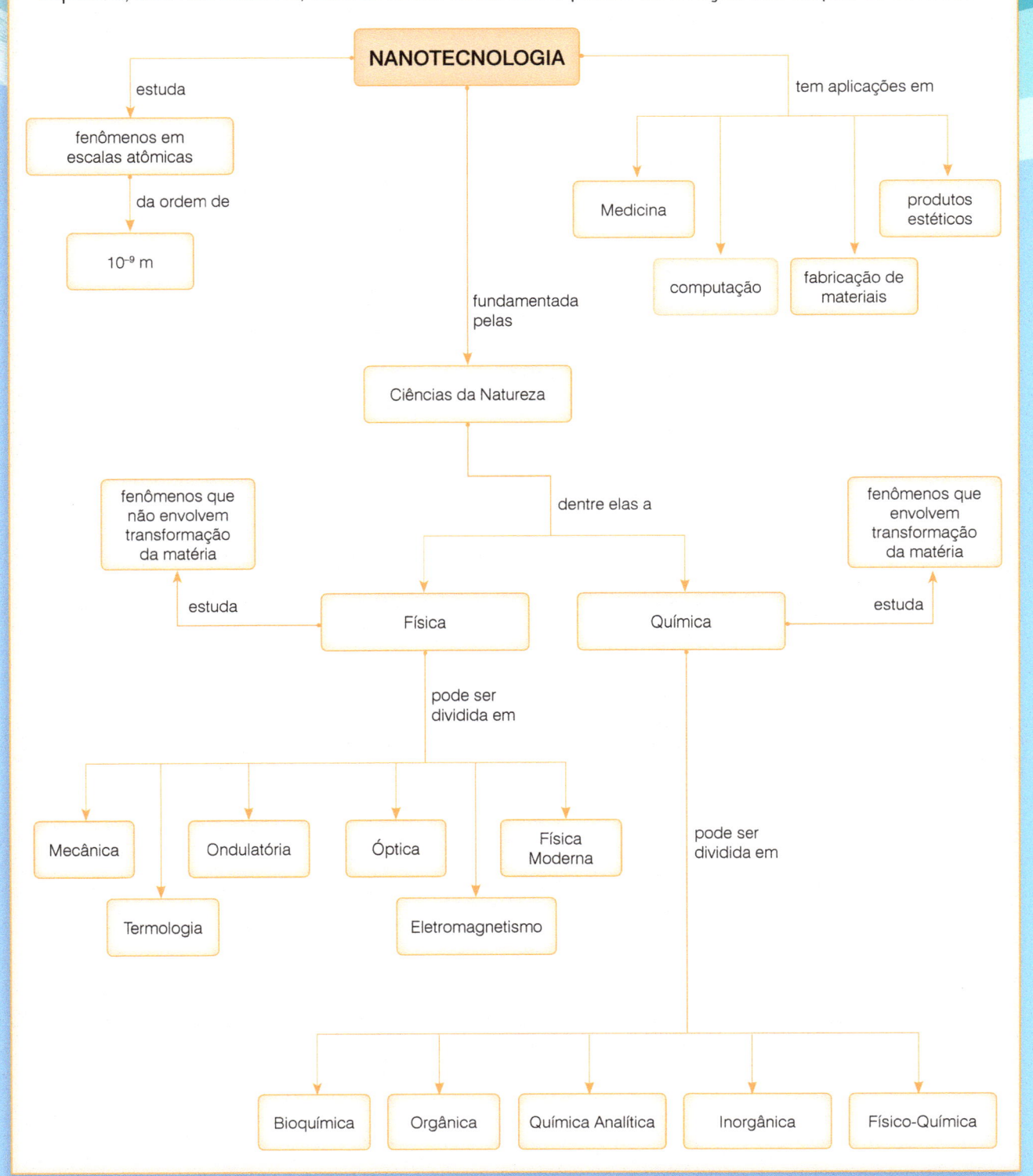

NANOTECNOLOGIA

- estuda → fenômenos em escalas atômicas → da ordem de → 10^{-9} m
- tem aplicações em → Medicina; computação; fabricação de materiais; produtos estéticos
- fundamentada pelas → Ciências da Natureza → dentre elas a:
  - **Física** (estuda fenômenos que não envolvem transformação da matéria)
    - pode ser dividida em: Mecânica, Ondulatória, Óptica, Física Moderna, Termologia, Eletromagnetismo
  - **Química** (estuda fenômenos que envolvem transformação da matéria)
    - pode ser dividida em: Bioquímica, Orgânica, Química Analítica, Inorgânica, Físico-Química

Atividades

1. **[2, 3, 9, 12]** Por vezes foram utilizados neste capítulo os termos nanociência e nanotecnologia. Quais são as diferenças entre eles? Qual é a diferença entre ciência e tecnologia?

2. **[2, 3, 9, 11, 12, 15]** Ao explicar a origem do termo "nano", falamos sobre representações numéricas, como o 10^{-9} m. Qual é a vantagem de usar prefixos como o quilo (k), o mili (m), entre outros, para representar uma medida?

3. **[2, 3, 9, 11, 12, 15]** Tendo em vista as escalas de tamanho apresentadas, um avião teria seu comprimento mais próximo de qual potência de 10?

4. **[2, 3, 9, 11, 12, 15]** Reveja o infográfico sobre os tamanhos e escalas. Quantas vezes seria preciso dividir um fio de cabelo para se obter 1 nm?

5. **[2, 6, 8, 10, 12, 15]** No decorrer deste capítulo, falamos sobre a palestra de Feynman tratando das possibilidades futuras da nanotecnologia. Alguns dizem que o físico foi o profeta da nanotecnologia, você concorda com essa afirmação? Justifique.

6. **[2, 3, 9, 11, 12, 15]** Leia o trecho de *Augúrios de inocência*, do poeta inglês Willian Blake (1757-1827).

   Augúrios de inocência

   Ver um mundo num grão de areia,
   E um céu numa flor do campo,
   Capturar o infinito na palma da mão
   E a eternidade numa hora (…)

   BLAKE, Willian. *Augúrios de inocência*.

   Que tipo de relação pode ser feita entre o que é dito no poema e o que trata a nanotecnologia? Em outras palavras, de que maneira poderíamos utilizar o poema para fazer uma metáfora ao que estuda a nanotecnologia?

7. **[2, 3, 6, 7, 10, 12, 13, 15]** Classifique os fenômenos a seguir como sendo físicos ou químicos.

   a) fusão do gelo _____
   b) ebulição da água _____
   c) cortar o papel com uma tesoura _____
   d) copo que quebra _____
   e) rasgar um papel _____
   f) colocar fogo em papel _____
   g) formação de imagens no espelho _____
   h) congelamento de um lago _____
   i) dissolução de alvejante de roupa na água _____
   j) queima de fogos de artifício _____
   k) efervescência de um remédio na água _____
   l) molhar um papel _____
   m) derretimento do gelo _____
   n) chuva _____
   o) acender uma lâmpada _____

8. **[2, 3, 9, 11, 12, 15]** Em certo evento esportivo o narrador utilizou o termo: "a Física não permite que isso ocorra". Do ponto de vista científico, faz algum sentido essa frase? Justifique.

9. **[2, 3, 4, 6, 7, 10, 11, 12, 13, 15]** A imagem a seguir mostra palha de aço sendo queimada no interior de um recipiente de vidro.

ALFREDO LUIS MATEUS/PONTO CIÊNCIAS

Cite ao menos um fenômeno físico e um fenômeno químico presente na imagem.

10. **[2, 3, 4, 6, 7, 10, 11, 12, 13, 15]** Se deixarmos um objeto de ferro exposto ao ar e à umidade, ele sofrerá um processo que levará à formação de ferrugem. Esse fenômeno é físico ou químico? Justifique.

11. **[1, 2, 3, 4, 6, 7, 10, 11, 12, 13, 15]** A formação do arco-íris no céu é um fenômeno físico ou químico? Justifique.

12. **[1, 2, 3, 4, 6, 7, 10, 11, 12, 13, 15]** A nanotecnologia encontra aplicações nos mais diversos setores. Uma de suas aplicações que passa a ser desenvolvida por algumas nações é em armas militares. Dispositivos nanométricos poderiam ser dispersos em água, contaminando reservatórios de inimigos. Em sua opinião, como deveriam ser regulamentadas as aplicações da nanotecnologia para evitar tais situações?

13. **[2, 6, 7, 9, 10, 12, 15]** Qual é a importância das divisões dos fenômenos químicos e físicos, das áreas Física e Química e de suas subdivisões de estudo?

14. **[2, 6, 7, 9, 10, 12, 15]** Que áreas da Física estão mais presentes em uma indústria automobilística? Quais as contribuições de outras áreas da Física nesse setor?

15. **[1, 2, 3, 4, 6, 7, 10, 11, 12, 13, 15]** Neste capítulo, demos alguns exemplos de aplicações da nanotecnologia na natureza, como no caso da lagartixa. Como esses exemplos poderiam ter surgido na natureza sem que ainda houvesse nanotecnologia desenvolvida pelo homem? Qual é o sentido em se dizer que esses são exemplos de nanotecnologia na natureza?

Navegando na net

No endereço eletrônico a seguir, você poderá fazer uma viagem desde elementos menores do que um átomo, até mesmo aos extremos do Universo:

<http://scaleofuniverse.com>

Localize e compare as dimensões do mundo cotidiano com as dimensões do mundo nano. (*Acesso em:* 21 jul. 2019.)

capítulo 5

ESTRUTURA ATÔMICA DA MATÉRIA

A Ciência na elucidação de crimes

Talvez você já tenha assistido a alguma série de TV ou filme que mostre peritos analisando a cena de um crime. Mesmo fora da TV, a perícia da cena de um crime por vezes também é noticiada em jornais.

Os chamados peritos forenses são profissionais com diferentes formações. Em alguns casos, são químicos que usam todo o seu conhecimento para ajudar na investigação, verificando as substâncias presentes na cena e nas provas do crime.

Para isso, identificam a composição e as propriedades químicas daquilo que estão analisando. Um ambiente aparentemente sem marca alguma, quando borrifado com um produto químico adequado e sob luz ultravioleta, pode revelar que uma vítima foi arrastada do sofá para fora do cômodo.

Esse trabalho de análise é feito utilizando modernos equipamentos e técnicas de laboratório, mas por trás de tudo isso há o conhecimento dos diferentes átomos e suas propriedades, um elemento fundamental para que tudo funcione.

Neste capítulo, vamos entender como se deu o desenvolvimento do conhecimento e dos modelos para descrever o átomo. Veremos que muito mais do que ajudar os peritos criminais, o conhecimento dos modelos e das propriedades atômicas são a base para a compreensão de vários fenômenos químicos presentes em nosso dia a dia.

Os modelos atômicos ao longo da história

Leucipo (séc. V a.C.) e seu discípulo Demócrito (460 a.C.-360 a.C.) foram os primeiros a defender a ideia de que a matéria pode ser dividida inúmeras e inúmeras vezes até que se chegasse a uma unidade fundamental – o átomo –, cujo significado em grego seria "indivisível". As ideias de Leucipo e de Demócrito deram origem a uma doutrina filosófica denominada **atomismo**.

O atomismo ganhou muitos adeptos ao longo dos anos, mas também encontrou resistências de alguns: o principal, Aristóteles de Estagira (384 a.C.-323 a.C.). Muito influente na sociedade da época, Aristóteles defendia que o Universo era composto por quatro elementos fundamentais (terra, ar, água e fogo) que se relacionavam entre si por meio do que chamou de qualidades ativas e passivas (quente, frio, seco e úmido). Ele também não aceitava a ideia da existência do vazio entre os átomos.

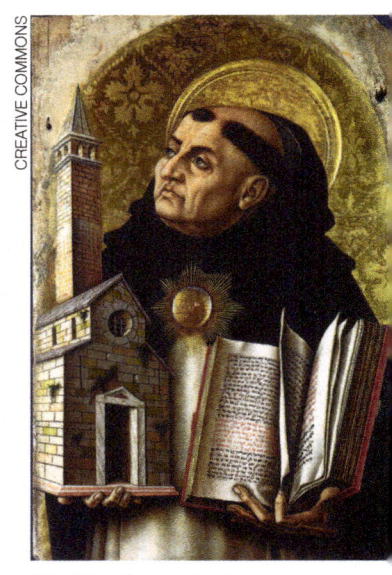

Já na Idade Média, o teólogo e filósofo Tomás de Aquino (1225-1274) resgatou a teoria dos elementos de Aristóteles, bem como o modelo geocentrista para o Universo, proposto pelo também grego Cláudio Ptolomeu (90-168), e uniu todo esse conhecimento aos dogmas da Igreja. Um modelo de Universo no qual a Terra e a humanidade estariam no centro era bastante adequado aos ideais teológicos defendidos por Aquino e pela Igreja.

Dogma: crença de determinada religião, considerada verdade absoluta, inquestionável.

São Tomás de Aquino. Detalhe de painel (*The Demidoff Altarpiece*) pintado por Carlo Crivelli, 1476. National Gallery, Londres.

Somente com a Revolução Científica entre os séculos XV e XVI é que a teoria atômica voltou a ser discutida. Por volta de 1660, os trabalhos experimentais do químico inglês Robert Boyle (1627-1691) contribuíram para a ideia da existência dos átomos. Boyle estudava o comportamento dos gases e identificou como elementos químicos o cobre, a água e o ouro. Nesse mesmo período, o matemático e filosofo francês Pierre Gassedi (1592-1655) apontava a importância da diferenciação entre átomos e moléculas. Tais estudos serviram como base para os trabalhos de outro francês, o químico Antoine Lavoisier (1743-1794), que procurou classificar alguns elementos químicos, diferenciando-os de seus compostos.

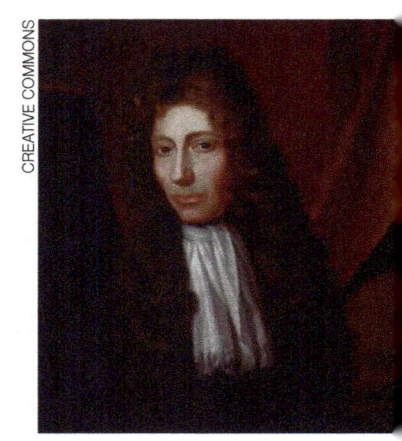

Lavoisier publicou uma tabela contendo propriedades de 32 elementos químicos. Esse era o primeiro esboço para a **tabela periódica** como a conhecemos hoje. Falaremos mais sobre a tabela periódica e suas propriedades adiante, ainda neste capítulo.

Elemento químico: atualmente, é o conjunto de átomos que tem o mesmo número de prótons em seu núcleo.

Retrato de Robert Boyle. Óleo sobre tela, de Johann Kerseboom, 1,27 × 1,02 m, c.1689. Historical Portraits Image Library, Dover Street, Londres.

O modelo de átomo de John Dalton

Um grande avanço da teoria atômica aconteceria com as contribuições do químico inglês John Dalton (1766-1844). Apaixonado pelo estudo de fenômenos atmosféricos, tendo conhecimento de que Lavoisier havia

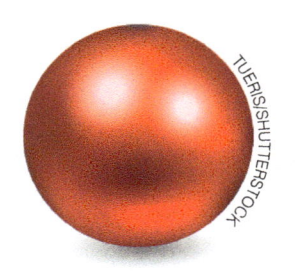

Modelo atômico de Dalton, no qual o átomo seria uma esfera maciça e indivisível.

Joseph J. Thomson.

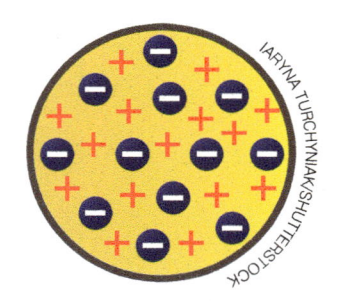

Ilustração do modelo atômico proposto por Thomson em 1898. (Cores-fantasia. Ilustração fora de escala.)

Pudim com passas mostra de forma comparativa como seria o modelo proposto por Thomson.

identificado diferentes elementos químicos como componentes do ar, passou a investigar quais eram as proporções em que tais elementos apareceriam em certa porção de ar. Dalton propôs um modelo descritivo para o átomo como sendo uma minúscula esfera maciça e indestrutível. Mas a grande contribuição de Dalton foi associar propriedades a cada um dos átomos. Ele também trouxe uma nova luz ao estudo das reações químicas, durante as quais apenas ocorreria a separação ou troca de átomos entre diferentes substâncias.

O modelo de Thomson

Com a descoberta das cargas elétricas (positivas e negativas) e o desenvolvimento dos estudos sobre as propriedades elétricas da matéria (como geração e condução de eletricidade), mostrou-se necessário um modelo atômico mais sofisticado do que a simples esfera maciça proposta por Dalton.

Esse modelo seria proposto pelo físico inglês, Joseph J. Thomson (1856-1940). Após analisar os resultados de experimentos de descargas elétricas efetuadas sobre gases confinados em tubos de vácuo, concluiu que deveriam existir partículas ainda menores do que o átomo. Nessas partículas estariam armazenadas as propriedades elétricas dos materiais. Segundo seu modelo, o átomo seria composto por partículas negativas distribuídas em uma massa esférica positiva. Esse modelo rompeu com a ideia de que o átomo seria a menor unidade de matéria.

Atualmente, experimentos envolvendo colisões entre átomos e partículas revelaram que não só o átomo em si é divisível como também algumas das partículas que compõem o átomo também não são unidades fundamentais.

Como os experimentos não poderiam mostrar uma imagem do átomo propriamente dita, algumas analogias foram propostas. A mais famosa relaciona o modelo de Thomson com um pudim de passas. Nessa analogia, a massa do pudim seria a estrutura positiva e esférica do átomo e as passas seriam as cargas elétricas negativas.

O modelo de Rutherford

Para testar o modelo de Thomson e também investigar outras propriedades da matéria, um experimento foi proposto e realizado pelo físico alemão Ernest Rutherford (1871-1937) e dois de seus alunos, Hans Geiger (1882-1945) e Ernest Mardens (1889-1970). O experimento consistia no bombardeamento de uma fina folha de ouro com partículas com carga elétrica positiva (partículas alfa). Uma tela fluorescente brilharia quando atingida pelas partículas alfa, indicando o desvio sofrido ao interagir com a folha de ouro.

Os resultados do experimento revelaram um número significativo de partículas alfa passando pela folha praticamente sem desvio, algumas partículas desviadas e algumas defletidas de volta para a fonte. A contagem de cada desvio de partícula não se encaixava no modelo de átomo proposto por Thomson. No modelo do pudim de passas, as partículas deveriam ser sempre desviadas de forma significativa devido à distribuição de cargas elétricas ao redor da esfera.

Defletida: desviada de seu curso.

Por seus trabalhos, Ernest Rutherford foi agraciado com o Prêmio Nobel de Química em 1908.

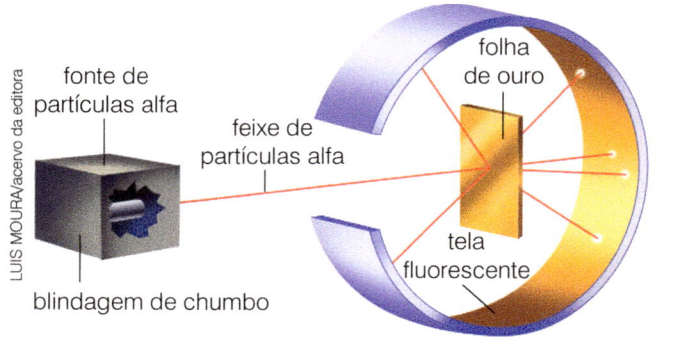

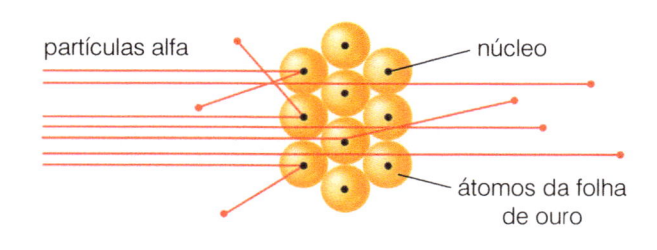

Esquema ilustrativo do experimento de Rutherford.

Rutherford precisou considerar um novo modelo atômico para descrever os resultados de seu experimento. Para que muitas partículas alfa passassem pela folha sem desvio, seria necessário haver um grande espaço vazio no átomo. Para que algumas partículas alfa defletissem de volta à fonte emissora, deveria haver uma repulsão entre as cargas elétricas do átomo e das partículas alfa (cargas elétricas de mesmo sinal se repelem, enquanto cargas de sinais opostos se atraem). Além disso, era necessário que as cargas elétricas positivas do átomo estivessem agrupadas em uma pequena região dele, região que recebe o nome de **núcleo**. Já os desvios observados, poderiam ser explicados pela presença de cargas negativas ao redor do núcleo.

▶ Núcleo, prótons e elétrons

Assim, o modelo de Rutherford era, essencialmente, composto por um núcleo compacto, no qual estavam os **prótons** (com carga elétrica positiva), em torno do qual haveria uma região (a **eletrosfera**) onde estariam os **elétrons** (com carga elétrica negativa). O movimento dos elétrons ao redor no núcleo explicaria porque os elétrons (negativos) não seriam atraídos pelo núcleo (positivo). Os cálculos de Rutherford sobre as dimensões do núcleo revelavam que ele teria um raio aproximadamente 10 mil vezes menor do que o raio do átomo como um todo.

Representação do modelo atômico de Rutherford. Em vermelho, o núcleo, onde estariam os prótons. Em azul os elétrons. (Cores-fantasia. Ilustração fora de escala.)

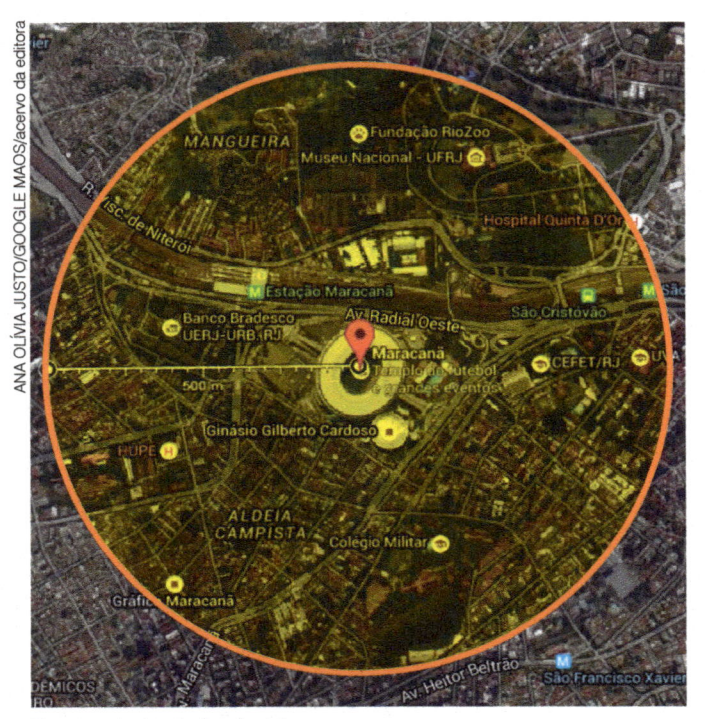

Se uma bola de futebol fosse o centro do átomo e fosse colocada no centro do estádio Maracanã, os elétrons estariam localizados ao longo do círculo indicado na imagem acima.

Modelo atômico proposto por Bohr. (Cores-fantasia. Ilustração fora de escala.)

Para que possamos ter ideia do que as dimensões encontradas por Rutherford representam, vamos pensar em uma bola e um estádio de futebol. Uma bola tem aproximadamente 20 cm de diâmetro. Se ela fosse o núcleo do átomo e estivesse colocada no centro de um estádio, a eletrosfera estaria localizada num raio de aproximadamente 1 km de distância do centro do gramado. Isso justifica a afirmação atribuída à Rutherford de que: "o átomo é um grande vazio".

Experimentos sobre a emissão de luz a partir de átomos mostraram que o modelo de Rutherford não era refinado o suficiente para fazer uma correta descrição dos fenômenos. O entendimento do átomo mais uma vez precisaria de uma reformulação, um novo modelo.

O modelo de Bohr

No início do século XX, em 1923, o físico dinamarquês Niels Bohr (1885-1962) apresentou modificações em relação ao modelo de Rutherford. Em seu novo modelo, os elétrons se localizavam ao redor do núcleo em órbitas bem definidas, cada uma com energia também bem definida. Nesse novo modelo, quanto mais próximo do núcleo, as órbitas dos elétrons apresentam energia mais baixa e, conforme vão se afastando dele, a energia aumenta. Assim, quando um elétron recebe certa quantidade bem definida de energia, ele muda para uma órbita mais externa. Quando perde uma quantidade definida de energia, muda para uma órbita mais interna.

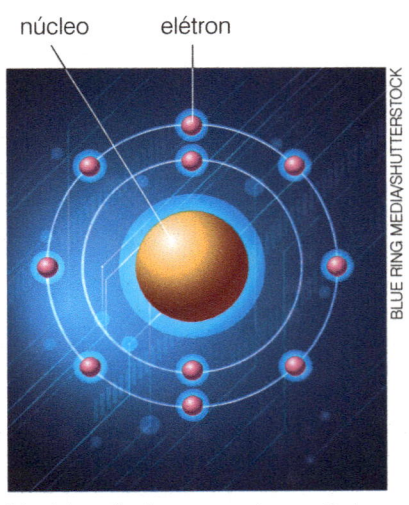

Para completar a descrição do átomo obtida até meados do século XX, em 1932 o físico inglês James Chadwick (1891-1974) descobriu uma partícula que também fazia parte do núcleo atômico, o **nêutron**. Com a mesma massa do próton, o nêutron não apresenta carga elétrica.

O modelo atômico atual

Com o desenvolvimento tecnológico, foram construídos grandes laboratórios capazes de colidir átomos e outras partículas. Um dos mais importantes e noticiados desses laboratórios é o CERN (sigla em francês para Centro Europeu de Pesquisas Nucleares).

Laboratórios como esses mostraram que além de o átomo ser formado por prótons, nêutrons e elétrons, os nêutrons e os prótons também são formados por partículas ainda menores.

Paralelo aos novos experimentos, também se desenvolveu a Física Quântica, revelando que o mundo atômico e subatômico apresentam comportamentos que não são intuitivamente compreendidos. Uma das grandes diferenças da Física Quântica para a Física Clássica é que enquanto esta última permite uma projeção precisa do entendimento de um sistema no futuro a partir dos conhecimentos de certas condições iniciais, a Física Quântica pode apenas apontar as *probabilidades* de ocorrência de certos eventos.

Para entender isso melhor, podemos pensar em uma pequena bola solta de uma rampa inclinada. Com o conhecimento de grandezas como atrito, velocidade inicial, inclinação da rampa, massa da bola etc., é possível descrever exatamente onde a bola estará após certo intervalo de tempo. Isso é o que a Física Clássica pode dizer.

Já quando um detector registra a presença de um elétron em certa posição, ainda que sejam conhecidas outras propriedades do átomo, o melhor que se pode é estabelecer a *probabilidade* de o elétron ser encontrado em uma ou outra posição. Isso é o que a Física Quântica pode dizer.

Assim, no modelo atômico atual, os elétrons que se encontram ao redor do núcleo não possuem uma posição definida, mas sim pertencem a uma região na qual há grande *probabilidade* de serem encontrados, região conhecida como **nuvem eletrônica**.

Na visão atual do átomo, o núcleo atômico é compacto e é nele que se concentra a maior parte da massa do átomo. Os prótons lá contidos são de carga positiva e sua massa é de aproximadamente 1.837 vezes maior que a massa do elétron. Os nêutrons, que também se encontram no núcleo, são partículas sem carga e com massa aproximadamente igual a dos prótons.

Além disso, o átomo é eletricamente neutro devido ao fato de possuir cargas positivas e negativas em igual número.

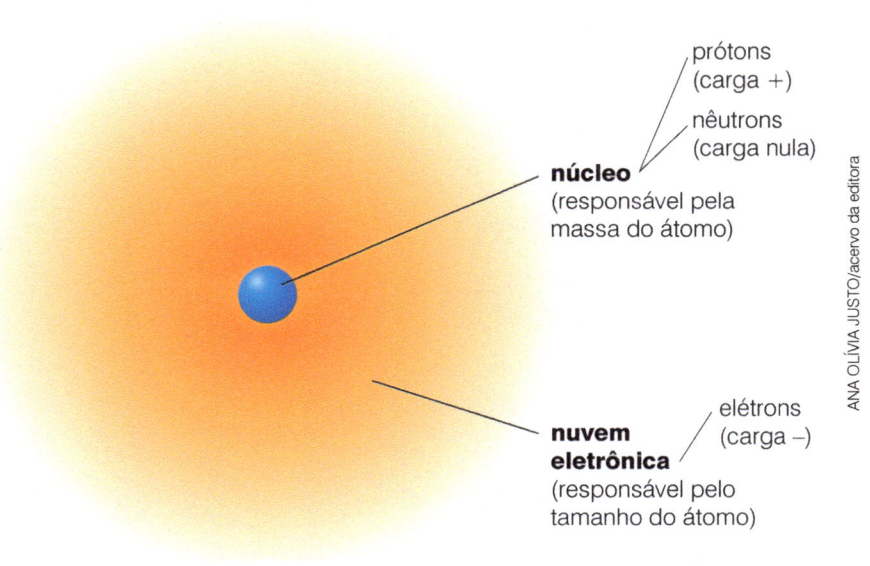

prótons (carga +)
nêutrons (carga nula)
núcleo (responsável pela massa do átomo)
nuvem eletrônica (responsável pelo tamanho do átomo)
elétrons (carga −)

ANA OLÍVIA JUSTO/acervo da editora

Partícula	Massa	Carga elétrica
próton	$1{,}673 \cdot 10^{-27}$ kg	+
nêutron	$1{,}675 \cdot 10^{-27}$ kg	0
elétron	$9{,}11 \cdot 10^{-31}$ kg	−

Propriedades dos átomos

Como vimos até aqui, o modelo atômico passou por grandes mudanças desde sua concepção inicial com os filósofos gregos. Vamos agora explorar algumas importantes propriedades dos átomos e ver como podemos organizá-los por meio dessas propriedades.

Número atômico (Z)

Número atômico (Z) é o número de prótons que um átomo tem no núcleo; é o número que o identifica, pois cada elemento químico tem o seu próprio número atômico. Por exemplo: um átomo de magnésio é diferente de um átomo de alumínio, pois no átomo de magnésio temos 12 prótons, enquanto no do alumínio, temos 13.

Simbolizando um átomo qualquer por E, a representação do número atômico desse átomo é:

$$_ZE$$

onde o número atômico é representado em índice inferior, imediatamente antes do símbolo do átomo.

Verifica-se que em um átomo o número de prótons é igual ao número de elétrons, o que faz com que essa partícula seja um sistema eletricamente neutro. Dessa forma, o número de elétrons (P) pode ser considerado igual ao número atômico (Z = P). Por exemplo: no núcleo do magnésio existem 12 prótons e no átomo neutro do magnésio existem 12 prótons e 12 elétrons.

É SEMPRE BOM SABER MAIS!

Elementos químicos e seus símbolos

Vimos que **elemento químico** é o conjunto de átomos que têm o mesmo número de prótons em seu núcleo. Assim, por exemplo, todos os átomos que possuem oito prótons em seu núcleo são átomos de oxigênio; todos os que possuem 6 prótons em seu núcleo são átomos de carbono; e os que possuem 10 prótons em seu núcleo são átomos de cálcio. Atualmente são conhecidos mais de 110 elementos químicos diferentes. Mas como representar esses elementos de forma prática e de modo que possa ser reconhecido independente do idioma falado?

Por convenção, os elementos químicos são representados por uma ou duas letras, sempre com a inicial maiúscula. Assim, por exemplo, o símbolo do oxigênio é O, o do carbono é C e o do cálcio é Ca.

Agora que você já conhece o símbolo do cálcio, como você representaria esse elemento e seu número atômico?

Número de massa (A)

Outra grandeza importante nos átomos é o seu **número de massa** (A), que corresponde à soma do número de prótons (Z) e do número de nêutrons (N).

$$A = Z + N$$

Agora, um elemento pode ser representado por $^A_Z E$ ou $_Z E^A$. Tome como exemplo um átomo neutro com 19 prótons e 21 nêutrons. Como seria sua representação levando-se em conta seu número atômico e seu número de massa?

$$Z = 19 \quad e \quad N = 21$$
$$A = Z + N = 19 + 21 = 40$$

Assim, a representação desse elemento seria $^{40}_{19}E$ ou $_{19}E^{40}$.

> **Lembre-se!**
>
> Com essa mesma expressão também podemos calcular o número atômico e o número de nêutrons do átomo:
>
> $Z = A - N$ e $N = A - Z$

Elemento químico e íons

Elemento químico é o conjunto de átomos que apresenta o mesmo número atômico (Z), ou seja, o mesmo número de prótons em seu núcleo, a mesma identificação química.

Como foi visto anteriormente, para um átomo ser neutro é necessário que o número de prótons seja igual ao número de elétrons. No entanto, um átomo pode perder ou ganhar elétrons na eletrosfera sem sofrer alteração em seu núcleo, originando partículas carregadas positiva ou negativamente, chamadas de **íons**.

Se um átomo ganhar elétrons, ele se torna um **íon negativo** e passa a se chamar **ânion**. Por exemplo:

$^{35}_{17}Cl$ átomo de cloro $\begin{cases} 17 \text{ prótons} \\ 18 \text{ nêutrons} \\ 17 \text{ elétrons} \end{cases} \xrightarrow{\text{ganha } 1e^-}$ Cl^- ânion cloreto $\begin{cases} 17 \text{ prótons} \\ 18 \text{ nêutrons} \\ 18 \text{ elétrons} \end{cases}$

Se um átomo perder elétrons, ele se torna um **íon positivo** e passa a se chamar **cátion**. Por exemplo:

$^{40}_{19}K$ átomo de potássio $\begin{cases} 19 \text{ prótons} \\ 21 \text{ nêutrons} \\ 19 \text{ elétrons} \end{cases} \xrightarrow{\text{perde } 1e^-}$ K^+ cátion potássio $\begin{cases} 19 \text{ prótons} \\ 21 \text{ nêutrons} \\ 18 \text{ elétrons} \end{cases}$

> **Descubra você mesmo!**
>
> Faça uma pesquisa na biblioteca ou na internet e descubra de onde vêm os elementos químicos presentes na natureza.

> **Lembre-se!**
>
> O prefixo *iso* (do grego, *isos*) significa igualdade, que existe algo em comum.

> **Fique por dentro!**
>
> A seguir, alguns elementos químicos e seus símbolos:
>
> - C = carbono
> - Cl = cloro
> - H = hidrogênio
> - K = potássio
> - Mg = magnésio
> - N = nitrogênio
> - Si = silício

Isótopos, isóbaros e isótonos

Isótopos são átomos de um mesmo elemento químico (mesmo Z) que apresentam diferentes números de nêutrons, resultando assim em diferentes números de massas. Por exemplo:

$$^{1}_{1}H \rightarrow \text{prótio} \qquad ^{2}_{1}H \rightarrow \text{deutério} \qquad ^{3}_{1}H \rightarrow \text{trítio}$$

$$^{35}_{1}Cl \rightarrow \text{cloro 35} \qquad ^{37}_{1}Cl \rightarrow \text{cloro 37}$$

Os **isóbaros** são átomos que apresentam diferentes números atômicos (Z) e mesmo número de massa (A). Por exemplo:

$$^{40}_{19}K \quad \text{e} \quad ^{40}_{20}Ca$$

$$^{14}_{6}C \quad \text{e} \quad ^{14}_{7}N$$

Já os **isótonos** são átomos que possuem diferentes números atômicos (Z), diferentes números de massa (A) e o mesmo número de nêutrons. Por exemplo:

$$^{26}_{12}Mg \rightarrow N = A - Z \Rightarrow N = 26 - 12 = 14$$

$$^{28}_{14}Si \rightarrow N = A - Z \Rightarrow N = 28 - 14 = 14$$

Tabela periódica dos elementos

Para organizar todas as informações sobre os diferentes elementos químicos, muitos cientistas contribuíram para a criação de um catálogo, uma tabela, que facilitasse o agrupamento desses elementos e suas propriedades.

Na segunda metade do século XIX, o químico russo Dmitri Mendeleev (1834-1907) desenvolveu uma versão da tabela periódica dos elementos que serviu de base para organizar a que temos hoje. A tabela periódica utilizada atualmente apresenta as propriedades dos elementos que variam periodicamente em função do número atômico desses elementos.

A tabela periódica é dividida em colunas e linhas. Existem 7 linhas (sequências horizontais), cada uma representando um **período** (logo, a tabela periódica atual apresenta sete períodos, numerados de 1 a 7) e 18 colunas, chamadas **grupos** ou **famílias**, numeradas de 1 a 18.

Os elementos estão dispostos em ordem crescente de numero atômico, cada um deles ocupando uma posição na tabela.

Retrato de Dmitri Mendeleev, entre 1880-1890.

TABELA PERIÓDICA DOS ELEMENTOS

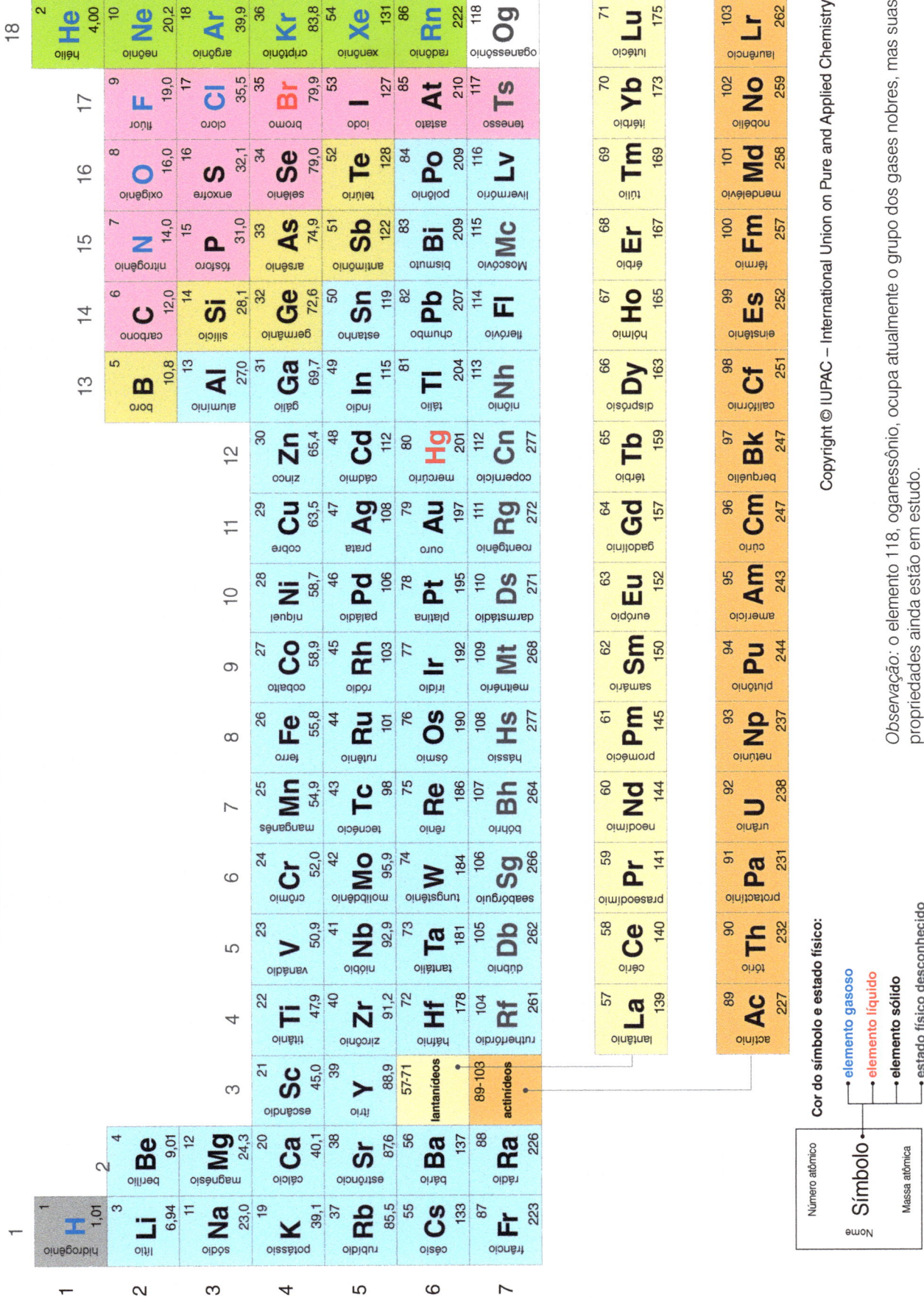

1	2	3	4	5	6	7	8	9	10	11	12	13	14	15	16	17	18
1 **H** 1,01 hidrogênio																	2 **He** 4,00 hélio
3 **Li** 6,94 lítio	4 **Be** 9,01 berílio											5 **B** 10,8 boro	6 **C** 12,0 carbono	7 **N** 14,0 nitrogênio	8 **O** 16,0 oxigênio	9 **F** 19,0 flúor	10 **Ne** 20,2 neônio
11 **Na** 23,0 sódio	12 **Mg** 24,3 magnésio											13 **Al** 27,0 alumínio	14 **Si** 28,1 silício	15 **P** 31,0 fósforo	16 **S** 32,1 enxofre	17 **Cl** 35,5 cloro	18 **Ar** 39,9 argônio
19 **K** 39,1 potássio	20 **Ca** 40,1 cálcio	21 **Sc** 45,0 escândio	22 **Ti** 47,9 titânio	23 **V** 50,9 vanádio	24 **Cr** 52,0 crômio	25 **Mn** 54,9 manganês	26 **Fe** 55,8 ferro	27 **Co** 58,9 cobalto	28 **Ni** 58,7 níquel	29 **Cu** 63,5 cobre	30 **Zn** 65,4 zinco	31 **Ga** 69,7 gálio	32 **Ge** 72,6 germânio	33 **As** 74,9 arsênio	34 **Se** 79,0 selênio	35 **Br** 79,9 bromo	36 **Kr** 83,8 criptônio
37 **Rb** 85,5 rubídio	38 **Sr** 87,6 estrôncio	39 **Y** 88,9 ítrio	40 **Zr** 91,2 zircônio	41 **Nb** 92,9 nióbio	42 **Mo** 95,9 molibdênio	43 **Tc** 98 tecnécio	44 **Ru** 101 rutênio	45 **Rh** 103 ródio	46 **Pd** 106 paládio	47 **Ag** 108 prata	48 **Cd** 112 cádmio	49 **In** 115 índio	50 **Sn** 119 estanho	51 **Sb** 122 antimônio	52 **Te** 128 telúrio	53 **I** 127 iodo	54 **Xe** 131 xenônio
55 **Cs** 133 césio	56 **Ba** 137 bário	57-71 lantanídeos	72 **Hf** 178 háfnio	73 **Ta** 181 tantálio	74 **W** 184 tungstênio	75 **Re** 186 rênio	76 **Os** 190 ósmio	77 **Ir** 192 irídio	78 **Pt** 195 platina	79 **Au** 197 ouro	80 **Hg** 201 mercúrio	81 **Tl** 204 tálio	82 **Pb** 207 chumbo	83 **Bi** 209 bismuto	84 **Po** 209 polônio	85 **At** 210 astato	86 **Rn** 222 radônio
87 **Fr** 223 frâncio	88 **Ra** 226 rádio	89-103 actinídeos	104 **Rf** 261 rutherfórdio	105 **Db** 262 dúbnio	106 **Sg** 266 seabórgio	107 **Bh** 264 bóhrio	108 **Hs** 277 hássio	109 **Mt** 268 meitnério	110 **Ds** 271 darmstádio	111 **Rg** 272 roentgênio	112 **Cn** 277 copernício	113 **Nh** 113 nipônio	114 **Fl** 114 fleróvio	115 **Mc** 115 Moscóvio	116 **Lv** 116 livermório	117 **Ts** 117 tenesso	118 **Og** 118 oganessônio

57 **La** 139 lantânio	58 **Ce** 140 cério	59 **Pr** 141 praseodímio	60 **Nd** 144 neodímio	61 **Pm** 145 promécio	62 **Sm** 150 samário	63 **Eu** 152 európio	64 **Gd** 157 gadolínio	65 **Tb** 159 térbio	66 **Dy** 163 disprósio	67 **Ho** 165 hólmio	68 **Er** 167 érbio	69 **Tm** 169 túlio	70 **Yb** 173 itérbio	71 **Lu** 175 lutécio
89 **Ac** 227 actínio	90 **Th** 232 tório	91 **Pa** 231 protactínio	92 **U** 238 urânio	93 **Np** 237 netúnio	94 **Pu** 244 plutônio	95 **Am** 243 amerício	96 **Cm** 247 cúrio	97 **Bk** 247 berquélio	98 **Cf** 251 califórnio	99 **Es** 252 einstênio	100 **Fm** 257 férmio	101 **Md** 258 mendelévio	102 **No** 259 nobélio	103 **Lr** 262 laurêncio

Cor do símbolo e estado físico:
- elemento gasoso
- elemento líquido
- elemento sólido
- estado físico desconhecido

Número atômico — Símbolo — Massa atômica — Nome

Copyright © IUPAC – International Union on Pure and Applied Chemistry.

Observação: o elemento 118, oganessônio, ocupa atualmente o grupo dos gases nobres, mas suas propriedades ainda estão em estudo.

Grupos ou famílias

Cada coluna corresponde a um **grupo** ou **família**, identificada por números que vão de 1 a 18, e os elementos de cada grupo apresentam propriedades semelhantes. Alguns grupos apresentam nomes especiais como, por exemplo:

- grupo 1 – dos metais alcalinos;
- grupo 2 – dos metais alcalinoterrosos;
- grupo 13 – do boro;
- grupo 14 – do carbono;
- grupo 15 – do nitrogênio;
- grupo 16 – dos calcogênios;
- grupo 17 – dos halogênios;
- grupo 18 – dos gases nobres.

Metais

Metais são elementos que formam substâncias simples, apresentam brilho característico, sendo bons condutores de corrente elétrica e calor. Ao nível do mar e à temperatura de 25 °C, os metais são sólidos (exceto o mercúrio, que nessas condições é líquido). Apresentam boa resistência (são difíceis de quebrar, mas podem ser facilmente dobrados ou moldados) e possuem temperatura de fusão, em geral, bem elevada. Na tabela periódica, esses elementos estão presentes nos grupos 1 a 16.

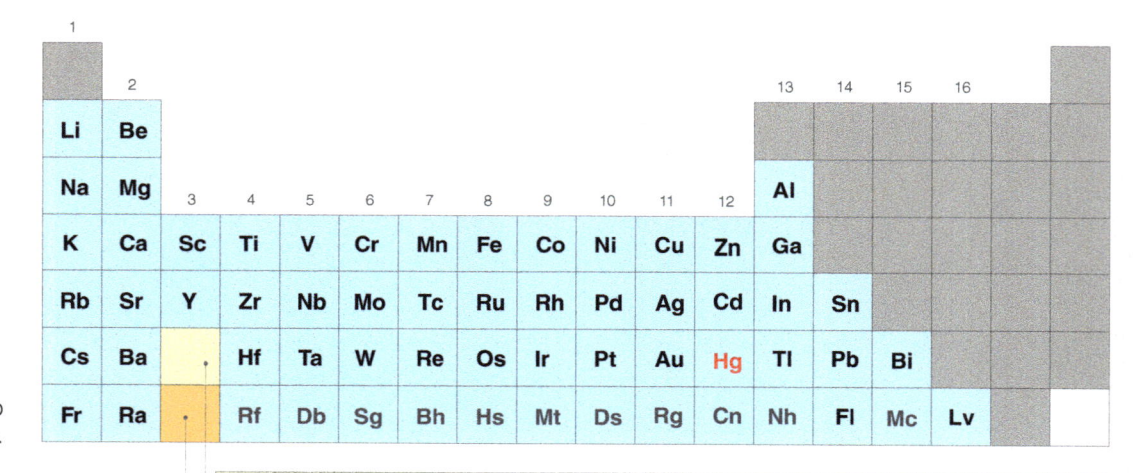

Elementos do grupo dos metais.

Lembre-se!

O elemento químico hidrogênio não é classificado em nenhum dos grupos, porque possui características próprias. Nas condições ambiente, é um gás bastante inflamável.

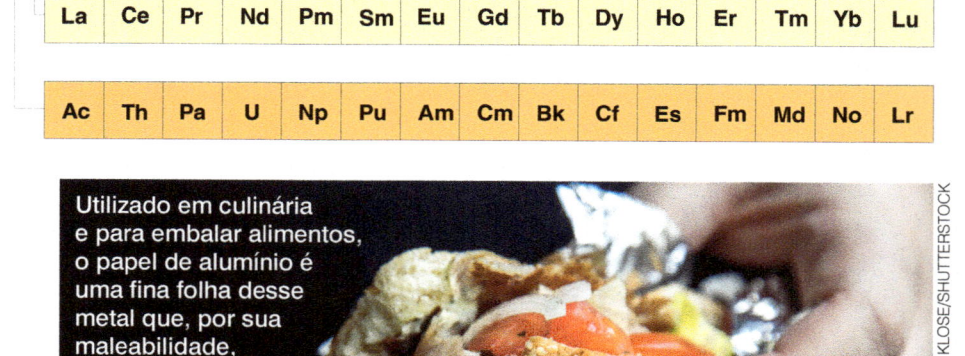

Utilizado em culinária e para embalar alimentos, o papel de alumínio é uma fina folha desse metal que, por sua maleabilidade, pode ser facilmente dobrado.

CAPÍTULO 5 • Estrutura atômica da matéria 103

Há quem diga que cozinhar em panela de ferro fundido deixa os alimentos com sabor melhor. Na verdade, o metal da panela passa para a comida e nós o absorvemos com os alimentos, o que, em quantidades adequadas, é benéfico para nosso organismo.

MR VAYSNER/SHUTTERSTOCK

MSTANLEY/SHUTTERSTOCK

Lingotes de ouro. Essas barras de metal fundido e moldado são utilizadas por muitos países como reserva financeira.

O primeiro grupo da tabela é dos **metais alcalinos** (Li, Na, K, Rb, Cs, Fr), que são assim chamados porque, ao serem dissolvidos em água, formam substâncias alcalinas ou básicas.

O segundo grupo da tabela é dos **metais alcalinoterrosos** (Be, Mg, Ca, Sr, Ba, Ra). Não reagem tão rapidamente com água como os elementos do grupo 1, mas ao reagir formam óxidos (chamados de terras, daí o nome terrosos), substâncias alcalinas.

Jogo rápido

Procure na tabela periódica os elementos ouro, alumínio e ferro: em que grupos e períodos esses metais se encontram?

ESTABELECENDO CONEXÕES
Cotidiano

Como se fabrica o sabão

Após um dia de calor, nada como um bom banho, pois, além de relaxante e refrescante, o banho nos dá uma agradável sensação de limpeza. É para satisfazer essa necessidade de higiene e limpeza que as indústrias químico-farmacêuticas fabricam e comercializam anualmente toneladas de produtos para a higiene pessoal. Os principais produtos dessa indústria são os sabões e os detergentes. Deles derivam os sabonetes, os xampus, os cremes dentais, os sabões especiais para máquinas de lavar louça e roupas, os detergentes desinfetantes, o sabão comum e outros. (...)

Os produtos utilizados comumente para a fabricação do sabão comum são o hidróxido de sódio ou potássio (soda cáustica ou potássica) além de óleos ou gorduras animais ou vegetais. O processo de obtenção industrial do sabão é muito simples. Primeiramente coloca-se soda, gordura e água na caldeira com temperatura em torno de 150 °C, deixando-as reagir por algum tempo (± 30 minutos). Após, adiciona-se cloreto de sódio, que auxilia na separação da solução em duas fases. Na fase superior (fase apolar) encontra-se o sabão e na inferior (fase aquosa e polar), glicerina, impurezas e possível excesso de soda.

ZAGO NETO, O. G.; PINO, J. C. Del. Trabalhando a química dos sabões e detergentes. *Disponível em:* <http://www.iq.ufrgs.br/aeq/html/publicacoes/matdid/livros/pdf/sabao.pdf>. *Acesso em:* 5 jun. 2019.

AFRICA STUDIO/SHUTTERSTOCK

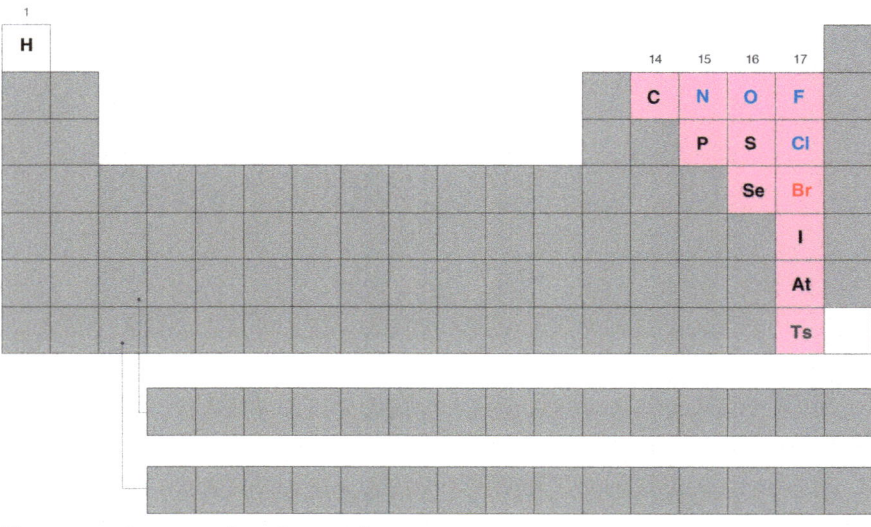

Elementos do grupo dos não metais.

▶ Não metais

Os não metais ou ametais, ao contrário dos metais, são maus condutores de calor e de corrente elétrica. Os não metais não possuem brilho metálico, podem ser sólidos (fósforo, enxofre, iodo, astato e carbono), líquido (bromo) ou gasoso (nitrogênio, oxigênio, flúor).

A maioria desses elementos tem a tendência de ganhar elétrons em uma ligação química, formando ânions.

▶ Semimetais

Os semimetais apresentam tanto características de metais como de não metais. Não conduzem bem o calor nem a corrente elétrica. Ao nível do mar e a 25 °C os semimetais são sólidos.

Dos semimetais de importância prática temos o silício e o germânio, utilizados em componentes eletrônicos.

Elementos do grupo dos semimetais.

É SEMPRE BOM SABER MAIS!

Elementos representativos e de transição

Os elementos dos grupos 1, 2, 13, 14, 15, 16, 17 e 18 são chamados elementos **representativos** e os dos grupos de 3 a 12 são elementos de **transição**. Os elementos com números atômicos de 57 a 71, chamados **lantanídeos**, e os de 89 a 103, chamados actinídeos, aparecem à parte dos demais, abaixo da tabela, e são denominados **elementos de transição interna**.

Gases nobres

São todos os gases que, nas condições ambiente, possuem grande estabilidade química, isto é, pouca capacidade de se combinarem com outros elementos. Constituem os gases nobres os elementos He, Ne, Ar, Kr, Xe e Rn.

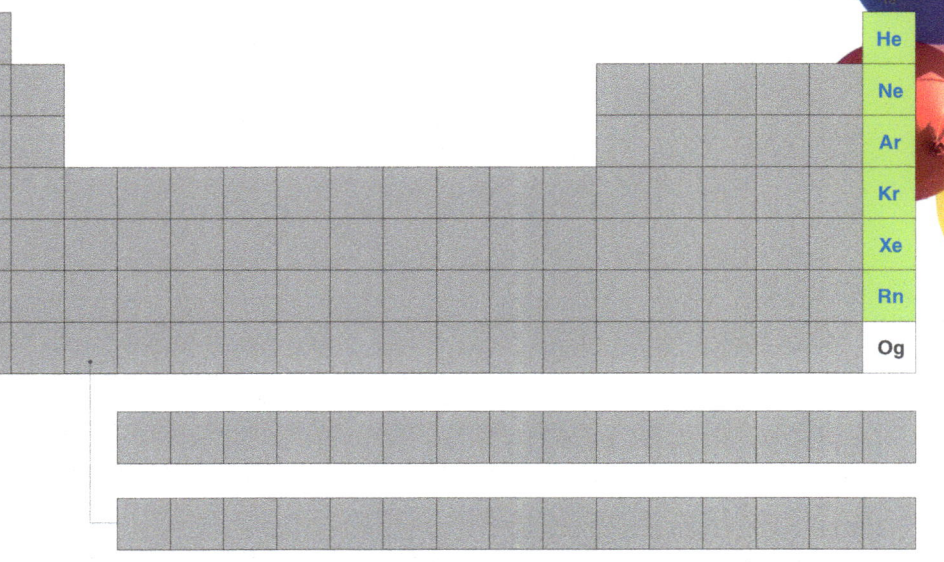

Gases nobres são os elementos do grupo 18. O elemento oganessônio (Og) ocupa a posição dos gases nobres, mas suas propriedades ainda estão em estudo.

Muito utilizados em festas, os balões preenchidos com gás hélio sobem, pois esse gás nobre é menos denso do que o ar.

DE OLHO NO PLANETA
Meio Ambiente

Lixo eletrônico

O que você faz com suas pilhas, baterias e outros materiais tecnológicos antigos? Isso tudo constitui o que chamamos de lixo eletrônico. Em 2016, foram cerca de 44,7 milhões de toneladas de lixo eletrônico.

Algo que no passado não era preocupação, hoje é um tema importante para ser discutido tanto pelos consumidores quanto pelos fabricantes de tecnologia. Veja na tabela a seguir a quantidade de lixo produzida, medida em kg por habitante em um ano (valores relativos a 2016).

Lixo eletrônico produzido em 2016.

Continente	Número de países	Habitantes (em bilhões)	Lixo eletrônico (em kg/hab)
África	53	1,2	1,9
América*	35	1	11,6
Ásia	49	4,4	4,2
Europa	40	0,7	16,6
Oceania	13	0,04	17,3

* O Brasil produziu entre 7 e 10 kg de lixo eletrônico por habitante.

Fonte: BALDÉ, C. P.; FORTI, V.; GRAY, V.; KUEHR, R.; STEGMANN, P. The Global E-waste Monitor 2017: Quantities, Flows, and Resources. United Nations University (UNU), International Telecommunication Union (ITU) & International Solid Waste Association (ISWA), Bonn/Geneva/Vienna.

O principal problema do lixo tecnológico é que ele pode conter metais pesados. Conheça, na tabela abaixo, as consequências que o uso desses metais pode trazer à saúde humana.

Consequências em seres humanos do uso de alguns metais pesados.

Metais pesados	O que acarretam em seres humanos
cádmio	disfunção renal e problemas pulmonares
mercúrio	estomatite, lesões renais e cerebrais
chumbo	anemia, disfunção renal, perda de memória
zinco	problemas pulmonares

Pilhas e baterias, por exemplo, podem levar entre 100 e 500 anos para se decompor, período em que podem contaminar o solo e as reservas naturais de água. Por isso, o lixo tecnológico deve ser **separado** e entregue em postos de coleta **específicos** de sua cidade ou então devolvidos ao fabricante. Cada vez mais as empresas estão se adaptando para atender melhor ao serviço de recolhimento **das** tecnologias descartadas.

Descubra você mesmo!

Você sabia que muitas substâncias químicas presentes em nosso cotidiano contribuem para a degradação do meio ambiente? Pesquise substâncias que são prejudiciais e sugira o que podemos fazer para prevenir ou retardar a degradação do meio ambiente por essas substâncias. Existem alternativas ou o uso de algumas substâncias é essencial para nossa vida? Você já ouviu falar de produtos biodegradáveis? O que isso significa?

ESTABELECENDO CONEXÕES
Biologia

Elementos que compõem os seres humanos

Apesar da complexidade do nosso organismo, o número de moléculas a partir das quais somos formados é bem limitado. A vida baseia-se em apenas poucos elementos da tabela periódica.

O corpo de um adulto de tamanho médio (70 kg) consiste de:

Disponível em: <https://www.livescience.com/3505-chemistry-life-human-body.html>. Acesso em: 5 jun. 2019.

Fósforo	700 g
Hidrogênio	7.000 g
Nitrogênio	2.100 g
Oxigênio	45.500 g
Cloro	105 g
Enxofre	175 g
Carbono	12.600 g
Magnésio	35 g
Ferro	4,2 g
Potássio	175 g
Cálcio	1.050 g
Sódio	105 g
Outros elementos	450,8 g

CAPÍTULO 5 • Estrutura atômica da matéria

Nosso desafio

Para preencher os quadrinhos de 1 a 14, você deve utilizar as seguintes palavras: bons, cobre, gases nobres, gasosos, grupos ou famílias, hélio, líquido, maus, metais, não metais, formam, períodos, pouca, sólidos.

À medida que você preencher os quadrinhos, risque a palavra que escolheu para não usá-la novamente.

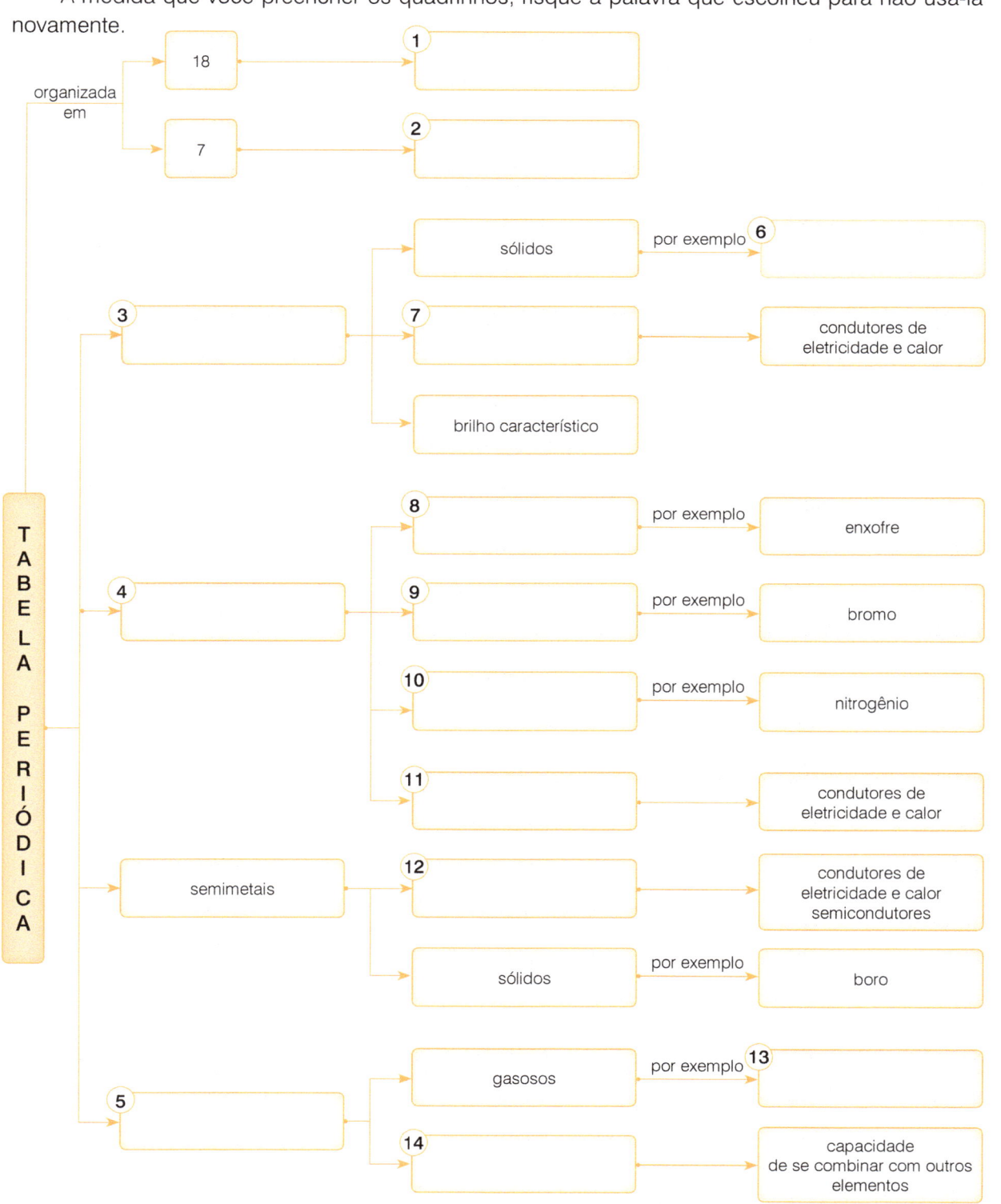

TABELA PERIÓDICA

organizada em → 18 → **1**

organizada em → 7 → **2**

3 →
- sólidos → por exemplo → **6**
- **7**
- condutores de eletricidade e calor
- brilho característico

4 →
- **8** → por exemplo → enxofre
- **9** → por exemplo → bromo
- **10** → por exemplo → nitrogênio
- **11** → condutores de eletricidade e calor

semimetais →
- **12** → condutores de eletricidade e calor semicondutores
- sólidos → por exemplo → boro

5 →
- gasosos → por exemplo → **13**
- **14** → capacidade de se combinar com outros elementos

Atividades

1. **[6]** Na tabela periódica, os elementos estão ordenados em ordem crescente de:
   a) número de massa.
   b) massa atômica.
   c) número atômico.
   d) raio atômico.
   e) eletroafinidade.

2. **[6, 10]** Um elemento químico tem número atômico 33. Procure na tabela periódica em que período e grupo está localizado. A que tipo de elementos ele pertence?

3. **[6, 10]** O número atômico do elemento que se encontra no 3.º período, família 13, é:
   a) 10.   b) 12.   c) 23.   d) 13.   e) 31.

4. **[6, 10]** O selênio é um elemento químico muito eficiente no combate ao câncer de próstata. Quais são os símbolos dos elementos com propriedades químicas semelhantes às do selênio?
   a) Cl, Br, I.   c) P, As, Sb.   e) Li, Na, K.
   b) Te, S, Po.   d) As, Br, Kr.

5. **[6]** Pertence aos metais alcalinos o elemento:
   a) ferro.   c) potássio.   e) magnésio.
   b) cobre.   d) oxigênio.

6. **[6]** Os elementos químicos Ca, Ba, Mg e Sr são classificados como:
   a) halogênios.
   b) calcogênios.
   c) gases nobres.
   d) metais alcalinos.
   e) metais alcalinoterrosos.

7. **[6]** Possuem brilho característico, são bons condutores de calor e eletricidade. Essas propriedades são dos:
   a) gases nobres.   d) semimetais.
   b) ametais.   e) metais.
   c) não metais.

8. **[6]** Nas condições ambiente, os metais são sólidos com exceção do:
   a) sódio.   c) ouro.   e) cobre.
   b) magnésio.   d) mercúrio.

9. **[1, 6, 9, 10]** Os metais são bons condutores de calor e de eletricidade. Entre os elementos abaixo, é exemplo de metal o:
   a) hidrogênio.   c) carbono.   e) cálcio.
   b) iodo.   d) boro.

10. **[6, 9, 10]** Analise as afirmativas a seguir.
    I. Átomos isótopos são aqueles que possuem mesmo número atômico e números de massa diferentes.
    II. O número atômico de um elemento corresponde à soma do número de prótons com o de nêutrons.
    III. O número de massa de um átomo, em particular, é a soma do número de prótons com o de elétrons.
    IV. Átomos isóbaros são aqueles que possuem números atômicos diferentes e mesmo número de massa.
    V. Átomos isótonos são aqueles que apresentam números atômicos diferentes, número de massa diferentes e mesmo número de nêutrons.

    São verdadeiras as alternativas:
    a) I, III e V.   c) II e III.   e) II e V.
    b) I, IV e V.   d) II, III e V.

11. **[6]** Um átomo de número atômico Z e número de massa A tem
    a) A nêutrons.   d) A – Z nêutrons.
    b) A elétrons.   e) Z elétrons.
    c) Z prótons.

12. **[6, 9, 10]** De acordo com o modelo de Dalton para o átomo, analise quais das afirmações a seguir são verdadeiras.
    I. Átomos são partículas discretas de matéria que não podem ser divididas por qualquer processo químico conhecido.
    II. Átomos do mesmo elemento químico são semelhantes entre si e têm mesma massa.
    III. Átomos de elementos diferentes têm propriedades diferentes.

13. **[1, 3, 7, 9, 10]** Os átomos são eletricamente neutros, embora sejam formados por

partículas eletricamente carregadas, como prótons e elétrons. Como isso é possível?

14. **[1, 9]** O mercúrio é um metal que se encontra no estado líquido à temperatura ambiente. É muito tóxico quando ingerido, inalado ou em contato com a pele, podendo causar danos ao cérebro, rins e pulmões. É utilizado em termômetros, barômetros, lâmpadas fluorescentes e em atividades de mineração do ouro. Sabendo-se que o seu símbolo químico é Hg, possui número atômico 80 e número de massa 200 ($^{200}_{80}Hg$), determine o número de prótons, nêutrons e elétrons de um átomo de mercúrio.

15. **[1, 9]** Um íon de um elemento químico, de número de massa 39, apresenta 18 elétrons e carga +1. Determine o número atômico e o número de nêutrons desse íon?

16. **[1, 9]** A descoberta da natureza elétrica da matéria provocou uma verdadeira "revolução" na ciência e na tecnologia, pois proporcionou à humanidade a fabricação de uma infinidade de aparelhos eletroeletrônicos. Para transportar a eletricidade utilizamos fios de cobre, elemento químico cujo símbolo é Cu, pois sua resistência elétrica é pequena e seu custo relativamente baixo. Determine o número de elétrons contido no íon $^{63}_{29}Cu^{2+}$.

17. **[1, 9]** Um átomo A, que possui número atômico x e número de massa $2x$, pode ser representado por $^{2x}_{x}A$. Sabendo-se que o átomo A é isóbaro do níquel ($^{58}_{28}Ni$), determine o número de nêutrons do átomo A.

18. **[1, 9, 10]** Indique o número de prótons, nêutrons e elétrons dos íons a seguir:

Íons	Número de prótons	Número de nêutrons	Número de elétrons
$^{40}_{20}Ca^{2+}$			
$^{56}_{26}Fe^{3+}$			
$^{32}_{16}S^{2-}$			
$^{19}_{9}F^{-}$			
$^{7}_{3}Li^{+}$			

19. **[6, 8, 10]** O físico dinamarquês Niels Bohr aperfeiçoou o modelo atômico proposto por Rutherford. Em seu modelo, Bohr sugeriu que os elétrons se localizavam ao redor do núcleo em órbitas bem definidas. Observe abaixo a representação de um átomo de sódio (Na) de acordo com o modelo proposto por Bohr e responda para esse átomo o que se pede.

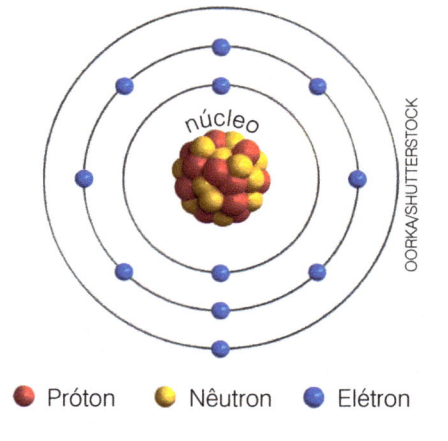

a) Qual é o número de elétrons, prótons e nêutrons desse átomo?
b) Qual é a sua massa atômica?
c) Qual é o seu número atômico?
d) Esse átomo é eletricamente neutro? Por quê?
e) Represente o elemento químico com o seu número atômico e sua massa atômica.

Navegando na net

Que tal explorar as propriedades dos elementos químicos em uma tabela periódica interativa? Visite o endereço eletrônico

<http://www.ptable.com>

(*acesso em:* 15 jun. 2019).

capítulo 6
LIGAÇÕES QUÍMICAS

Uma busca sem fim

A produção de automóveis precisa investir em matérias-primas mais eficientes e de menor custo para manter a competitividade. Várias pesquisas no campo da engenharia mecânica e de materiais são feitas para encontrar materiais com tais características.

Mas você sabe quais são as principais matérias-primas utilizadas na fabricação de um automóvel? Quantas substâncias diferentes são empregadas em todo o seu processo de produção?

O aço, formado essencialmente por átomos de ferro e carbono, é o principal componente, mas também os compostos plásticos estão bastante presentes na estrutura interna e também nos para-choques. Além desses, também estão presentes o alumínio (utilizado em algumas peças do motor e do chassi), a borracha, formada basicamente por vários átomos de carbono e hidrogênio (utilizada nos pneus e borrachas de vedação de portas) e o vidro (utilizado nas janelas e para-brisa). Mas como os átomos presentes nessas substâncias ligam-se uns aos outros? Como essas ligações podem fazer com que o metal seja capaz de conduzir eletricidade e a borracha não, o plástico ser maleável e o alumínio não?

Neste capítulo, vamos procurar respostas para essas perguntas por meio do estudo das diferentes ligações químicas que ocorrem quando os átomos interagem uns com os outros. Essa é a primeira ideia para compreendermos a formação de uma substância.

CAPÍTULO 6 • Ligações químicas 111

As ligações entre os átomos

Quando dois átomos se aproximam, suas cargas elétricas presentes na eletrosfera (cargas negativas) e no núcleo (cargas positivas) interagem gerando forças de atração ou repulsão. Essa interação faz com que o sistema composto pelos átomos tenha certa quantidade de energia. Na verdade, mesmo inicialmente isolados, a cada átomo pode ser associada certa quantidade de energia relacionada às cargas elétricas presentes em seu núcleo e na eletrosfera.

Dependendo das distâncias entre os átomos, o efeito resultante pode ser a **repulsão**, a **atração** ou mesmo pode acontecer de o sistema atingir uma **posição de equilíbrio**. Uma configuração de distâncias e rearranjo das cargas elétricas faz com que a energia total do conjunto de átomos seja menor do que a energia de cada um isoladamente. Ao procurar uma resposta para a pergunta: por que dois átomos se ligam para formar uma molécula, podemos dizer que, do *ponto de vista energético*, é mais favorável aos átomos permanecerem ligados do que isolados cada um no seu lugar.

Como vimos, o núcleo é uma região bastante compactada e distante da eletrosfera (lembre-se da frase: o átomo é um grande vazio). Assim, as ligações químicas serão determinadas pelos elétrons presentes na nuvem eletrônica.

Dependendo do arranjo dos elétrons, a ligação terá uma ou outra característica. Com base nesses arranjos, é possível classificar as ligações químicas em: **ligação iônica**, **ligação covalente**, **ligação metálica**. Veremos mais detalhes de cada uma delas a seguir, mas antes vamos entender como os elétrons estão distribuídos ao redor do núcleo.

Distribuição dos elétrons ao redor do núcleo

De acordo com as teorias modernas sobre o modelo do átomo, podemos associar à nuvem eletrônica camadas que podem armazenar diferentes quantidades de elétrons. Essas camadas são identificadas por letras, como você pode observar na imagem abaixo.

Lembre-se!

Nuvem eletrônica é a região ao redor do núcleo em que os elétrons se movimentam.

ART OF SUN/SHUTTERSTOCK

ANA OLÍVIA JUSTO/acervo da editora

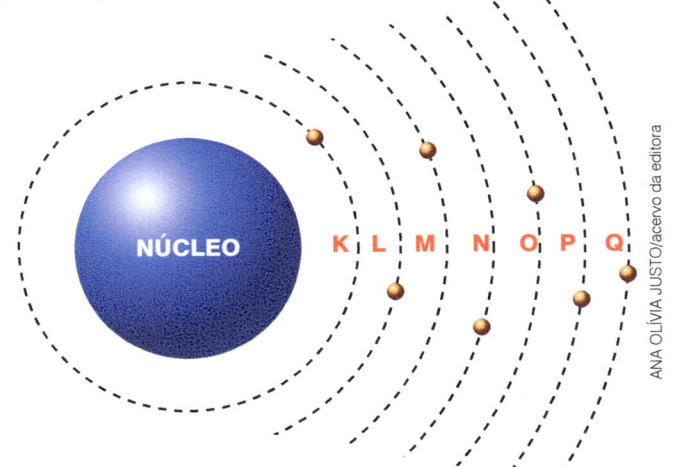

Esquema ilustrativo das camadas eletrônicas. Note que a camada K é a mais próxima ao núcleo, enquanto a camada Q é a mais distante dele. (Cores-fantasia. Os elétrons não giram em torno do núcleo em órbitas perfeitas. Ilustração fora de escala.)

núcleo   nuvem eletrônica

Camadas eletrônicas do átomo.

Nome da camada	Quantidade máxima de elétrons
K	2
L	8
M	18
N	32
O	32
P	18
Q	8

Em um átomo, os elétrons preenchem primeiro a camada mais próxima ao núcleo, segundo a quantidade máxima de elétrons que pode suportar, e depois as camadas seguintes. Observe nos exemplos abaixo a distribuição eletrônica em alguns átomos.

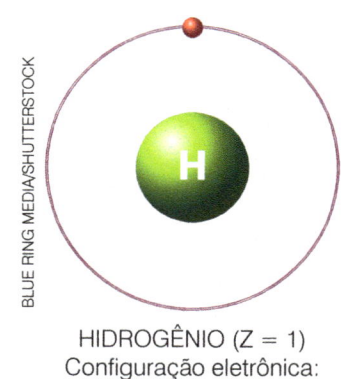

HIDROGÊNIO (Z = 1)
Configuração eletrônica:
K = 1

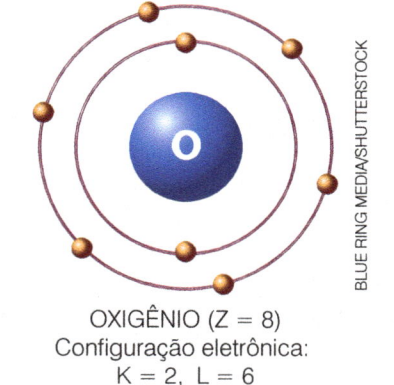

OXIGÊNIO (Z = 8)
Configuração eletrônica:
K = 2, L = 6

Esquema representando a distribuição eletrônica em um átomo de hidrogênio e de oxigênio. Note que os elétrons preenchem primeiro a camada mais próxima ao núcleo para depois passarem para a próxima. (Cores-fantasia. Ilustrações fora de escala.)

Lembre-se!

As camadas mais externas a receberem elétrons são as que têm grande importância nas ligações químicas. Vamos nos referir aos elétrons presentes na última camada como elétrons presentes na **camada de valência**.

Vimos na tabela anterior que algumas camadas podem conter mais do que 8 elétrons, como as camadas M, N, O e P. Porém, verifica-se que a **última** camada da distribuição eletrônica **nunca apresenta** mais do que 8 elétrons. Veja, por exemplo, a distribuição eletrônica nos átomos de potássio e de ferro.

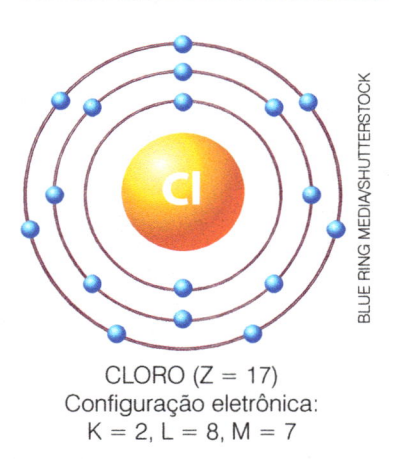

CLORO (Z = 17)
Configuração eletrônica:
K = 2, L = 8, M = 7

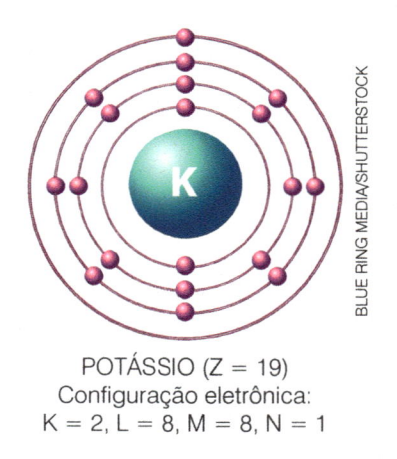

POTÁSSIO (Z = 19)
Configuração eletrônica:
K = 2, L = 8, M = 8, N = 1

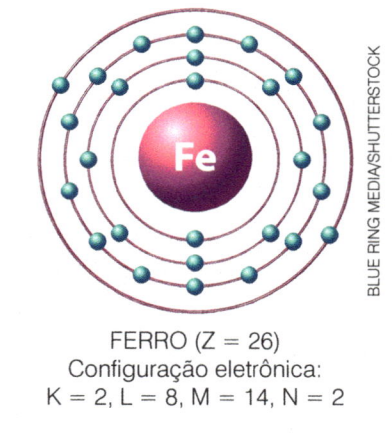

FERRO (Z = 26)
Configuração eletrônica:
K = 2, L = 8, M = 14, N = 2

Esquema representando a distribuição eletrônica em um átomo de cloro, de potássio e em um átomo de ferro. Observe que a última camada de distribuição nunca contém mais do que 8 elétrons.

Jogo rápido

Represente a distribuição eletrônica dos elementos carbono (Z = 6), sódio (Z = 11) e zinco (Z = 30).

Você deve estar se perguntando por que não é possível ter mais do que 8 elétrons na última camada. A razão disso tem como base os gases nobres (elementos do grupo 8 da tabela periódica), cujos átomos são estáveis. Os gases nobres são os únicos elementos na natureza que podem ser encontrados na forma livre, dificilmente ligados a outros elementos. Esses elementos possuem 2 ou 8 elétrons em sua última camada eletrônica.

É SEMPRE BOM SABER MAIS!

Teoria de Lewis

Em 1901, o químico Gilbert Newton Lewis, com o desenvolvimento de novas tecnologias, explica com o auxílio da tabela periódica a estabilidade da distribuição eletrônica dos elementos do grupo 18 da tabela periódica, onde esses elementos possuem 2 ou 8 elétrons na camada de valência. Essa estabilidade é conhecida como **teoria de Lewis** e é frequentemente chamada de **teoria do dueto ou do octeto**.

Distribuição eletrônica dos gases nobres.

Gases nobres		Número de elétrons nas camadas						
Elemento	Z	K	L	M	N	O	P	Q
hélio (He)	2	2						
neônio (Ne)	10	2	8					
argônio (Ar)	18	2	8	8				
criptônio (Kr)	36	2	8	18	8			
xenônio (Xe)	54	2	8	18	18	8		
radônio (Rn)	86	2	8	18	32	18	8	

As ligações iônicas ou eletrostáticas

A ligação iônica ocorre com transferência total de elétrons entre metais (átomos com grande tendência em perder elétrons) e não metais ou o hidrogênio, que têm alta afinidade eletrônica e apresentam grande tendência em receber elétrons. Na ligação iônica, a soma das cargas positivas com as cargas negativas deve ser igual a zero.

A fórmula para representarmos um composto iônico deve observar que o total da carga dos cátions deve ser igual ao total da carga dos ânions. Os índices (números em subscrito) que aparecem do lado direito de cada íon indicam a proporção entre cátions e ânions, e devem ser sempre os menores possíveis:

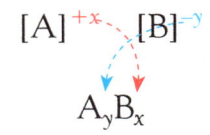

$$[A]^{+x} \quad [B]^{-y}$$
$$A_y B_x$$

Lembre-se!

Ligação iônica também é chamada de ligação eletrovalente.

Por exemplo, a fórmula do composto iônico formado pelos íons Mg^{+2} e Cl^- é

$$[Mg]^{+2} \quad [Cl]^-$$
$$MgCl_2$$

cloreto de magnésio

Observe que quando o índice for 1, ele não será escrito.

Jogo rápido

Escreva a fórmula do composto iônico formado por Ca^{+2} e O^{-2}.

Uma das ligações iônicas mais presentes em nosso cotidiano pode ser encontrada na ligação existente entre o metal sódio e o não metal cloro na formação do sal de cozinha (NaCl). Vamos analisar em detalhes como ela ocorre.

Observando os dois elementos Na (Z = 11) e Cl (Z = 17) na tabela periódica, temos que o sódio é do grupo 1, e sua distribuição eletrônica apresenta um elétron na camada de valência. Para retirar esse elétron será necessário fornecer energia (**energia de ionização**) ao sódio que ficará com configuração eletrônica semelhante à de gás nobre, adquirindo carga 1^+.

Energia de ionização: é a energia necessária para a retirada de elétrons de um átomo

$$X + energia \rightarrow X^+ + e^-$$

$$Na \xrightarrow[\text{metal instável}]{\text{perde um elétron}} Na^+ \text{ íon estável}$$

O cloro pertence ao grupo 17 e apresenta em sua distribuição eletrônica sete elétrons em sua camada de valência. Nesse caso, o cloro receberá um elétron liberando energia (**afinidade eletrônica**) e ficará com a configuração eletrônica estável semelhante à de gás nobre, adquirindo carga 1^-.

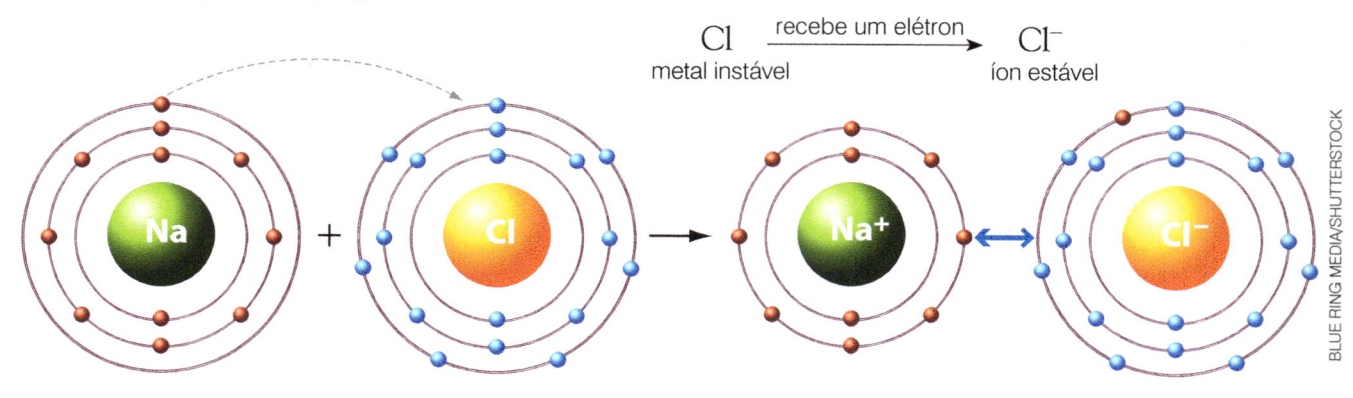

Afinidade eletrônica (eletroafinidade): é a energia liberada quando o átomo recebe elétrons em sua camada de valência

$$X + e^- \rightarrow X^- + energia$$

$$Cl \xrightarrow[\text{metal instável}]{\text{recebe um elétron}} Cl^- \text{ íon estável}$$

Com a formação de íons, ou seja, Na^+ como cátion e Cl^- como ânion, existirá uma força de atração que os unirá para formar o composto iônico cloreto de sódio (NaCl). (Cores-fantasia. Ilustrações fora de escala.)

É SEMPRE BOM SABER MAIS!

A forma dos sólidos iônicos

À temperatura ambiente, os sólidos iônicos, como o NaCl, por exemplo, são formados por "cristais", que de modo bem simplificado poderíamos considerar como se fossem pequenos grãos.

Em virtude das forças de atração entre os átomos, cada sólido iônico tem seus íons dispostos de uma forma geométrica bem característica.

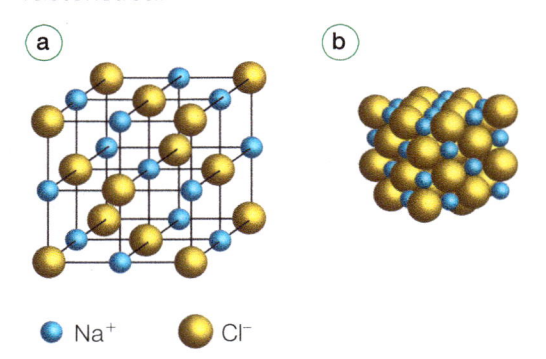

(a) (b)

● Na^+ ● Cl^-

Esquema do retículo cristalino do NaCl (cloreto de sódio). Em (a), os íons foram separados para que possamos entender mais facilmente sua disposição, mas na natureza eles não se encontram dessa forma, mas sim próximos uns aos outros, como se vê em (b). (Cores-fantasia. Ilustrações fora de escala.)

Uma forma de representar a ligação iônica é pelo **método de Lewis**. Por esse método se mostra a transferência de elétrons que ocorre entre o metal e o não metal com o auxílio de pequenos símbolos (bolinhas, cruzinhas, por exemplo), que representam os elétrons da camada de valência. Observe a imagem a seguir:

$$Na• \quad :\!\ddot{Cl}\!:\ \longrightarrow\ [Na]^+\ [:\!\ddot{\underset{..}{Cl}}\!:]^-$$

Note que no átomo de sódio há uma bolinha (que representa um elétron na camada de valência) e no átomo de cloro há sete bolinhas (que representam sete elétrons na camada de valência). Com a transferência de um elétron do sódio para o cloro, os átomos tornam-se estáveis.

Vamos ilustrar mais uma ligação iônica, desta vez a que ocorre no fluoreto de alumínio (AlF_3).

Elemento	Z	K	L	M	N	O	P	Q
alumínio (Al)	13	2	8	3				
flúor (F)	9	2	7					

Pela distribuição eletrônica, o alumínio precisa perder 3 elétrons da camada de valência e o flúor precisa receber um elétron nessa camada para ambos se tornarem estáveis. Assim, a fórmula de Lewis para esse composto iônico é:

$$:\!\ddot{F}\!: \times Al \times :\!\ddot{F}\!:$$
$$\underset{:\!\ddot{F}\!:}{\times}$$

Propriedades dos compostos iônicos

O ferro é um dos componentes do aço, que, por sua vez, é amplamente utilizado na fabricação de automóveis. O ferro metálico pode ser extraído da hematita (Fe_2O_3), sendo que o Brasil é detentor da maior reserva desse minério do mundo.

A hematita é um sólido iônico cristalino, duro e quebradiço nas condições ambientes (T = 25 °C, P = 1 atm). Para extrair o ferro desse composto iônico é necessária grande quantidade de energia, pois seu **ponto de fusão**, assim como é típico de todos os compostos iônicos, **é muito elevado**, devido às forças de atração entre cátions e ânions serem muito intensas.

Hematita: ponto de fusão: 1.566 °C; ponto de ebulição: 1.987 °C.

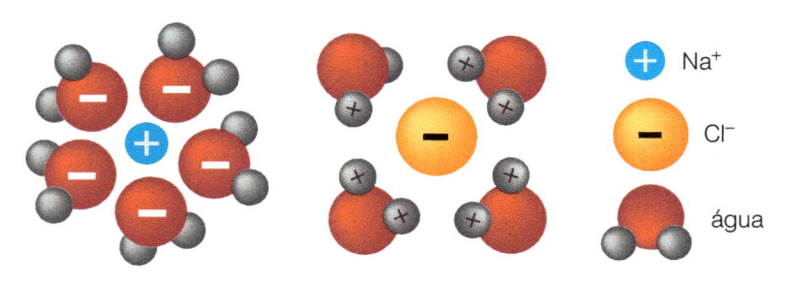

Na dissolução do cloreto de sódio, as moléculas de água envolvem os íons Na⁺ e Cl⁻, favorecendo a condução de corrente elétrica.

Quando fundida (líquida) ou em solução aquosa (dissolvida em água), a hematita conduz **corrente elétrica** devido à presença de íons livres. Esse fenômeno também ocorre quando temos a dissolução do cloreto de sódio (NaCl, sal de cozinha). Nesse processo, as moléculas de água interagem com o cloreto de sódio, formando uma solução iônica.

ESTABELECENDO CONEXÕES

Geografia

Recursos minerais do Brasil

O Brasil é um país privilegiado, não só por seus recursos naturais, mas também por sua riqueza mineral. Em termos de ferro tem cerca de 20,2% das reservas mundiais, sendo o terceiro maior produtor mundial (2018), segundo dados da U.S. Geological Survey, com 490 milhões de toneladas extraídas no ano.

As principais minas de ferro encontram-se na Província Mineral de Carajás, no Pará, e no Quadrilátero Ferrífero, em Minas Gerais (localize-as no mapa abaixo).

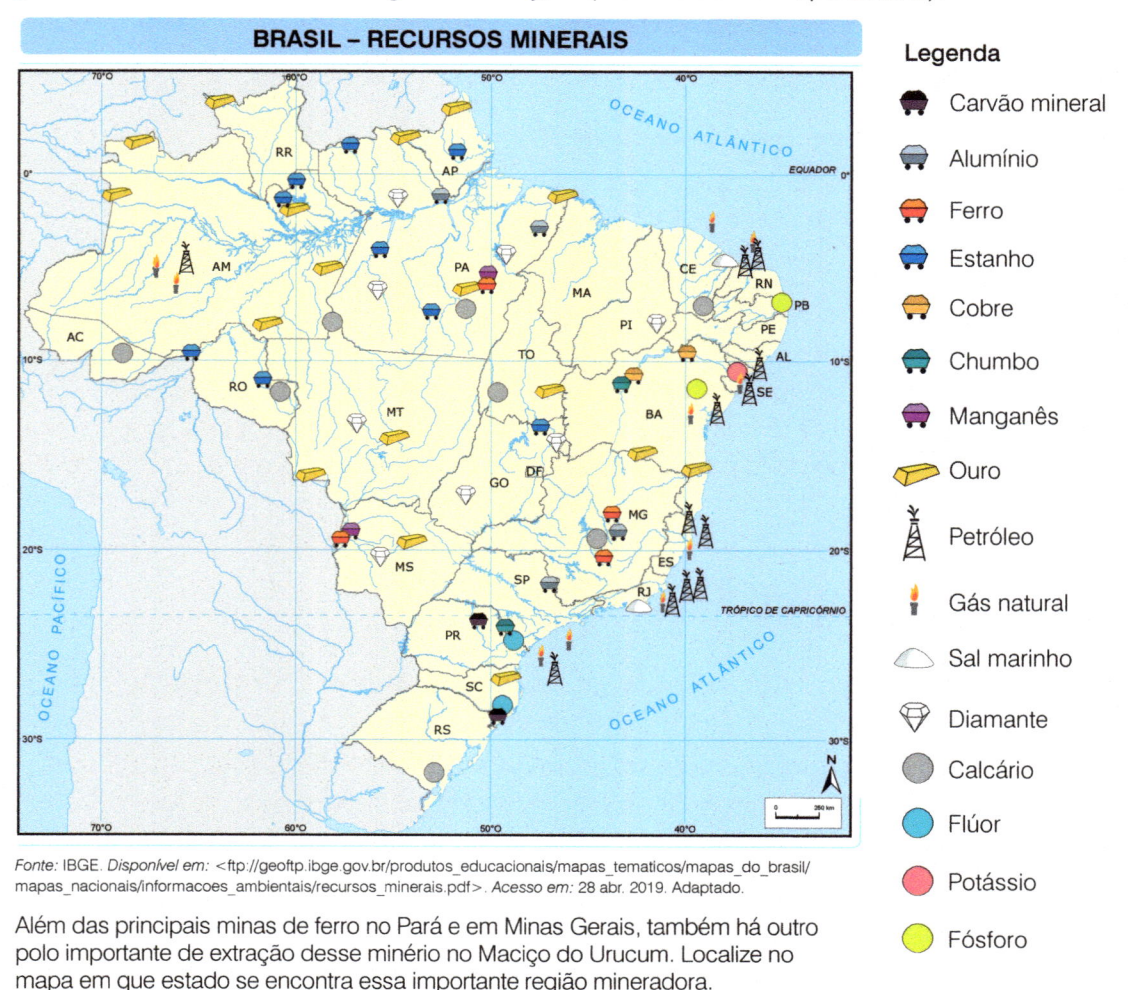

BRASIL – RECURSOS MINERAIS

Legenda:
- Carvão mineral
- Alumínio
- Ferro
- Estanho
- Cobre
- Chumbo
- Manganês
- Ouro
- Petróleo
- Gás natural
- Sal marinho
- Diamante
- Calcário
- Flúor
- Potássio
- Fósforo

Fonte: IBGE. Disponível em: <ftp://geoftp.ibge.gov.br/produtos_educacionais/mapas_tematicos/mapas_do_brasil/mapas_nacionais/informacoes_ambientais/recursos_minerais.pdf>. Acesso em: 28 abr. 2019. Adaptado.

Além das principais minas de ferro no Pará e em Minas Gerais, também há outro polo importante de extração desse minério no Maciço do Urucum. Localize no mapa em que estado se encontra essa importante região mineradora.

ENTRANDO EM AÇÃO

Determinação da condutividade elétrica de substâncias

Algumas substâncias são capazes de conduzir eletricidade quando em meio aquoso. Isso se deve a uma dissociação da substância em íons com carga elétrica positiva (cátion) e negativa (ânion). Essas substâncias são chamadas de **eletrólitos**.

Para determinar a condutividade elétrica de algumas substâncias do nosso dia a dia, monte o esquema ao lado.

Material
ATENÇÃO: Mexer com eletricidade pode ser perigoso, faça o experimento com a supervisão de um adulto.
- um recipiente de boca larga;
- uma lâmpada com bocal apropriado;
- 3 pedaços de fio de cobre com as extremidades desencapadas;
- um pino de tomada;
- uma base de madeira;
- 2 parafusos ou pregos para fixar o soquete na madeira;
- líquidos diversos: água destilada, solução aquosa de sal, vinagre e solução aquosa de açúcar.

Como proceder
- Monte o aparelho como mostra a figura ao lado: um fio sai do pino de tomada até a lâmpada, o outro sai da lâmpada até a solução e o terceiro sai do outro pino de tomada e vai até a solução.
- Teste a condutividade de cada solução. Verifique o que ocorre com a lâmpada e anote na tabela abaixo.

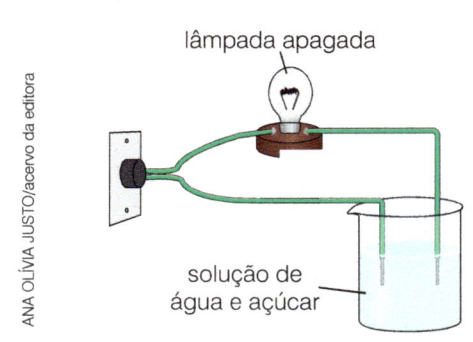

Sistema	Conduz corrente elétrica
água pura (destilada)	
água e açúcar dissolvido	
água e sal dissolvido	
água de torneira	
vinagre	
sal de cozinha sólido	
açúcar sólido	

De acordo com os resultados, procure responder ao que se pede a seguir.
1. Por que algumas soluções aquosas conduzem eletricidade e outras não?
2. Por que a água destilada (pura) não conduz eletricidade e a água potável (torneira) conduz?

As ligações covalentes ou moleculares

Vamos agora estudar um tipo de ligação que está presente nos materiais plásticos, como aqueles utilizados em para-choques e painéis automotivos. Para a maioria desses materiais, o simples aquecimento resulta na alteração de suas propriedades. Plásticos em geral derretem rapidamente se comparados aos metais. Mas por quê? De que forma diferente poderiam os átomos estar ligados para explicar tais propriedades?

Essa facilidade de derretimento se dá pelo fato de que o plástico apresenta outro tipo de ligação: a **ligação covalente** ou **molecular**. Esse tipo de ligação ocorre pelo *compartilhamento* de pares de elétrons pertencentes a átomos distin-

FLÚOR (Z = 9)
Configuração eletrônica:
K = 2, L = 7

Representação da molécula de F₂.
(Ilustração fora de escala.)

tos. Esse tipo de ligação ocorre principalmente entre não metais, ou seja, entre átomos que necessitam *receber elétrons*, ou entre um não metal e o hidrogênio.

Como vimos no modelo de Lewis, uma forma de representar os elétrons na camada de valência é por meio de pequenos símbolos, como, por exemplo, "bolinhas". No caso das ligações covalentes, as "bolinhas" serão compartilhadas por ambos os átomos.

Vamos, por exemplo, representar a molécula do gás flúor (fórmula molecular F_2). O flúor, elemento do grupo dos não metais, tem número atômico 9 e sua configuração eletrônica é K = 2, L = 7.

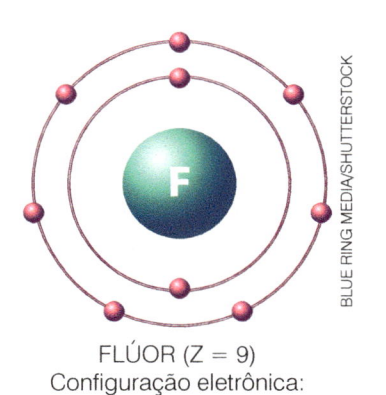

Elemento	Z	Número de elétrons nas camadas					
		K	L	M	N	O	P	Q
flúor (F)	9	2	7					

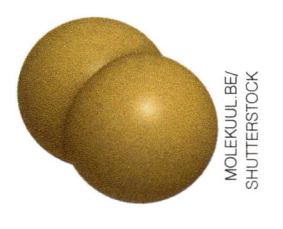

Com a distribuição eletrônica observamos que cada átomo de flúor necessita de um elétron para completar o octeto e adquirir estabilidade como os gases nobres. Então, dois átomos de flúor deverão compartilhar um par eletrônico para adquirir estabilidade:

$$:\!\ddot{F}\!:\!\bullet\bullet\!:\!\ddot{F}\!:$$

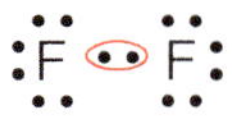

fórmula eletrônica do F_2

É SEMPRE BOM SABER MAIS!

Fórmula estrutural

Cada par de elétrons compartilhado também pode ser representado por um traço simples (—), isto é, por uma ligação simples. Quando houver compartilhamento de dois pares de elétrons, haverá a formação de uma dupla ligação (=) e no compartilhamento de três pares de elétrons, uma tripla ligação (≡). Esse tipo de fórmula em que o compartilhamento de elétrons é representado por traços é chamado de **fórmula estrutural**.

Quando existir a possibilidade de três ou mais átomos em ligação covalente, devemos colocar no centro o átomo que realizará o maior número de ligações. Veja, por exemplo, as ligações da molécula de água (fórmula molecular H_2O):

Elemento	Z	Número de elétrons nas camadas					
		K	L	M	N	O	P	Q
hidrogênio (H)	1	1						
oxigênio (O)	8	2	6					

CAPÍTULO 6 • Ligações químicas 119

Para se tornar estável, o oxigênio precisa receber dois elétrons, ou seja, precisa estabelecer duas ligações e o hidrogênio precisa receber apenas um elétron (necessita realizar apenas uma ligação). Veja como fica a fórmula eletrônica da água e sua fórmula estrutural:

H··Ö··H
fórmula eletrônica da água

H—O—H
fórmula estrutural

Representação da molécula de H_2O. (Cores-fantasia. Ilustração fora de escala.)

Note que quando cada átomo de hidrogênio compartilha um elétron com o átomo de oxigênio ele fica com dois elétrons (se torna estável), e quando o oxigênio compartilha dois elétrons com os dois hidrogênios ele fica com 8 elétrons e também se torna estável.

E como seriam as configurações eletrônicas do gás carbônico (fórmula molecular CO_2) e do gás nitrogênio (fórmula molecular N_2)?

Elemento	Z	Número de elétrons nas camadas						
		K	L	M	N	O	P	Q
carbono (C)	6	2	4					
oxigênio (O)	8	2	6					

No gás carbônico, o carbono precisa ganhar 4 elétrons e o oxigênio precisa ganhar 2 elétrons para que ambos adquiram a estabilidade:

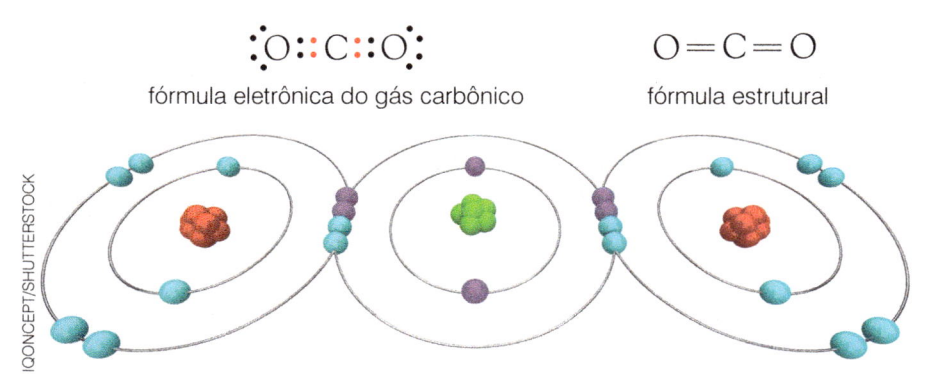

:Ö::C::Ö:
fórmula eletrônica do gás carbônico

O=C=O
fórmula estrutural

Representação da molécula de CO_2. Observe o compartilhamento de elétrons da última camada: o carbono (central) compartilha dois elétrons com cada átomo de oxigênio.

No gás nitrogênio, cada átomo de nitrogênio precisa ganhar 3 elétrons para que adquira estabilidade:

Elemento	Z	Número de elétrons nas camadas						
		K	L	M	N	O	P	Q
nitrogênio (N)	7	2	5					

:N⋮⋮N:
fórmula eletrônica do gás nitrogênio

N≡N
fórmula estrutural

As ligações metálicas

Quando falamos das substâncias que são utilizadas na fabricação de um automóvel, as que estão presentes em maior quantidade são as substâncias metálicas. Os metais não só dão rigidez à estrutura do carro como também são utilizados nos cabos para conduzir corrente elétrica. Tanto as propriedades associadas aos aspectos visuais, como o brilho característico, quanto as propriedades de condução de eletricidade decorrem do tipo de ligação química presente nos metais – a **ligação metálica**.

Podendo ocorrer entre átomos de mesmo metal ou de metais diferentes, o que resultará em uma liga metálica, a ligação metálica é caracterizada pela interação dos elétrons livres presentes entre os cátions dos metais. Assim, os metais são constituídos por cátions imersos em uma espécie de nuvem de elétrons livres. Esses elétrons apresentam grande mobilidade, ou seja, são compartilhados por todos os outros cátions vizinhos.

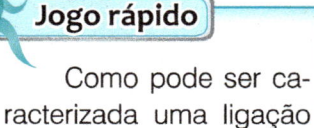

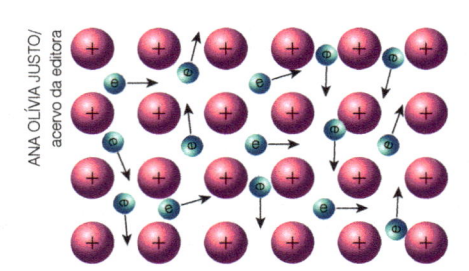

Representação esquemática da interação entre os cátions de um metal e a nuvem de elétrons livres. (Cores-fantasia. Ilustração fora de escala.)

> **Jogo rápido**
>
> Como pode ser caracterizada uma ligação metálica?

Tal nuvem eletrônica é a responsável pelas propriedades elétricas (condução), térmicas e mecânicas dos metais. Em determinadas condições, quando os metais são submetidos a uma diferença de energia, forma-se um fluxo ordenado de elétrons, a que chamamos **corrente elétrica**.

> **Jogo rápido**
>
> Como pode ser caracterizada uma corrente elétrica?

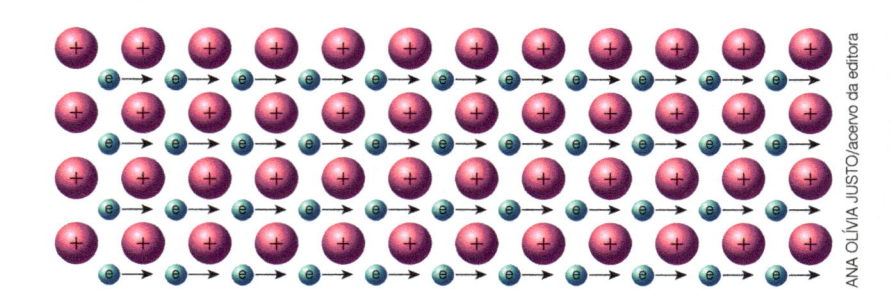

Representação esquemática da corrente elétrica em metais, que nada mais é do que um fluxo ordenado de elétrons. (Cores-fantasia. Ilustração fora de escala.)

ENTRANDO EM AÇÃO

Reúna seu grupo de trabalho e pesquisem nos livros da biblioteca de sua escola ou mesmo na internet possíveis soluções para as questões abaixo, referentes aos metais.

a) Cite alguns materiais ou objetos que vocês julgam ter a presença de metais em sua composição.

b) Os metais tiveram papel importante para o desenvolvimento da sociedade humana? Explique.

c) Seria possível, na atual sociedade, viver sem o uso de metais?

d) Pesquisem se há diferenças entre aço e aço inox. Se existem, citem algumas delas.

DE OLHO NO PLANETA
Ética & Cidadania

A busca por soluções alternativas

Depois de certo tempo, por alguma razão vários materiais que usamos em nosso dia a dia perdem sua aplicação e precisam ser substituídos. De todo o lixo produzido, cerca de um terço é relativo a sacos plásticos e demais embalagens. O hábito de não reutilizar as embalagens contribui para esse número.

Você sabe o que acontece com os materiais que descartamos? Você tem noção de que muitos desses materiais podem ser reutilizados ou reciclados para reduzir a quantidade de lixo que é jogada de maneira desordenada nos lixões?

Na imagem a seguir foram colocados alguns materiais de nosso uso diário e o tempo que leva para sua decomposição.

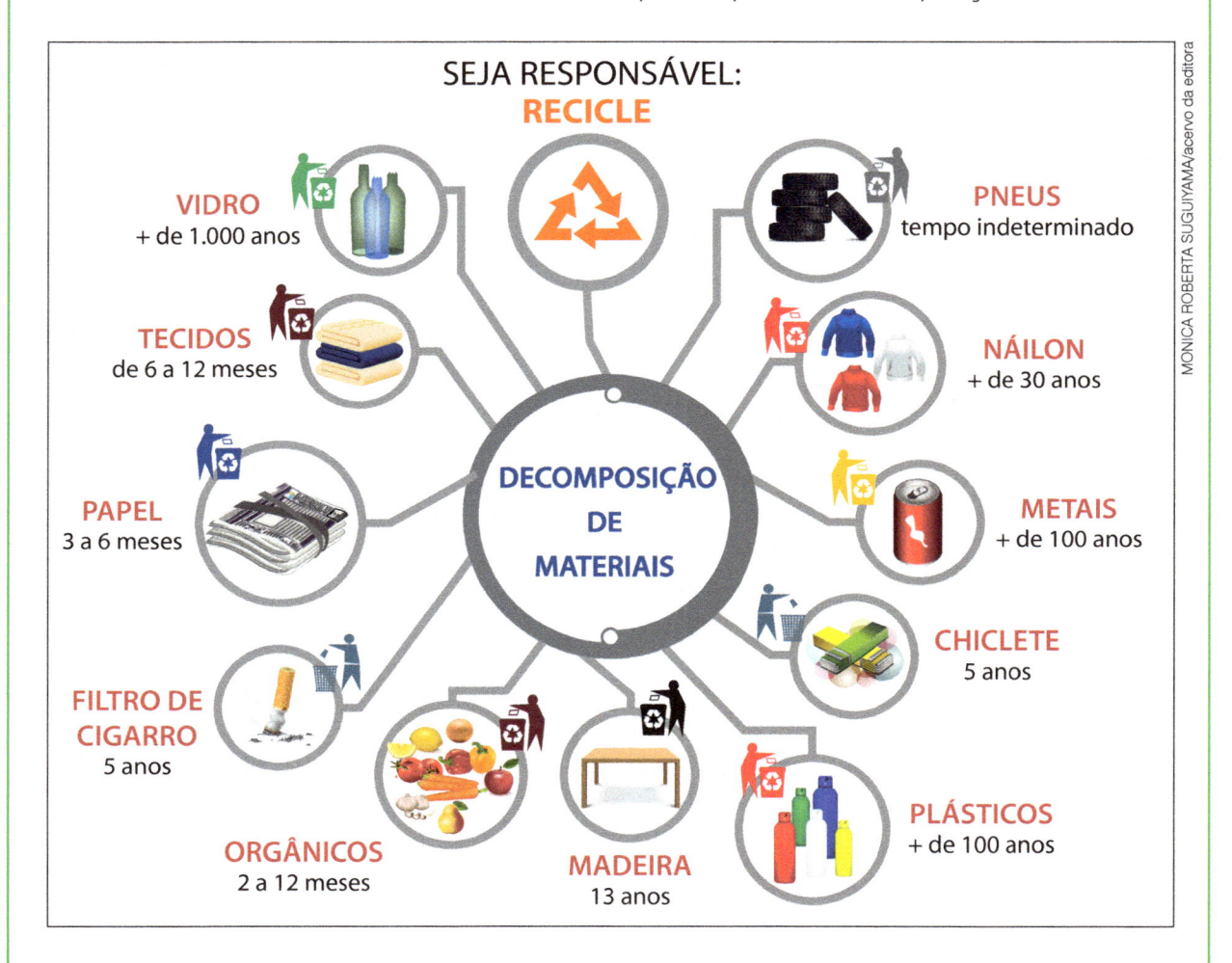

SEJA RESPONSÁVEL: RECICLE

DECOMPOSIÇÃO DE MATERIAIS

- VIDRO — + de 1.000 anos
- PNEUS — tempo indeterminado
- TECIDOS — de 6 a 12 meses
- NÁILON — + de 30 anos
- PAPEL — 3 a 6 meses
- METAIS — + de 100 anos
- FILTRO DE CIGARRO — 5 anos
- CHICLETE — 5 anos
- ORGÂNICOS — 2 a 12 meses
- MADEIRA — 13 anos
- PLÁSTICOS — + de 100 anos

O longo tempo para decomposição pode ser atribuído às ligações químicas, que não são facilmente desfeitas, e à matéria orgânica, pois suas cadeias carbônicas (formadas por C, H e outros elementos) são muito extensas. A ação de alguns microrganismos tende a quebrar as ligações químicas e a ajudar na decomposição, mas esse trabalho pode ser bem demorado.

➢ É importante refletir sobre a quantidade de lixo gerada e seu destino. Discuta com seus colegas, familiares e com sua comunidade alternativas para diminuir a quantidade de lixo gerada e também reutilizar algumas embalagens de alimentos em vez de jogá-las fora.

Nosso desafio

Para preencher os quadrinhos de 1 a 10, você deve utilizar as seguintes palavras: aço, covalentes, H_2O, interação, iônicas, metais, metais e não metais, NaCl, não metais, transferência.

À medida que você preencher os quadrinhos, risque a palavra que escolheu para não usá-la novamente.

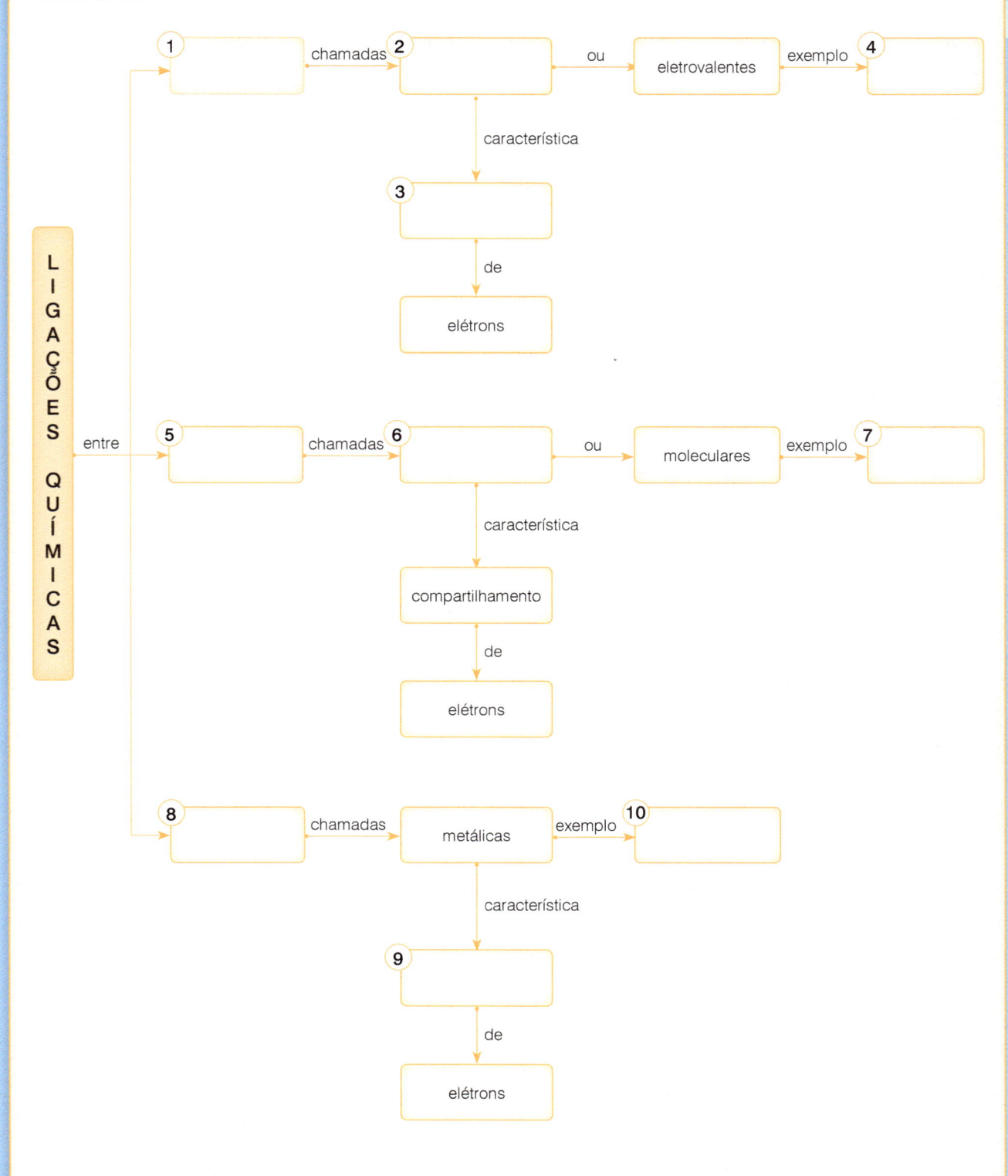

LIGAÇÕES QUÍMICAS

entre **1** ▢ chamadas **2** ▢ ou eletrovalentes exemplo **4** ▢
característica
3 ▢
de
elétrons

entre **5** ▢ chamadas **6** ▢ ou moleculares exemplo **7** ▢
característica
compartilhamento
de
elétrons

entre **8** ▢ chamadas metálicas exemplo **10** ▢
característica
9 ▢
de
elétrons

Atividades

1. **[6, 9]** Os elétrons da última camada são muito importantes, pois são eles que participam das ligações químicas entre os átomos. Como é denominada a última camada de um átomo que contém elétrons?

2. **[1, 8, 9]** As ligações químicas ocorrem porque os átomos tendem a adquirir uma configuração eletrônica estável. Essa configuração estável é própria de um grupo de elementos, cujos átomos são encontrados isolados na natureza, isto é, são átomos que não se unem com outros para formar compostos químicos.
    a) Como se denomina esse grupo?
    b) Como se chama a regra que determina a ocorrência das ligações químicas? Por que ela recebe esse nome?

3. **[6, 9]** A ligação iônica ocorre entre metais e não metais ou entre metais e o hidrogênio. Ao formar a ligação iônica, os metais tendem a perder ou a ganhar elétrons? Por quê?

4. **[6, 9]** Explique como podem se ligar dois átomos que precisem ganhar elétrons para obterem estabilidade.

5. **[6, 9]** O átomo de cloro possui 7 elétrons na última camada (camada de valência). Dois átomos de cloro se unem dando origem ao gás cloro (substância molecular).
    a) Como se denomina a ligação estabelecida entre os átomos de cloro?
    b) Por que é estabelecido esse tipo de ligação química?
    c) Escreva a fórmula molecular desse gás.

6. **[1, 6, 9]** Os elementos químicos sódio e cloro se unem por meio de uma ligação química para produzir o cloreto de sódio.
    a) Explique por que ocorre uma ligação química entre o sódio e o cloro.
    b) Essa ligação química pode ocorrer entre outros elementos químicos? Quais?

7. **[1, 6, 9, 10]** Toda ligação iônica é estabelecida entre cátions e ânions. Que tipo de força de atração mantém os íons unidos em uma ligação iônica?

8. **[1, 6, 9, 10]** Todos os metais possuem como característica a grande mobilidade de elétrons. Por isso é possível criar nos metais um fluxo ordenado de elétrons, denominado de corrente elétrica. Por que os metais possuem elétrons com grande mobilidade?

9. **[6, 9]** Podemos afirmar que um pedaço de fio de cobre é formado por moléculas? Justifique sua resposta.

10. **[6, 9]** A fórmula estrutural do gás nitrogênio é $N \equiv N$. Quantos elétrons são compartilhados pelos átomos de nitrogênio?

11. **[6, 9]** Sabendo-se que o número atômico do hidrogênio é 1 e do oxigênio é 8, determine o número total de elétrons em uma molécula de água.

12. **[1, 6, 9]** Considere as seguintes substâncias: água, cloreto de sódio, gás hélio e gás nitrogênio. Das substâncias citadas, quais apresentam somente ligações covalentes?

13. **[1, 3, 6, 7, 9, 10]** O Boitatá é um personagem folclórico, de origem indígena, cujo nome significa Cobra de Fogo. Essa lenda foi trazida para o Brasil pelos portugueses, na época da colonização, sendo contada pelos padres jesuítas.
    A lenda diz que num certo tempo as matas ficaram na escuridão, sem a luz do Sol. Fortes tempestades caíram, causando enchentes nas matas e florestas, o que provocou a morte de muitos animais. Dos poucos animais que restaram, uma cobra, sem ter do que se alimentar, passou a comer os olhos dos animais mortos, que brilhavam no escuro. Com isso, a luz desses olhos foi se acumulando dentro do corpo da cobra, deixando-a totalmente transparente e iluminada. Porém, alimentar-se de olhos animais deixou a cobra enfraquecida e a mesma morreu, perdendo sua luz interna. Dizem que a luz interna que saiu da cobra se transformou no-

vamente em Sol, trazendo a luz de volta para o mundo. Essa cobra passou a ser chamada de Boitatá, e de sua boca sai uma chama de fogo, que ela usa para queimar caçadores e destruidores das matas e florestas. O Boitatá se transforma em um tronco, para enganar os lenhadores, e quando os mesmos se aproximam para cortar o tronco, ele vira uma grande chama de fogo, queimando-os.

BARROS, J. *Boitatá*.
Disponível em: <http://www.escolakids.com/boitata.htm>. Acesso em: 29 jul. 2019.

Uma possível interpretação científica que deu origem à lenda do Boitatá é a formação de gases inflamáveis devido à decomposição de matéria orgânica nas florestas. Um desses gases é a fosfina, um gás inflamável, que contém fósforo e hidrogênio em sua composição (números atômicos: P = 15 e H = 1).

a) Como essa interpretação poderia explicar a parte da lenda que diz que a cobra se transforma em um tronco?

b) Qual é o tipo de ligação e a fórmula estrutural da fosfina?

14. **[1, 3, 6, 7, 9, 10]** Durante as Grandes Guerras, ciência e tecnologia apresentam avanços acentuados. Na 1ª Guerra Mundial, foram desenvolvidas várias tecnologias voltadas para a guerra química, como o gás fosgênio ($COCl_2$), que produz asfixia. Sua síntese pode ser representada pela reação:

$$CO(g) + Cl_2(g) \rightarrow COCl_2(g)$$

a) Analise o composto formado e indique quantas ligações químicas são simples e quantas são duplas.

b) Qual é sua opinião sobre a contribuição da ciência e da tecnologia para as guerras?

15. **[1, 3, 6, 7, 9, 10]** A preocupação da população com uma alimentação saudável tem crescido nos últimos anos. É a moda dos produtos orgânicos. Sal de cozinha (NaCl), couve (rica em ferro) e até água (H_2O) têm suas versões rotuladas de mais saudáveis. Entrevistada por um programa de TV, uma consumidora dizia: "prefiro os alimentos orgânicos, pois são mais saudáveis; os não orgânicos têm muita química".

a) Você concorda com a afirmação da consumidora? Ela tem razão em dizer que produtos não orgânicos têm muita química? Justifique.

b) Identifique os tipos de ligação química presentes nas substâncias citadas.

16. **[6, 9]** Os compostos iônicos apresentam propriedades que diferem dos compostos covalentes em temperatura ambiente, pois

a) são líquidos e de baixo ponto de fusão.

b) são líquidos e de alto ponto de fusão.

c) são sólidos e bons condutores de corrente elétrica no estado sólido.

d) podem ser líquidos ou gasosos e apresentam baixa condutividade de corrente elétrica no estado líquido.

e. são sólidos e bons condutores de eletricidade em solução aquosa.

17. **[6, 9]** Vimos que os átomos se combinam em busca de uma configuração mais estável. Suponha dois elementos químicos, A e B, cujos números atômicos são, respectivamente, 12 e 35. Caso fosse possível para esses elementos se combinarem, qual seria a fórmula molecular e o tipo de ligação do composto formado?

18. **[6, 9]** Na natureza, há uma grande variedade de compostos químicos naturais ou produzidos pela humanidade. Alguns desses materiais são apresentados a seguir:

1. NaCl (sal de cozinha)
2. NH_3 (amônia)
3. ouro 18 quilates (liga de ouro, prata e cobre)
4. O_2 (gás oxigênio)

a) Qual é a importância de cada um dos compostos acima em nosso cotidiano?

b) Quais compostos apresentam ligações metálicas?

c) Quais compostos apresentam ligações covalentes?

d) Quais compostos apresentam ligações iônicas?

FUNÇÕES QUÍMICAS

capítulo 7

Transporte de cargas perigosas

Você já reparou que alguns caminhões de carga possuem em sua corroceria placas com números e símbolos? Você saberia reconhecer o que elas identificam?

O transporte de cargas perigosas está regulamentado de acordo com critérios técnicos e possui uma legislação específica. Os símbolos e números indicam o produto que está sendo carregado (inflamável, corrosivo, radioativo, gases, explosivos etc.) e o tipo de risco envolvido com seu transporte.

A maior parcela dos produtos de carga perigosa são os inflamáveis. Mas inflamáveis não são apenas os líquidos, como o álcool e a gasolina, ou os gases, como o oxigênio, por exemplo. Algodão e carvão são produtos facilmente inflamáveis, e não são líquidos nem gases.

Depois dos inflamáveis, os produtos perigosos mais transportados são os corrosivos, substâncias que em contato com a pele podem causar sérias queimaduras. Nesse grupo estão os ácidos (sulfúrico e clorídrico, por exemplo) e as bases (como o hidróxido de sódio e o hidróxido de potássio), dois temas que estudaremos neste capítulo.

Vazamentos de ácidos em uma estrada, por exemplo, podem ser neutralizados com bases, mas essa reação libera muitos vapores, o que pode comprometer a visibilidade da estrada, pondo em risco a segurança de quem se desloca por ela.

Dano maior ainda é causado ao meio ambiente, quando as substâncias corrosivas entram em contato com cursos d'água, comprometendo o abastecimento de cidades, lavoura e causando a mortandade de muitos animais.

Ácidos

Apesar de os ácidos estarem presentes em nosso dia a dia, no senso comum ainda possuem uma imagem muito negativa. Esse tipo de substância está presente, por exemplo, em nossa alimentação (ácido acético é o popularmente conhecido vinagre) e em nosso organismo (o ácido clorídrico está presente em nosso estômago). No entanto, são comumente lembrados apenas como corrosivos e perigosos. Embora alguns até façam parte de nossa alimentação, a maioria pode sim ser mortal se ingerida. Mas suas características vão muito além.

Em 1887, durante seus estudos, um importante cientista sueco chamado Svante August Arrhenius criou a teoria da ionização dos **eletrólitos**. De acordo com ele, **ácidos** são substâncias formadas por ligações covalentes que, em contato com a água, sofrem **ionização**, produzindo como único cátion o H^+ (chamado de **hidrogênio ionizável**).

Podemos exemplificar essa ionização usando o ácido fluorídrico, de fórmula HF, e o ácido fosfórico (H_3PO_4). Quando uma molécula do ácido entra em contato com a água, o hidrogênio ionizável é capturado pelo oxigênio da molécula de água. Podemos escrever a equação, de forma simplificada, como:

O ácido cítrico é o responsável pelo gosto característico dos frutos de plantas do gênero *Citrus*.

Lembre-se!

Ligações covalentes são aquelas em que pares de elétrons de átomos distintos são compartilhados.

Eletrólito: substância que, em solução, é capaz de conduzir corrente elétrica.

$$HF \xrightarrow{\text{água}} H^+ + F^-$$
ácido fluorídrico → cátion hidrogênio + ânion fluoreto

$$H_3PO_4 \xrightarrow{\text{água}} 3\,H^+ + PO_4^{3-}$$
ácido fosfórico → cátion hidrogênio + ânion fosfato

Por seus trabalhos, Svante Arrhenius (1859-1927) ganhou o Prêmio Nobel de Química em 1903.

Lembre-se!

A fórmula dos ácidos sempre se inicia com H.

É SEMPRE BOM SABER MAIS!

Íon hidrônio

Há diferentes fórmulas e nomes usados para descrever o hidrogênio capturado pela água. Apesar de a fórmula em nossa equação mostrar apenas H^+, pode-se escrever H_3O^+, chamado de **íon hidrônio**. Esse é o íon formado pela combinação do H^+ com a molécula de água (H_2O).

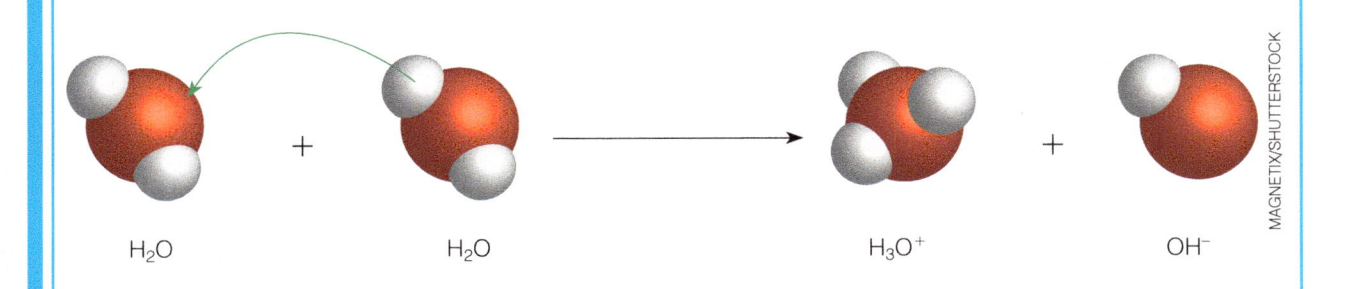

H_2O + H_2O → H_3O^+ + OH^-

Outra maneira comum de se referir ao íon hidrônio é simplesmente chamá-lo de "próton". Esse nome vem do fato de que o H^+ representa um átomo de hidrogênio (um próton e um elétron) que perdeu seu elétron, restando apenas um próton.

Classificação e nomenclatura dos ácidos

Os ácidos podem ser classificados segundo alguns critérios, como o número de hidrogênios ionizáveis, presença de oxigênio na molécula, por exemplo.

- Quanto ao número de hidrogênios ionizáveis, os ácidos podem ser classificados como

  – **monoácidos**, quando apresentam 1 hidrogênio ionizável (HCl, HNO_3);

  – **diácidos**, quando apresentam 2 hidrogênios ionizáveis (H_2SO_4, H_2S);

  – **triácidos**, quando apresentam 3 hidrogênios ionizáveis (H_3PO_4, H_3BO_3) e

  – **tetrácidos**, quando apresentam 4 hidrogênios ionizáveis (H_4SiO_4).

- Quanto à presença de oxigênio na molécula, os ácidos

  – sem oxigênio são classificados como **hidrácidos** e

  – os que apresentam oxigênio são considerados **oxiácidos**.

Nomenclatura: conjunto de termos específicos de determinada área do conhecimento.

A nomenclatura dos ácidos depende dessas classificações. Os *hidrácidos* recebem a terminação **ídrico**. Observe os exemplos:

- HCl → ácido clorídrico
- HCN → ácido cianídrico

Os *oxiácidos* têm a formação de seus nomes baseada no nome do ânion presente, segundo a seguinte regra:

Ânion terminado por		Ácido terminado por
ito	forma	oso
ato	forma	ico
eto	forma	ídrico

Lembre-se!

Observe que a nomenclatura dos ácidos é uma via de mão dupla: os ácidos terminados por "oso", "ico" e "ídrico" formam ânions terminados, respectivamente, por "ito", "ato" e "eto".

Observe os exemplos a seguir:

- ânion nitrito (NO_2^-) forma ácido nitroso (HNO_2)
- ânion sulfato (SO_4^{2-}) forma ácido sulfúrico (H_2SO_4)
- ânion fluoreto (F^-) forma ácido fluorídrico (HF)

É SEMPRE BOM SABER MAIS!

Ácidos e a condução de eletricidade

Os ácidos possuem uma importante propriedade: a de conduzir eletricidade quando em solução aquosa. Isso ocorre porque, em água, os ácidos sofrem ionização, ou seja, pela quebra da molécula liberam íons (H^+ e o ânion formador do ácido). Esses íons livres formam com a água uma solução iônica e são capazes de conduzir eletricidade.

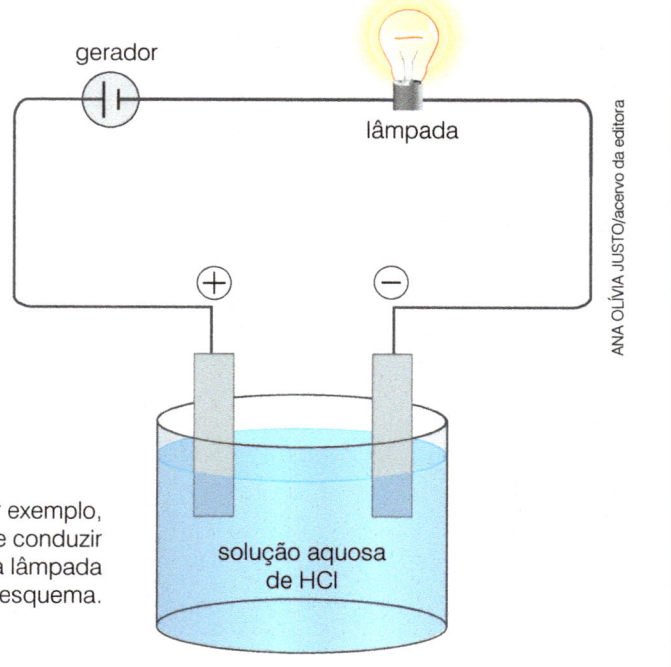

Uma solução aquosa de ácido clorídrico (HCl), por exemplo, ao ser ligada à uma fonte de energia, é capaz de conduzir eletricidade e, consequentemente, acender a lâmpada mostrada no esquema.

ESTABELECENDO CONEXÕES
Saúde
Fadiga muscular

Quando fazemos um esforço muito intenso, muitas vezes a quantidade de oxigênio que inspiramos não é suficiente, mesmo com o aumento do ritmo respiratório. Para compensar essa deficiência, as células musculares conseguem mais energia transformando a glicose, em um processo cujo resultado final forma um ácido: o ácido láctico. Com mais energia liberada, os músculos conseguem continuar se contraindo.

No entanto, quando a quantidade de ácido láctico nos músculos aumenta muito, seu acúmulo causa fadiga e dor muscular.

O excesso de ácido láctico causa dor e fadiga muscular.

ESTABELECENDO CONEXÕES
Cotidiano
Ácidos em nossa vida

As células do estômago do ser humano e de outros animais produzem ácido clorídrico (HCl). No estômago dos cães, por exemplo, o ácido pode até dissolver pedaços de ossos por eles ingeridos. Por ser um ácido forte, desempenha função antisséptica no estômago: destrói microrganismos causadores de doenças, por exemplo. O ácido clorídrico também participa da digestão de alimentos que contêm proteínas. Do estômago, os alimentos passam para o duodeno, onde o ácido clorídrico é neutralizado pelos sucos pancreático e biliar.

Comercialmente, o ácido clorídrico é vendido como ácido muriático, sendo muito usado para a limpeza na construção civil.

Outro ácido extremamente importante do ponto de vista econômico é o ácido sulfúrico (H_2SO_4), que pode ser usado, por exemplo, na fabricação de fertilizantes, no refino de petróleo e como ácido de baterias.

O ácido fosfórico (H_3PO_4) entra na composição de diversos produtos, como vidros, produtos de limpeza e removedores de ferrugem.

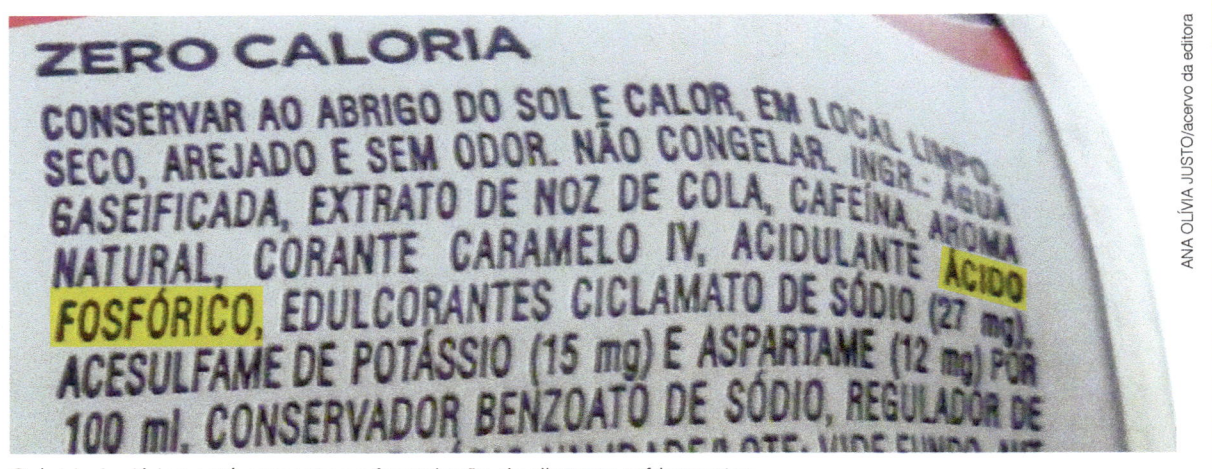

O ácido fosfórico está presente na formulação de diversos refrigerantes.

Bases

Dissociação: separação.

As **bases** (também chamadas de **hidróxidos**) são compostos iônicos. Segundo Arrhenius, em solução aquosa elas sofrem **dissociação** e liberam, como único ânion, o OH⁻ (**hidroxila**). Observe o exemplo a seguir.

$$NaOH \xrightarrow{\text{água}} Na^+ + OH^-$$

hidróxido de sódio → cátion sódio + hidroxila

No exemplo apresentado, a base liberou apenas uma hidroxila. Existem bases que se dissociam liberando mais do que uma hidroxila. Observe os exemplos a seguir:

$$Ca(OH)_2 \xrightarrow{\text{água}} Ca^{2+} + 2\ OH^-$$

hidróxido de cálcio → cátion cálcio + hidroxila

$$Al(OH)_3 \xrightarrow{\text{água}} Al^{3+} + 3\ OH^-$$

hidróxido de alumínio → cátion alumínio + hidroxila

Lembre-se!

O número de hidroxilas liberadas é igual à carga do cátion liberado. Por exemplo:

$$Fe(OH)_3 \xrightarrow{\text{água}} Fe^{3+} + 3\ OH^-$$

hidróxido de ferro → cátion ferro + hidroxila

(carga do cátion ↓ — número de hidroxilas ↑)

É SEMPRE BOM SABER MAIS!

Dissociação iônica

Assim como os ácidos, soluções aquosas de bases têm a propriedade de conduzir corrente elétrica graças à presença de íons livres. Mas, neste caso, o processo que ocorre é o da **dissociação iônica**, pois as bases são formadas por ligações iônicas (aquelas que ocorrem com transferência de elétrons entre os átomos).

Durante a dissociação, os íons já existentes na ligação iônica são separados. Lembre-se que na ionização, os íons são *formados* em solução aquosa, provenientes de compostos covalentes. Esse fenômeno, como vimos, ocorre com os ácidos, substâncias formadas por ligações covalentes.

Classificação e nomenclatura das bases

As bases podem ser classificadas segundo o número de hidroxilas como

- **monobases**, quando apresentam 1 hidroxila (NaOH, LiOH);
- **dibases**, quando apresentam 2 hidroxilas ($Mg(OH)_2$, $Ca(OH)_2$);
- **tribases**, quando apresentam 3 hidroxilas ($Al(OH)_3$) e
- **tetrabases** (ou **polibases**), quando apresentam 4 hidroxilas ($Sn(OH)_4$, $Pb(OH)_4$).

A nomenclatura das bases tem como regra geral usar "hidróxido de" acrescido do nome do cátion. Veja alguns exemplos:

- NaOH → hidróxido de sódio
- $Ba(OH)_2$ → hidróxido de bário
- $Al(OH)_3$ → hidróxido de alumínio

> **Fique por dentro!**
>
> As bases têm sabor adstringente (sabor que "amarra a boca"), semelhante ao que sentimos quando comemos uma banana verde ou caju. Mas lembre-se: **JAMAIS** prove uma substância química desconhecida!

É SEMPRE BOM SABER MAIS!

Escala de pH

Quando uma substância é dissolvida em água, de modo geral podemos dizer se ela é ácida, básica ou neutra a partir de uma escala que foi construída experimentalmente. Essa escala é chamada **escala de pH** e varia de 0 a 14.

Quanto menor o valor numérico na escala de pH, maior o grau de acidez da substância; quanto maior esse valor, menor o grau de acidez, e, consequentemente, maior seu grau de basicidade. O número no centro da escala (7) corresponde ao grau neutro. Veja alguns exemplos.

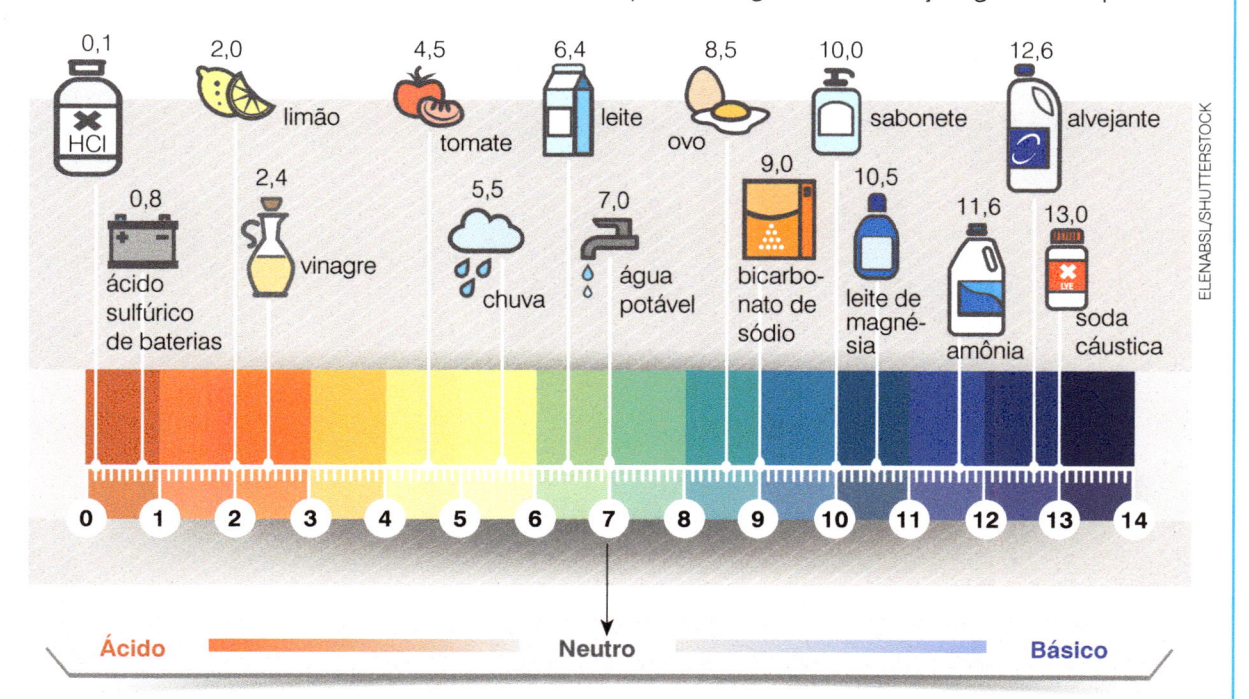

- 0,1 — HCl
- 0,8 — ácido sulfúrico de baterias
- 2,0 — limão
- 2,4 — vinagre
- 4,5 — tomate
- 5,5 — chuva
- 6,4 — leite
- 7,0 — água potável
- 8,5 — ovo
- 9,0 — bicarbonato de sódio
- 10,0 — sabonete
- 10,5 — leite de magnésia
- 11,6 — amônia
- 12,6 — alvejante
- 13,0 — soda cáustica

Ácido — Neutro — Básico

Abaixo de pH 7, as substâncias são consideradas ácidas e acima de 7 são consideradas básicas (também chamadas alcalinas).

ESTABELECENDO CONEXÕES
Cotidiano

Bases em nossa vida

O hidróxido de sódio (NaOH) é conhecido comercialmente como soda cáustica. Por ser capaz de dissolver gordura e ser muito corrosivo, pode ser usado – tomando-se cuidados muito especiais – em residências para desentupir ralos e encanamentos.

Soda cáustica vendida comercialmente para limpeza e desentupimento.

Também tem sido empregado na produção de diversos produtos, como papel, biodiesel e detergentes. **Por ser uma substância extremamente corrosiva e perigosa, vários são os cuidados exigidos em sua manipulação**.

Existem algumas bases fracas, que até podem ser utilizadas como medicamentos. O hidróxido de alumínio, $Al(OH)_3$, é um exemplo, sendo amplamente usado como antiácido estomacal. Outro exemplo é o hidróxido de magnésio, $Mg(OH)_2$, diluído em água é popularmente conhecido como leite de magnésia, e tem ação laxante.

A cal hidratada é uma base muito usada na construção civil. Quimicamente, trata-se do hidróxido de cálcio, $Ca(OH)_2$, empregado no preparo de argamassa e no processo de caiação de paredes.

Parede com pintura caiada.

ENTRANDO EM AÇÃO

Identificação de substâncias ácidas e básicas

Existem substâncias, chamadas de **indicadores ácido-base**, que mudam de cor em função do meio em que estão. Dentre os indicadores naturais, um dos mais usados é o **tornassol**, substância extraída de certos liquens. Depois de purificado e dissolvido em água, apresenta cor violeta. Essa cor é alterada na presença de ácidos e bases: torna-se azul na presença de bases e vermelha na presença de ácidos.

Para facilitar o uso, esse indicador não é usado na forma líquida, mas sim impregnado em um papel-filtro.

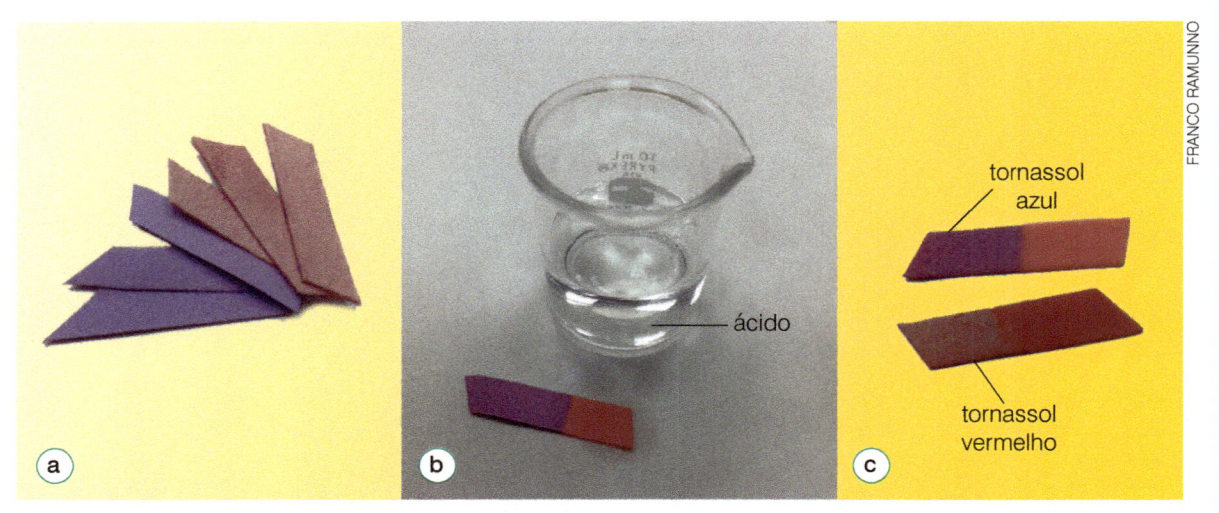

(a) O papel de tornassol pode ser encontrado à venda nas cores azul e vermelha. Ele apresenta diferentes comportamentos frente a substâncias de caráter ácido ou básico. (b) O papel de tornassol azul em substância ácida torna-se vermelho, enquanto o (c) vermelho em contato com ácido não muda de cor.

Em um laboratório, podemos fazer uma atividade prática simples que nos permite diferenciar um ácido de uma base. Seu professor irá providenciar algumas soluções químicas e vocês deverão trazer: um pouco de vinagre, um pouco de água com sabão, um pouco de suco de limão, conta-gotas.

1. Os papéis de tornassol devem ser cortados em tirinhas.
2. Para que não ocorram acidentes, o professor irá pingar sobre os pedaços de papel de tornassol (vermelho e azul, separadamente) duas gotas de cada um dos seguintes materiais: ácido clorídrico, carbonato de sódio, água e sabão, vinagre e suco de limão. Tomem cuidado para não misturar os conta-gotas.
3. Observem se houve ou não mudança de cor nos papéis.
4. Construam uma tabela para anotar os resultados, como o modelo a seguir.

Material	Papel de tornassol azul	Papel de tornassol vermelho
ácido clorídrico		
carbonato de sódio		
água e sabão		
vinagre		
suco de limão		

Sais

Sem dúvida, você já ouviu falar em sua casa o termo "sal", um tempero usado para dar mais sabor aos alimentos. Sais fazem parte do nosso cotidiano tanto quanto os ácidos e as bases.

Sais são compostos iônicos formados por um cátion diferente de H^+ e por um ânion diferente de OH^- e de O^{2-}. Como todo composto iônico, todo sal é sólido nas condições ambiente. Eles podem ser formados pela reação de um ácido com uma base. São as chamadas **reações de neutralização**. Observe os exemplos a seguir:

$$HCl_{(aq)} + NaOH_{(aq)} \rightarrow NaCl_{(aq)} + HOH_{(l)}$$
ácido clorídrico — hidróxido de sódio — cloreto de sódio — água

$$H_2SO_{4(aq)} + Ca(OH)_{2(aq)} \rightarrow CaSO_{4(aq)} + 2\ HOH_{(l)}$$
ácido sulfúrico — hidróxido de cálcio — sulfato de cálcio — água

> **Jogo rápido**
>
> Nas reações de neutralização ao lado, indique os ácidos, as bases e os sais.

Note a formação de água nas reações de neutralização, que seguem a seguinte estrutura:

ácido + base → sal + água

Como os sais são formados por ligações iônicas, quando estão em solução aquosa também sofrem o processo de dissociação, assim como as bases, liberando íons e tornando a solução uma boa condutora de eletricidade.

Nomenclatura dos sais

A nomenclatura dos sais segue uma regra simples: é feita a partir do nome do ânion + de + nome do cátion. Observe alguns exemplos:

- $CaSO_4 \rightarrow$ sulfato de cálcio

- $NaNO_3 \rightarrow$ nitrato de sódio

- $AlPO_4 \rightarrow$ fosfato de alumínio

ESTABELECENDO CONEXÕES
Cotidiano

Sais em nossa vida

Atualmente, o Brasil produz o sal de cozinha — quimicamente conhecido como cloreto de sódio (NaCl) — no Rio de Janeiro, Ceará, Maranhão, Sergipe, Bahia e no Rio Grande do Norte. Esse sal é retirado principalmente por evaporação da água do mar.

O cloreto de sódio pode ser obtido a partir da água do mar. Na foto, salina de Praia Seca, RJ.

O bicarbonato de sódio ($NaHCO_3$) é outro sal muito usado na cozinha, mas com **propósito bastante diferente** do cloreto de **sódio**. Além de poder ser usado como antiácido estomacal, pela sua capacidade de **liberar gás carbônico** ele é usado como fermento químico, deixando o bolo "fofinho" e aerado.

O bolo "fofo" é obtido com o uso de um tipo de sal, o bicarbonato de sódio. Ao ser decomposto, esse sal libera água e gás carbônico, que faz a massa aumentar de volume.

ESTABELECENDO CONEXÕES

Saúde

Nossa necessidade de sais minerais

Você já deve ter ouvido falar que para um perfeito funcionamento de nosso organismo necessitamos de diversos sais minerais, principalmente sais de sódio, cálcio, fósforo, ferro e potássio, por exemplo.

Os sais de cálcio são importantes para a formação dos ossos e da dentição.

Os sais de ferro fornecem a quantidade necessária desse elemento para a formação da hemoglobina e também protegem contra a anemia ferropriva, a mais comum no Brasil.

Os sais de fósforo participam no processo de formação dos ossos e são importantes no funcionamento do sistema nervoso.

Os principais alimentos ricos em sais minerais são leite, queijo, ovos, carnes, fígado e folhas verdes.

Alguns sais podem ser tóxicos, como os sais de mercúrio, usados em antissépticos e os sais de cobre, usados em fungicidas e germicidas.

EM CONJUNTO COM A TURMA!

Agora é a sua vez de montar a fórmula e os nomes de alguns sais. Seu(sua) professor(a) irá disponibilizar cátions e ânions, com suas respectivas cargas.

Com seu grupo de trabalho, você deve unir os cátions aos ânions, mas sempre respeitando as cargas de cada um, conforme já foi estudado em ligações químicas. Escreva as fórmulas dos sais formados em seu caderno.

Ao final, vocês também deverão nomear cada um dos sais formados pelo grupo.

Comparem seus sais com os de outros grupos.

Óxidos

Óxidos são compostos formados por apenas dois elementos químicos distintos, em que um deles é, *obrigatoriamente*, o oxigênio. O outro elemento pode ser um metal, como o cálcio (CaO), por exemplo. Nesse caso, o óxido é classificado como óxido **iônico**. Ou pode ainda ser um ametal ou semimetal, como acontece com o CO_2, e dizemos que o óxido é **molecular.**

Os óxidos podem ainda ser classificados de acordo com as reações que sofrem quando em meio aquoso e frente a diferentes substâncias. Por exemplo, os óxidos formados por metais alcalinos e alcalinoterrosos (como o CaO e Na_2O, por exemplo) têm características básicas (chamados de **óxidos básicos**), isto é, formam bases quando dissolvidos em água

$$CaO + H_2O \rightarrow Ca(OH)_2$$
óxido de cálcio   água   hidróxido de cálcio

> **Jogo rápido**
>
> Em que grupo da tabela periódica estão os metais alcalinos e os alcalinoterrosos? Consulte uma tabela periódica para lembrar quais elementos pertencem a esses grupos.

e reagem com ácidos formando sal e água:

$$CaO + 2\ HCl \rightarrow CaCl_2 + H_2O$$
óxido de cálcio   ácido clorídrico   cloreto de cálcio   água

Por outro lado, os óxidos que originam ácidos quando colocados em água (como CO_2, SO_2, SO_3, por exemplo, os chamados **óxidos ácidos**), são formados principalmente por ametais ou semimetais

$$CO_2 + H_2O \rightarrow H_2CO_3$$
dióxido de carbono   água   ácido carbônico

e reagem com bases formando sal e água:

$$CO_2 + 2\ NaOH \rightarrow Na_2CO_3 + 2\ H_2O$$
dióxido de carbono   hidróxido de sódio   carbonato de sódio   água

Existe um tipo especial de óxidos, os chamados **óxidos neutros**, que não reagem nem com ácidos nem com bases e suas soluções aquosas são neutras, como, por exemplo, o monóxido de nitrogênio ou óxido nítrico (NO), o monóxido de carbono (CO) e o óxido nitroso (N_2O).

Nomenclatura dos óxidos

A nomenclatura dos óxidos depende do tipo de ligação pela qual ele é formado. Os óxidos iônicos obedecem à regra: óxido + de + nome do cátion.

Veja alguns exemplos:

- CaO → óxido de cálcio
- Na_2O → óxido de sódio

Já os óxidos moleculares têm seu nome formado da seguinte forma:

prefixo do nº de oxigênio na molécula + óxido de + prefixo do nº de átomos do outro elemento + nome do cátion

Veja alguns exemplos:

- P_2O_5 → **pent**óxido de **di**fósforo
- Cl_2O → **mon**óxido de **di**cloro

ESTABELECENDO CONEXÕES
Cotidiano

Óxidos em nossa vida

A atmosfera terrestre (o ar que envolve a Terra) é formada por vapor-d'água e gases, dentre eles o gás carbônico (CO_2), um dos óxidos mais conhecidos. Como sua concentração no ar atmosférico é muito baixa (0,033%), não pode ser obtido do ar, mas sim por processos químicos, como a queima de combustíveis fósseis e a respiração.

O gás carbônico é utilizado em bebidas (é o gás dos refrigerantes), em extintores de incêndio e na forma sólida (conhecida como gelo-seco) para refrigeração.

Alguns óxidos são extremamente tóxicos, como os de chumbo e o monóxido de carbono (CO). Para entendermos melhor a toxicidade do CO é preciso lembrar que a hemoglobina é responsável pelo transporte de oxigênio (O_2) dos pulmões para as células e do gás carbônico (CO_2) das células aos pulmões.

A hemoglobina é capaz de realizar essas tarefas, pois os gases O_2 e CO_2 ligam-se aos átomos de ferro (Fe) da proteína. Porém, se inspirarmos monóxido de carbono (CO) serão formadas ligações muito mais estáveis entre os átomos de ferro da hemoglobina e o monóxido de carbono do que as ligações formadas entre esses mesmos átomos de ferro e o O_2 ou CO_2.

Como nosso organismo não necessita de CO e este não se "solta" do ferro, inicia-se um processo de asfixia, pois o O_2 deixa de ser transportado dos pulmões para as células, uma vez que a hemoglobina está "ocupada" ligada ao CO.

Como o gelo seco sublima, é muito utilizado em festas, pois quando em contato com a água ele produz um efeito de névoa.

DE OLHO NO PLANETA
Sustentabilidade

Gases de efeito estufa

As atividades humanas contribuem para o aquecimento global por meio do aumento da eliminação de gases de efeito estufa na atmosfera, como é o caso do gás carbônico (CO_2) e dos óxidos de nitrogênio (NO_x).

Desde a Revolução Industrial (século XVIII), os seres humanos estão liberando grandes quantidades de gases de estufa na atmosfera. Segundo relatório da Organização Meteorológica Mundial (OMM), de 1750 até 2016 a concentração de CO_2 na atmosfera aumentou cerca de 145%. A maior parte desse gás carbônico vem da queima de combustíveis fósseis usados por carros, caminhões, trens e aviões. Até usinas elétricas queimam combustíveis fósseis.

O aumento na quantidade de gases de estufa na atmosfera contribui para o aquecimento global, que pode ter graves resultados – talvez o mais óbvio seja o degelo das calotas polares, o que poderia causar algum aumento no nível dos oceanos – mas há o risco de acidificação dos oceanos, com consequências para a biodiversidade marinha.

Alguns cientistas usam o termo "mudança climática" ao invés de "aquecimento global", pois consideram que a emissão excessiva dos gases de estufa pode causar muito mais do que um aumento de temperatura.

➢ Uma medida eficaz que pode contribuir para atenuar o efeito estufa é o plantio de árvores. Explique por quê.

Outros fatores responsáveis pelo aumento da concentração de gás carbônico na atmosfera são o corte de florestas e as queimadas. Diminuindo o número de árvores que absorvem o gás carbônico, maior é a sua quantidade disponível na atmosfera.

Descubra você mesmo!

A diminuição da emissão de gases poluentes é algo a ser buscado pelo ser humano para cuidar do planeta Terra. Faça uma pesquisa para saber mais sobre o Protocolo de Kyoto: o que é, seus objetivos e suas ações. Compartilhe com os colegas de sala o que você encontrou.

Nosso desafio

Para preencher os quadrinhos de 1 a 15, você deve utilizar as seguintes palavras: ácidos, bases, diferentes de H^+, diferentes de OH^-, dissociação, HCl e HBr, hidrácidos, H^+, iônicos, ionização, NaCl e KBr, OH^-, oxiácidos, óxidos, sais.

À medida que você preencher os quadrinhos, risque a palavra que escolheu para não usá-la novamente.

FUNÇÕES QUÍMICAS

- **9. ácidos**
  - em solução aquosa sofrem → **10. ionização**
    - liberam como cátion apenas → **11. H^+**
    - conduzem corrente elétrica
  - podem ser:
    - **12. hidrácidos** — exemplos → **14. HCl e HBr**
    - **13. oxiácidos** — exemplos → H_2SO_4, H_3PO_4

- **3. bases**
  - em solução aquosa sofrem → **4. dissociação**
    - liberam como ânion apenas → **5. OH^-**
    - conduzem corrente elétrica
  - exemplos → KOH, $Al(OH)_3$

- **6. sais**
  - em solução aquosa sofrem → dissociação
    - liberam cátions → **7. diferentes de H^+**
    - liberam ânions → **8. diferentes de OH^-**
    - conduzem corrente elétrica
  - exemplos → **15. NaCl e KBr**
  - podem ser obtidos por reação → ácido + base

- **1. óxidos**
  - liberam como ânion apenas → O^{2-}
  - podem ser:
    - **2. iônicos** — exemplos → CaO, K_2O
    - moleculares — exemplos → CO_2, SO_2

Atividades

1. **[1, 6, 9, 10]** Não se deve provar uma substância química, porém é possível identificar muitas substâncias que fazem parte dos alimentos por meio do sabor. Por exemplo, o sabor azedo do limão e o sabor adstringente da banana verde que "amarra" a boca estão relacionados às substâncias químicas que essas frutas contêm. Identifique a que grupo de substâncias pertencem as que são responsáveis pelo sabor azedo, como o do limão, e adstringente, como o da banana verde.

2. **[6, 9, 10]** Explique por que ácidos e bases não conduzem a corrente elétrica, porém quando dissolvidos em água tornam-se condutores de eletricidade.

3. **[9]** Qual é a diferença entre ionização e dissociação iônica?

4. **[9]** Qual é a função de um indicador ácido-base?

5. **[8, 9, 10]** De acordo com Arrhenius, dois íons são os responsáveis pelas propriedades dos ácidos e das bases. Quais são esses íons?

6. **[9, 10]** O que são reações de neutralização?

7. **[9]** Qual das substâncias abaixo pode ser classificada como ácido?
   a) HClO
   b) NaOH
   c) KCl
   d) NO
   e) LiH

8. **[9]** (URCA – CE) Os ácidos HCl, H_2SO_4, H_4SiO_4 e H_3PO_4, quanto ao número de hidrogênios ionizáveis, podem ser classificados, respectivamente, em:
   a) monoácido, diácido, triácido e tetrácido.
   b) monoácido, diácido, diácido e tetrácido.
   c) monoácido, diácido, triácido e triácido.
   d) monoácido, diácido, tetrácido e triácido.

9. **[1, 3, 6, 7, 9, 10]** (FUVEST – SP) Observa-se que uma solução aquosa saturada de HCl libera uma substância gasosa. Uma estudante de química procurou representar, por meio de uma figura, os tipos de partículas que predominam nas fases aquosa e gasosa desse sistema – sem representar as partículas de água. A figura com a representação mais adequada seria:

a) 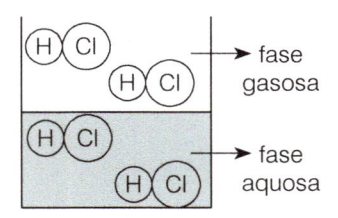
b) 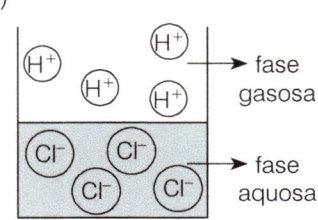
c) 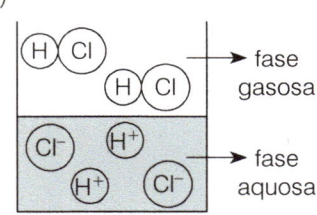
d) 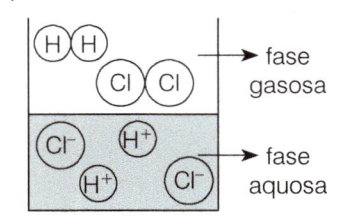
e)

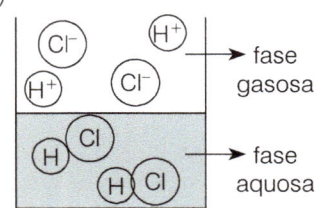

10. **[1, 9, 10]** (UNIOESTE – PR) Os hidróxidos de sódio, cálcio, alumínio e magnésio são bases utilizadas com diferentes números de hidroxilas. Assinale a alternativa que define corretamente essas bases na sequência indicada.

a) Monobase, dibase, dibase e monobase.
b) Monobase, monobase, tribase e dibase.
c) Dibase, dibase, tribase e dibase.
d) Tribase, monobase, monobase e monobase.
e) Monobase, dibase, tribase e dibase.

11. [1, 9, 10] (UFRN – adaptada) Uma substância que pode ser incluída no cardápio de antiácidos por ter propriedades básicas é:
a) NaF.
b) $CaCl_2$.
c) $Mg(OH)_2$.
d) NaCl.

12. [6, 9, 10] As bases, segundo a teoria de Arrhenius, são aquelas substâncias que, em solução aquosa, sofrem dissociação iônica, liberando como único ânion a hidroxila (OH^-). Considerando que o OH^- é obrigatório na composição de toda base, elas também são chamadas de hidróxidos. Equacione a reação de dissociação das bases a seguir.
a) KOH →
b) CsOH →
c) $Ba(OH)_2$ →
d) $Sr(OH)_2$ →
e) $Fe(OH)_3$ →

13. [1, 3, 6, 7, 9, 10] (Olimpíada Brasileira de Química) Os indicadores ácido-base são substâncias que mudam sua coloração em função do meio em que se encontram, e assim podem ser utilizados para determinar a natureza ácido-base de uma solução. Muitas substâncias extraídas de produtos naturais apresentam esse comportamento. Os papéis de tornassol são indicadores ácido-base. O papel de tornassol azul muda para vermelho quando em contato com solução de um ácido e o papel de tornassol vermelho muda para azul quando em contato com solução de uma base.
Três frascos de 100 mL, rotulados como frasco A, frasco B e frasco C, contêm água destilada, solução de hidróxido de sódio e solução de ácido clorídrico. Em cada um desses frascos foram imersos dois papéis de tornassol: o primeiro vermelho e o segundo azul.

Os resultados dessas experiências estão assinalados a seguir.

Papéis imersos	Cor do papel após imersão		
	Frasco A	Frasco B	Frasco C
papel vermelho	azul	vermelho	vermelho
papel azul	azul	azul	vermelho

Com base nas informações acima, conclui-se que:
( ) o frasco A contém solução de NaOH e o frasco B contém água.
( ) o frasco C contém solução de HCl e o frasco B contém água.
( ) o frasco A contém solução de HCl e o frasco B contém solução de NaOH.
( ) o frasco A contém solução de NaOH e o frasco C contém solução de HCl.

14. [9] Dê o nome dos sais a seguir.
a) NaCl
b) $CaSO_4$
c) $AgNO_3$
d) $CaCO_3$

15. [9] Dê o nome dos óxidos a seguir.
a) Na_2O
b) CaO
c) CO
d) LiO

16. [1, 6, 9, 10] Após o cigarro ser queimado, ele origina um óxido, presente nas cinzas. Esse óxido possui fórmula molecular K_2O. Sobre esse óxido, responda.
a) Qual é seu nome?
b) Classifique esse óxido quanto ao caráter ácido ou básico.
c) Justifique o caráter ácido ou básico do K_2O por equações químicas.

17. [9] Associe corretamente as duas colunas a seguir.
a) HCl   (1) ácido
b) NO   (2) base
c) KCl   (3) sal
d) $Al(OH)_3$ (4) óxido
e) NaOH
f) CaO
g) $NaNO_3$

18. [1, 3, 6, 7, 9, 10] (Olimpíada Brasileira de Química) Observe a ilustração indicada a seguir.

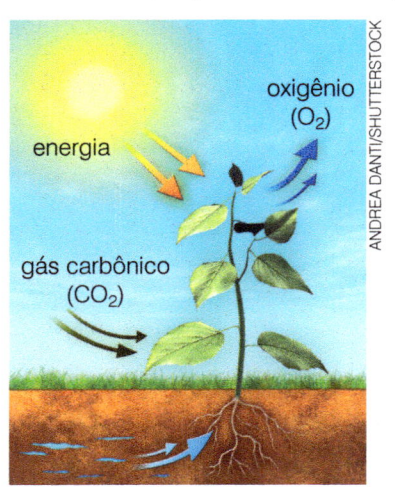

Qual é o título que melhor representa o principal processo mostrado na imagem acima?
a) Esquema da fotossíntese.
b) Esquema do efeito estufa.
c) Esquema do aquecimento global.
d) Esquema da poluição do ar e da água

19. [1, 3, 6, 7, 9, 10] (Olimpíada Brasileira de Química) O aquecimento global refere-se ao aumento da temperatura média dos oceanos e do ar perto da superfície da Terra que se tem verificado nas décadas mais recentes. Esse fenômeno pode ser associado às transformações citadas a seguir, exceto:
a) o derretimento das calotas de gelo.
b) o aumento do nível do mar.
c) o aumento do tamanho do buraco na camada de ozônio.
d) as mudanças imprevisíveis do clima.

20. [1, 3, 6, 7, 9, 10] (Olimpíada Brasileira de Química – adaptada) Há hoje, em todo o mundo, uma grande preocupação com o meio ambiente. Conhecimentos básicos de Química podem contribuir para garantir o equilíbrio e a recuperação ambientais. Vários gases presentes na atmosfera terrestre contribuem para o aquecimento da Terra. Esse processo de aquecimento é denominado efeito estufa. Entre os gases que contribuem para o efeito estufa estão o dióxido de carbono, CO_2, o metano, CH_4, o monóxido de dinitrogênio, N_2O, e vapor-d'água. O principal responsável é o CO_2, que atua como um "telhado de vidro", ou seja, transmite luz para o solo, mas absorve uma parte da radiação infravermelha refletida a partir do solo, não a deixando escapar e aprisionando o calor.

Acerca do efeito estufa, analise as afirmativas abaixo.

I. Um maior número de carros circulantes e o aumento das queimadas podem intensificar o efeito estufa.
II. O aumento da evaporação da água dos oceanos pode diminuir o efeito estufa.
III. O aquecimento global pode aumentar o nível dos oceanos pelo derretimento das calotas polares.

Você pode deduzir que:
a) apenas III está correta.
b) I e II corretas.
c) II e III estão incorretas.
d) I e III estão corretas.

Navegando na net

No *link* a seguir você pode ler um artigo sobre um método moderno de efetuar a medição de ácido láctico em atletas no intuito de melhorar seu desempenho e evitar o sub e o sobretreinamento.

<http://www.finep.gov.br/noticias/todas-noticias/3189-brasil-exporta-tecnologia-de-ponta-para-atletas>

Acesso em: 8 jul. 2019.

capítulo 8 — REAÇÕES QUÍMICAS

As festas ficam mais luminosas com eles

Você já deve ter visto em algumas festas enfeites em tubinhos de plástico que, à primeira vista, não têm nenhum brilho ou graça, mas basta você dobrá-los e chacoalhá-los um pouco e eles se tornam maravilhosamente luminosos. E sua luz perdura por um bom tempo – dá para curtir com eles a festa toda.

Mas que mágica é essa que acontece, aparentemente do nada, bastando só movimentar os tubinhos plásticos para que eles se acendam? A resposta: é pura reação química!

Esses enfeites de plástico contêm em seu interior duas substâncias que se encontram separadas – para isso, uma delas é colocada em um finíssimo tubinho de vidro. Quando dobramos o enfeite, na verdade quebramos o tubinho de vidro que se encontra dentro dele e as duas substâncias entram em contato. Ao chacoalharmos o tubo plástico, fazemos com que essas substâncias se misturem bem, surgindo a luminosidade colorida.

Popularmente, chamamos a esses enfeites de "pulseiras de neon" ou "colares de neon" (em inglês, *lightsticks*), mas eles nada têm a ver com o gás neônio. As substâncias que reagem em geral são a conhecida água oxigenada (que fica dentro do vidro) e um composto, que é uma mistura de corante com outra substância de nome meio complicado (éster de fenol oxalato), mas que podemos chamar de luminol. Essa reação libera muita energia sob a forma de luz e pouca energia sob a forma de calor.

Neste capítulo, veremos diversas formas de reações químicas e suas classificações. Elas acontecem tanto em bem aparelhados laboratórios de química, quanto em nosso dia a dia.

Todas as reações químicas são resultados de processos em que uma ou mais substâncias (chamadas de **reagentes**) se transformam em uma nova substância ou substâncias (chamadas de **produtos**).

Em uma reação química nunca há "criação" nem "extinção" de átomos, ou seja, os átomos presentes no início da reação continuam presentes no final. Eles apenas se rearranjam para criar novas substâncias.

Muitas reações químicas estão presentes em nosso cotidiano e nem percebemos, como, por exemplo, na queima de uma vela ou na fermentação do pão.

Representação das reações químicas

As reações químicas são representadas simbolicamente por meio das **equações químicas**, em que os elementos envolvidos na reação estão presentes de forma abreviada e a forma como ela se deu é mostrada por meio de símbolos padronizados. Essa representação usada pelos químicos é universal, ou seja, é igual em qualquer parte do planeta.

Nas equações químicas, as substâncias que irão reagir são colocadas do lado esquerdo (são os chamados **reagentes**), enquanto as substâncias resultantes da reação (os chamados **produtos**) ficam do lado direito. Entre os reagentes e os produtos são colocados os símbolos que indicam se a reação ocorre apenas em uma direção ($\rightarrow$) ou se ela ocorre em ambas as direções ($\rightleftarrows$).

> **Fique por dentro!**
>
> Conheça alguns dos símbolos mais utilizados nas equações químicas:
>
> $\rightleftarrows$ ou $\leftrightarrow$ indica que é uma reação reversível
>
> Δ: reação ocorre quando há fornecimento de calor
>
> (g): estado físico gasoso
> (l): estado físico líquido
> (s): estado físico sólido
> (aq): solução aquosa

Veja, por exemplo, a equação química que indica a reação entre duas moléculas de hidrogênio (H_2) com uma molécula de gás oxigênio (O_2) para formar duas moléculas de água (H_2O).

$$\underbrace{2\,H_2 + O_2}_{\text{reagentes}} \rightarrow \underbrace{2\,H_2O}_{\text{produto}}$$

Como vimos, o número de átomos presentes em uma reação química é o mesmo tanto no início quanto no final dela. Assim, observe na equação acima que o número de átomos de hidrogênio e de oxigênio que reagem é o mesmo que encontramos no produto. Nesse caso, dizemos que a equação está **balanceada**.

Balanceamento das equações químicas

Vimos que as equações químicas servem para representar o que ocorre nas reações químicas. No entanto, nem sempre elas são *apresentadas* balanceadas, pelo fato de que a proporção de matéria envolvida varia de reação para reação.

O balanceamento das equações químicas nos informa sobre quanto produto se formou a partir da reação dos reagentes, qual deles é limitante, quanto de cada reagente precisa ser adicionado para que desejada quantidade de produto seja formada, entre outros dados.

> **Reagente limitante:** aquele que é consumido completamente em primeiro lugar, o que leva ao fim da reação.

Devemos ter atenção a alguns pontos em relação ao balanceamento de uma equação:

- precisa ser feito *antes* de ela ser utilizada;
- o número de átomos dos elementos que participam de uma equação química balanceada é sempre *inteiro* (nunca fracionário);
- nos dois lados de uma equação balanceada temos o *mesmo número de átomos de cada elemento*.

Dessa forma, é necessário que ao fim de uma reação química tenhamos a mesma quantidade de átomos de cada elemento que tínhamos no início dela, daí podemos dizer que a equação está **balanceada.**

$$C + O_2 \rightarrow CO_2$$

Repare que na equação acima temos um carbono e dois oxigênios como reagentes e há também um carbono e dois oxigênios no produto da reação, ou seja, a mesma quantidade de elementos do início da reação se encontra ao final dela. Então, a equação está balanceada.

Agora, observe a equação

$$Zn + HCl \rightarrow ZnCl_2 + H_2 \quad \text{(equação não balanceada)}$$

Note que nessa equação há um hidrogênio como reagente e dois no produto; há um cloro como reagente e dois no produto da reação. Assim, é nítida a necessidade de balancear essa equação. Então, como vamos fazer isso?

Para facilitar o balanceamento, podemos seguir alguns passos:

- verificar quais são os elementos que aparecem somente uma vez dos dois lados da equação – em nosso exemplo, temos o Zn;
- verificar quais elementos aparecem uma vez nos reagentes e separadamente nos produtos – em nosso exemplo, temos o H e o Cl;
- após selecionar esses elementos, verificar quais são os seus índices nos produtos e utilizar esses números inteiros nos reagentes para equilibrar a equação – em nosso exemplo, tanto o índice do H como do Cl é 2.

Para balancear a equação, podemos colocar o número dois na frente do HCl e, dessa forma, teremos:

$$Zn + \mathbf{2}\,HCl \rightarrow ZnCl_2 + H_2 \quad \text{(equação balanceada)}$$

coeficiente — índice — índice

Agora, temos dois hidrogênios como reagentes e dois nos produtos; temos dois cloros como reagentes e dois nos produtos. Como temos a mesma quantidade de elementos dos dois lados, a equação está balanceada.

Veja outro exemplo de balanceamento de equação:

$$KClO_3 \rightarrow KCl + O_2 \quad \text{(equação não balanceada)}$$

$$\mathbf{2}\,KClO_3 \rightarrow \mathbf{2}\,KCl + \mathbf{3}\,O_2 \quad \text{(equação balanceada)}$$

> **Jogo rápido**
>
> Tente balancear a seguinte equação: $Fe + O_2 \rightarrow Fe_2O_3$.

Leis que regem as reações químicas

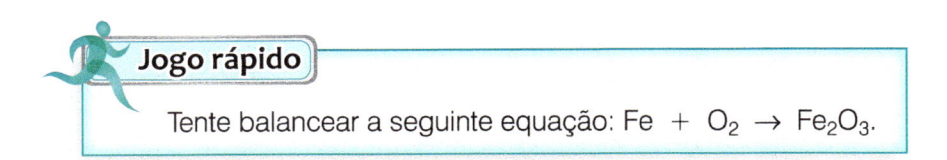

Os cientistas conseguiram a partir de seus trabalhos e observações estabelecer duas importantes leis que regem as reações químicas. Uma delas é a **lei da conservação da massa**, também conhecida como **Lei de Lavoisier**. A outra é a **lei das proporções constantes** ou, como também é chamada, **Lei de Proust**.

Lei da conservação da massa

Durante o século XVIII, os fenômenos térmicos eram bastante estudados, principalmente na Inglaterra e na França. Uma das teorias que ganhava apreciadores por volta do ano de 1770 considerava que todas as substâncias que queimavam no ar eram ricas em uma substância chamada de **flogístico**. As substâncias paravam de queimar quando perdiam seu flogístico. Essa teoria foi desenvolvida pelo químico e físico alemão Johann Joachim Becher (1635-1682) e depois defendida pelo compatriota, também físico e químico, George Ernst Stahl (1659-1734).

Johann Joachim Becher, químico e físico alemão.

Além da teoria do flogístico, havia outra teoria, proposta pelo físico e inventor francês Guillaume Amontons (1663-1705), que propunha o calor como associado ao movimento. Segundo ele, quando um corpo perde calor, suas partículas diminuiriam seu grau de movimento, e quando o corpo ganhasse calor, suas partículas aumentariam seu grau de movimento. Essas ideias de Amontons e outros cientistas contribuíram para nosso entendimento atual sobre calor.

Mas a Ciência é uma atividade humana e, como tal, é influenciada por questões políticas, religiosas e sociais de cada época. Dessa forma, antes de o calor ser entendido perfeitamente, outra teoria ganhou espaço e permaneceu aceita por muito tempo. Era a teoria do **calórico**, proposta pelo químico francês Antoine Laurent Lavoisier (1743-1794).

Lavoisier era um homem rico e com certa influência social. Com ajuda de sua esposa, a química francesa Marie-Anne Pierrette Paulze (1758-1836), Lavoisier realizou experimentos que levaram à conclusão de que, quando o calórico adentrava na matéria, em uma pedra de gelo, por exemplo, apresentava uma espécie de efeito repulsivo que fazia com que as moléculas de gelo se separassem, o que provocaria seu derretimento.

Retrato de Lavoisier e sua esposa, a química Marie-Anne Pierrette Paulze. Óleo sobre tela, 259,7 × 194,6 cm de Jacques Louis David, 1788. Metropolitan Museum of Art, Nova York, EUA.

A teoria do calórico posteriormente se mostraria inconsistente e incorreta. Mesmo assim, os experimentos e estudos de Lavoisier contribuíram muito para a compreensão das reações químicas. Além das conclusões sobre o calor, em 1774, Lavoisier descreveu o que hoje conhecemos como **lei da conservação da massa**:

> "Em uma reação química que ocorre em um sistema fechado, a massa total antes da reação é igual à massa total após a reação".

Sistema: em Química, é a parte do universo que queremos estudar. Um sistema **fechado** é um sistema delimitado, que pode trocar energia com a vizinhança, mas não pode trocar matéria. Já um sistema aberto pode trocar com a vizinhança tanto energia como matéria.

Ou em sua forma mais genérica e como ficou mais conhecida atualmente:

> "Na natureza nada se cria, nada se perde, tudo se transforma".

A lei da conservação da massa mostra que nas reações químicas a massa dos reagentes é igual à massa dos produtos.

Agora vamos, por meio de alguns exemplos, tentar compreender melhor o que Lavoisier elaborou há tanto tempo. Em um sistema fechado, quando 4 gramas de hidrogênio (H_2) reagem com 32 gramas de oxigênio (O_2), tem-se a formação de 36 gramas de água (H_2O):

$$\underset{4\,g}{2\,H_2} + \underset{32\,g}{O_2} \rightarrow \underset{36\,g}{2\,H_2O}$$

Da mesma forma, quando 6 gramas de carbono (C) reagem com 16 gramas de oxigênio (O_2) ocorre a formação de 22 gramas de gás carbônico:

$$\underset{6\,g}{C} + \underset{16\,g}{O_2} \rightarrow \underset{22\,g}{CO_2}$$

Fique por dentro!

Hoje, sabe-se que a Lei de Lavoisier pode ser aplicada para todas as reações exceto as nucleares, porque nestas uma parcela da massa acaba sendo convertida em energia.

Observe nos dois exemplos como se aplica perfeitamente a lei da conservação da massa, pois a soma dos reagentes é igual à soma da massa dos produtos.

Lei das proporções constantes

Outra importante lei que descreve as reações químicas foi proposta em 1799 pelo químico francês Joseph Louis Proust (1754-1826).

Proust realizou inúmeros experimentos com substâncias puras e verificou que, independentemente do processo usado para obtê-las, a proporção em massa em que os elementos se

Joseph Louis Proust.

combinavam era sempre constante. Assim, a Lei de Proust pode ser enunciada da seguinte maneira:

> "Determinada substância pura contém sempre os mesmos elementos combinados na mesma proporção em massa, independentemente de sua origem".

Para compreendermos melhor a Lei de Proust, vamos considerar um exemplo: a água, que é composta de hidrogênio e oxigênio.

Proust verificou que as substâncias reagem em proporções definidas: se houver excesso de reagentes, eles não reagirão. Na ilustração ao lado, oxigênio reage com hidrogênio, formando 4 moléculas de água, e o excesso de oxigênio (que não reagiu) permanece inalterado. (Cores-fantasia. Ilustrações fora de escala.)

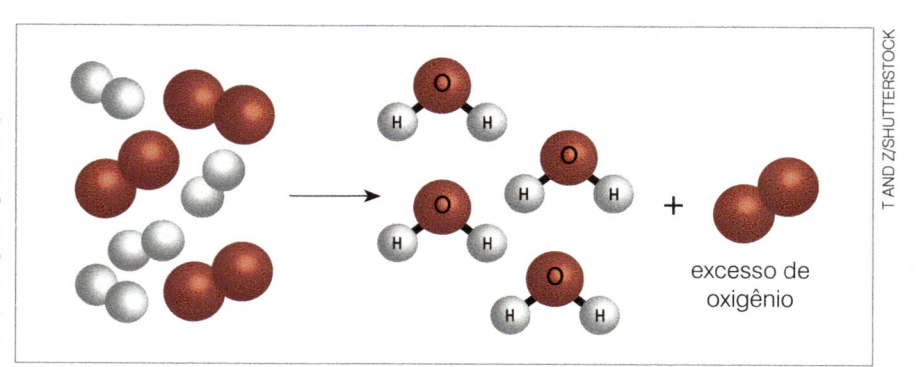

De acordo com a lei das proporções constantes, Proust verificou que na reação de formação da água, o hidrogênio sempre reagia com o oxigênio em uma proporção constante de 2 g de hidrogênio para 16 gramas de oxigênio (proporção de 1 para 8 ou 1 : 8). Observe a tabela abaixo.

Massas de hidrogênio e oxigênio que reagem formando água.

Massa de água	Massa de hidrogênio	Massa de oxigênio	Razão entre as massas de hidrogênio e oxigênio
4,5 g	0,5 g	4,0 g	$\frac{0,5\ g}{4\ g} = \frac{1}{8}$
9,0 g	1,0 g	8,0 g	$\frac{1\ g}{8\ g} = \frac{1}{8}$
18,0 g	2,0 g	16,0 g	$\frac{2\ g}{16\ g} = \frac{1}{8}$

Os dados da tabela permitem concluir que, não importa a quantidade usada dos elementos, a proporção entre eles continua sendo a mesma em todos os casos. Proust notou que essa proporção ocorria também com outras substâncias e não somente com a água. Na obtenção de sulfeto de ferro (FeS), por exemplo, é necessário combinar ferro e enxofre (S) na proporção 7 : 4, respectivamente.

Apesar de sua semelhança com o ouro, a pirita não passa de sulfeto de ferro.

Por exemplo, para formar 55 g de sulfeto de ferro, é preciso 35 g de ferro e 20 g de enxofre.

$$35 \text{ g de Fe} + 20 \text{ g de S} \rightarrow 55 \text{ g de FeS}$$

Caso coloquemos para reagir uma quantidade que não esteja na proporção correta, a quantidade do elemento que estiver em excesso irá sobrar e, assim, não reagirá.

$$35 \text{ g de Fe} + \underbrace{23 \text{ g de S}}_{\text{excesso}} \rightarrow 55 \text{ g de FeS} + \underbrace{3 \text{ g de S}}_{\text{não reagiu}}$$

$$\underbrace{37 \text{ g de Fe}}_{\text{excesso}} + 20 \text{ g de S} \rightarrow 55 \text{ g de FeS} + \underbrace{2 \text{ g de Fe}}_{\text{não reagiu}}$$

ESTABELECENDO CONEXÕES
Cotidiano

Lei das proporções em nossa cozinha

Você já percebeu que quando alguém prepara um bolo os ingredientes possuem certa proporção e não necessariamente são colocados em quantidades iguais? E que se essa pessoa quiser aumentar o tamanho do bolo, então é necessário dobrar ou triplicar a quantidade dos ingredientes, mantendo sempre as proporções?

O raciocínio dos ingredientes para fazer o bolo é o mesmo usado pelos químicos na realização de uma reação química.

Veja, por exemplo, a receita de pão de ló, uma base para vários tipos de bolo de festa.

Caso desejássemos fazer uma receita para 24 porções, ou seja, uma quantidade três vezes maior, seria necessário adequar as proporções dos ingredientes:

12 ovos (**3** x 4)

3 xícaras de chá de água (**3** x 1)

6 xícaras de chá de açúcar (**3** x 2)

6 xícaras de chá de farinha de trigo (**3** x 2)

3 colheres de café de fermento em pó (**3** x 1)

PÃO DE LÓ

Ingredientes:

4 ovos (claras e gemas separadas)

1 xícara de chá de água

2 xícaras de chá de açúcar

2 xícaras de chá de farinha de trigo

1 colher de café de fermento em pó

Tempo de preparo: 40 min
Rendimento: 8 porções

Fonte: <http://www.tudogostoso.com.br/receita/11577-pao-de-lo-muito-facil.html>.

Classificação das reações químicas

Dentre os diferentes tipos de reações químicas, vamos neste capítulo tratar de quatro das principais delas: reações de **síntese**, de **decomposição**, de **simples troca** e de **dupla troca**.

Reações de síntese

Também conhecidas como reações de **adição** ou de **composição**. Desse tipo de reação obtém-se um único produto a partir da combinação direta de dois reagentes:

$$A + B \rightarrow AB$$

Por exemplo:

$$\underset{\text{ferro}}{Fe} + \underset{\text{enxofre}}{S} \rightarrow \underset{\text{sulfato de ferro}}{FeS}$$

$$\underset{\text{água}}{H_2O} + \underset{\text{gás carbônico}}{CO_2} \rightarrow \underset{\text{ácido carbônico}}{H_2CO_3}$$

Reações de decomposição

Podem ser chamadas também de reações de **análise**. Nesse tipo de reação forma-se mais de um produto a partir de um único reagente, ou seja, é o inverso da reação anterior (reação de síntese):

$$AB \rightarrow A + B$$

em que A e B podem ser substâncias simples ou compostas. Por exemplo:

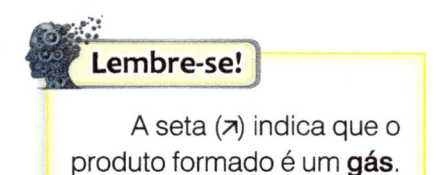

$$\underset{\text{carbonato de zinco}}{ZnCO_3} \rightarrow \underset{\text{óxido de zinco}}{ZnO} + \underset{\text{gás carbônico}}{CO_2 \nearrow}$$

$$\underset{\text{carbonato de cálcio}}{CaCO_3} \rightarrow \underset{\text{óxido de cálcio}}{CaO} + \underset{\text{gás carbônico}}{CO_2 \nearrow}$$

$$\underset{\substack{\text{água} \\ \text{oxigenada}}}{2\,H_2O_2} \rightarrow \underset{\text{água}}{2\,H_2O} + \underset{\substack{\text{gás} \\ \text{oxigênio}}}{O_2 \nearrow}$$

> **Lembre-se!**
> A seta (↗) indica que o produto formado é um **gás**.

Reações de simples troca

São as reações em que um reagente simples reage com um reagente composto para formar um produto simples e outro produto composto. Essas reações podem ser chamadas também de reações de **deslocamento** ou reações de **substituição**.

$$AB + C \rightarrow AC + B$$

Por exemplo:

$$CuSO_4 + Fe \rightarrow FeSO_4 + Cu$$
sulfato de cobre II — ferro — sulfato de ferro II — cobre

$$Cl_2 + 2\,NaBr \rightarrow 2\,NaCl + Br_2$$
cloro — brometo de sódio — cloreto de sódio — bromo

Reações de dupla troca

É a reação que se dá quando dois reagentes compostos reagem e trocam seus elementos, e transformam-se em dois produtos também compostos:

$$AB + CD \rightarrow AD + CB$$

Por exemplo:

$$HCl + NaOH \rightarrow NaCl + H_2O$$
ácido clorídrico — hidróxido de sódio — cloreto de sódio — água

$$KCl + AgNO_3 \rightarrow KNO_3 + AgCl$$
cloreto de potássio — nitrato de prata — nitrato de potássio — cloreto de prata

$$H_2SO_4 + BaCl_2 \rightarrow BaSO_4\downarrow + 2\,HCl$$
ácido sulfúrico — cloreto de bário — sulfato de bário — ácido clorídrico

Lembre-se!

A seta ($\downarrow$) indica que o produto formado é um **precipitado**, isto é, uma substância sólida, que se deposita no fundo do recipiente em que a reação ocorre.

É SEMPRE BOM SABER MAIS!

Velocidade das reações

Os sais presentes na água do mar aceleram o processo de oxidação do ferro que, normalmente, é uma reação mais lenta. Já a reação entre o sódio metálico e a água é uma reação rápida, explosiva.

A velocidade das reações depende de vários fatores, como a quantidade de reagentes, energia, temperatura, pressão, e a presença ou não de determinadas substâncias, chamadas **catalisadores**, que possuem a propriedade de acelerar algumas reações. Um exemplo de catalisador são as nossas **enzimas**, proteínas que atuam nas reações de nosso metabolismo, acelerando a velocidade dessas reações. Importante chamar a atenção para o fato de que nossas enzimas participam das reações, mas não fazem parte dos reagentes ou dos produtos, não sendo, portanto, consumidas por elas.

DE OLHO NO PLANETA
Meio Ambiente

Reação de combustão e os automóveis

As reações de combustão encontram-se presentes em nosso cotidiano. Por exemplo, ao acendermos o fogão para o preparo de um alimento, ao acendermos uma vela quando falta energia ou para festejar algum aniversário, nas principais fontes que geram energia etc.

Uma reação de combustão é caracterizada pela queima completa de um combustível, ou seja, para que ela ocorra é necessário que haja o consumo de alguma substância (*combustível*) por um *comburente*, a partir de uma *fonte de ignição*.

1 Oxigênio, flúor ou qualquer substância que, em contato com o combustível, seja capaz de fazê-lo entrar em combustão.

2 Qualquer substância que em contato com outra (um comburente) produz energia térmica (calor).

3 Fonte de energia externa que dê início ao processo de combustão.

As fontes de ignição mais comuns nos incêndios são: chamas, superfícies aquecidas, fagulhas, centelhas e arcos elétricos (além dos raios, que são uma fonte natural de ignição).

REAÇÕES DE COMBUSTÃO NO COTIDIANO

O *combustível* pode ser sólido, líquido ou gasoso; o *comburente* em quase todos os casos é o oxigênio, mas pode ser também o gás flúor ou o gás cloro e a *fonte de ignição* geralmente é uma fonte de calor.

Essas reações de combustão normalmente produzem energia, a qual pode ser utilizada para diversos fins. Por exemplo, para que um automóvel se movimente ele precisa de energia, que é obtida a partir da queima de um combustível (etanol, gasolina, diesel, GNV). Esse combustível consumido pode ser representado pela seguinte equação:

$$CH_3CH_2OH(l) + 3\,O_2(g) \rightarrow 2\,CO_2\uparrow + 3\,H_2O + \text{energia térmica}$$

combustível (etanol) — comburente — produtos

Jogo rápido

Como podemos classificar a reação ao lado.

Jogo rápido

Defina, em poucas palavras o significado de comburente, combustível e fonte de ignição.

Essa é uma reação de combustão, pois tem o combustível (etanol) consumido e o comburente (oxigênio) gerando energia para movimentar o carro.

Para dar início a essas reações, é necessário um gatilho que dispare a reação (uma fonte externa de energia), ou seja, para que ocorra a combustão do etanol, por exemplo, é necessária uma faísca para dar início ao processo e, assim, fazer o carro andar. A partir daí, a energia liberada na combustão é suficiente para manter a reação, que continua até o consumo total de um dos reagentes.

Nos automóveis, é importante que a combustão seja completa, isto é, que os produtos formados sejam dióxido de carbono e água, pois caso contrário há a produção de monóxido de carbono, que é bastante tóxico. Por isso, a importância de manter o motor bem regulado para que haja entrada suficiente de ar e a combustão seja completa. Em alguns casos, a combustão é bastante incompleta, sendo possível ver fuligem (derivado de carbono) saindo pelo escapamento.

As queimadas em florestas ou em canaviais também são reações incompletas de combustão: liberam CO, material particulado (como a fuligem), cinzas e outros compostos orgânicos.

Motores mal regulados, em que não há combustão completa do combustível, liberam fuligem para o meio ambiente.

Reações químicas na natureza

As reações químicas não ocorrem somente em laboratório, mas em qualquer ambiente, inclusive na natureza. É resultado de reação química, por exemplo, o aparecimento de ferrugem, a formação de rochas, o escurecimento de algumas frutas quando cortadas, a formação de cavernas, a ocorrência de chuva ácida, entre tantos outros acontecimentos.

A chuva normalmente possui um pequeno grau de acidez, mas não causa dano algum. O fato é que a emissão de gases poluentes pelos veículos e indústrias, por exemplo, entre outros efeitos *aumenta* esse grau de acidez, ocasionando o que chamamos de **chuva ácida**.

Em contato com monumentos e construções em que há a presença de mármore (carbonato de cálcio, $CaCO_3$) ou pedra-sabão (carbonato de sódio, Na_2CO_3), ocorre uma reação entre os ácidos presentes na chuva (ácidos nítrico, nitroso, sulfúrico) e o carbonato de cálcio ou de sódio (bases) das construções. O resultado dessa reação tem como um dos produtos o bicarbonato de cálcio, $Ca(HCO_3)_2$, sal extremamente solúvel em água, o que torna as construções e monumentos frágeis.

> **Lembre-se!**
> A reação entre um ácido e uma base resulta em sal e água.

O aparecimento da **ferrugem** é o resultado de uma reação de alguns metais, como o ferro, por exemplo, com o oxigênio e a água. Como um dos produtos dessa reação temos a formação de óxidos de ferro (substâncias de cor característica da ferrugem) e o material atingido acaba por se deteriorar mais facilmente.

Observe a ação da chuva ácida na escultura em pedra-sabão *Profeta Jeremias*, de Antônio Francisco Lisboa, o Aleijadinho. Basílica do Bom Jesus de Matozinhos, Congonhas, MG. (1795-1805)

CAPÍTULO 8 • Reações químicas

Você já percebeu que quando um *pier* é construído em uma praia ele normalmente é feito de madeira? Sabe qual é a razão da escolha da madeira em vez de metal?

Descubra você mesmo!

Qual seria uma forma de evitar o enferrujamento de um portão?

Um processo de oxidação análogo ocorre quando cortamos algumas frutas, como a maçã, e as deixamos expostas ao ar. Quando cortamos a maçã, as células cortadas liberam determinada enzima que catalisa uma reação de oxidação, fazendo com que a fruta fique escurecida.

ESTABELECENDO CONEXÕES
Saúde

Por que as pastas de dente contêm flúor?

O cuidado com os dentes é há muito tempo uma das preocupações de higiene e saúde da humanidade. As atividades relacionadas ao que conhecemos hoje como Odontologia só passaram a ser formalizadas em cursos de graduação nos Estados Unidos por volta de 1840. No mesmo país, a população não tinha o hábito de escovar os dentes e, para modificar esse hábito, empresas introduziram aromas e sensações refrescantes no creme dental. Essa estratégia funcionou e se disseminou pelo mundo, apesar de que não são essas sensações que fazem com que nossos dentes sejam limpos.

Os cremes dentais possuem um aditivo chamado fluoreto de sódio (NaF). O flúor desse composto combina-se com o cálcio do dente, originando a fluorapatita, substância que dá maior resistência ao dente, o que reduz a ação das bactérias na formação de cáries.

Nosso desafio

Para preencher os quadrinhos de 1 a 8, você deve utilizar as seguintes palavras: da conservação da massa, das proporções constantes, decomposição, dupla troca, Lavoisier, Proust, simples troca, síntese.

À medida que você preencher os quadrinhos, risque a palavra que escolheu para não usá-la novamente.

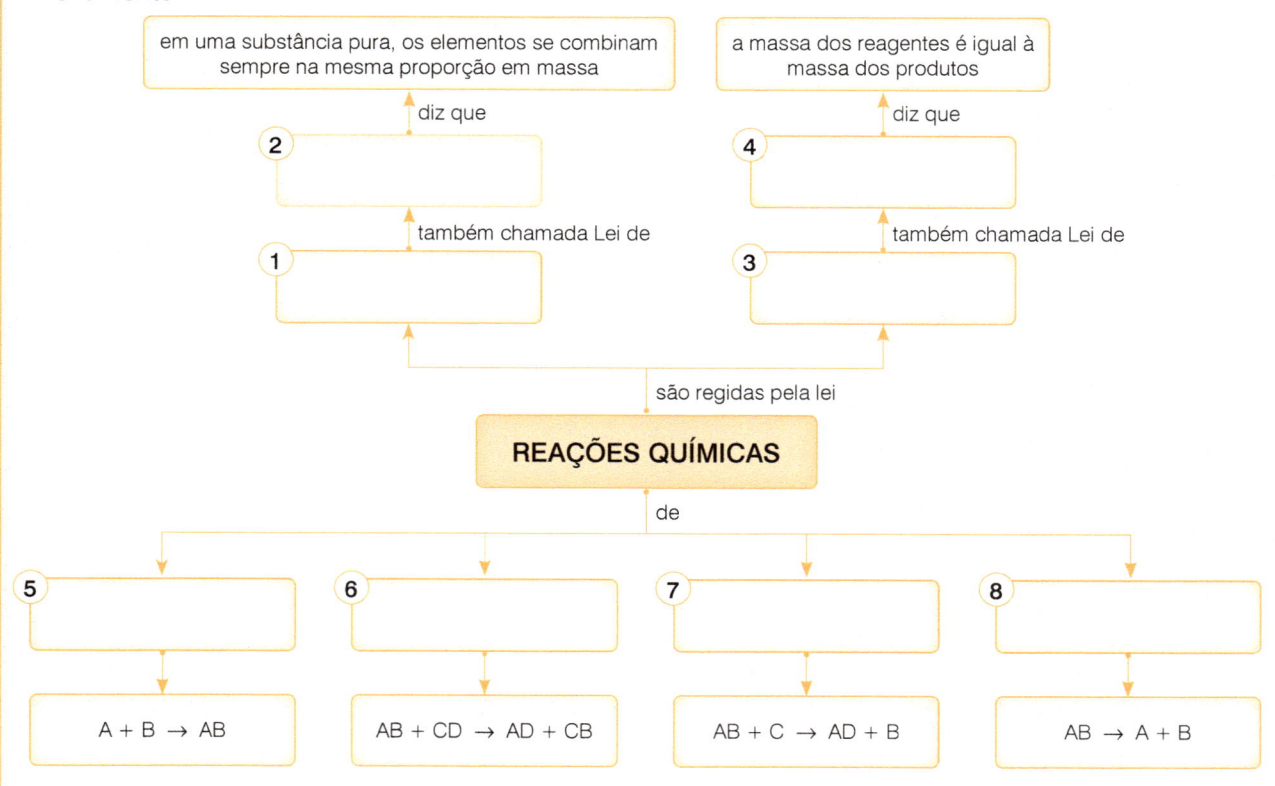

```
    em uma substância pura, os elementos se combinam         a massa dos reagentes é igual à
    sempre na mesma proporção em massa                       massa dos produtos
                    │                                                │
                 diz que                                           diz que
                    │                                                │
                  [ 2 ]                                            [ 4 ]
                    │                                                │
            também chamada Lei de                           também chamada Lei de
                    │                                                │
                  [ 1 ]                                            [ 3 ]
                    │                                                │
                    └──────────── são regidas pela lei ──────────────┘
                                            │
                                  REAÇÕES QUÍMICAS
                                            │
                                           de
        ┌───────────────┬───────────────────┬──────────────────┐
      [ 5 ]           [ 6 ]               [ 7 ]              [ 8 ]
        │               │                   │                  │
   A + B → AB      AB + CD → AD + CB    AB + C → AD + B     AB → A + B
```

Atividades

1. [1, 7] Com base no que você estudou no capítulo, escreva uma definição para reações químicas.

2. [1, 7] O que é uma equação química?

3. [9] Por que é necessário efetuar o balanceamento de uma equação química?

4. [1, 6, 9, 10] A formação da ferrugem, também denominada óxido de ferro (Fe_2O_3), é um composto químico que surge da reação química entre o ferro (Fe) e o oxigênio (O_2). Utilizando as informações fornecidas neste enunciado, escreva a equação química simplificada e balanceada entre o ferro e o oxigênio para produzir o óxido de ferro.

5. [1, 6, 9, 10] As plantas fazem fotossíntese utilizando a energia luminosa do Sol para transformar gás carbônico (CO_2) e água (H_2O) em glicose ($C_6H_{12}O_6$) e oxigênio (O_2). Escreva a equação química simplificada e balanceada da fotossíntese.

Escreva na tabela abaixo o número de átomos de cada elemento químico contido nos reagentes e produtos da equação química que representa a fotossíntese.

	Reagentes			Produtos		
Elemento químico	C	O	H	C	O	H
Número de átomos						

6. [1, 9, 10] O carbonato de cálcio ($CaCO_3$) é um composto químico encontrado no calcário, rocha sedimentar muito comum. O carbonato de cálcio pode ser usado para a produção de cal viva (CaO) pelo aquecimento, com a liberação de gás carbônico (CO_2). No entanto, essa reação é reversível, ou seja, é possível obter novamente o carbonato de cálcio a partir de cal viva e gás carbônico. Escreva a equação química que representa o processo indicado acima.

7. [6, 9] A reação química entre cloreto de bário ($BaCl_2$) e sulfato de sódio (Na_2SO_4) resulta em sulfato de bário ($BaSO_4$) e cloreto de sódio ($NaCl$):

$$BaCl_2 + Na_2SO_4 \rightarrow BaSO_4 + NaCl$$

Sabe-se que 416 g de cloreto de bário reagem totalmente com 284 g de sulfato de sódio, produzindo 466 g de sulfato de bário. Determine a massa de cloreto de sódio produzido.

8. [6, 7, 9] A amônia (NH_3) é um gás tóxico e inflamável, porém é fundamental na preparação de fertilizantes e muito utilizado para extrair alguns metais de seus minérios, como o cobre e o níquel. A amônia pode ser decomposta em nitrogênio (N_2) e hidrogênio (H_2). Os dados fornecidos na tabela abaixo se referem à decomposição da amônia.

amônia	$\rightarrow$	nitrogênio	+	hidrogênio
8,5 g		X		1,5 g
17		14 g		Y
Z		42 g		9,0 g

Determine os valores de X, Y e Z utilizando a Lei de Lavoisier e mostre que as informações da tabela com os valores obtidos estão de acordo com a Lei de Proust.

9. [6, 7, 9, 10] Uma amostra de 1.000 g de calcário é aquecida e se decompõe totalmente em 560 g de cal viva com a liberação de gás carbônico. Determine a massa de gás carbônico liberada para a atmosfera.

10. [6, 7, 8, 9, 10] Uma substância A reage totalmente com uma substância B, produzindo uma substância C. Duas experiências foram realizadas e alguns dados podem ser vistos na tabela a seguir. Obtenha os valores de a, b e c utilizando as Leis de Lavoisier e de Proust.

	A	+	B	$\rightarrow$	C
1ª experiência	a		4,0 g		14 g
2ª experiência	50 g		b		c

11. [7, 8, 9] Explique como a Lei de Lavoisier é aplicada ao efetuarmos o balanceamento de uma equação química.

12. [6, 7, 8, 9, 10] A equação química a seguir indica a reação química entre duas moléculas de hidrogênio com uma molécula de oxigênio para formar duas moléculas de água:

$$2 H_2 + O_2 \rightarrow 2 H_2O$$

a) Utilizando o símbolo do elemento químico hidrogênio podemos escrever $2 H_2$ ou $2 H$. Qual é a diferença entre as duas notações?

b) As moléculas de água são formadas por átomos que se unem em uma proporção bem definida. Qual é essa proporção? Em qual lei, de Lavoisier ou de Proust, você se baseou para responder a esse item?

13. O cromato de chumbo II é utilizado como pigmento amarelo para fabricação de tintas. Sua reação de síntese pode ser descrita como:

$$Pb(CH_3COO)_2 + Na_2CrO_4 \rightarrow$$
$$\rightarrow PbCrO_4 + 2 NaCH_3COO$$

a) A equação está balanceada?
b) Como poderíamos classificar essa reação?

14. Classifique as reações a seguir:

a) $CuCl_2 + H_2SO_4 \rightarrow CuSO_4 + 2 HCl$
b) $Zn + 2 HCl \rightarrow ZnCl_2 + H_2$
c) $P_2O_5 + 3 H_2O \rightarrow 2 H_3PO_4$
d) $CuSO_4 + 2 NaOH \rightarrow$
  $\rightarrow Cu(OH)_2 + Na_2SO_4$
e) $Cu(OH)_2 \rightarrow CuO + H_2O$
f) $AgNO_3 + NaCl \rightarrow AgCl + NaNO_3$
g) $CaO + CO_2 \rightarrow CaCO_3$
h) $2 H_2O \rightarrow 2 H_2 + O_2$
i) $Cu + H_2SO_4 \rightarrow CuSO_4 + H_2$
j) $2 AgBr \rightarrow 2 Ag + Br$

15. (ENEM) No processo de fabricação de pão, os padeiros, após prepararem a massa utilizando fermento biológico, separam uma porção de massa em forma de "bola" e a mergulham em um recipiente com água, aguardando que ela suba, como pode ser observado, respectivamente, em I e II do esquema a seguir. Quando isso acontece, a massa está pronta para ir ao forno.

Um professor de Química explicaria esse procedimento da seguinte maneira:

$C_6H_{12}O_6 \rightarrow 2\ C_2H_5OH + 2\ CO_2 +$ energia
glicose   álcool comum   gás carbônico

A bola de massa torna-se menos densa que o líquido e sobe. A alteração da densidade deve-se à fermentação, processo que pode ser resumido pela equação.

Considere as afirmações abaixo.

  I. A fermentação dos carboidratos da massa de pão ocorre de maneira espontânea e não depende da existência de qualquer organismo vivo.

  II. Durante a fermentação, ocorre produção de gás carbônico, que se vai acumulando em cavidades no interior da massa, o que faz a bola subir.

  III. A fermentação transforma a glicose em álcool. Como o álcool tem maior densidade do que a água, a bola de massa sobe.

Dentre as afirmativas, apenas:

a) I está correta.
b) II está correta.
c) I e II estão corretas.
d) II e III estão corretas.
e) III está correta.

16. (FUVEST – SP) Devido à toxicidade do mercúrio, em caso de derramamento desse metal, costuma-se espalhar enxofre no local, para removê-lo. Mercúrio e enxofre reagem, gradativamente, formando sulfeto de mercúrio. Para fins de estudo, a reação pode ocorrer mais rapidamente se as duas substâncias forem misturadas num recipiente apropriado. Usando esse procedimento, foram feitos dois experimentos. No primeiro, 5,0 g de mercúrio e 1,0 g de enxofre reagiram, formando 5,8 g do produto, sobrando 0,2 g de enxofre. No segundo experimento, 12,0 g de mercúrio e 1,6 g de enxofre forneceram 11,6 g do produto, restando 2,0 g de mercúrio.

Mostre que os dois experimentos estão de acordo com a lei da conservação da massa (Lavoisier) e a lei das proporções definidas (Proust).

17. Um cozinheiro percebeu que em seu fogão havia:

a) gás queimando em uma das "bocas" e
b) região inferior do fogão enferrujando.

Que tipos de reação estão ocorrendo em cada processo?

18. Por que a combustão completa da gasolina em um motor é melhor para o meio ambiente em comparação com a combustão incompleta?

19. (FEI – SP – adaptada) Das reações químicas que ocorrem:

  I. nos *flashes* fotográficos descartáveis;
  II. com o fermento químico para fazer bolos;
  III. no ataque de ácido clorídrico ao ferro;
  IV. na formação de hidróxido de alumínio usado no tratamento de água;
  V. na câmara de gás;

representadas, respectivamente, pelas equações:

I. $2\ Mg + O_2 \rightarrow 2\ MgO$
II. $NH_4HCO_3 \rightarrow CO_2 + NH_3 + H_2O$
III. $Fe + 2\ HCl \rightarrow FeCl_2 + H_2$
IV. $Al_2(SO_4)_3 + 6\ NaOH \rightarrow$
    $\rightarrow 2\ Al(OH)_3 + 3\ Na_2SO_4$
V. $H_2SO_4 + 2\ KCN \rightarrow K_2SO_4 + 2\ HCN$

indique o tipo de reação que está ocorrendo em cada uma delas.

DESCREVENDO MOVIMENTOS (CINEMÁTICA)

capítulo 9

Mobilidade urbana

O intenso trânsito nas grandes cidades é um grande problema para a mobilidade urbana. Estudos mostram que, para os brasileiros que vivem nas grandes capitais, o tempo perdido no trânsito em um ano soma cerca de 30 dias.

Um mês parado no trânsito pode fazer uma diferença significativa na produtividade do país e também na qualidade de vida de seus habitantes. Essa problemática tem levado a discussões entre diferentes esferas da sociedade buscando alternativas.

Em um trânsito já saturado de carros e motos, contendo metrôs, ônibus e táxis, o transporte via bicicleta ou patinete vem ganhando cada vez mais espaço. Além de não poluir o meio ambiente e contribuir com a prática de exercícios físicos, a bicicleta tem se mostrado por vezes mais eficiente do que outros tipos de transporte. Essa eficiência é consolidada nas cidades onde são implementadas ciclofaixas ou ciclovias.

Mas o que queremos dizer aqui com a palavra *eficiência*?

Ser eficiente nesse contexto significa fazer o trajeto necessário em menor tempo. Para compreender tais ideias, vamos estudar uma grandeza física que relaciona distâncias (espaço) e tempo – a velocidade. A definição e compreensão dessa grandeza nos levará ao entendimento de alguns tipos de movimento, como o movimento uniforme.

Veremos também como é possível, a partir do conhecimento de algumas variáveis, fazer previsões sobre onde um corpo estará em um instante futuro.

No texto que abre este capítulo, falamos brevemente sobre mobilidade urbana e seu impacto na sociedade. Mas qual é o tipo de transporte mais eficiente?

Procurando responder a essa pergunta, diversos grupos têm organizado o chamado desafio intermodal: diferentes participantes, utilizando diferentes meios de transporte (bicicleta, moto, carro, metrô), devem percorrer um mesmo roteiro. Ao fim, são comparados os tempos de cada modo de transporte.

A imagem a seguir é um mapa da cidade do Rio de Janeiro, em que se destaca o roteiro do desafio que começa na Estação Central do Brasil, passa por um ponto intermediário – Praça General Osório, em Ipanema – chegando à Praça Antero de Quental, no Leblon.

Assim como em uma pista de corrida (onde o tamanho da pista é limitado pela linha de partida e de chegada), quem ganha é aquele que percorre o trajeto no menor tempo. Ou seja, vence quem andar mais rápido. Para comparar a rapidez do movimento de cada modal, foi preciso considerar alguns parâmetros em comum.

Distância e **tempo** foram os parâmetros utilizados nesse raciocínio e constituem grandezas físicas essenciais para descrever qualquer tipo de movimento. Podemos entender, então, que tempo e espaço são grandezas físicas fundamentais para o estudo do movimento, pois, como veremos, delas derivam outras grandezas importantes.

CAPÍTULO 9 • Descrevendo movimentos (Cinemática) — 163

É SEMPRE BOM SABER MAIS!

Algumas grandezas usadas em Física

A Física é uma ciência que utiliza diferentes grandezas para analisar e descrever fenômenos naturais, como, por exemplo, tamanho de um objeto, distância entre corpos, duração de tempo no qual um evento ocorre, massa, peso, cor, temperatura, som de um corpo, entre outras.

Diferente de outras propriedades subjetivas, como a beleza de uma obra de arte ou o gosto de um alimento, as grandezas físicas podem ser medidas e comparadas a padrões. Na tabela ao lado vamos retomar grandezas já conhecidas e apresentar algumas outras.

Fonte: *Sistema Internacional de Unidades:* SI. 8. ed. Duque de Caxias: INMETRO/CICMA/SEPIN, 2012. Disponível em: <http://www.saude.df.gov.br/wp-conteudo/uploads/2018/04/Inmetro-SI-Sistema-Internacional-de-Unidades.pdf>. Acesso em: 21 maio 2019.

Algumas grandezas físicas e suas unidades de medida do Sistema Internacional de Unidades* (chamado de SI), que é utilizado por vários países no mundo.

Grandeza	Unidade	Símbolo
comprimento	metro	m
massa	quilograma	kg
tempo, duração	segundo	s
corrente elétrica	ampere	A
temperatura termodinâmica	kelvin	K
quantidade de substância	mol	mol
intensidade luminosa	candela	cd

* Em 21 de maio de 2019 houve uma redefinição de algumas unidades de medida, mas que não alterou os dados acima.

No desafio feito, uma alternativa ao uso de apenas um tipo de transporte eram as soluções combinadas, por exemplo, seguir parte do caminho de bicicleta e o restante de metrô ou ônibus. Os principais resultados de cada modal individualmente são apresentados a seguir:

Resultado do desafio intermodal Estação Central do Brasil-Praça Antero de Quental (cidade do Rio de Janeiro, RJ).

Modal	Distância percorrida (km)	Tempo parcial (min)	Tempo total (min)
metrô + bicicleta	15,5	35	42
moto	15,5	32	45
carro	15,5	34	54
metrô + pedestre	15,5	36	63
bicicleta masculino	15,5	51	64
bicicleta feminino	15,5	59	71
ônibus	15,5	60	71
bicicleta ciclovia	18,0	62	76

Fonte: ASSOCIAÇÃO TRANSPORTE ATIVO. *Desafio intermodal*. Transporte ativo. Rio de Janeiro: RJ, 2011. p. 3. Disponível em: <http://www.ta.org.br/site/area/arquivos2/relatorio_dirj_2011.pdf>. Acesso em: 21 maio 2019.

Jogo rápido

Você já utilizou características físicas e sensoriais para descrever eventos ou fenômenos naturais. Escreva algumas frases que expressem como você utiliza essas características. A seguir, responda por que beleza não é uma grandeza física?

Descubra você mesmo!

Faça uma pesquisa e confirme se sua cidade (ou a capital de seu estado) participa do desafio de mobilidade urbana. Em caso afirmativo, qual é o modal mais rápido para andar por sua cidade?

Ao comparar os dados, nota-se que a composição metrô + bicicleta foi campeã do desafio na ocasião por ter completado o trajeto no menor tempo. Dizemos, então, que essa alternativa foi a mais rápida, certo? Fisicamente, o que isso significa?

Além do menor tempo, como a distância percorrida por todos os modais é a mesma (exceto para a bicicleta que seguiu pela ciclovia), os resultados também podem ser avaliados em função da velocidade média de cada um. Mas o que é velocidade? Como podemos obter as velocidades médias de cada um dos modais? Para responder a essas perguntas, antes vamos explorar com mais detalhes alguns conceitos importantes para o estudo dos movimentos.

Movimento e referencial

Ao longo de nossas experiências de vida desenvolvemos e utilizamos a noção de movimento. Porém, em alguns casos, essa noção pode ser imprecisa e até incompleta. Para qualificar nosso discurso sobre movimentos, vamos iniciar olhando a nossa volta: carros movendo-se pelas ruas, pessoas correndo, aves voando...

CAPÍTULO 9 • Descrevendo movimentos (Cinemática)

No estudo do movimento, qualquer corpo que se move é chamado de **móvel**. Mas qual é o critério que usamos para dizer que aves ou pessoas das imagens anteriores estão em movimento? Ou seja, como podemos diferenciar um corpo que está parado de um que está em movimento?

Por mais óbvias que as perguntas possam parecer, para respondê-las é necessário considerar um **referencial** em relação ao qual os movimentos ocorrem.

Considere um trem ou vagão de metrô que está em movimento passando por uma estação sem parar nela.

Para as pessoas que se encontram na plataforma e observam o metrô passar, o trem está em movimento. Já as pessoas no interior do vagão estão paradas em relação a ele, o que é equivalente a dizer que o metrô também está parado em relação a elas, pois o movimento é **relativo**, depende de um referencial.

> Se um corpo A está em movimento em relação a um corpo B, então o corpo B também está em movimento em relação ao corpo A.

Ou seja, se nos perguntarmos se um corpo qualquer está ou não em movimento, a melhor resposta que podemos dar é: depende! Pois o movimento de um corpo depende do referencial que é adotado.

Um bando de aves está em movimento em relação às árvores, mas pode estar em repouso em relação a outras aves do mesmo bando. Em uma corrida de rua, um corredor está em movimento em relação ao asfalto, mas pode estar parado em relação a outro corredor que o acompanha no mesmo ritmo.

Assim, ao falar sobre o movimento de um corpo, deve-se deixar explícito qual é o referencial adotado. Veja outro exemplo: nesse exato momento, sentado em sua mesa lendo este livro, você está parado ou em movimento? Depende! Em relação ao chão ou à sua mesa você está parado. Consegue pensar em um referencial em que esteja em movimento? (Lembre-se, você mora em um planeta que está em órbita ao redor do Sol...)

A superfície da Terra é tomada com frequência como referencial para avaliar vários tipos de movimento. Fazemos essa escolha de forma inconsciente, pois é isso o que nossos sentidos nos dizem: tudo se move com relação ao chão onde pisamos.

CAPÍTULO 9 • Descrevendo movimentos (Cinemática)

Construímos essa ideia desde pequenos, pois foi o chão o primeiro local que tocamos para engatinhar – e, portanto, nos mover; apoiamo-nos na mobília sobre o chão da sala para conseguir dar nossos primeiros passos... Parece-nos tão natural adotar o chão como referencial de movimento, que nem cogitamos que ele não é o único referencial existente. Qualquer outro ponto – e até um objeto – pode ser adotado como referencial. É a partir dele, do referencial, que toda a noção de movimento é construída.

A noção que temos sobre movimento considera ainda outro conceito importante: dizemos que um corpo está em movimento quando percebemos que ele muda de lugar, certo?

O *lugar ocupado por um móvel* define o conceito físico de **posição**, que pode ser indicado pelo símbolo **s**. Um móvel pode ocupar diferentes posições ao longo de seu movimento, porém se a posição de um corpo não se alterar com o tempo, dizemos então que ele está **parado**.

Durante o desafio de mobilidade do Rio de Janeiro, os diferentes modais ocuparam posições sucessivas pelas ruas da cidade ao longo da prova. Vamos mostrar novamente o mapa do percurso, mas desta vez representando as sucessivas posições ocupadas por um móvel que sai da Central do Brasil e chega à Praça Antero de Quental.

> **Jogo rápido**
>
> Retorne ao mapa com o trajeto da corrida de mobilidade no Rio de Janeiro: qual é o referencial do movimento?

ED VIGGIANI/PULSAR IMAGENS

As placas que indicam a "quilometragem" de uma estrada (marcos quilométricos) são, na verdade, indicadoras da **posição com relação** ao começo da rodovia. Assim, na imagem acima, a representação "BR-153 km 89" indica que aquele local da BR está a 89 km do início da rodovia. (Placa sinalizadora na BR-153, Rodovia Transbrasiliana, trecho em José Bonifácio, SP.)

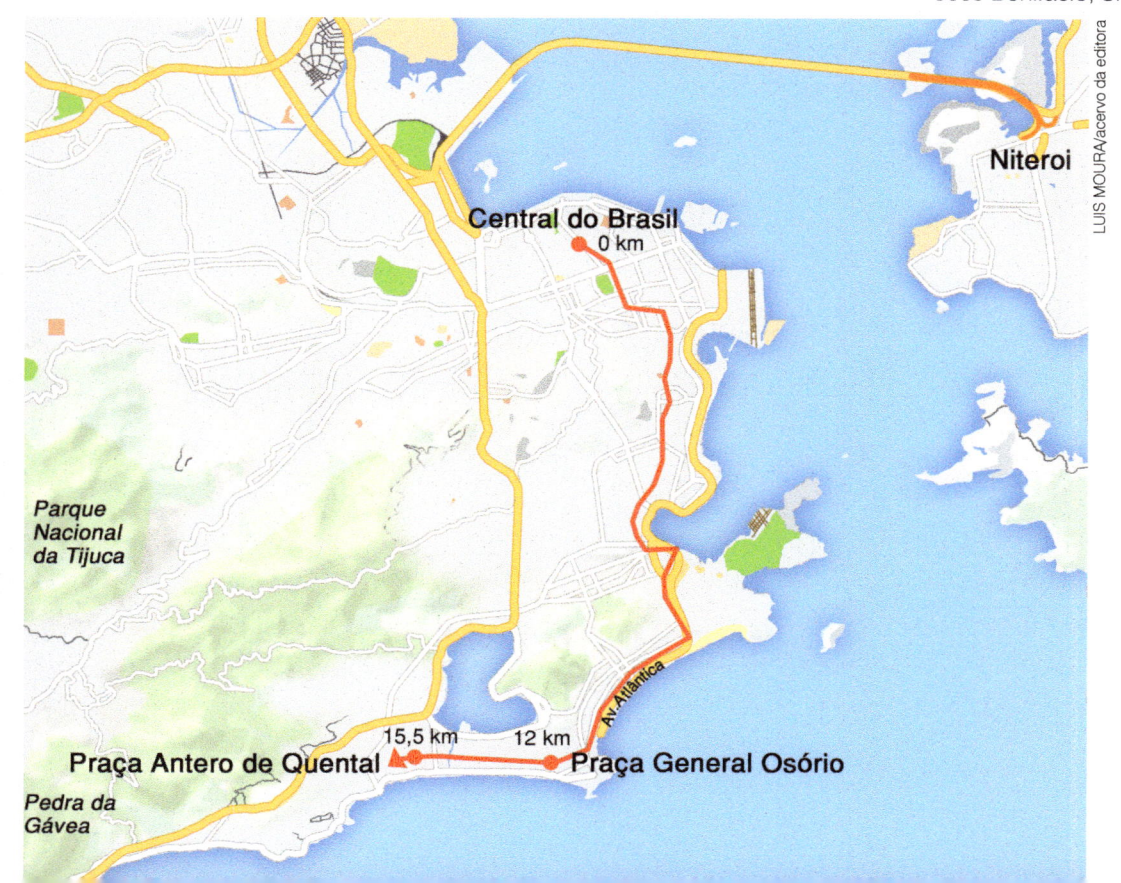

> **Lembre-se!**
>
> **Posição** é o lugar, o espaço, ocupado por um móvel em sua trajetória.

UNIDADE 2 • MATÉRIA E ENERGIA

Lembre-se!

Trajetória é o conjunto de posições ocupadas por um móvel durante seu deslocamento.

As sucessivas posições ocupadas por um móvel definem a **trajetória** de seu movimento.

Associando marcos de posição ao desafio intermodal do Rio de Janeiro, é possível identificar a posição inicial, parcial e a posição final da trajetória. A representação da trajetória possibilita também a determinação de distâncias entre os pontos.

Por vezes, o estudo do movimento requer uma visão mais simples do que a imagem anterior: a mesma trajetória acima pode ser representada esquematicamente de forma simplificada, conforme mostra a ilustração ao lado.

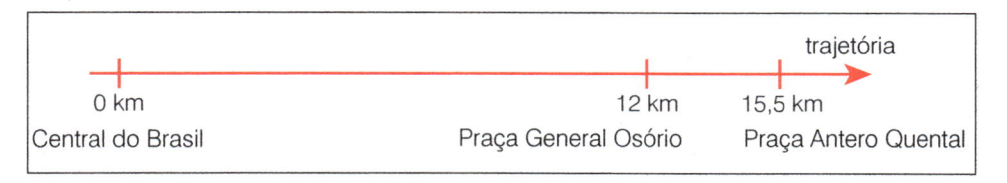

Compare o mapa que ilustra a trajetória do desafio com a representação acima. Ambos representam o mesmo movimento. Ao analisar apenas o movimento de um lugar para outro, talvez não seja necessário considerar, por exemplo, que um carro passa por lombadas, buracos, derrapa... ou mesmo seu tamanho ou cor, por isso utilizar esta forma simplificada de representar o movimento facilita nosso estudo.

Lembre-se!

Quando um móvel percorre uma trajetória em linha reta, dizemos que seu movimento é **retilíneo**. Já quando descreve uma trajetória em curva, dizemos que seu movimento é **circular**.

Portanto, essa representação simplificada informa apenas que o móvel percorreu as distâncias indicadas, mas não diz nada a respeito de o móvel ter seguido uma linha reta ou ter feito curvas no caminho. Ainda assim, essa representação é bastante importante para definir uma grandeza que permite a comparação entre o desempenho de cada tipo de transporte, a **velocidade média** (v_m).

Velocidade média

O conceito de velocidade está relacionado à rapidez com que certa distância é percorrida, ou seja, está relacionado a espaço e tempo. A velocidade média é o **deslocamento** (espaço percorrido) por **intervalo de tempo** (tempo gasto para realizar o percurso):

$$v_m = \frac{\text{deslocamento}}{\text{intervalo de tempo}} = \frac{\Delta s}{\Delta t} = \frac{s_f - s_i}{t_f - t_i}$$

Lembre-se!
A letra grega Δ (delta) é utilizada aqui e em outras áreas da Física como símbolo para indicar a **variação** de uma grandeza.

em que Δs é o deslocamento, s_i é a posição inicial (origem) e s_f é a posição final, Δt é o intervalo de tempo, t_i é o instante inicial e t_f é o instante final.

A unidade de velocidade no SI é m/s, mas é usual medir a velocidade em km/h.

Para compreender essa equação, vamos analisar um dos modais que participaram do desafio no Rio de Janeiro, a combinação entre metrô e bicicleta: o participante que optou por esse modal saiu da Central do Brasil (0 km) às 9h da manhã e chegou à Praça Antero Quental (15,5 km) às 9h42min. Para esses dados, temos:

$\Delta s = 15,5$ km

$t_i = 9h$

$t_f = 9h42min$

$\Delta t = t_f - t_i \Rightarrow \Delta t = 9h42min - 9h \Rightarrow \Delta t = 42$ min

Transformando o intervalo de tempo de minutos para horas, temos:

$$1\text{ h} \longrightarrow 60\text{ min}$$
$$\Delta t \longrightarrow 42\text{ min}$$

$$\Delta t = \frac{1 \times 42}{60} = 0,7\text{ h}$$

Assim, a velocidade média será:

$$v_m = \frac{\Delta s}{\Delta t} = \frac{15,5}{0,7}$$

$$v_m = 22,1 \text{ km/h}$$

Para transformar a unidade dessa velocidade na unidade do SI, m/s, devemos considerar que:

1 km $= 1.000$ m   e 1 h $= 60$ min $= 3.600$ s

Assim,

$$v_m = \frac{22,1 \times 1.000}{3.600} = 6,1 \text{ m/s}$$

É SEMPRE BOM SABER MAIS!

Como regra prática, podemos multiplicar ou dividir a velocidade por 3,6 para transformar m/s em km/h ou o contrário. Veja no esquema a seguir:

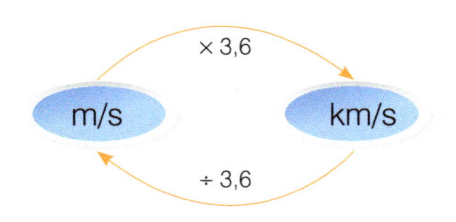

m/s ×3,6 → km/s
m/s ←÷3,6 km/s

Jogo rápido

Utilize a regra ao lado e converta as seguintes velocidades:
- 36 km/h para m/s;
- 20 m/s para km/h.

Assim, no exemplo anterior, para converter a velocidade de km/h para m/s, bastaria dividi-la por 3,6:

$$v_m = \frac{22,1}{3,6} = 6,1 \text{ m/s}$$

Veja, agora, a tabela dos resultados do desafio intermodal contendo as velocidades de todos os tipos de transporte.

Velocidade média dos diferentes tipos de transporte utilizados no desafio intermodal Estação Central do Brasil-Praça Antero de Quental (cidade do Rio de Janeiro, RJ).

Modal	Distância percorrida (km)	Tempo total (min)	Velocidade média	
			km/h	m/s
metrô + bicicleta	15,5	42	22,1	6,2
moto	15,5	45	20,7	5,7
carro	15,5	54	17,2	4,8
metrô + pedestre	15,5	63	14,8	4,1
bicicleta masculino	15,5	64	14,5	4,0
bicicleta feminino	15,5	71	13,1	3,6
ônibus	15,5	71	13,1	3,6
bicicleta ciclovia	18,0	76	14,2	3,9

Fonte: ASSOCIAÇÃO TRANSPORTE ATIVO. *Desafio intermodal.* Transporte ativo. Rio de Janeiro: RJ, 2011. p. 3. *Disponível em:* <http://www.ta.org.br/site/area/arquivos2/relatorio_dirj_2011.pdf>. *Acesso em:* 21 maio 2019. Adaptado.

Fique por dentro!

O que significa, de fato, dizer que "o carro está a 60 km/h" ou "um atleta corre a 10 m/s"?

Podemos interpretar os valores de velocidade fazendo uma leitura das unidades. Se um objeto se move a 60 km/h significa que, se ele mantiver esse movimento, a cada hora percorrerá 60 km. O mesmo para um atleta que corre a 10 m/s: se ele mantiver seu movimento, a cada segundo ele se deslocará 10 m.

Note que para determinar a velocidade média, não foi necessário considerar o tempo ou as distâncias intermediárias. Levamos em conta apenas a distância total percorrida na trajetória. É isso que significa dizer que estamos calculando a **velocidade média**.

CAPÍTULO 9 • Descrevendo movimentos (Cinemática)

É SEMPRE BOM SABER MAIS!

Pequeno como um ponto ou grande como um corpo extenso?

Dependendo da relação entre distâncias que se pretende percorrer e as dimensões do móvel, ele pode ser classificado como **ponto material** ou **corpo extenso**.

Um *ponto material* é aquele em que suas dimensões (seu tamanho) não interferem na descrição do movimento. Nesses casos, o móvel pode ser considerado uma partícula pontual. Exemplos de pontos materiais: um carro viajando entre duas cidades separadas por centenas de quilômetros; uma pessoa que corre uma maratona; um satélite lançado da Terra para o espaço.

Fonte: DER – Departamento de Estrada de Rodagem.

A distância por rodovia entre Porto Alegre e São Paulo é de 1.150 km, aproximadamente, e o tamanho de um carro de passeio é, em média, 3,6 m de comprimento.

Já um *corpo extenso* é o móvel cujas dimensões interferem na descrição do movimento. Nesses casos, o móvel não pode ser considerado como uma partícula pontual. Exemplos de corpos extensos: um carro que está fazendo uma baliza para estacionar; uma pessoa carregando várias malas passando por uma porta estreita; um satélite sendo acomodado em um ônibus espacial.

Perceba que um carro, uma pessoa ou um satélite podem ser pontos materiais ou corpos extensos, dependendo da circunstância em que os estamos avaliando.

Durante uma manobra para estacionar um carro entre dois veículos afastados apenas 4 m, podemos considerar o carro como sendo um corpo extenso.

EM CONJUNTO COM A TURMA!

Visite o *Google maps* e procure analisar a distância percorrida no trajeto que faz de sua casa até a escola (https://www.google.com.br/maps). Procure medir o tempo gasto para percorrer o trajeto e faça uma estimativa da sua velocidade média.

Discuta seus resultados com os outros colegas de seu grupo de trabalho, buscando responder às seguintes perguntas:

- Quais são os colegas que têm a maior velocidade média?
- Quais são os colegas que utilizam os modais com menor impacto ao meio ambiente?
- Como é o trânsito de sua cidade?
- Que tipo de modal (meio de transporte) é mais utilizado por seus colegas?
- Qual é o melhor meio para se locomover por sua cidade?

Velocidade instantânea

Agora, considere outra situação em que você está dentro de um carro e observa o velocímetro que marca a velocidade de 30 km/h. Essa é a velocidade no instante da sua observação. Após alguns segundos, talvez o carro precise frear, pois se aproxima de um semáforo; quando o sinal abrir, a velocidade do carro aumentará a partir do zero até outro valor. A cada instante durante o movimento há uma velocidade que vamos denominar de **velocidade instantânea**.

Os velocímetros marcam a velocidade instantânea do móvel.

Fique por dentro!

Em alguns países, como nos Estados Unidos, a unidade usual de velocidade é milhas por hora (mi/h), sendo que 1 milha = 1,6 km. Na imagem ao lado, podemos ver a correspondência de alguns valores de velocidades em km/h e mi/h.

Grandezas escalares e vetoriais

Mas para descrever os movimentos não basta que tenhamos uma trajetória e o conhecimento da velocidade do móvel. É necessário saber para onde ele está indo! Para entender isso, imagine a seguinte situação: Juca combina de andar de bicicleta pelas ruas de Recife com seu colega João. Combinam de se encontrar na esquina da Avenida da Saudade com a Rua do Sossego, mas como João se atrasou, Juca decide iniciar o passeio. Antes, envia uma mensagem para seu amigo dizendo: "João, comecei a andar de bicicleta, estou seguindo a 10 km/h. Pedale mais rápido do que isso e me alcance".

Será que basta ao João pedalar mais do que Juca para que eles se encontrem? Ou seja, será que se João começar a pedalar com velocidade superior à de Juca eles irão se encontrar?

A resposta é: não necessariamente. Isso porque João não sabe se Juca foi para o lado da Avenida Cruz Cabugá, para a Rua do Pombal, para a Rua dos Palmares ou para a Rua Pedro Afonso.

Entendendo a ironia da mensagem e sabendo que era pouco provável encontrar Juca escolhendo a direção meramente pelo acaso, João pergunta: "Engraçadinho. Em qual rua você está?"

Juca responde: "Avenida da Saudade". Essa informação define apenas uma direção para o movimento de Juca, mas João ainda precisaria saber qual era o sentido do movimento. "Em que sentido?", pergunta João.

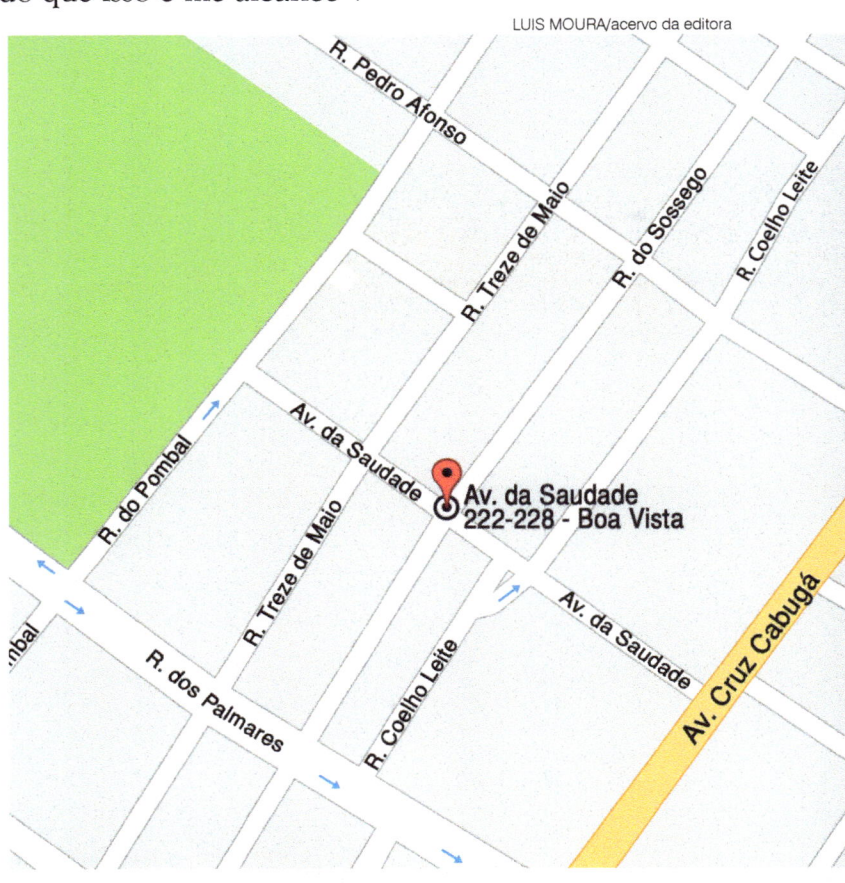

"Sentido Av. Cruz Cabugá". Finalmente, João sabe para onde deve seguir. Agora basta pedalar com velocidade superior à de Juca para que logo o encontre.

Nessa breve narrativa, podemos identificar que para compreender perfeitamente o significado da velocidade é necessário conhecer, além do seu valor numérico ou também **intensidade** da velocidade (10 km/h, no caso de Juca), uma **direção** (Av. da Saudade) e um **sentido** (sentido Av. Cruz Cabugá).

Grandezas físicas que necessitam de intensidade, direção e sentido para serem definidas são chamadas de **grandezas vetoriais**. É o caso da velocidade e também da força, grandeza que será estudada no próximo capítulo.

Uma grandeza que não é vetorial é dita **escalar**. Essas necessitam apenas da intensidade e uma unidade de medida para serem compreendidas. É o caso do tempo, por exemplo. Quando alguém diz a você que são 19h35min, não precisa dizer em que direção ou para qual sentido. O mesmo ocorre quando ouvimos o meteorologista informar que a temperatura é de 18 °C, ou quando o açougueiro diz que a quantidade de carne que separou foi de 750 g.

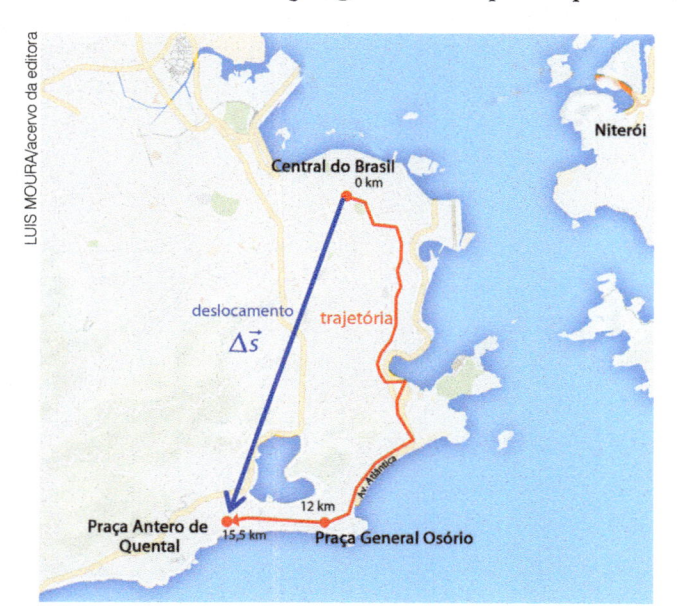

O entendimento da diferença entre grandezas escalares e vetoriais nos permite agora mostrar a diferença entre deslocamento e distância percorrida. Vamos voltar e observar novamente o trajeto do desafio intermodal do Rio de Janeiro. Considere agora que, enquanto todos os participantes seguem o trajeto do desafio, uma equipe de reportagem que deseja cobrir a largada e a chegada sai de helicóptero da Central do Brasil e vai diretamente até a Praça Antero de Quental. Sem restrições no espaço aéreo, o helicóptero segue a menor distância que separa os pontos inicial e final. Seu caminho é identificado na figura a seguir por um **vetor** (representado pelo desenho de um segmento de reta orientado). O comprimento do vetor indica a intensidade da grandeza espacial, ou seja, a distância entre os pontos inicial e final. A orientação do vetor indica a direção e o sentido do movimento.

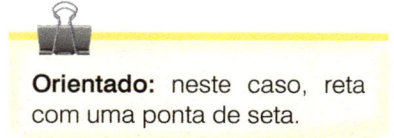

Orientado: neste caso, reta com uma ponta de seta.

Fica evidente que a distância associada ao movimento do helicóptero é menor do que a distância percorrida pelos participantes do desafio. Isso significa que o deslocamento e a distância percorrida não são necessariamente iguais.

Para compreender a relação entre distância percorrida e deslocamento, considere que você deve percorrer algumas quadras (300 m) para sair de um ponto A e chegar a um ponto B em uma cidade, conforme ilustrado a seguir.

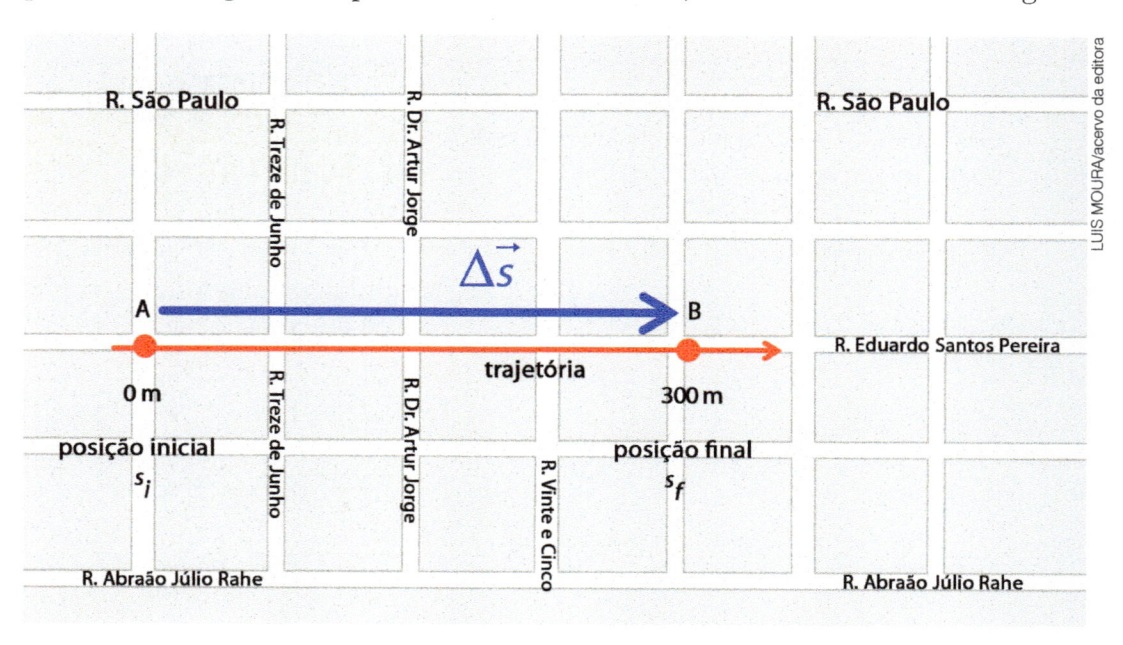

O vetor deslocamento $\vec{\Delta s}$ é o segmento de reta que tem origem na posição inicial (s_i) e termina na posição final (s_f). Para esse caso, a intensidade do deslocamento é dada por:

$$\Delta s = s_f - s_i = 300 - 0$$

$$\Delta s = 300 \text{ m}$$

A distância percorrida por você entre A e B também será de 300 m. Esse, então, é um caso em que a distância percorrida e o deslocamento possuem a mesma intensidade.

Agora, considere que você sai do ponto A, vai até o ponto B e retorna ao ponto A. Nesse caso, a distância percorrida será de 600 m, sendo 300 m na ida de A para B e 300 m de B para A. Mas e quanto à intensidade do vetor deslocamento? Para esse caso, como as posições inicial e final são iguais, o deslocamento é nulo. Ou seja, nessa situação, a distância percorrida e o deslocamento não possuem a mesma intensidade.

ESTABELECENDO CONEXÕES

Cotidiano

Os radares no trânsito

Presentes na maioria das grandes cidades, os radares de trânsito são utilizados como instrumentos de suporte à fiscalização policial, e tentam tornar o trânsito mais seguro, limitando a velocidade nas vias e punindo aqueles que desrespeitam os limites estabelecidos.

Pesquisas indicam que o índice de acidentes pode cair muito em locais com radares e redutores de velocidade. Na cidade do Rio de Janeiro (RJ), por exemplo, entre 2008 e 2018, o nível de acidentes nas áreas fiscalizadas caiu 44% segundo dados da Polícia Rodoviária Federal (PRF). É importante dizer que, nesse mesmo período, a frota da cidade cresceu quase 54% segundo o Instituto Brasileiro de Geografia e Estatística (IBGE).

Os radares presentes na maioria das grandes cidades empregam instrumentos tecnológicos para aferir a velocidade de um veículo. O tipo mais comum de radar utilizado é o fixo, conforme ilustra a imagem ao lado.

Esses radares medem o tempo que um veículo necessita para ultrapassar sensores eletromagnéticos dispostos pela via – são os pontos L1, L2 e L3 indicados na imagem.

Essas três faixas de sensores são utilizadas para diminuir eventuais erros na determinação da velocidade: ao serem fixados a uma distância conhecida, é medido o tempo gasto para passar da primeira até a segunda faixa de sensores, e da segunda até a última. A média do tempo gasto para ultrapassá-los é utilizada no cálculo da velocidade média do veículo. O resultado pode acionar uma câmera fotográfica que registra a placa dos veículos que estiverem acima da velocidade máxima permitida na via.

Aceleração média

Para uma descrição ainda mais abrangente dos movimentos, é preciso considerar não só referencial, distâncias percorridas, deslocamentos, velocidade... mas também a taxa com que a velocidade se modifica.

Quando um carro está parado em um semáforo e inicia o movimento, sua velocidade varia. Quando é dada a largada de uma corrida de atletismo, os atletas aceleram do repouso até atingir a velocidade máxima; portanto, sua velocidade varia.

A ideia de aceleração nos é familiar. Quando estamos atrasados, aceleramos para ir mais rápido e ganhar tempo. Ao pisar no acelerador do carro, sua velocidade aumenta. Reconhecemos o efeito de acelerações quando a velocidade de um móvel se altera.

A **aceleração média** é a grandeza física que mede a variação da velocidade e é expressa matematicamente da seguinte forma:

$$a_m = \frac{\Delta v}{\Delta t}$$

em que Δv representa a variação da velocidade, isto é, a diferença entre a velocidade final e a inicial:

$$\Delta v = v_f - v_i$$

A unidade de aceleração no SI é m/s². Mas o que significa m/s²? Considere um corpo que parte do repouso e acelera com aceleração de 2 m/s². Isso significa que a cada segundo a velocidade do móvel aumenta em 2 m/s. Acompanhe na tabela ao lado a velocidade do móvel a cada instante de tempo.

Instante	Velocidade
t = 0 s	0 m/s
t = 1 s	2 m/s
t = 2 s	4 m/s
t = 3 s	6 m/s
t = 4 s	8 ms

A aceleração pode também fazer com que a velocidade de um corpo diminua. Considere um automóvel que está se deslocando com velocidade de 72 km/h (20 m/s) quando observa um obstáculo no caminho. Se a aceleração (desaceleração, na verdade) imposta pelos freios do carro for de −4 m/s², a velocidade do automóvel vai diminuir 4 m/s a cada segundo. Na tabela ao lado podemos ver quanto tempo o carro precisaria para parar.

Instante	Velocidade
t = 0 s	20 m/s
t = 1 s	16 m/s
t = 2 s	12 m/s
t = 3 s	8 m/s
t = 4 s	4 ms
t = 4 s	0 m/s

É SEMPRE BOM SABER MAIS!

Tipos de movimento

Dentre os vários movimentos que podem ocorrer na natureza, há alguns que apresentam uma facilidade maior para a descrição – o **movimento uniforme** e o **movimento uniformemente variado**.

Ao analisar a velocidade de um móvel, apenas duas situações podem ocorrer: ou ela permanece constante ou ela se altera. Quando a velocidade se mantém constante e é diferente de zero, dizemos que o móvel está em *movimento uniforme*.

Veja agora o outro caso, aquele em que a velocidade não se mantém constante. Se a velocidade muda, então há uma aceleração diferente de zero associada a essa mudança. Se essa aceleração for constante, dizemos que o corpo se encontra em **movimento uniformemente variado**.

DE OLHO NO PLANETA
Ética & Cidadania

Uma preocupação coletiva

O desafio intermodal é um projeto de cidadania e reflexão. Seu objetivo é mostrar às pessoas que é possível ir e vir pelas ruas de sua cidade com meios de transporte que contribuam com o trânsito e sejam menos poluentes, e mais saudáveis. A preocupação com a poluição gerada por veículos tem modificado a tecnologia dos carros fabricados atualmente, mas isso não é o bastante para resolver o problema. Além disso, o tempo empregado no deslocamento das pessoas para o trabalho, escola, retorno a casa, diminui e muito a qualidade de vida do cidadão, pois lhe retira um tempo que poderia ser empregado para seu aprimoramento, lazer ou convívio com familiares e amigos.

➤ O desafio para diminuir a poluição causada por veículos automotores e também melhorar o tráfego não é só do governo, mas também de cada um de nós, cidadãos. Como você, seus familiares e amigos poderiam contribuir para essa melhoria?

Nosso desafio

Para preencher os quadrinhos de 1 a 9, você deve utilizar as seguintes palavras: direção, espaço, m/s, média, referencial, sentido, tempo, velocidade, vetorial.

À medida que você preencher os quadrinhos, risque a palavra que escolheu para não usá-la novamente.

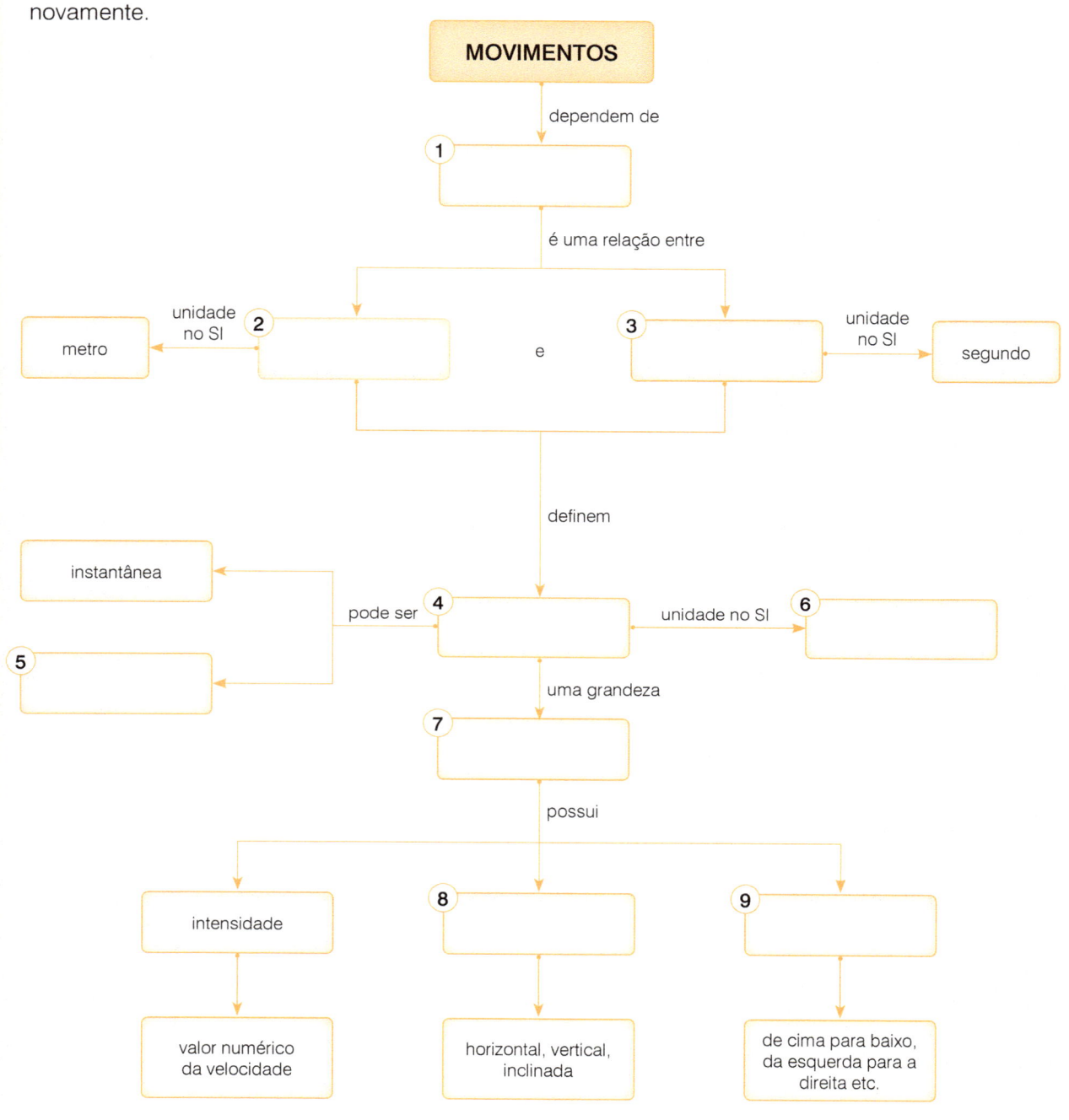

MOVIMENTOS

dependem de

1.

é uma relação entre

2. (unidade no SI: metro) e 3. (unidade no SI: segundo)

definem

4. pode ser instantânea / 5. ; unidade no SI: 6.

uma grandeza

7.

possui

- intensidade → valor numérico da velocidade
- 8. → horizontal, vertical, inclinada
- 9. → de cima para baixo, da esquerda para a direita etc.

Atividades

1. **[1, 7]** Considere que você e seus amigos estão subindo na escada rolante de um *shopping*. Nessa situação, analise as proposições abaixo e marque V para verdadeiro ou F para falso:
   - ( ) A escada está em repouso em relação a você.
   - ( ) Você está em movimento em relação à escada.
   - ( ) Você está em repouso em relação à escada.
   - ( ) O teto do *shopping* está em movimento em relação a você.
   - ( ) O piso do *shopping* está em repouso em relação a você
   - ( ) Você está em movimento em relação ao piso do *shopping*.
   - ( ) Você está em movimento em relação aos seus amigos.
   - ( ) Seus amigos estão em repouso com relação a você.
   - ( ) Para falar sobre repouso, não precisamos falar em referenciais.
   - ( ) Os movimentos não dependem do referencial adotado.

2. **[1, 7]** Na corrida de mobilidade pela cidade do Rio de Janeiro, os participantes estão parados ou em movimento? Cite um referencial no qual um participante está parado e outro no qual está em movimento.

3. **[1]** Em que circunstância a intensidade do deslocamento de um móvel é igual à intensidade da distância percorrida por ele?

4. **[6, 7]** Uma bola é lançada em movimento uniforme com velocidade de 3 m/s. Considerando que a bola parte da origem da trajetória adotada, determine as posições ocupadas por ela durante os 4 segundos iniciais de seu movimento.

5. **[6, 7]** Qual é a distância percorrida em 15 s por um objeto que se desloca em movimento uniforme com velocidade $v = 3$ m/s?

6. **[1, 6, 7]** Um veículo passou pelos 80 cm que separam a primeira e a última faixa de sensores de um radar em 0,04 s. Sabendo que o limite de velocidade nesse local é de 40 km/h, ele deveria ser multado ou não? Justifique sua resposta aplicando a definição de velocidade média e a regra de conversão de unidades de m/s para km/h.

7. **[6, 7]** Um veículo parte do quilômetro 90 de uma rodovia e segue por 2 h até o quilômetro 230. Qual é sua velocidade média?

8. **[1, 6, 7]** Suponha que uma pessoa esteja andando a uma velocidade média de 1 m/s durante 2 minutos. Calcule a distância aproximada percorrida por essa pessoa.

9. **[1, 6, 7]** Estafanildo deveria levar um presente de aniversário para sua sogra. Saiu com seu carro às 13h de sua casa, que fica no km 340 da Rodovia Só-que-não, e chega às 17h na residência da sogra que fica no km 20 dessa mesma rodovia.
   a) Faça o esquema simplificado da trajetória, indicando as posições do móvel segundo o referencial indicado no texto.
   b) Determine o deslocamento do carro de Estafanildo e interprete seu resultado.
   c) Calcule a velocidade média desenvolvida pelo veículo.

10. **[1, 6, 7]** Um novo modelo de carro de corrida atingiu a velocidade média de 180 km/h em uma pista de testes. Partindo da largada, o modelo percorreu a pista durante 30 min e parou depois desse tempo, logo que passou pela linha de chegada. Para essa situação, determine:
    a) a distância total que ele percorreu nesse período;
    b) seu deslocamento total. Prove seu raciocínio.

11. **[1, 6, 7]** Vimos que os aparelhos conhecidos como radares podem indicar a veloci-

dade de um móvel. Suponha que em uma de nossas vias um radar indicou que um veículo estava se deslocando com uma velocidade de 35 m/s, enquanto a velocidade máxima permitida naquele trecho era de 70 km/h.

a) O motorista do veículo deveria ser multado por ultrapassar a velocidade máxima permitida? Por quê?

b) Determine em m/s a velocidade máxima permitida nessa via?

12. [1, 6, 7, 10] Considere o percurso entre a Central do Brasil e a Praça Antero de Quental (Rio de Janeiro) pelo modal *metrô-pedestre* realizado em aproximadamente 1 hora (como descrito na tabela da página 165). A figura abaixo indica a trajetória simplificada do percurso.

```
                                            trajetória
──────────────┼──────────────┼──┼──────────────►
0 km           12 km          15,5 km
Central        Praça General  Praça Antero
do Brasil      Osório         de Quental
```

a) Determine a velocidade média na combinação metrô-pedestre entre a Central do Brasil e a Praça Antero de Quental.

b) Se o percurso de volta, partindo da Praça Antero de Quental até a Central do Brasil, no mesmo modal metrô-pedestre, foi realizado em 90 minutos, determine a velocidade média nesse modal.

13. [6, 7] A figura abaixo representa a posição (s) de um móvel, em dois instantes: $t_0 = 0$ e $t_1 = 10$ s.

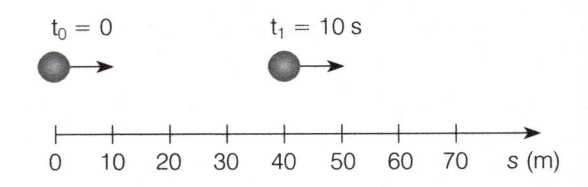

```
   t₀ = 0              t₁ = 10 s
     ●──►                 ●──►

   ├───┼───┼───┼───┼───┼───┼───►
   0   10  20  30  40  50  60  70   s (m)
```

Sabendo-se que sua velocidade é constante, determine:

a) A velocidade média do móvel.

b) A posição do móvel em $t_2 = 15$ s.

14. [1, 6, 7, 10] A figura a seguir representa uma rodovia com algumas cidades (A, B, C e D) e seus respectivos marcos quilométricos.

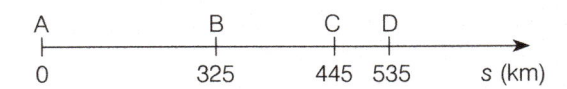

```
   A            B     C   D
   ├────────────┼─────┼───┼────►
   0           325   445 535   s (km)
```

Um veículo sai da cidade A às 13h e chega na cidade D às 17h e imediatamente retorna, chegando à cidade C às 18h. Determine, durante todo o percurso, a velocidade média do veículo.

15. [1, 6, 7, 10] Em uma rodovia, cuja velocidade máxima permitida é 120 km/h, um motorista observa uma placa de sinalização indicando que o próximo posto de combustível pode ser atingido em trinta minutos. Usando essas informações, determine a distância que o motorista terá de percorrer entre a placa de sinalização e o posto de combustível.

16. [6, 7] Um objeto se move em uma trajetória retilínea e suas posições podem ser observadas no gráfico abaixo.

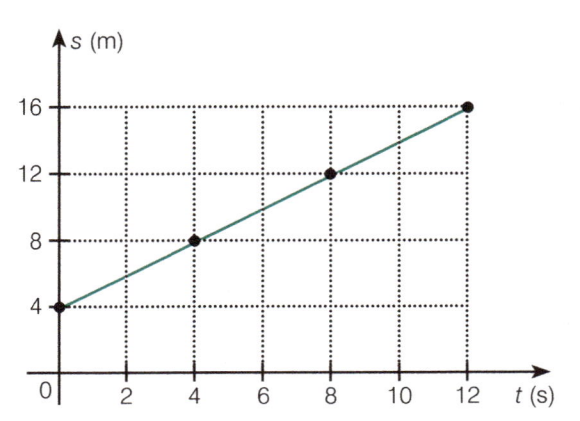

Determine a velocidade média do móvel entre os instantes 4 s e 12 s.

17. [6, 7] Se um corpo possui aceleração, podemos afirmar que:
a) sua posição muda sempre o mesmo tanto a cada instante de tempo.
b) sua velocidade sempre aumenta.
c) sua posição não muda.
d) sua velocidade muda a cada instante.

18. [6, 7] Dizer que a aceleração média de um corpo é de -4 m/s^2 significa que:
a) sua velocidade muda em 4 m a cada segundo ao quadrado.
b) o corpo anda para frente com relação ao referencial.
c) sua velocidade diminui a uma taxa de 4 m/s a cada segundo que passa.
d) seu deslocamento está aumentando a cada segundo que passa.
e) o movimento é sempre variado.

19. [1, 6, 7, 10] O guepardo ou chita é o animal terrestre mais veloz que se conhece. Partindo do repouso, ele pode chegar a 90 km/h em apenas 2 s. Determine o valor de sua espantosa aceleração.

20. [1, 6, 7, 10] Um ciclista pedalando a 15 m/s freia completamente sua *bike* em 3 s.

a) Determine sua aceleração média.
b) Explique como devemos entender o resultado anterior.
c) Qual é a velocidade da *bike* depois de 2 s?
d) Qual é a distância que o ciclista percorreu para parar a *bike*?

Navegando na net

Veja como os radares funcionam em um infográfico animado:

<http://www.tecmundo.com.br/infografico/10350-como-funcionam-os-radares-de-transito-infografado-.htm>

Acesso em: 2 jun. 2019.

capítulo 10 — AS FORÇAS E O MOVIMENTO

Talvez o esporte mais popular

O futebol é um esporte bastante popular no mundo todo e, do ponto de vista da Física, poderia ser descrito como um esporte no qual o objetivo é produzir alterações no movimento da bola até que ela cruze a linha do gol adversário.

Escanteios, cobranças de falta, lançamentos e chutes a gol. Todas essas ações executadas pelos jogadores modificam o movimento da bola.

Mas qual é a grandeza física que possibilita descrever essas modificações de movimento?

Nem velocidade, deslocamento ou aceleração; a grandeza de que estamos falando chama-se **força**!

Neste capítulo, vamos explorar o conceito de força e como diversos pensadores buscaram descrever os movimentos observados na natureza.

Esses conceitos foram desenvolvidos a ponto de formular um conjunto de leis capazes de descrever não só o movimento da bola em um jogo de futebol, mas também nos levou, por meio de sondas e ônibus espaciais, da Terra à Lua, e muito além pelo Universo.

SERGEY NIVENS/SHUTTERSTOCK

Inércia e a Primeira Lei de Newton

Ao longo da história, várias civilizações antigas procuraram explicações para a ocorrência dos movimentos que observavam na natureza: de pedras rolando morro abaixo ou caindo livremente no ar, de nuvens no céu, das águas dos rios, e também de estrelas e outros corpos celestes.

Os gregos, por exemplo, dedicaram boa parte de suas reflexões sobre a natureza para investigar e compreender tais questões. Uma das explicações que desenvolveram foi elaborada pelo filósofo grego Aristóteles (384-322 a.C.), que descrevia o movimento dos corpos de acordo com sua teoria dos quatro elementos (terra, água, ar e fogo). Para Aristóteles, uma pedra lançada ao ar cairia, pois pertenceria à Terra e a ela naturalmente voltaria. Devido à influência política de Aristóteles, sua teoria prevaleceu entre os gregos sobre outras rivais.

O desenvolvimento da religião e a influência de seus dogmas sobre a sociedade fizeram com que a descrição racional da natureza fosse deixada de lado por um longo período de tempo.

Apenas durante a Idade Média (séculos V a XV) é que a descrição racional da natureza ganharia atenção novamente. Um dos nomes responsáveis por esse renascimento de ideias foi o sacerdote e filósofo italiano Tomás de Aquino (1225-1274). Buscando aliar descrições racionais às ideias religiosas, Aquino resgatou algumas ideias de Aristóteles e também o modelo para a descrição do sistema solar de Ptolomeu, que continha a Terra no centro (geocentrismo).

Essas ideias foram sofrendo duras críticas de outros pensadores, mas foi só no século XVII que as propriedades físicas associadas ao movimento foram identificadas e suas causas compreendidas. As contribuições de dois grandes personagens da Ciência foram fundamentais para isso: um deles, o filósofo, físico, astrônomo e matemático italiano Galileu Galilei (1564-1642). Seus trabalhos influenciaram o físico e matemático inglês Isaac Newton (1642-1727). Apesar de nunca terem se conhecido (pois Newton nasceu no mesmo ano em que Galileu faleceu), um complementou o trabalho do outro.

Galileu e o método científico

Galileu foi um grande experimentador: durante anos realizou diversas experiências reais e mentais relacionadas a diferentes temas da Física. É o responsável pela moderna concepção de ciência, ao aplicar e aprimorar um método de descrição quantitativa para os fenômenos observados e estudados pela ciência – é

Retrato de Galileu Galilei. Óleo sobre tela, de Justus Sustermans (1597-1681), color., 86,7 cm x 68,6 cm, cerca 1640. National Maritime Museum, Londres, Inglaterra.

o chamado *método científico*. Seus estudos sobre o movimento de queda dos corpos e de pêndulos, dentre outros, permitiram abandonar e superar as ideias aristotélicas sobre o movimento dos corpos, aceitas em sua época. Por seu posicionamento ousado para a época e também por algumas questões políticas, Galileu foi acusado de heresia pela igreja católica e condenado à prisão domiciliar.

Heresia: pensamento que se opõe ao que estabelece determinado credo ou religião.

Galileu diante do Tribunal do Santo Ofício no Vaticano. Óleo sobre tela, de Joseph Nicolas Robert-Fleury (1797-1890), color., 196,5 cm x 308 cm, 1847, retratando o julgamento de Galileu.

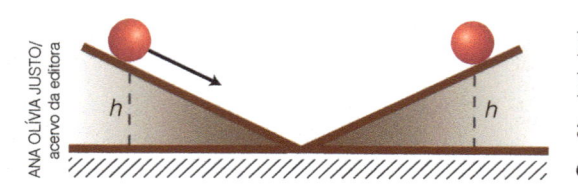

Em seus estudos sobre o movimento, Galileu utilizou um conjunto de rampas inclinadas sobre as quais lançava pequenas bolas. Criando um sistema quase sem atrito, ele pôde observar que, quando a bola era lançada de certa altura de um lado da rampa, atingia a mesma altura do outro lado.

Mas o que aconteceria se ao invés de ter do lado direito uma rampa com a mesma inclinação, fosse colocada uma rampa com uma inclinação menor? Galileu investigou essa situação conforme ilustrado a seguir.

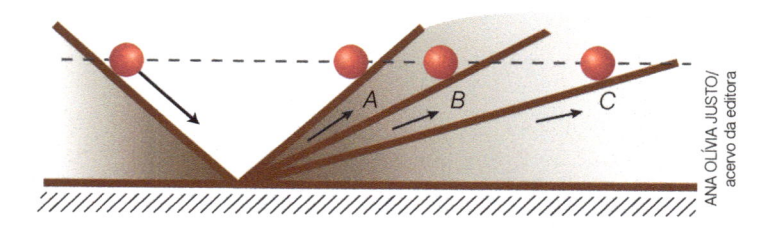

CAPÍTULO 10 • As forças e o movimento

Quanto menor for a inclinação do lado direito, maior será a distância horizontal percorrida pela bola até atingir a mesma altura do lançamento. Para uma inclinação muito pequena do lado direito, a distância percorrida horizontalmente pela bola seria muito grande. Levando esse pensamento ao limite, podemos dizer que quando a inclinação da rampa da direita se aproxima de zero, a distância horizontal percorrida pela bola torna-se imensamente grande (infinitamente grande). O que isso significa?

A interpretação de Galileu foi a de que um corpo colocado em movimento, permanece em movimento. Da mesma forma, se a bola fosse posta em repouso, continuaria em repouso.

Conceito de inércia

Associada à tendência de um corpo se manter em repouso, temos então o conceito de **inércia**. Quanto maior for a inércia de um corpo, maior é a tendência do corpo em *permanecer* em repouso ou em movimento, sendo a massa do corpo uma medida de sua inércia.

Para compreender melhor o fenômeno da inércia, considere que você está esperando um ônibus. Ao avistá-lo, faz sinal e o veículo para. Quando sobe, o motorista começa a mover o veículo, e você tende a ser deslocado para trás.

> **Lembre-se!**
>
> **Inércia** é a tendência de um corpo permanecer em seu estado de repouso ou de movimento, com velocidade constante, desde que a resultante das forças externas agindo sobre ele seja nula.

Nesse caso, você estava parado e sua tendência era de permanecer parado (inércia). Quando o ônibus começa a se mover, é como se ele fosse em frente e você ficasse parado. O puxão que sentimos e nos coloca em movimento junto com o ônibus deve-se ao atrito com a superfície e ao fato de estarmos nos segurando na estrutura do próprio ônibus.

Após se movimentar por um tempo, o ônibus então freia e para novamente. Nessa ocasião, você é projetado para o sentido em que ele se movia. Seu corpo em movimento tende a permanecer em movimento. Quando o ônibus freia, é como se seu corpo continuasse em movimento para frente.

ESTABELECENDO CONEXÕES
Cotidiano

A segurança no trânsito

A obrigatoriedade do cinto de segurança, tanto para motorista como para passageiros, em todo o território nacional se deu em 1997 (anteriormente, só era obrigatório nas rodovias).

O uso desse equipamento naturalmente tem como objetivo diminuir os acidentes com vítimas, tendo em vista que em uma freada brusca o corpo, que vinha em movimento, por *inércia* tende a continuar em movimento, como vimos neste capítulo. Nesses casos, o corpo dos passageiros tende a ser projetado para a frente, podendo ocasionar ferimentos graves.

Teste de colisão realizado com manequins. As portas do automóvel foram removidas a fim de que se possa ver o movimento no interior do veículo. Observe que o motorista foi protegido pelo cinto de segurança e pelo acionamento do *air bag*. Já o passageiro, sem o cinto de segurança, foi projetado para a frente.

Conceito de força

A formulação do conceito de **força** qualificaria ainda mais a descrição de Galileu e a inércia. Podemos pensar nesse conceito com base nas experiências cotidianas de levantar, empurrar, comprimir e puxar corpos. Em todos esses casos, é necessária a aplicação de força.

Lembre-se!
A parte da Mecânica que estuda as causas do movimento é a Dinâmica.

CAPÍTULO 10 • As forças e o movimento

A força é uma *grandeza vetorial*, portanto possui *intensidade*, *direção* e *sentido*. A unidade de medida da força é o **newton** (N), sendo que:

$$1\ N = 1\ kg \cdot 1\ m/s^2$$

É SEMPRE BOM SABER MAIS!

Dinamômetro

Podemos medir a intensidade de uma força por meio de um aparelho chamado dinamômetro. Nesse equipamento, uma mola ligada a uma escala pode ser esticada de modo que sua deformação é proporcional à força que é aplicada.

As deformações aplicadas a uma mola (ou outro material elástico qualquer) por meio de uma força desaparecem quando essa força é retirada.

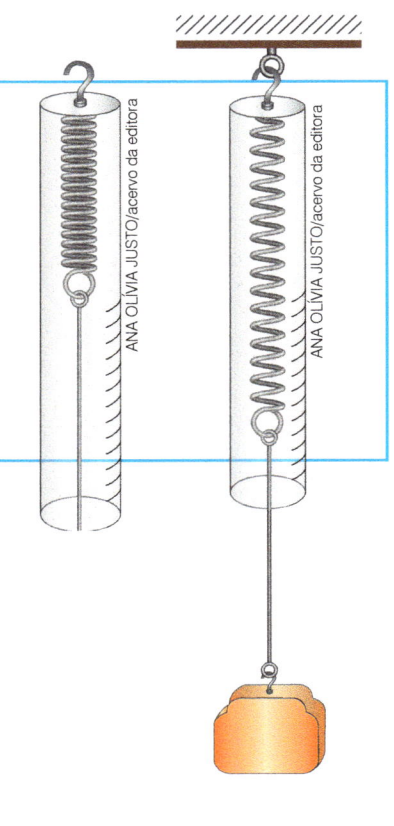

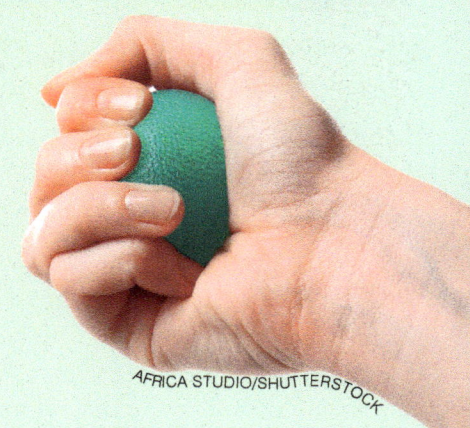

Apertar, levantar, empurrar, puxar, são atividades de nossa vida em que há aplicação de força.

UNIDADE 2 • MATÉRIA E ENERGIA

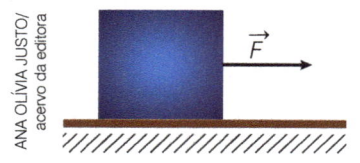

As grandezas vetoriais são representadas com uma seta sobre as letras que as representam, como o $\vec{F}$ da ilustração acima, porém suas intensidades são representadas sem a seta.

Para que tenhamos uma ideia quantitativa de força, ainda que não tenhamos falado sobre a força peso, podemos dizer que o peso de 1 kg é de aproximadamente 10 N. A figura ao lado mostra como representar uma força atuando sobre um corpo na horizontal e para a direita.

Considere agora uma situação na qual duas pessoas puxam com uma corda um barco para fora da água, uma puxando com uma força igual a 100 N e a outra com 80 N.

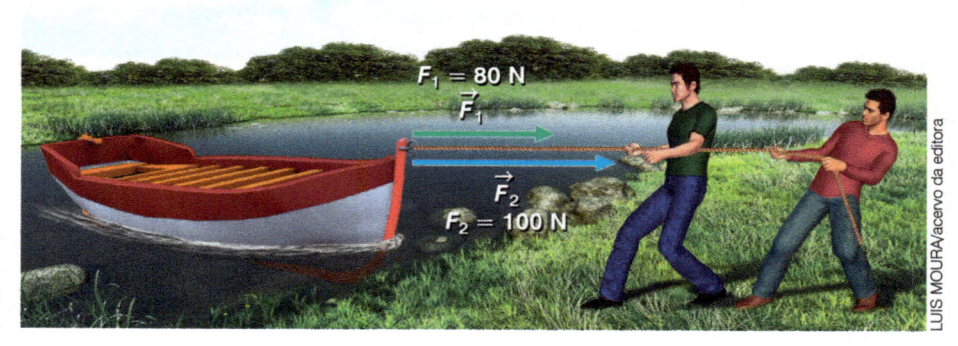

Quando duas ou mais forças atuam sobre um corpo ou objeto, elas formam o que se chama de **sistema de forças**.

O efeito produzido sobre o barco é equivalente a uma única pessoa puxando o barco com uma força de 180 N. O valor de 180 N é denominado **força resultante** entre as forças de 80 N e de 100 N. A força resultante, nesse caso, tem direção horizontal, sentido para a direita e sua intensidade é obtida somando-se as intensidades das forças. Matematicamente, temos:

Intensidade da força resultante de duas forças paralelas e com mesmo sentido:
$$F_R = F_1 + F_2$$

Em outra situação, considere que duas pessoas estão brincando de cabo de guerra, uma puxando a corda com 100 N e a outra com 80 N. Ganhará a brincadeira aquele que puxar com mais força.

Nesse caso, a força resultante será de 20 N, terá direção horizontal e sentido para a direita. Matematicamente, temos:

Intensidade da força resultante de duas forças paralelas e com sentidos opotos:
$$F_R = F_1 - F_2$$
onde F_1 é maior do que F_2.

Para calcularmos como seria a força resultante de duas forças perpendiculares entre si, precisamos observar como é feita a soma desse tipo de vetores (perpendiculares). Vamos usar a regra do paralelogramo para somar graficamente vetores perpendiculares: para isso, a origem dos dois vetores deve coincidir e os lados do paralelogramo são formados pelos próprios vetores.

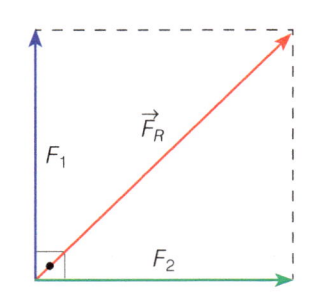

A intensidade da força resultante será determinada pelo teorema de Pitágoras. No caso de uma força de 30 N perpendicular a outra de 40 N, a resultante será:

$$F_R^2 = 30^2 + 40^2$$

$$F_R = 50 \text{ N}$$

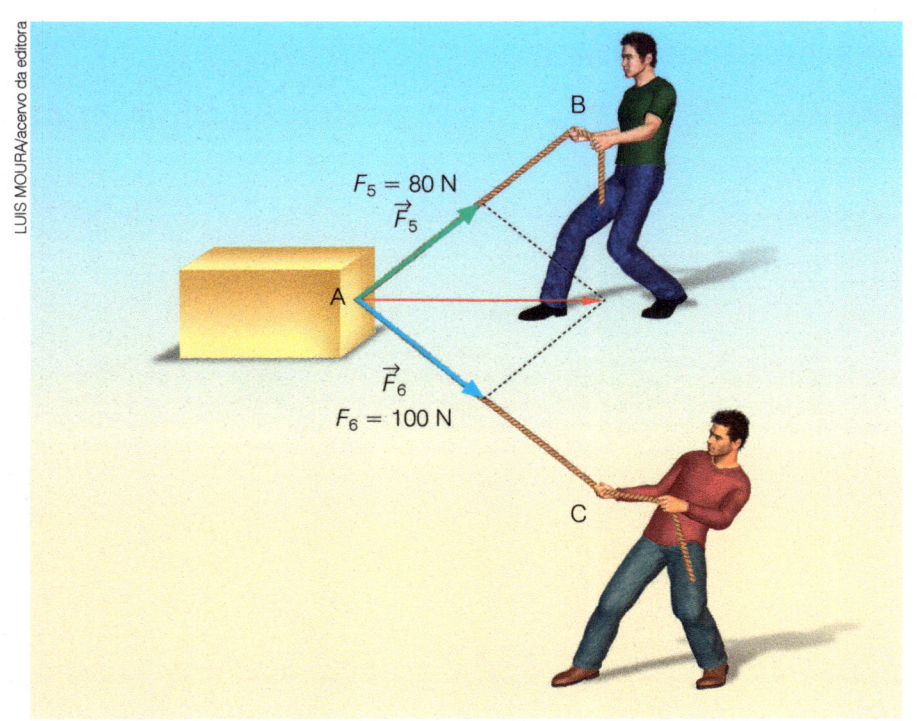

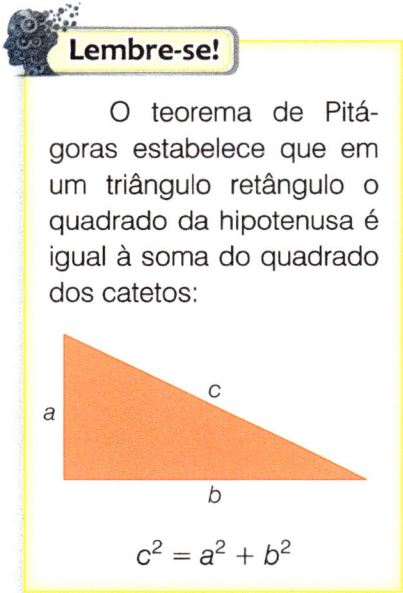

Lembre-se!

O teorema de Pitágoras estabelece que em um triângulo retângulo o quadrado da hipotenusa é igual à soma do quadrado dos catetos:

$$c^2 = a^2 + b^2$$

Intensidade da força resultante entre duas forças perpendiculares entre si

$$F_R^2 = F_1^2 + F_2^2$$

As ideias de Newton

Newton, com apenas 24 anos de idade, apresentou ao mundo suas ideias e ferramentas elaboradas para descrever fenômenos mecânicos e também ópticos da natureza. Juntamente com o matemático francês Gottfried Wilhelm Leibniz (1647- -1716), com o qual travou uma acirrada disputa intelectual,

Acirrada: implacável, persistente.

Isaac Newton em seu Jardim em Woolsthorpe, no outono de 1665. Óleo sobre tela, de Robert Hannah (1812-1909), color., 86 cm x 125,5 cm, cerca 1856. The Royal Institution, Londres, Inglaterra.

Dizem algumas histórias que a inspiração de Newton ocorreu ao observar e questionar a simples queda de uma maçã.

desenvolveu uma teoria matemática, chamada Cálculo Diferencial e Integral, utilizada para análises e previsões de diversas aplicações atuais, que vão, por exemplo, do arremesso de bolas de basquete a lançamento de satélites.

Newton entendeu que a ação de forças modifica o estado de movimento de um corpo. Os resultados de seu trabalho aplicam-se a todo tipo de movimento no Universo, e são aceitos como leis fundamentais da natureza. Suas ideias fazem parte da história da ciência, e propiciaram uma grande revolução no pensamento humano – são conhecidas como as três leis de Newton.

Em sua Primeira Lei, Newton sintetizou a inércia de Galileu somando a ela o conceito de força resultante. Seu enunciado pode ser colocado da seguinte forma:

> **Primeira Lei de Newton ou lei da inércia**
>
> Se a resultante das forças externas sobre um corpo é nula, então ele permanece em repouso se está em repouso ou permanece em movimento retilíneo e uniforme se estiver em movimento.

Uma forma mais direta (e equivalente) de enunciar a Primeira Lei de Newton é: se a resultante das forças externas sobre um corpo é nula, então o corpo ou está em movimento retilíneo e uniforme ou em repouso.

ENTRANDO EM AÇÃO

Você conhece a "mágica" de puxar a toalha de mesa cheia de copos e pratos, e nada vai para o chão, tudo fica parado sobre a mesa? Será que isso é realmente "mágica"?

Experimente: posicione uma única folha de papel sobre a superfície de uma tigela com a boca para baixo e coloque uma moeda sobre a folha. Segure na extremidade da folha e puxe-a rapidamente. O que acontece?

Repita essa "mágica", mas desta vez colocando sobre uma folha de papel um copo de plástico com água em seu interior. Será que você consegue puxar a folha sem molhá-la?

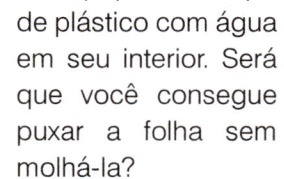

Procure explicar, com base no que você aprendeu, como é possível fazer essa mágica.

DE OLHO NO PLANETA
Meio Ambiente

Lixo em órbita ao redor da Terra

Desde que o foguete Sputnik marcou a exploração espacial na década de 1950, a cada novo lançamento são deixados em órbita da Terra uma quantidade significativa de detritos.

Atualmente, são cerca de 23.000 detritos com 10 cm de diâmetro e mais de uma centena de milhares de outros de tamanho menor do que 10 cm. São restos de foguetes, tanques de combustível, peças e ferramentas de reparo.

Atraídos pela força gravitacional e em órbita ao redor da Terra, esses fragmentos podem atingir velocidades de 25.000 km/h. Com essa velocidade, uma colisão com um novo ônibus espacial lançado ou mesmo com algum satélite ainda operacional em órbita seria catastrófica.

Vários pesquisadores no mundo avaliam possibilidades para fazer uma limpeza espacial, veja uma das propostas a seguir.

Cientistas australianos propõem atingir o lixo espacial, potencialmente perigoso, com raios laser para que caia na atmosfera terrestre, onde se desintegraria, (...) "Queremos limpar o espaço para evitar o risco crescente de colisões e prevenir os tipos de incidentes contados no filme 'Gravidade' ", declarou o diretor do centro de pesquisa astronômica e astrofísica da Universidade Nacional da Austrália, Matthew Colless.

Um novo centro de pesquisa com a participação, entre outros, da NASA, [buscará] isolar as partes menores de lixo espacial e prever sua trajetória graças ao observatório de Mount Stromlo, em Camberra [capital da Austrália]. O objetivo é desviar estes restos (satélites fora de serviço, corpos de foguetes) de sua trajetória, atingindo-os com raios laser a partir da Terra. Isso os obrigaria a diminuir sua velocidade e a cair na atmosfera, onde pegariam fogo até se desintegrar.

O responsável pelo novo centro (...) também considerou provável "uma avalanche catastrófica de colisões (de restos), que destrua rapidamente todos os satélites".

G1. Cientistas australianos propõem destruir lixo espacial com laser. *Disponível em:* <http://g1.globo.com/ciencia-e-saude/noticia/2014/03/cientistas-australianos-propoem-destruir-lixo-espacial-com-laser.html>. *Acesso em:* 8 jun. 2019.

No filme *Gravidade* (2013, EUA/Reino Unido), dirigido por Alfonso Cuarón e estrelado por Sandra Bullock e George Clooney, destroços de uma base espacial atingem um grupo de astronautas que reparam um satélite. Apesar de ser uma obra de ficção, as semelhanças com a realidade não são mera coincidência.

Alterando movimentos – Segunda Lei de Newton

Vimos até aqui que se a força resultante sobre um corpo for nula seu estado de movimento não se altera (Primeira Lei de Newton). Mas e se a resultante for diferente de zero? O que podemos concluir?

Ora, pensando logicamente, podemos concluir que se o estado de movimento de um corpo (em movimento retilíneo uniforme ou em repouso) for alterado, então necessariamente a resultante das forças que atuam sobre o corpo não é nula.

No capítulo anterior, vimos que a grandeza física que descreve as mudanças de velocidade de um corpo é a aceleração. Assim, como a mudança de velocidade pode ser associada à mudança de estado de movimento, e a aceleração descreve a mudança de velocidade, é possível estabelecer uma relação entre a força resultante que altera o estado de movimento de um corpo e a aceleração adquirida por esse corpo. Como a dificuldade de modificar o estado de movimento é descrita pela inércia, que é medida pela massa, é possível estabelecer uma equação que contenha massa, aceleração e força.

Para entender que equação é essa, considere o conjunto de dados da tabela a seguir que podem ser obtidos experimentalmente. Procure analisar os valores e encontrar uma relação matemática entre F, m e a (força, massa e aceleração, respectivamente).

$\vec{F_R}$ (N)	m (kg)	$\vec{a}$ (m/s²)	
10	2	5	Mesma aceleração, forças e massas diferentes.
20	4	5	
50	10	5	
6	2	3	Mesma massa, forças e acelerações diferentes.
12	2	6	
18	2	9	
12	3	4	Mesma força, massas e acelerações diferentes.
12	4	3	
12	6	2	

Analisando os dados, podemos encontrar uma relação entre força, massa e aceleração e enunciar a Segunda Lei de Newton:

> **Segunda Lei de Newton ou Princípio Fundamental da Dinâmica**
>
> $$\vec{F_R} = m \cdot \vec{a}$$

Para compreender melhor a Segunda Lei de Newton, vamos por meio de exemplos aplicar essa expressão em algumas situações cotidianas.

Exemplo 1:

Um corpo de 2 kg sofre uma aceleração de 4 m/s² quando uma força resultante $\vec{F}$ age sobre ele. Qual é a intensidade dessa força?

Resolução:

Aplicando a Segunda Lei, temos:

$$F = m \cdot a$$
$$F = 2 \cdot 4 = 8 \text{ N}$$

Exemplo 2:

Ao receber uma força resultante de 40 N, um corpo sofre uma aceleração de 2 m/s². Qual é a sua massa?

Resolução:

$F = m \cdot a$

$40 = m \cdot 2 \quad \therefore \quad m = 20 \text{ kg}$

Fique por dentro!

O símbolo $\therefore$ significa "portanto".

Exemplo 3:

Um objeto de 10 kg sofre a ação de uma força resultante de 5 N. Qual é sua aceleração?

Resolução:

$F = m \cdot a$

$5 = 10 \cdot a \quad \therefore \quad a = 0,5 \text{ m/s}^2$

Queda dos corpos

Uma aceleração particularmente importante na natureza é a aceleração de queda dos corpos. Ao analisar a queda livre dos objetos, Galileu verificou que o movimento executado é do tipo *uniformemente variado*, ou seja, apresenta uma *aceleração constante*.

Para diminuir o efeito da resistência do ar, ele repetiu incansáveis vezes suas medidas utilizando esferas metálicas de diferentes tamanhos e pesos. Seus resultados também eram válidos ao deixar as esferas rolarem do alto de rampas inclinadas de diferentes alturas e inclinações.

Ao calcular a aceleração de objetos em queda livre, os resultados eram sempre os mesmos: os objetos soltos moviam-se para o chão com a mesma aceleração, cujo valor aproximado era de 10 m/s² (9,8 m/s², com um pouco mais de precisão). Esse valor é conhecido como **aceleração da gravidade**.

Galileu compreendeu assim que todos os objetos caíam com a mesma aceleração, independentemente de sua massa. Suas conclusões, contudo, não foram bem aceitas na época, pois todos concordavam com as ideias apresentadas por Aristóteles de que objetos pesados cairiam antes do que objetos leves. Você também concorda com elas? (Na seção "Em conjunto com a turma", você poderá explorar essas ideias.)

Conta a história que Galileu teria solto esferas metálicas do alto da Torre de Pisa, na Itália, para analisar a queda livre.

UNIDADE 2 • MATÉRIA E ENERGIA

Jogo rápido

Quando o patinador está no ar, há alguma força agindo sobre ele?

É SEMPRE BOM SABER MAIS!

O efeito da resistência do ar na queda dos corpos

Se deixarmos cair uma pena e uma maçã ao mesmo tempo, é claro que a maçã cai mais rápido, porque a resistência do ar (que atua sobre os objetos em queda no sentido de *retardar* seu movimento) tem um efeito maior sobre a pena. No entanto, para objetos pesados, como esferas de metal, o efeito da resistência do ar é praticamente nulo.

Agora, se deixarmos cair a pena e a maçã dentro de uma câmara que não tenha ar, ou seja, no vácuo, tanto a maçã como a pena cairão ao mesmo tempo (veja a foto ao lado).

Ao movimento de queda dos corpos no vácuo ou quando a resistência do ar é desprezível dá-se o nome de **queda livre**.

CAPÍTULO 10 • As forças e o movimento

Identificando a aceleração da gravidade por *g*, podemos aplicar a Segunda Lei de Newton para encontrar uma expressão que determine a força **peso**, que a Terra exerce sobre os corpos. Acompanhe o raciocínio a seguir:

$$\vec{F} = m \cdot \vec{a}$$

Quando a aceleração da gravidade atua sobre um corpo ($\vec{a} = \vec{g}$) e a força é identificada por $\vec{P}$ ($\vec{F}_R = \vec{P}$),

Força peso
$$\vec{P} = m \cdot \vec{g}$$

É SEMPRE BOM SABER MAIS!

Qual é o seu peso?

Pense antes de dar sua resposta... Pois alguns podem responder algo do tipo "40 kg". Errado, pois kg é unidade para medir massa. Ao subir em uma balança você mede seu peso? Não, pois balanças medem massas!

Peso é uma *força*, produto de sua massa pela aceleração da gravidade. Sendo assim, seu peso é o produto de sua massa (o valor que a balança indica) pela aceleração da gravidade. Portanto, o peso de uma pessoa de 50 kg de massa é:

$P = m \cdot g$

$P = 50 \cdot 9,8 \cong 490$ N

$g = 9,8$ m/s²

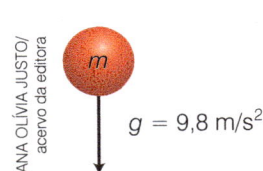

Agora, faça a conta com o valor da sua massa e responda: qual é o seu peso?

Compare seu resultado com o de seus colegas e calculem o peso médio da sua turma.

Descubra você mesmo!

Vimos que a força peso está diretamente ligada à aceleração da gravidade. Pesquise se o valor da aceleração da gravidade é o mesmo na Terra e em seu satélite, a Lua. Se um astronauta desse um pulo na Lua ele atingiria a mesma altura do que na Terra?

EM CONJUNTO COM A TURMA!

Vamos reproduzir de maneira simplificada um dos experimentos feitos por Galileu? Você vai precisar de um caderno e uma folha de papel.

Destaque uma folha de seu caderno e segure-a a certa altura do chão. Com a outra mão, segure seu caderno, na mesma altura. Peça para seus colegas confirmarem visualmente se ambos estão na mesma altura.

Depois que sua turma confirmar a altura dos objetos, peça para que olhem atentamente para o chão, no local provável onde o caderno e a folha cairão. Conte até três e solte-os juntos. Qual chega primeiro?

Para essa situação, certamente o livro será a sua resposta. Seria pelo fato de ele ser mais pesado do que a folha?

Vamos repetir o experimento, mas agora amasse a folha de papel antes de soltá-la. E agora: qual chega antes?

Pense: ao amassar a folha você alterou a massa da folha? Então, o que foi modificado? (*Dica:* entre chão, folha e caderno existe ar...)

Ação e reação – Terceira Lei de Newton

Quando acidentalmente derrubamos um copo contendo líquido dentro, mesmo antes que ele bata no solo já estamos angustiados contemplando o inevitável.

É possível prever o resultado da interação entre o copo e o chão, não é? Mas por que o copo se quebra se, ao cair, é ele quem faz força no chão?

A resposta pode ser simples, mas seu entendimento revela uma característica importante sobre a interação entre os corpos que nos passa despercebida. Em um primeiro momento, pode-se afirmar que o copo quebra por ser frágil. Porém, para quebrar, é necessário que uma força atue sobre ele – nesse caso, a força que o chão exerce sobre o copo. Mas por que o chão faz força sobre o copo, se é o copo que age sobre o chão ao tocar nele?

Para compreender essa ideia, tente lembrar-se de uma situação que, certamente, já aconteceu com você: alguma vez você bateu sem querer seu pé no canto da mesa? A dor que você provavelmente sentiu origina-se de uma força sobre seu corpo. Que força é essa se foi você quem aplicou uma força sobre a mesa?

Tais situações e tantas outras ilustram a Terceira Lei de Newton: a lei da ação e reação.

> **Terceira Lei de Newton ou Princípio da Ação e Reação**
>
> Para toda força de ação de um corpo A sobre um corpo B, há uma força de reação do corpo B sobre o corpo A, de mesma intensidade, mesma direção e sentido oposto.

Matematicamente, a Terceira Lei pode ser escrita da seguinte maneira:

$$\vec{F}_{AB} = -\vec{F}_{BA}$$

Lembre-se!
O sinal de menos indica que os dois vetores possuem sentidos opostos.

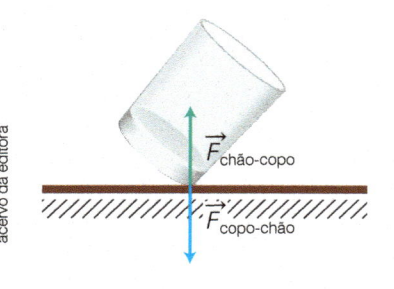

Assim, nas situações descritas anteriormente, o copo se quebra ao tocar no chão, pois nesse momento recebe uma força de reação do chão, de mesma intensidade e direção, mas no sentido contrário a sua queda.

Matematicamente, pode-se escrever essa relação da seguinte forma:

$$\vec{F}_{copo\text{-}chão} = -\vec{F}_{chão\text{-}copo}$$

CAPÍTULO 10 • As forças e o movimento

Da mesma forma, ao chutar o pé da mesa, a mesa reage, exercendo uma força sobre seu pé. E quanto maior a intensidade do chute, maior a reação da mesa sobre seu pé. Matematicamente:

$$\vec{F}_{pé\text{-}mesa} = -\vec{F}_{mesa\text{-}pé}$$

A Terceira Lei de Newton revela algumas características gerais sobre forças:

- forças somente existem aos pares: para toda força de ação existe uma força de reação de mesma intensidade e direção, mas sentido contrário;
- as forças de ação e reação atuam em corpos diferentes: o corpo que origina a ação recebe a reação do outro corpo.

Jogo rápido

Faça um desenho simples para representar as forças de ação e reação envolvidas na interação do seu pé com a mesa na hipotética situação de chutar esse móvel.

O lançamento de foguetes tem como base a Terceira Lei de Newton. No lançamento, um foguete se desloca para cima como reação à queima do combustível, cujos gases são eliminados para baixo.

Jogo de tênis e a ação e reação

Observe agora como a Terceira e as demais leis de Newton se aplicam em algumas situações cotidianas.

Considere um jogo de tênis ilustrado na foto ao lado. A imagem mostra o jogador suíço Roger Federer batendo na bola com sua raquete. De acordo com a Terceira Lei de Newton, a bola faz força na raquete, e a raquete faz uma força contrária na bola.

A força que a raquete exerce sobre a bola é a força de ação, e chamaremos de $\vec{F}_{raquete\text{-}bola}$ ou, simplesmente, $\vec{F}_{RB}$. A força de reação é a força da bola na raquete, $\vec{F}_{BR}$. Matematicamente, essas forças são iguais e contrárias, ou seja: $\vec{F}_{BR} = -\vec{F}_{RB}$.

Como essas duas forças possuem intensidades iguais, aplicando a Segunda Lei de Newton é possível avaliar a consequência dessa relação: o objeto de menor inércia é quem irá se mover com maior aceleração. No caso, a bola, que possui massa menor do que a da raquete, irá adquirir maior aceleração. Ainda, supondo que ao receber a força da rebatida a bola, de 100 g (0,1 kg), adquire uma aceleração de 5 m/s², é possível determinar a força aplicada sobre ela utilizando a Segunda Lei.

O quadro a seguir organiza as informações acima, e revela como aplicar as Leis de Newton na interação entre dois corpos.

LEV RADIN/SHUTTERSTOCK

Situação: raquete rebatendo uma bola de tênis

Ação: força DA raquete NA bola ($\vec{F}_{RB}$)

Reação: força DA bola NA raquete ($\vec{F}_{BR}$)

Relação: $\vec{F}_{BR} = -\vec{F}_{RB}$

Consequência: a bola adquire maior aceleração, pois possui menos inércia

Representação:

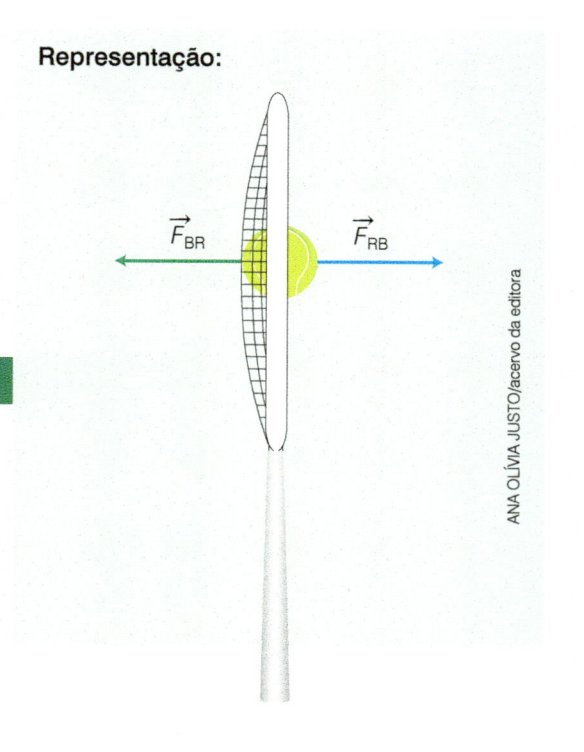

ANA OLÍVIA JUSTO/acervo da editora

Pergunta

Qual é a intensidade da força que a bola exerce na raquete?

$$F_{RB} = m \cdot a$$
$$F_{RB} = 0{,}1 \cdot 5 = 0{,}5 \text{ N}$$

Como as forças de ação e reação possuem a mesma intensidade, então $F_{RB} = F_{BR} = 0{,}5$ N.

Futebol e a ação e reação

Observe, agora, a imagem de um jogador chutando uma bola de futebol. De acordo com a Terceira Lei de Newton, quando o jogador chuta a bola (chamaremos de $\vec{F}_{jogador\text{-}bola}$ ou, simplesmente, $\vec{F}_{JB}$), a bola exerce uma força no jogador ($\vec{F}_{BJ}$). Essas forças são de iguais intensidades, mas atuam em sentido contrário – ou seja, $\vec{F}_{JB} = -\vec{F}_{BJ}$. Novamente, o corpo de menor inércia – no caso, a bola – irá adquirir maior aceleração.

Nessa situação, determine a aceleração adquirida pela bola, supondo um chute de 8 N sobre uma bola de 400 g (0,4 kg).

Situação: jogador chutando uma bola de futebol

Ação: força DO jogador NA bola ($\vec{F}_{JB}$)

Reação: força DA bola NO jogador ($\vec{F}_{BJ}$)

Relação: $\vec{F}_{JB} = -\vec{F}_{BJ}$

Consequência: a bola adquire maior aceleração, pois possui menos inércia

Representação:

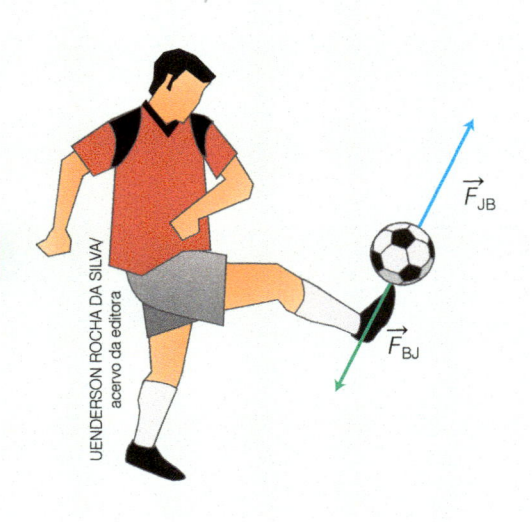

Pergunta

Qual é a intensidade da aceleração adquirida pela bola com o chute?

$$F_{JB} = m \cdot a$$
$$8 = 0,4 \cdot a$$
$$a = \frac{8}{0,4} = 20 \text{ m/s}^2$$

Corpo em queda e a ação e reação

Por fim, considere o caso de um corpo em queda, como o copo que cai no chão. Seu movimento ocorre devido ao seu peso, que é a força que a Terra exerce sobre ele ($\vec{F}_{\text{Terra-copo}}$). Devido à Terceira Lei, se a Terra puxa o copo, o copo puxa a Terra ($\vec{F}_{\text{copo-Terra}}$). Em comparação com a Terra, o copo possui uma inércia muito pequena e, por isso, ele é quem se move. Ainda assim, ele exerce uma força sobre a Terra.

Considere um copo com água, cuja massa seja de 400 g. Sabendo que a massa da Terra é de aproximadamente 10^{23} kg, qual é a aceleração que a Terra adquire quando o copo age sobre ela?

Situação: copo com água caindo

Ação: força DA Terra NO copo ($\vec{F}_{TC}$)

Reação: força DO copo NA Terra ($\vec{F}_{CT}$)

Relação: $\vec{F}_{TC} = -\vec{F}_{CT}$

Consequência: o copo é acelerado, pois possui menos inércia

Representação:

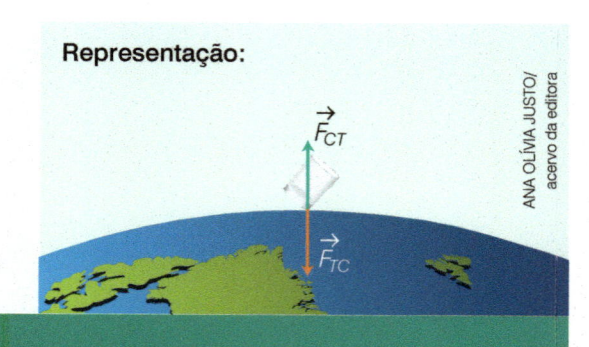

Pergunta

Qual é a intensidade da força que o copo exerce sobre a Terra?

$$F_{TC} = P = m \cdot g$$

$$F_{TC} = P = 0{,}4 \cdot 9{,}8$$

$$F_{TC} = P = 3{,}92 \text{ N}$$

Como as forças de ação e reação possuem a mesma intensidade,

$$F_{TC} = F_{CT} = 3{,}92 \text{ N}$$

Qual é a intensidade da aceleração adquirida pela aplicação dessa força?

$$F_{CT} = m \cdot a$$

$$3{,}92 = 10^{23} \cdot a$$

$$a = \frac{3{,}92}{10^{23}} \approx 0$$

Ou seja, a Terra não se move, pois a ação do copo sobre ela é insignificante.

É SEMPRE BOM SABER MAIS!

A força de atrito

O atrito é uma força que existe devido à interação entre as superfícies dos corpos. Quando duas superfícies de dois objetos são colocadas em contato, há uma interação entre as imperfeições microscópicas de cada um. A característica principal da força de atrito é que ela atua sempre no sentido contrário ao do deslizamento. Ou seja, a força de atrito se opõe ao deslizamento ou à tendência de deslizamento.

A força de atrito está presente em várias situações diferentes, como, por exemplo, no corriqueiro ato de caminhar. Ela surge da interação do seu pé com o chão, devido a minúsculas irregularidades das superfícies. Mesmo um piso polido de madeira, por exemplo, possui irregularidades que geram uma força de atrito com seus pés.

Alias, já parou para pensar que ao caminhar para frente seus pés empurram o chão para trás? Devido à Terceira Lei de Newton, o chão exerce uma força contrária que lhe empurra para frente – é a força de atrito que age entre seus pés e o chão. Portanto, quando caminhamos para frente, é o chão quem na verdade nos empurra nessa direção!

ENTRANDO EM AÇÃO

Sentindo a força de atrito

Posicione sua mão sobre sua mesa. Puxe-a paralelamente à superfície, na direção de seu corpo. Agora, empurre sua mão para frente.

Consegue descrever o que sentiu em ambas as situações? Foi a força de atrito agindo entre sua mão e a mesa!

Repita o movimento e observe: quando puxa sua mão na direção de seu corpo, parece que a mesa impede seu movimento. O mesmo ocorre quando empurra sua mão para frente. Isso demonstra a principal característica da força de atrito: é uma força que sempre se opõe ao movimento.

Nosso desafio

Para preencher os quadrinhos de 1 a 8, você deve utilizar as seguintes palavras: aceleração, Cinemática, Dinâmica, forças, lei da inércia, Leis de Newton, princípio da ação e reação, Segunda Lei.

À medida que você preencher os quadrinhos, risque a palavra que escolheu para não usá-la novamente.

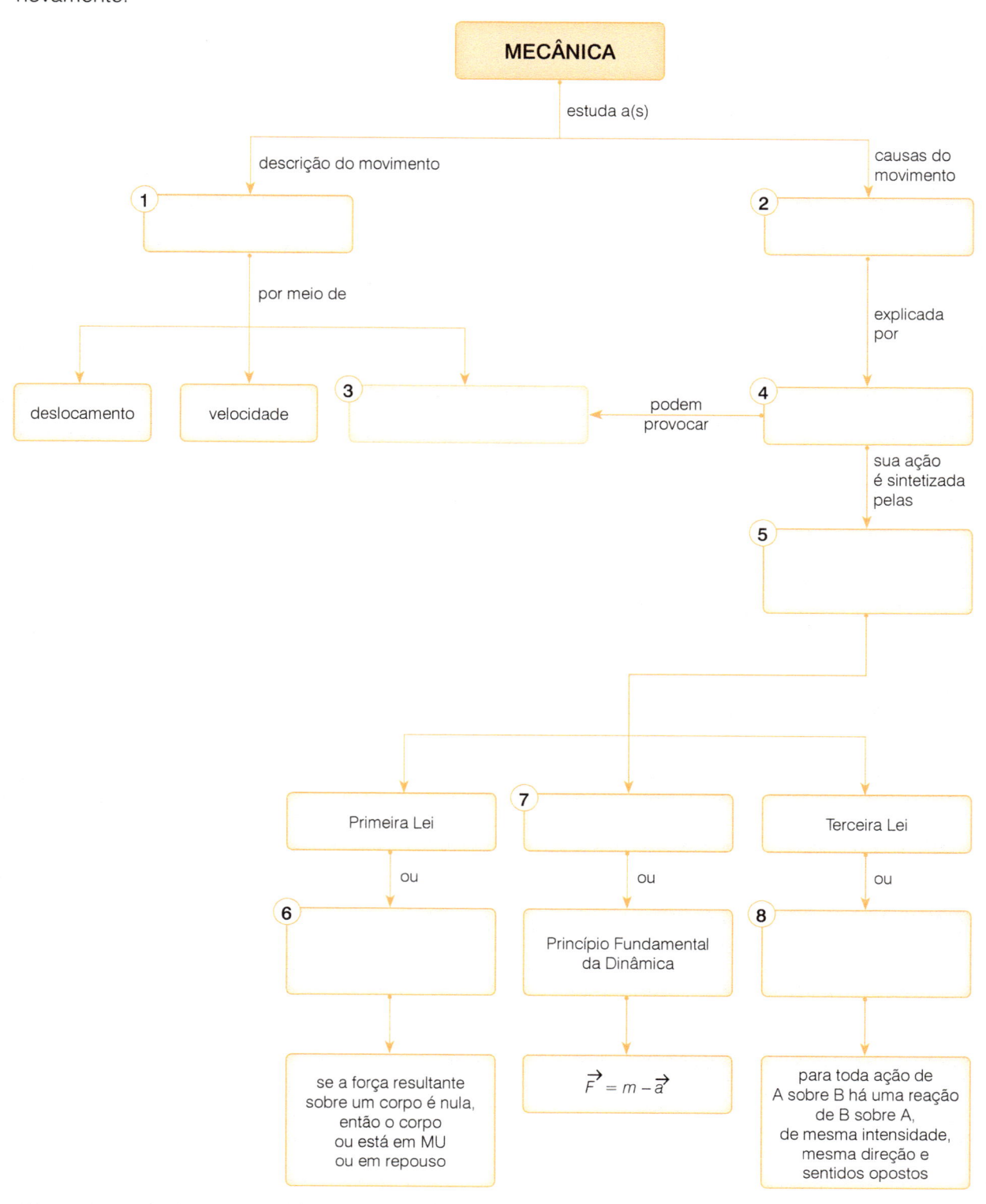

MECÂNICA

estuda a(s)

- descrição do movimento → **1**
- causas do movimento → **2**

1 por meio de:
- deslocamento
- velocidade
- **3**

3 ← podem provocar ← **4**

2 explicada por **4**

4 sua ação é sintetizada pelas **5**

5 se divide em:
- Primeira Lei — ou — **6**: se a força resultante sobre um corpo é nula, então o corpo ou está em MU ou em repouso
- **7** — ou — Princípio Fundamental da Dinâmica: $\vec{F} = m \cdot \vec{a}$
- Terceira Lei — ou — **8**: para toda ação de A sobre B há uma reação de B sobre A, de mesma intensidade, mesma direção e sentidos opostos

Atividades

1. [1, 3, 6, 7, 9, 10] (PUC – RS) A figura abaixo representa uma aeromoça servindo bebidas geladas no interior de um Jumbo 747 que voa em movimento uniforme com uma velocidade de 900 km/h no sentido mostrado pela flecha. Quando a aeromoça soltar o cubo de gelo (G), ele vai cair dentro de qual copo? Justifique sua resposta.

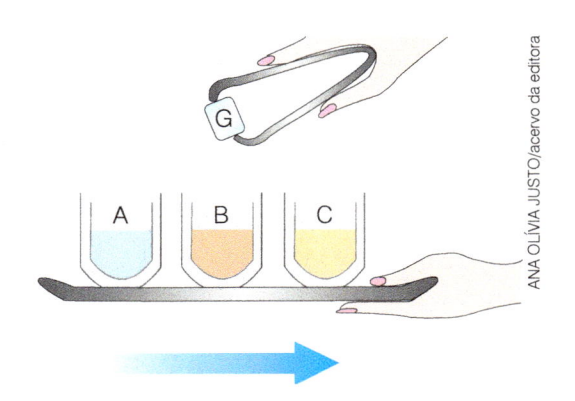

2. [1, 3, 6, 7, 9, 10] Um garçom deixa cair acidentalmente a bandeja onde levava um prato vazio, uma garrafa de água e guardanapos. Considerando esses 4 objetos, qual deles chega primeiro ao chão? Justifique sua resposta.

3. [1, 6, 7] A aceleração gravitacional é diferente em cada planeta do Sistema Solar. Em Júpiter, ela vale aproximadamente 30 m/s². Sendo assim, explique qual é o valor que uma balança indicará em Júpiter ao "pesar" um objeto de 4 kg. Justifique sua resposta.

4. [1, 6, 9] Um entregador de pizzas seguia com sua moto a 60 km/h, quando, perdendo o controle de seu veículo, bateu violentamente contra um carro estacionado. Enquanto sua moto ficou presa no veículo, o rapaz sobrevoou o veículo atingido, caindo alguns metros à frente. Como é possível explicar o sobrevoo do motociclista de acordo com as leis de Newton?

5. [1, 6, 9] Qual é a importância de se utilizar o cinto de segurança ao andar de carro? Justifique sua resposta utilizando as leis de Newton.

6. [1, 9] A velocidade de um veículo de 1.200 kg aumenta uniformemente de 72 km/h para 108 km/h em 5 s. Determine a intensidade da resultante das forças aplicadas nesse veículo.

7. [1, 9] Um bloco de massa 4 kg está submetido à ação das forças $\vec{F}_1$, $\vec{F}_2$ e $\vec{F}_3$, conforme ilustra cada uma das figuras abaixo. Sabendo que as intensidades das forças são, respectivamente, 16 N, 12 N e 8 N, para cada caso determine a força resultante.

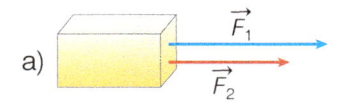

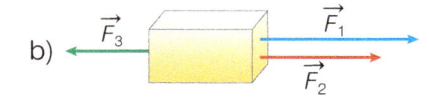

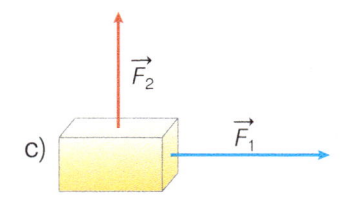

a)

b)

c)

8. [1, 9] Em algumas situações, um corpo pode sofrer a ação de várias forças, e estará em uma espécie de "cabo de guerra": seu movimento (ou seja, a aceleração que irá ter) dependerá da soma de todas as forças envolvidas. Veja como isso ocorre em um corpo de massa $m = 5$ kg que sofre a ação de duas forças horizontais, $\vec{F}_1$ para a direita e $\vec{F}_2$ para a esquerda, respectivamente de 4 N e 3 N. A imagem abaixo representa essa situação:

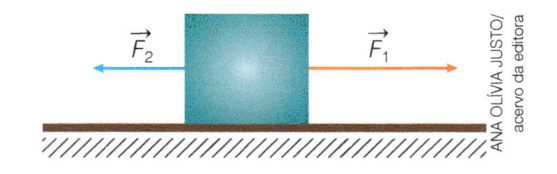

Comparando visualmente o tamanho dos vetores $\vec{F}_1$ e $\vec{F}_2$, indique para que lado o corpo vai se mover e calcule a aceleração do movimento.

9. [1, 9] Uma força de 10 N é aplicada horizontalmente para a direita sobre um corpo de 2 kg que está apoiado em uma mesa perfeitamente lisa. Represente essa situação com vetores, e determine a aceleração que ele irá adquirir.

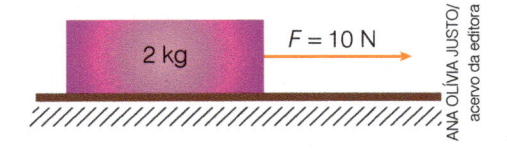

10. [1, 9] Sobre um corpo atuam duas forças horizontais. Calcule a força resultante para as seguintes situações, e explique o que acontece com o corpo em cada caso:

   a) $\vec{F}_1 = 30$ N e $\vec{F}_2 = 45$ N

   b) $\vec{F}_1 = -30$ N e $\vec{F}_2 = 45$ N

   c) $\vec{F}_1 = 30$ N e $\vec{F}_2 = -45$ N

   d) $\vec{F}_1 = -40$ N e $\vec{F}_2 = -40$ N

11. [1, 9] Um carro de massa $m = 800$ kg, parado, é puxado por um caminhão, que exerce sobre ele uma força $F = 1.000$ N. Determine a
   a) aceleração do carro;
   b) força que o carro exerce no caminhão.

12. [1, 9] A figura mostra quatro forças perpendiculares atuando em um mesmo ponto de um corpo. Determine a intensidade da resultante dessas forças.

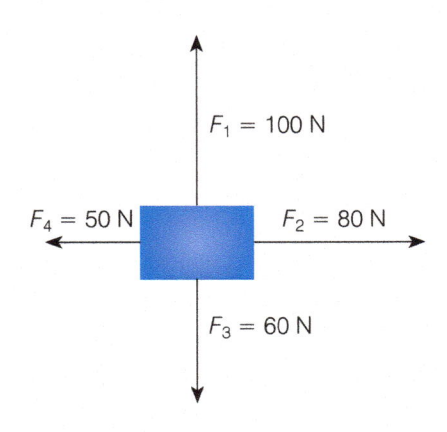

$F_1 = 100$ N
$F_4 = 50$ N
$F_2 = 80$ N
$F_3 = 60$ N

13. [1, 3, 6, 7, 9, 10] Três objetos de 100 N, 50 N e 25 N foram apoiados um sobre o outro. Qual é o valor da força necessária para sustentá-los? Ao colocá-los sobre o solo, quem exerce essa força?

14. [1, 9] Sobre um mesmo ponto de um corpo atuam duas forças de 10 N e 12 N. Sabendo-se que o ângulo entre as direções das forças pode variar de 0° a 180°, determine o intervalo de variação da intensidade da força resultante nesse corpo.

15. [1, 9] Pedro viaja com seu carro em um trecho retilíneo de estrada, com velocidade constante de 80 km/h. Sabendo-se que a massa total do veículo é 900 kg, determine a intensidade da força resultante sobre o veículo.

16. [1, 3, 6, 7, 9, 10] Utilize o Princípio da Ação e Reação para justificar o fato de sentirmos dor quando levamos um tombo e caímos no chão.

17. [1, 9] (PUC – RS) Analise em cada situação a seguir se o par de forças de ação e reação está corretamente identificado. Faça as correções nas alternativas incorretas.
   I. Ação: a Terra atrai a Lua.
      Reação: a Lua atrai a Terra.

II. Ação: o pulso do boxeador golpeia o adversário.
Reação: o adversário cai.

III. Ação: o pé chuta a bola.
Reação: a bola adquire velocidade.

IV. Ação: sentados em uma cadeira, empurramos o assento para baixo.
Reação: o assento nos empurra para cima.

18. **[1, 9]** A exemplo do que foi feito neste capítulo, aplique a terceira lei de Newton para a seguinte situação (siga o mesmo modelo de resposta que foi apresentado nos exemplos do texto): uma bola de demolição de 900 kg foi lançada contra uma parede de tijolos com uma aceleração de 2 m/s².

Qual é a força que a parede exerce sobre a bola?

Situação: _____

Ação: _____ (___)

Reação: _____ (___)

Relação: _____

Consequência: _____

Representação:

Pergunta: Qual a força que a parede exerce sobre a bola?

19. **[1, 3, 6, 7, 9, 10]** Dois veículos, um automóvel e um caminhão carregado, colidem frontalmente. Qual deles recebe uma força mais intensa? Justifique sua resposta.

20. **[1, 3, 6, 7, 9, 10]** Considere um astronauta com o seu traje espacial na superfície da Terra, onde o seu peso vale 1.000 N. Esse astronauta é transportado para a Lua. Considerando que a aceleração da gravidade na Terra é 10 m/s² e na Lua 1,6 m/s², determine:
a) a massa do astronauta com o seu traje espacial;
b) o peso do astronauta na superfície da Lua.

Navegando na net

Descubra mais sobre a importância de Galileu e Newton assistindo ao episódio "Assim na Terra como no céu", da série "Poeira das Estrelas". Foi veiculada no programa Fantástico (Rede Globo) em 2006 e é narrada pelo físico Marcelo Gleiser:

<http://www.youtube.com/watch?v=4ZlYMmJ2ewE>

Acesso em: 11 jul. 2019.

capítulo 11 — ONDAS E SOM

Um fenômeno especial

A foto acima mostra um grupo de capoeiristas se apresentando em uma calçada. Que sons poderiam ser identificados no local onde a foto foi tirada? De onde vêm esses sons? Como percebemos esses sons?

Se você for um pedestre andando pela calçada poderá ouvir a música dos instrumentos, os sons dos carros passando, pessoas conversando nas calçadas e muitos outros barulhos. A primeira observação que podemos fazer é que você ouve por meio do seu aparelho auditivo (se você tapar com as mãos seus ouvidos, os sons diminuirão significativamente). A segunda observação importante é que o som que atinge seus ouvidos se originou de algum lugar. O mecanismo que permite a "criação" e a transmissão dos sons dos instrumentos ou do carro pelo espaço até chegar aos seus ouvidos é um fenômeno físico muito especial. Neste capítulo, estudaremos esse fenômeno que permite que informações e sinais viajem pelo espaço contornando obstáculos, interferindo e chegando ao seu destino.

VAL THOERMER/SHUTTERSTOCK

Ondas

Vamos imaginar a situação de um cachorro latindo atrás de uma porta de madeira. Você não pode vê-lo, mas pode ouvi-lo, certo? Isso porque existe algo que sai da boca do cachorro e chega até seus ouvidos. Chamamos esse algo de som. Mas o que é o **som**? Vamos explorar melhor esse fenômeno.

Se você mudar a sua posição atrás da porta com um passo para o lado ou para trás você deixará de ouvir o latido do cão? Não! Isso parece nos indicar que o som se espalha pelo espaço em várias direções e a diferentes distâncias da fonte sonora. Portanto, esse algo que sai da fonte sonora não pode ser algo parecido a uma bala ou projétil – é algo que se espalha pelo espaço. Que coisa é essa que percorre o espaço, mas não parece nada com uma partícula? É o fenômeno que em Física chamamos de **onda**.

Fonte sonora: qualquer corpo que emite sons.

A onda é uma forma de *transportar energia* por algum meio, mas sem transportar partículas, ou seja, *sem transportar matéria*. Uma onda pode ainda contornar obstáculos e se propagar em meios materiais, como uma porta de madeira, por exemplo.

Uma onda se espalha por determinado meio e tem propriedades muito características. O som, como veremos mais adiante, é uma onda que se propaga pelo ar.

Para entender melhor alguns conceitos a respeito das ondas, vamos pensar no exemplo de uma gota de chuva caindo em uma poça d'água.

Cada gota que toca a superfície da água cria uma *perturbação*, ou seja, uma mudança em alguma propriedade dessa superfície. Essa mudança ou perturbação se espalha pelo meio gerando uma onda na água. Dizemos que a onda se **propagou** pelo meio, nesse caso, a superfície da água.

Ondas na superfície da água. Como a superfície de líquidos apresentam duas dimensões, suas ondas são classificadas como bidimensionais.

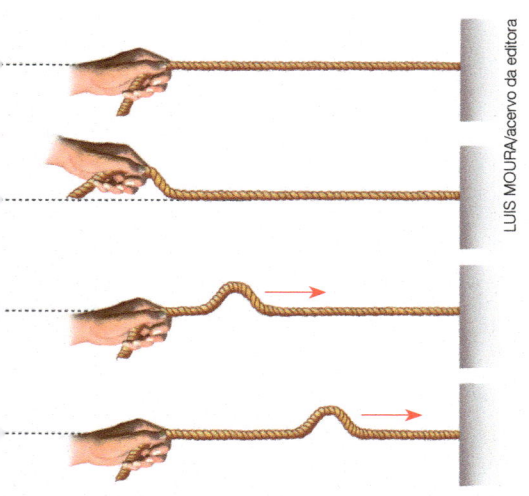

Um pulso se deslocando por uma corda.

Onda que se propaga em uma só direção

Podemos imaginar ainda uma perturbação que se propague em uma só direção, como uma onda em uma corda. Imagine uma corda presa a uma parede e segurada por uma pessoa na outra extremidade. Se a pessoa levantar e abaixar a mão que segura a corda produzirá uma perturbação que se desloca ao longo dela, chamada **pulso**.

Se a pessoa repetir esse movimento para cima e para baixo várias vezes, de forma rítmica, produzirá uma onda que se propagará pela corda.

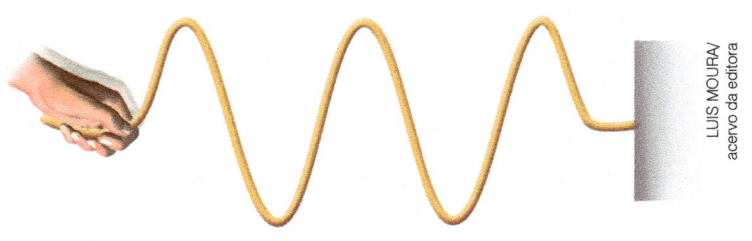

O movimento rítmico da mão para cima e para baixo faz com que uma onda se propague pela corda. Observe que o movimento rítmico da mão não transfere nenhuma matéria para a corda, mas apenas transmite energia.

Características de uma onda

As ondas geradas por uma fonte que realiza movimentos de oscilação em intervalos de tempo regulares são conhecidas como **ondas periódicas**. Veremos, a seguir, algumas importantes características das ondas, como **frequência, período, amplitude, comprimento de onda** e **velocidade de propagação**.

Exemplo de onda periódica.

Frequência e período

Se gotas de água continuarem a cair sobre uma poça, serão criadas sucessivas perturbações, isto é, sucessivas ondas. O número de perturbações completas por unidade de tempo é o que chamamos de **frequência (f)** e o tempo que uma oscilação leva para ser completada é o que chamamos de **período (T)**.

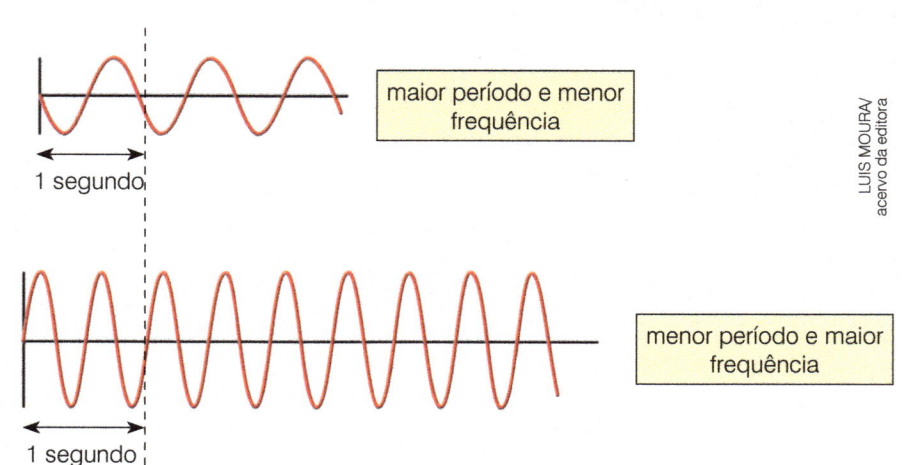

Lembre-se!

A unidade de medida de frequência no Sistema Internacional de Unidades chama-se **hertz** (Hz). Seus múltiplos mais frequentes são o quilohertz (10^3 Hz), o megahertz (10^6 Hz) e o gigahertz (10^9 hertz).

1 segundo — maior período e menor frequência

1 segundo — menor período e maior frequência

Note que quanto menor o tempo para uma oscilação ser completada (menor período), mais oscilações serão produzidas por unidade de tempo e, portanto, maior será a frequência.

Período e frequência se relacionam por:

$$T = \frac{1}{f}$$

em que T é o período e f é a frequência da onda.

▶ Amplitude e comprimento de onda

O exemplo da onda se propagando na corda ainda pode nos ajudar a estudar outros elementos importantes em uma onda, como a **amplitude e o comprimento de onda**.

A **amplitude** está relacionada com o tamanho do movimento feito pela mão de quem balança a corda. Um movimento mais amplo significa maior amplitude da onda, medida pela distância entre uma **crista** ou um **vale** em relação à posição de equilíbrio da corda.

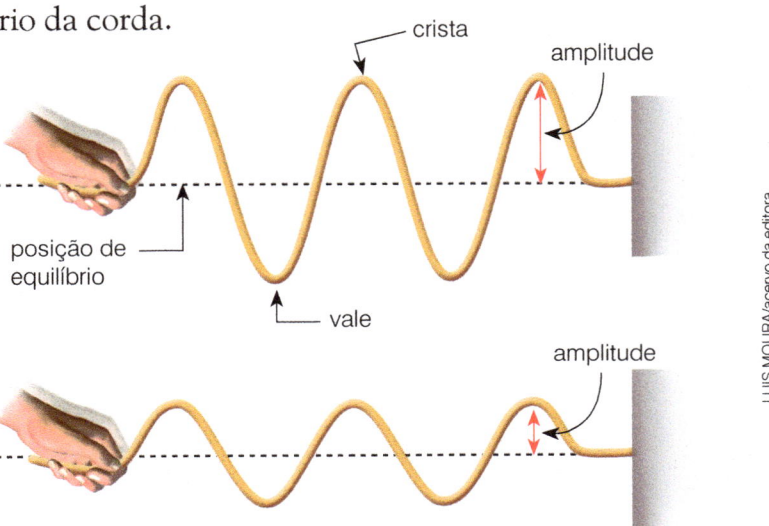

Lembre-se!
Ondas são fenômenos físicos que transportam energia sem transportar matéria.

Cristas são as porções mais altas de uma onda e vales são suas porções mais baixas.

Perceba que é possível alterar a amplitude sem modificar a frequência ou o **comprimento de onda**, que é a distância entre duas cristas ou entre dois vales. Esse comprimento pode ser dado em metros ou em centímetros, por exemplo, e é representado pela letra grega λ (lambda).

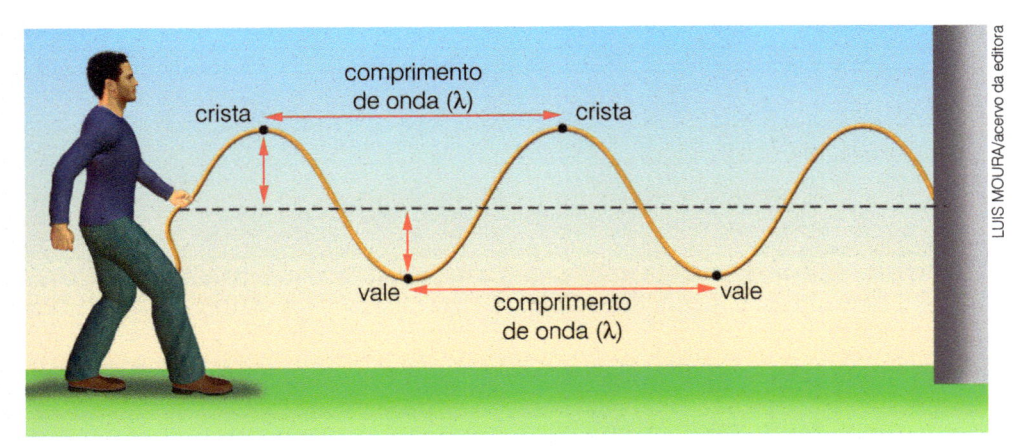

A distância entre duas cristas ou dois vales sucessivos é chamada de comprimento de onda.

UNIDADE 2 • MATÉRIA E ENERGIA

Velocidade de propagação

Há ainda mais uma característica importante das ondas que se refere a sua **velocidade de propagação**. Essa velocidade depende das características do meio no qual a onda se propaga.

A velocidade da onda, seu comprimento e sua frequência estão relacionados por:

$$v = \lambda \cdot f$$

em que v é a velocidade da onda, λ é o comprimento de onda e f é a frequência da onda.

É SEMPRE BOM SABER MAIS!

Ondas mecânicas e eletromagnéticas

Podemos classificar as ondas de acordo com a necessidade ou não de um meio de propagação. Se a onda necessita de um meio material para se propagar, dizemos que a onda é **mecânica** – é o caso do som, por exemplo. Já no caso das ondas **eletromagnéticas**, como as ondas do rádio ou da luz, elas podem se propagar tanto em meio material quanto no vácuo.

Vácuo: espaço com ausência total de matéria.

DE OLHO NO PLANETA
Meio Ambiente

As ondas do mar

As **ondas do mar** são ondas **mecânicas** e, naturalmente, o meio em que se propagam é a água do mar. São formadas principalmente a partir da ação dos ventos sobre a superfície da água.

Distantes da praia, se colocarmos, por exemplo, boias sinalizadoras no mar, elas executarão um movimento oscilatório (um pouco para cima, um pouco para baixo, um pouco para a esquerda, um pouco para a direita), mas não serão muito deslocadas da região em que foram colocadas. Isso porque as ondas transportam energia e não matéria.

Quando nos aproximamos da praia, vindos do alto-mar, o leito marinho já não está tão abaixo da superfície e as ondas passam a carregar areia e detritos desse leito. Com isso, elas deixam de ter seu formato característico, se dobram e se quebram.

O *surf* só é possível em razão da mudança no formato da onda, quando esta se aproxima da praia. As maiores ondas para esse esporte são encontradas em regiões de mar aberto, como as do Hawaí (foto), onde podem chegar a 10 m de altura.

RCPPHOTO/SHUTTERSTOCK

CAPÍTULO 11 • Ondas e som

Potencialmente devastadores em virtude da grande quantidade de energia associada a eles são os *tsunamis* ou maremotos, ondas originadas, principalmente, por abalos sísmicos no leito do oceano e que quando chegam ao continente causam grandes prejuízos materiais e de vidas.

Um gigantesco *tsunami* invade a costa nordeste do Japão em 11 de março de 2011, levando consigo barcos, carros, destruindo casas e matando mais de 10.000 pessoas.

Outra forma de conversão de energia é a partir do movimento das correntes marítimas. O movimento das águas faz girar turbinas que estão conectadas a geradores de energia elétrica.

As ondas do mar também têm sido utilizadas na geração de energia elétrica: o movimento de sobe e desce das ondas movimenta verticalmente flutuadores, que estão conectados a geradores de energia elétrica. Cabos submarinos transmitem a energia para a costa, de onde é distribuída.

Navegando na net

Você pode simular a propagação de onda em uma corda por meio de um aplicativo que está disponível no endereço eletrônico abaixo (*acesso em:* 21 jun. 2019):

<http://phet.colorado.edu/sims/html/wave-on-a-string/latest/wave-on-a-string_en.html>

O texto está em inglês bem básico. Clicando nos ícones, você pode criar um pulso ou uma onda (manualmente ou colocar no automático), com uma extremidade fixa ou as duas soltas, alterar a velocidade da onda e a tensão da corda, além de poder medir o comprimento de onda e a velocidade com que esta se desloca.

Ondas sonoras

Os exemplos de que tratamos na seção anterior são de ondas do tipo **transversal**, ou seja, aquelas em que a direção da vibração é perpendicular à direção na qual a onda se propaga.

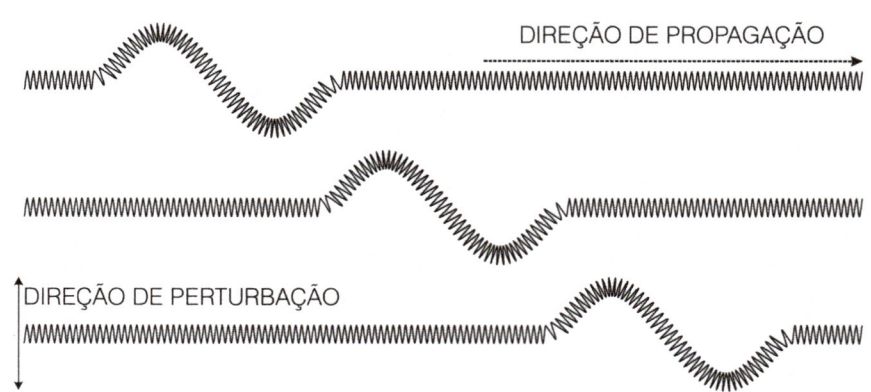

Jogo rápido

Com base no que você aprendeu neste capítulo, dê exemplo de onda transversal.

Nas ondas transversais, a direção de propagação é perpendicular à direção da oscilação.

Nas ondas **longitudinais**, como as ondas em molas e ondas sonoras se propagando no ar, por exemplo, a direção da perturbação é a mesma da direção da propagação da onda.

Fique por dentro!

Diferente da ilustração da onda longitudinal mostrada ao lado (onda **unidimensional**), o som se propaga em todas as direções e é classificado como uma onda **tridimensional**.

Ondas longitudinais em uma mola. Uma compressão em uma extremidade da mola se propagará no sentido da outra extremidade, pois nas ondas longitudinais a direção de propagação e a da vibração são as mesmas. Observe que as ondas longitudinais se propagam por meio de regiões de **compressão** (maior pressão) e de **rarefação** (menor pressão).

As ondas sonoras são ondas mecânicas que se originam a partir de variações na pressão do meio. Essa perturbação se propaga por um meio material, levando informação e transportando energia.

Assim como todas as ondas, o som leva certo tempo para percorrer determinada distância no espaço. A velocidade de propagação do som no ar é de cerca de 340 m/s, mas ele se propaga com maiores velocidades em meios mais densos!

AUMENTO DA VELOCIDADE DE PROPAGAÇÃO DO SOM

MEIO GASOSO — MEIO LÍQUIDO — MEIO SÓLIDO

Em termos gerais, quanto mais denso for o meio, maior será a velocidade de propagação do som.

Ondas sonoras e audição

As ondas sonoras atingem a membrana timpânica do nosso ouvido, que vibra, e essas vibrações são convertidas em impulsos nervosos, transmitidos ao nosso cérebro.

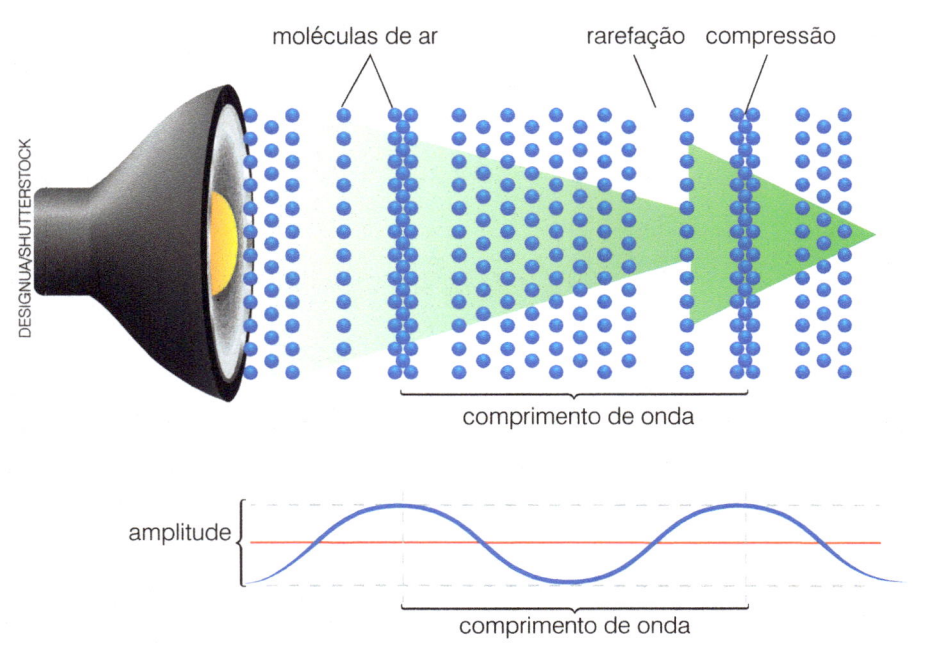

A figura representa o que acontece com as moléculas do ar, ficando mais próximas (comprimidas) ou mais esparsas (rarefeitas) de acordo com a vibração que as gerou. Essas perturbações na pressão se propagam pelo ar transportando o som pelo espaço e atingem nosso ouvido.

É SEMPRE BOM SABER MAIS!

Aparelho auditivo humano

O aparelho auditivo humano é um pouco complexo, mas muito interessante. Com ele somos capazes de identificar as características das diferenças de pressão carregadas pela onda sonora através do ar e decodificá-las com o auxílio do sistema nervoso.

Nos ouvidos (ou orelhas) dos seres humanos, as ondas sonoras atingem a membrana timpânica (ou tímpano), fazendo-a vibrar. Essa vibração é transmitida por meio de três ossículos existentes no ouvido médio (ou orelha média) – o martelo, a bigorna e o estribo – para a cóclea (um dos componentes do ouvido interno ou orelha interna), assim chamada por ser parecida com a concha de um caracol. Da cóclea, a mensagem é conduzida pelo nervo auditivo até o cérebro.

Sons de intensidade muito alta podem danificar o ouvido humano. A intensidade sonora é comumente medida em **decibéis** (dB).

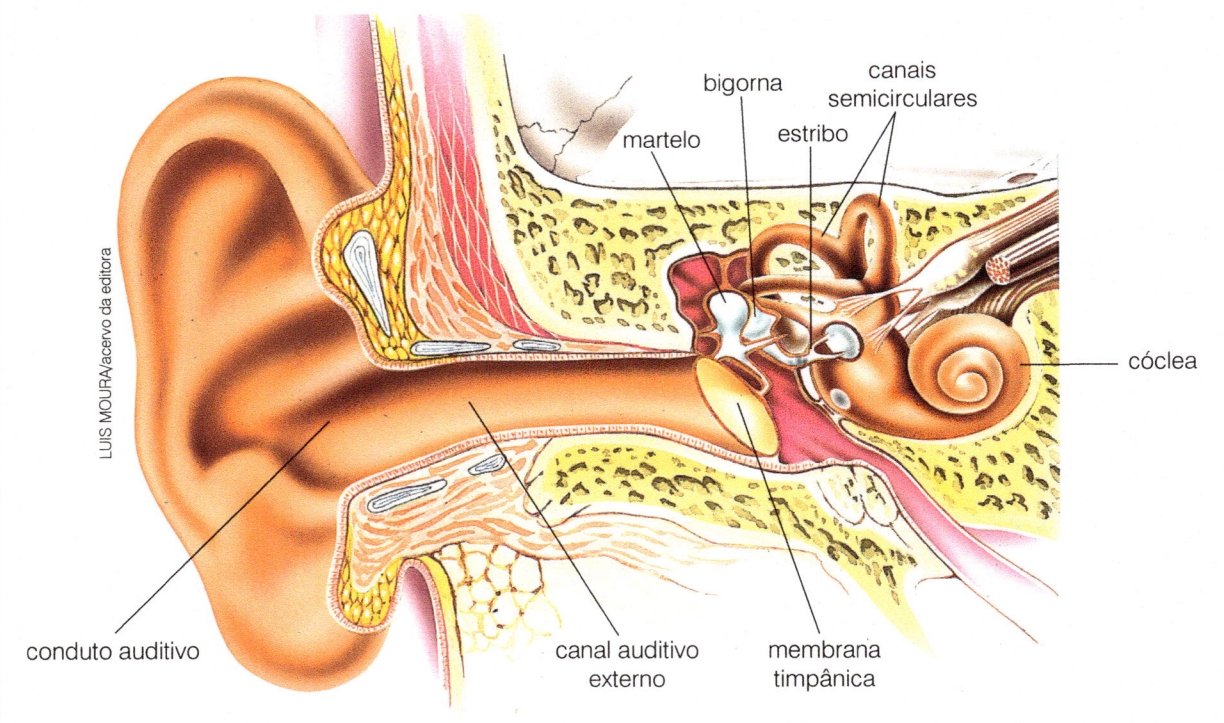

Esquema de ouvido (ou orelha) humano, destacando-se a membrana timpânica, os ossículos do ouvido médio e os componentes do ouvido interno (cóclea e canais semicirculares). (Cores-fantasia. Ilustração fora de escala.)

Cera no ouvido dificulta a propagação do som

Em muitas pessoas, a produção de cera nas paredes internas do canal auditivo externo dificulta a propagação do som em direção à membrana timpânica. Essa situação é mais acentuada em pessoas que possuem canal auditivo muito estreito. Nessas ocasiões, é difícil, por exemplo, dizer de onde vem determinado som e quem ou o que o está emitindo. A resolução dessa situação de má audição causada pelo acúmulo de cera é fácil. Basta procurar um competente profissional médico, otorrinolaringologista, que, prontamente, por meio da utilização de água morna, injetada em jatos no canal auditivo externo, promoverá a remoção da cera acumulada. E, após esse procedimento, a pessoa volta a ouvir normalmente!

EM CONJUNTO COM A TURMA!

Rede social de barbante!

Alguém já brincou de telefone com fio?
Cada pessoa do grupo deve providenciar uma lata que será seu telefone. Aí basta fazer um furo no fundo da lata e prender um barbante dando um pequeno nó. Um mesmo barbante deve ligar ao menos duas latas.

- Se alguém fala algo em uma das latas, outra pessoa pode ouvir na lata presa na outra extremidade?

- É possível criar uma conversa entre várias pessoas amarrando vários barbantes? Experimente!

Características das ondas sonoras

O que distingue o som do latido de um cachorro do som de uma buzina? e o suave cantar de um passarinho de uma sirene de ambulância? Podemos apontar as principais diferenças entre os tipos de sons a partir de três qualidades: **timbre**, **altura** e **intensidade**.

Intensidade

A **intensidade** é a qualidade sonora relacionada com o *volume* do som. Quando você gira o botão de volume de um aparelho de som você varia a amplitude da onda produzida, aumentando a intensidade sonora. A intensidade sonora diminui à medida que nos afastamos da fonte, pois o som e a energia carregada pela onda sonora vão se espalhando pelo espaço.

Fique por dentro!
Acústica é o ramo da Física que estuda o som.

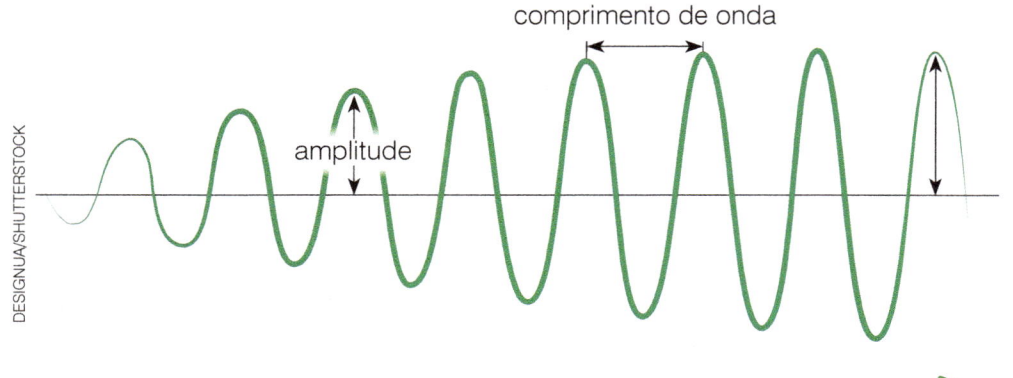

Representação esquemática da relação entre amplitude e intensidade sonora: quanto maior a amplitude, maior a intensidade (volume) do som.

Altura

Já a **altura** do som está relacionada à qualidade de o som ser *agudo* ou *grave*. Assim, cada nota musical corresponde a determinada frequência. Sons agudos têm frequências maior (som alto), enquanto sons graves correspondem a frequências menores (som baixo).

Compare as ondas (b) e (c) com a onda (a). Note que em (b) temos uma frequência maior do que em (a). Neste caso, maior frequência implica comprimento de onda menor e, portanto, som mais agudo. Já em (c) temos um comprimento de onda maior, o que resulta em menor frequência e, portanto, som mais grave.

Timbre

Embora algumas ondas sonoras possam atingir formas muito simples, como a onda produzida por um diapasão, outras têm formas complexas e diversificadas. É o **timbre**, qualidade que correspondente à forma da onda sonora, que diferencia, por exemplo, uma mesma nota musical tocada por um piano da tocada por um violino.

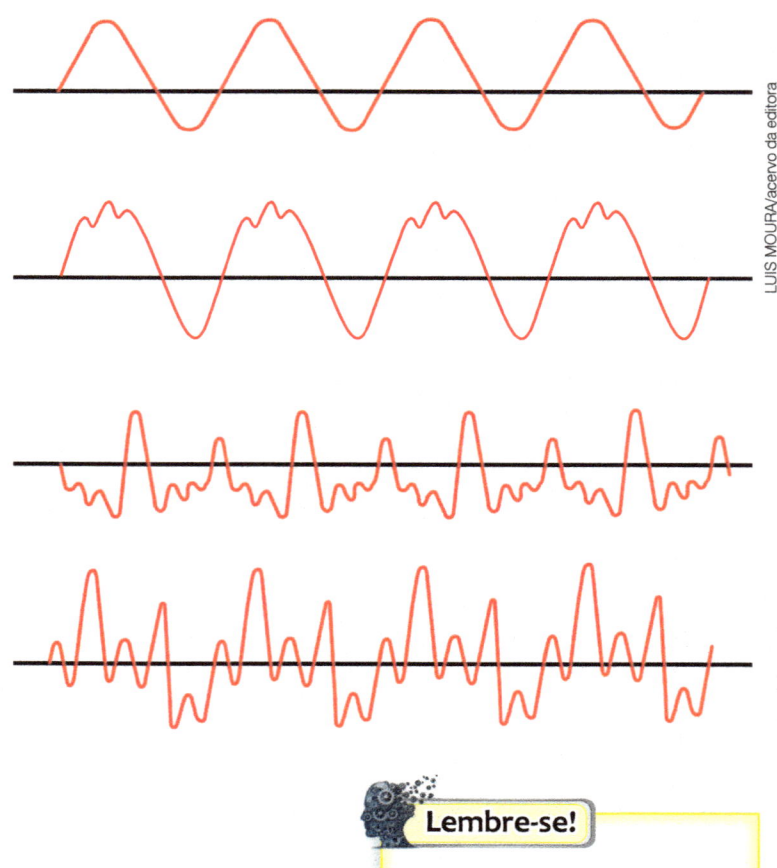

Diapasão: instrumento metálico em forma de forquilha, que ao ser golpeado produz som em alguma determinada frequência.

diapasão

flauta

voz humana

violino

Uma mesma nota, emitida por instrumentos diferentes, apresenta diferença no timbre. Isso ocorre porque para cada nota o instrumento musical ou a voz humana tem várias vibrações, que se somam formando uma única onda.

Lembre-se!
O som é sempre resultado de vibrações!

CAPÍTULO 11 • Ondas e som   217

ESTABELECENDO CONEXÕES
Música

Som e instrumentos musicais

Há três grandes grupos de instrumentos musicais: os de corda (violão, violino, piano), os de percussão (tambor, tamborim, bateria) e os de sopro (flauta, saxofone, clarinete).

Nos instrumentos de corda, é a vibração delas que produz as ondas sonoras e as diferentes notas são obtidas variando-se o comprimento das cordas com os dedos da mão esquerda. A caixa acústica só amplifica o som.

O piano é um instrumento de corda, mas elas não são aparentes, de modo que não podem ser encurtadas com os dedos, como fazemos quando tocamos um violão, por exemplo. No piano, cada tecla está ligada internamente a uma alavanca, que faz vibrar a corda quando acionada.

Quando batemos nos instrumentos de percussão, o que vibra é "a pele" bem esticada do pandeiro ou do tambor, por exemplo.

Percussão: batida, impacto.

Já nos instrumentos de sopro, a vibração do ar é dada pelo próprio sopro do músico e a frequência do som é modificada alterando-se o tamanho da coluna de ar. Isso é feito tapando-se com os dedos os orifícios do instrumento (como no clarinete e na flauta) ou por meio de teclas (como no trompete, abaixo).

218 UNIDADE 2 • MATÉRIA E ENERGIA

É SEMPRE BOM SABER MAIS!

Infrassons e ultrassons

A frequência das ondas sonoras varia muito. O homem é capaz de ouvir sons de frequências entre 16 Hz e 20.000 Hz.

Ondas sonoras abaixo de 16 Hz são denominadas **infrassons** e as superiores a 20.000 Hz são chamadas **ultrassons**. Os cães são capazes de ouvir até 30.000 Hz, enquanto os morcegos podem tanto ouvir como produzir sons de até 100.000 Hz. Elefantes e baleias conseguem ouvir infrassons.

(a) Ultrassons têm sido utilizados em medicina diagnóstica e, muito frequentemente, para acompanhar o desenvolvimento do bebê durante a gravidez.
(b) Os modernos aparelhos permitem obter uma imagem em 3D do feto no útero da mãe, como a da foto (de um bebê de 21 semanas de gestação).

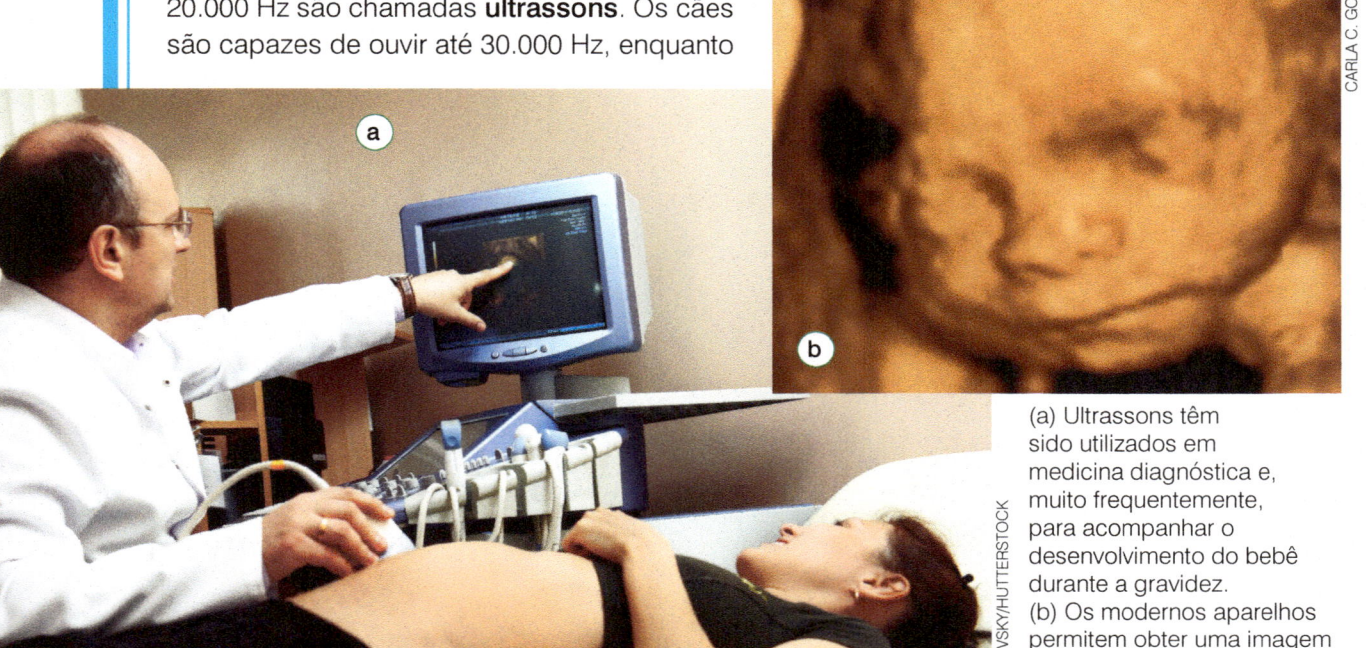

Reflexão de ondas

Quando uma onda, que vinha se propagando em determinado meio, incide sobre a superfície de outro meio e volta, temos o que se chama de **reflexão** da onda. No caso das ondas sonoras, isso ocorre, por exemplo, quando uma onda sonora que vinha se propagando no ar encontra um obstáculo sólido.

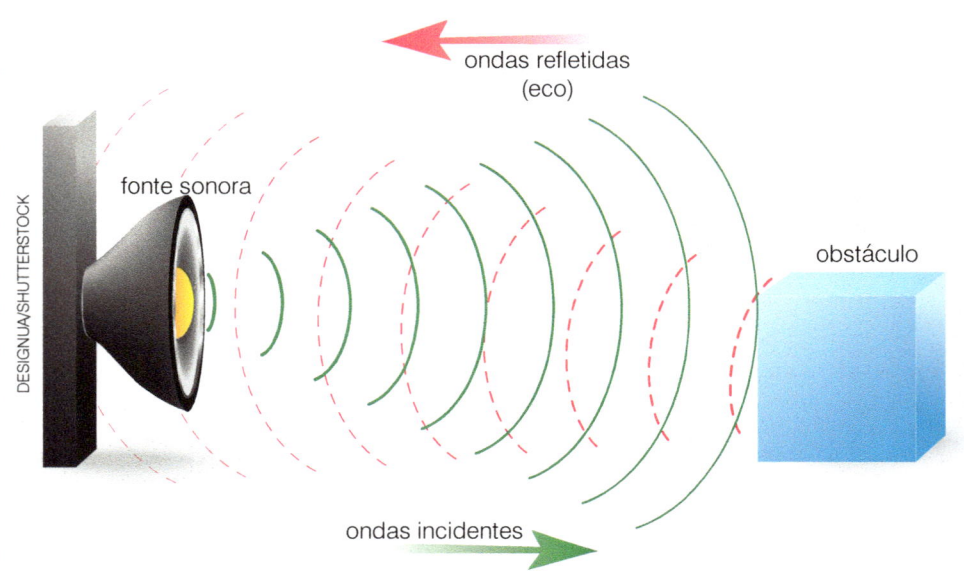

As ondas sonoras emitidas por uma fonte ao encontrarem um obstáculo são refletidas.

Fique por dentro!

Eco e reverberação

Quando várias ondas refletidas chegam ao mesmo tempo a um receptor, de modo que ele não as pode identificar claramente, temos o que se chama de **reverberação**. Já se o obstáculo encontra-se a uma distância grande o bastante para que as ondas refletidas atinjam nosso ouvido com um intervalo de tempo suficiente para que possamos identificar o som, temos o que se chama **eco**.

Descubra você mesmo!

O sonar é um equipamento essencial à navegação marítima e ajuda o navegador a conhecer detalhes sobre o relevo do fundo do mar, além de detectar obstáculos. Pesquise sobre o princípio de funcionamento do sonar e como esse aparelho pode detectar obstáculos.

ESTABELECENDO CONEXÕES
Saúde

Perda auditiva induzida por ruído

O termo ruído é usado para descrever sons indesejáveis ou desagradáveis. Quando o ruído é intenso e a exposição a ele é continuada, em média 85 decibéis por oito horas por dia, ocorrem alterações estruturais na orelha interna, que determinam a ocorrência da Perda Auditiva Induzida por Ruído (PAIR). A PAIR é o agravo mais frequente à saúde dos trabalhadores, estando presente em diversos ramos de atividade, principalmente siderurgia, metalurgia, gráfica, têxteis, papel e papelão, vidraria, entre outros. Seus principais sintomas são:

- perda auditiva;
- dificuldade de compreensão de fala;
- zumbido;
- intolerância a sons intensos;
- o portador de PAIR também apresenta queixas, como cefaleia, tontura, irritabilidade e problemas digestivos, entre outros.

Quando a exposição ao ruído é de forma súbita e muito intensa, pode ocorrer o trauma acústico, lesando, temporária ou definitivamente, diversas estruturas do ouvido. (...)

Limites de tolerância para ruído contínuo ou intermitente.

Nível de ruído (dB)	Máxima exposição diária permissível	Nível de ruído (dB)	Máxima exposição diária permissível
85	8 horas	98	1 hora e 30 minutos
86	7 horas	100	1 hora
87	6 horas	102	45 minutos
88	5 horas	104	35 minutos
89	4 horas e 30 minutos	105	30 minutos
90	4 horas	106	25 minutos
91	3 horas e 30 minutos	108	20 minutos
92	3 horas	110	15 minutos
93	2 horas e 30 minutos	112	10 minutos
94	2 horas	114	8 minutos
95	1 hora e 45 minutos	115	7 minutos

Fonte: Norma Regulamentadora n.º 15 (NR-15), da Portaria do Ministério do Trabalho n.º 3.214/1978.

Sendo o ruído um risco presente nos ambientes de trabalho, as ações de prevenção devem priorizar esse ambiente (...), pois não existe até o momento tratamento para PAIR.

Fonte: BRASIL. Ministério da Saúde. Perda Auditiva Induzida por Ruído (PAIR). Brasília, 2006. *Disponível em:* <http://bvsms.saude.gov.br/bvs/publicacoes/protocolo_perda_auditiva.pdf>. *Acesso em:* 7 maio 2019.

O infográfico a seguir traz alguns valores (em dB) de intensidade de sons mais comuns em nosso dia a dia. Observe que nele estão assinalados o **limiar da dor**, que é o nível sonoro máximo que o ouvido humano consegue suportar, acima do qual a onda sonora é prejudicial à saúde e provoca dor, e o **limiar da audição**, abaixo do qual o ouvido humano não consegue detectar a onda sonora. Esses limiares dependem da frequência da onda, variam de pessoa para pessoa e também em função da idade.

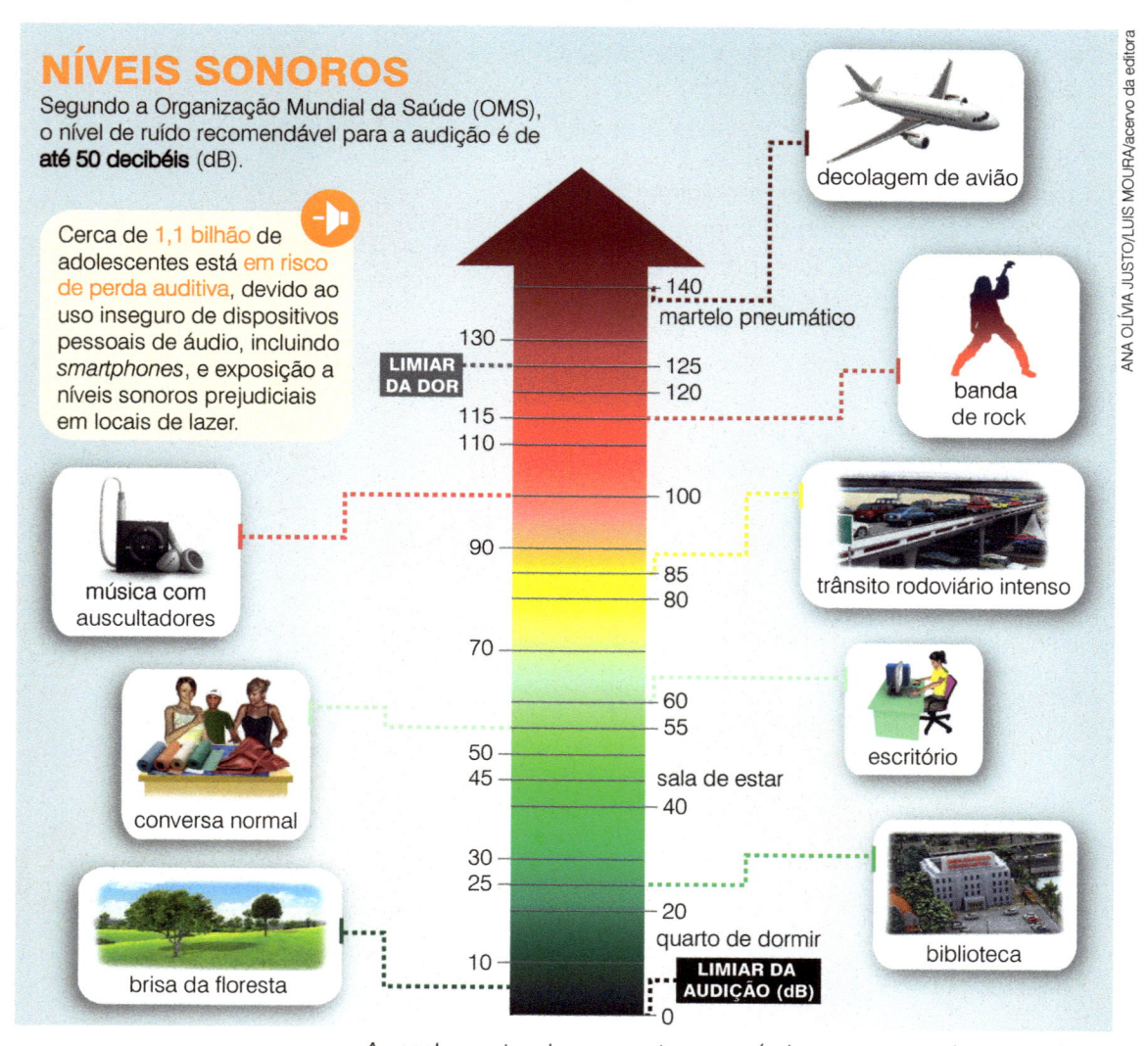

NÍVEIS SONOROS

Segundo a Organização Mundial da Saúde (OMS), o nível de ruído recomendável para a audição é de **até 50 decibéis** (dB).

Cerca de 1,1 bilhão de adolescentes está em risco de perda auditiva, devido ao uso inseguro de dispositivos pessoais de áudio, incluindo *smartphones*, e exposição a níveis sonoros prejudiciais em locais de lazer.

- decolagem de avião — 140 martelo pneumático
- LIMIAR DA DOR — 130, 125, 120, 115, 110
- banda de rock
- música com auscultadores — 100, 90
- trânsito rodoviário intenso — 85, 80, 70
- conversa normal — 60, 55, 50, 45
- escritório
- sala de estar — 40, 30, 25
- quarto de dormir — 20
- brisa da floresta — 10
- biblioteca
- LIMIAR DA AUDIÇÃO (dB) — 0

A escala mostra alguns eventos e os níveis sonoros que decorrem deles. As cores indicam, do verde para o vermelho, o aumento do grau de prejuízo do evento. (Intensidade de sons maiores do que 140 dB, por serem menos frequentes, não foram apresentadas no infográfico.)

ANA OLÍVIA JUSTO/LUIS MOURA/acervo da editora

Descubra você mesmo!

A partir do texto, tabela e infográfico do quadro *Estabelecendo conexões – Saúde*, procure analisar a sua relação com sons e ruídos. Você está submetido a níveis de exposição conforme o recomendado ou há algo que precise ser ajustado para que você não corra o risco de perda de audição?

DE OLHO NO PLANETA
Ética & Cidadania

Poluição sonora

A poluição sonora é o mal que atinge principalmente os habitantes das cidades, e é constituída de sons capazes de produzir incômodo ao bem-estar ou malefícios à saúde. É provocada por um alto nível de ruídos em determinado local. Esse tipo de poluição difere de outros, porque seus efeitos cessam se o ruído for interrompido, mas, ainda assim, esse tipo de poluição é um problema que vai muito além de um leve desconforto acústico.

Vimos que os ruídos excessivos podem provocar perturbação da saúde, inclusive da saúde mental. Além disso, a poluição sonora ofende também o meio ambiente, podendo afetar a vida coletiva. Isso porque à medida que os níveis excessivos de sons e ruídos aumentam eles causam piora na qualidade de vida e na relação entre as pessoas.

A situação é ainda mais crítica quando os ruídos ficam prejudiciais ao repouso noturno ou ainda quando atingem níveis acima dos limites suportáveis pelo ouvido humano. Embora o ruído seja algo quase inerente às grandes cidades, juristas e políticos defendem a criação de leis que obriguem os cidadãos a respeitarem limites de ruídos, dependendo dos locais e horários que habitam e frequentam.

➤ Como você acha que é possível reduzir a poluição sonora nos grandes centros urbanos?

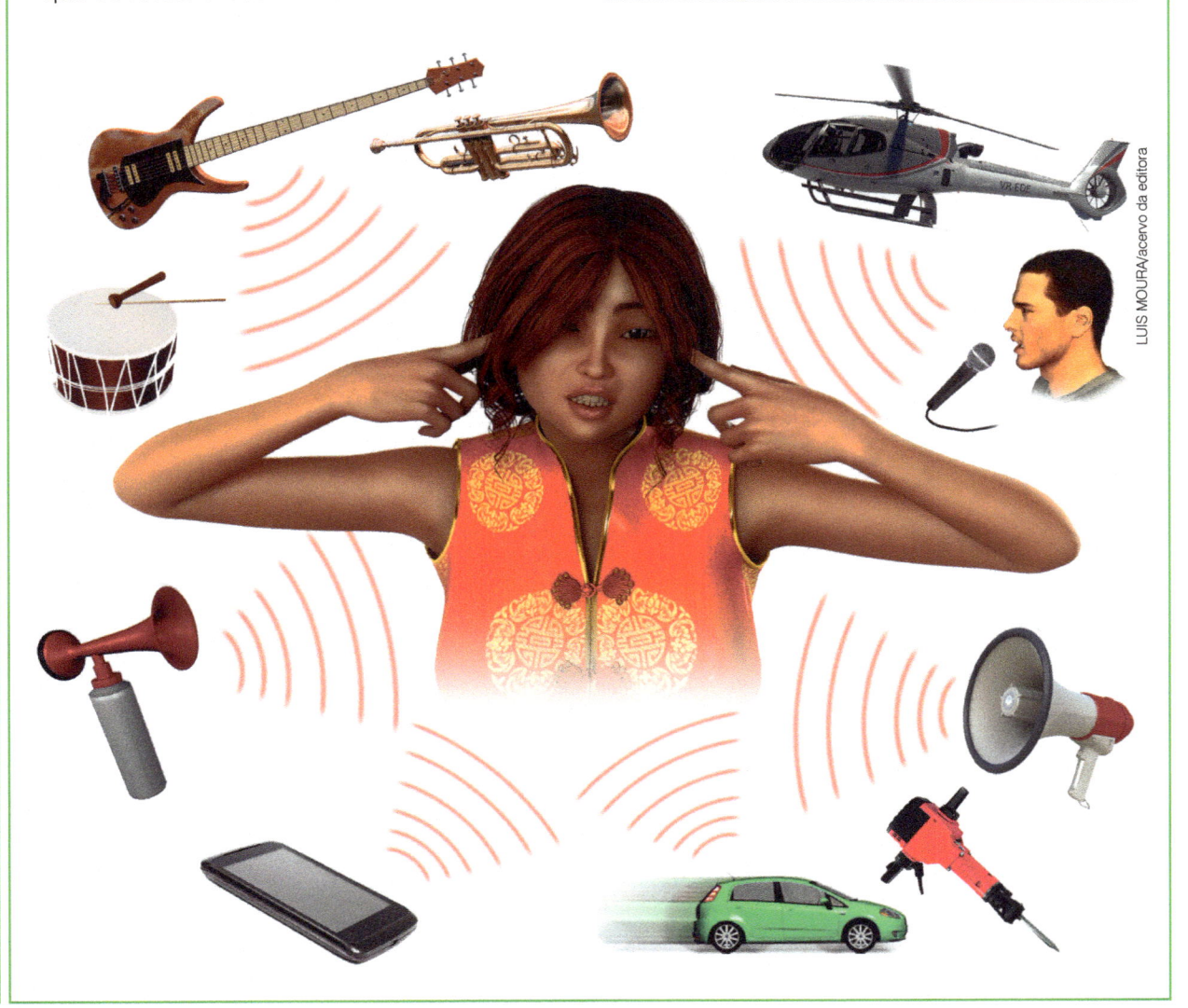

Nosso desafio

Para preencher os quadrinhos de 1 a 15, você deve utilizar as seguintes palavras: amplitude, comprimento de onda, em uma corda, em uma mola, energia, frequência, longitudinais, luminosas, matéria, mecânicas, meio, na água, período, sonoras, transversais.

À medida que você preencher os quadrinhos, risque a palavra que escolheu para não usá-la novamente.

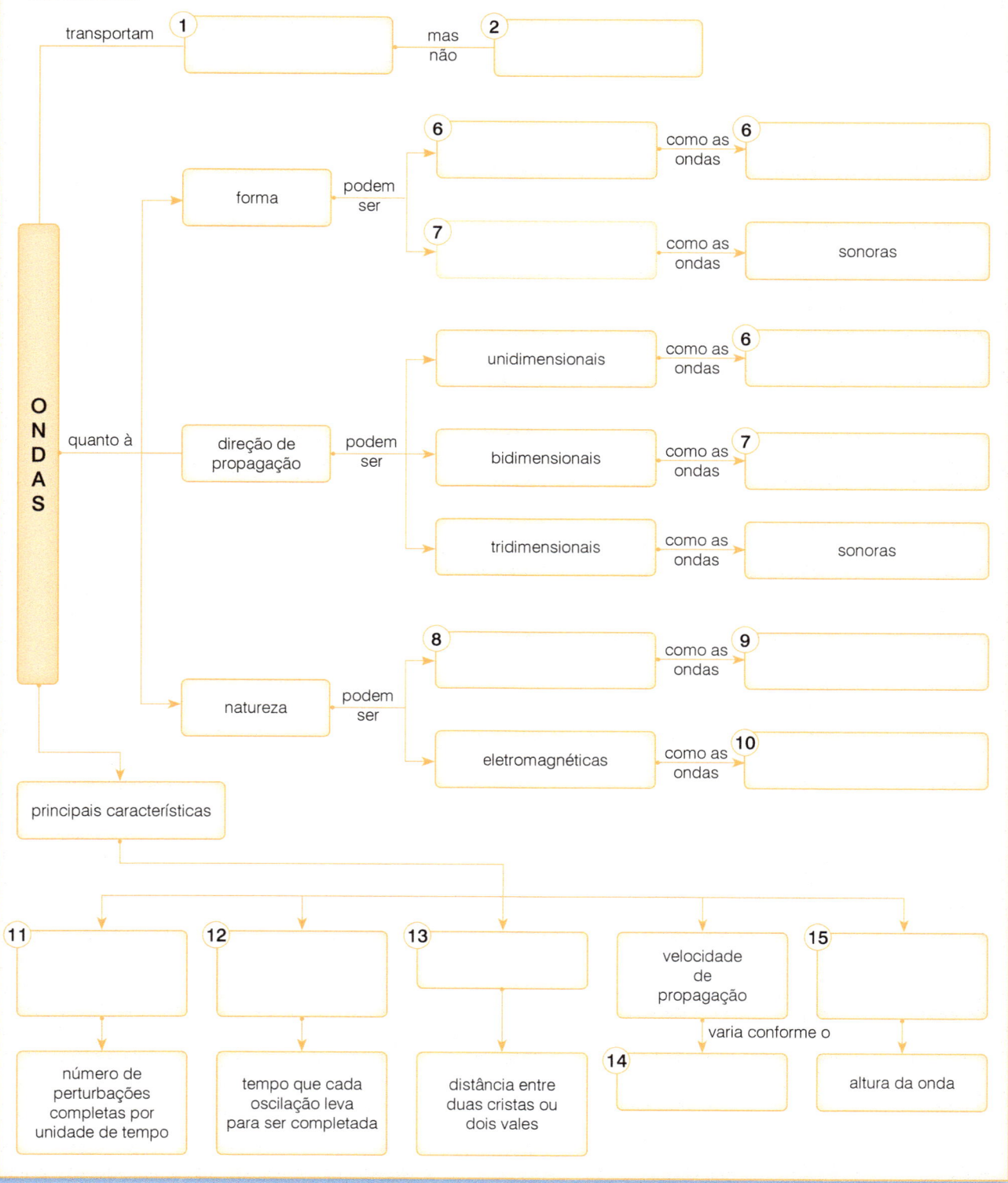

ONDAS

- transportam → **1** ___ mas não → **2** ___
- quanto à:
  - **forma** — podem ser:
    - **6** ___ como as ondas → **6** ___
    - **7** ___ como as ondas → sonoras
  - **direção de propagação** — podem ser:
    - unidimensionais como as ondas → **6** ___
    - bidimensionais como as ondas → **7** ___
    - tridimensionais como as ondas → sonoras
  - **natureza** — podem ser:
    - **8** ___ como as ondas → **9** ___
    - eletromagnéticas como as ondas → **10** ___
- principais características:
  - **11** ___ → número de perturbações completas por unidade de tempo
  - **12** ___ → tempo que cada oscilação leva para ser completada
  - **13** ___ → distância entre duas cristas ou dois vales
  - velocidade de propagação — varia conforme o → **14** ___
  - **15** ___ → altura da onda

Atividades

1. **[1, 7, 10]** Segurando a extremidade de uma corda, presa a uma parede pela outra extremidade, podemos criar uma onda transversal nessa corda com um movimento de mão para cima e para baixo. A perturbação provocada pela sacudida da mão irá se propagar na corda com certa velocidade. De que depende essa velocidade de propagação?

2. **[1, 7, 10]** (UNITAU – SP) Independentemente da natureza de uma onda, sua propagação envolve, necessariamente:
   a) movimento de matéria;
   b) transporte de energia;
   c) transformação de energia;
   d) produção de energia;
   e) transporte de energia e de matéria.

3. **[1, 7, 9, 10]** Cite pelo menos dois processos que ocorrem com as ondas.

4. **[1, 7, 10]** Represente no desenho abaixo a amplitude e o comprimento de onda de uma onda transversal:

   ANA OLÍVIA JUSTO/acervo da editora

5. **[1, 7]** Identifique se as afirmações a seguir são falsas ou verdadeiras.
   ( ) O período de uma onda é o inverso de sua frequência.
   ( ) A velocidade de propagação da onda depende do meio.
   ( ) Quanto maior a frequência da onda, maior o seu período.
   ( ) Quanto mais grave, maior a frequência do som.
   ( ) O som é uma onda longitudinal.

6. **[1, 7, 9, 10]** O som se propagando nos gases é um exemplo de onda mecânica longitudinal, e uma onda se propagando em uma corda esticada é um exemplo de onda mecânica transversal. Qual é a diferença entre ondas mecânicas longitudinais e transversais?

7. **[1, 3, 4, 7, 9, 10]** Um menino encontra-se distante de um operário. Ao observá-lo martelando sobre um trilho de aço de uma linha férrea, encosta o ouvido no trilho e ouve dois sons produzidos por uma única martelada: um que se propaga pelo trilho de aço e outro que se propaga pelo ar. Qual dos dois sons é ouvido pelo menino primeiro? Justifique sua resposta.

8. **[1, 3, 7, 9, 10]** A seguir são feitas algumas afirmações sobre as ondas eletromagnéticas. Assinale as corretas.
   I. Os ossículos martelo, bigorna e estribo localizam-se na orelha interna.
   II. A cóclea é componente no qual o som recebido é conduzido pelo nervo auditivo até o cérebro.
   III. A cera (ou cerúmen), que se deposita ao longo dos condutos auditivos, facilita a passagem de sons até a membrana timpânica.
   IV. A membrana timpânica estabelece contato com a orelha média por meio do primeiro ossículo auditivo, o martelo, que se conecta com os ossículos bigorna e estribo.
   V. O conduto auditivo externo serve como canal de condução de sons diretamente ao ouvido médio, no qual existe a cóclea.
   VI. Sons de elevadíssima intensidade gerados por aparelhos de som ou fones de ouvido conectados a celulares ou outros emissores de som podem danificar o sistema auditivo humano e causar surdez de modo geral irreparável.

9. **[1, 3, 4, 7, 9, 10]** Ao colocarmos um celular dentro de um recipiente de vidro transparente e fechado é possível nos comunicarmos com ele por meio de outro celular, localizado

fora do recipiente. Além disso, podemos vê-lo e ouvir o som produzido por ele. Porém, se o ar for removido do recipiente, não podemos mais ouvi-lo, mas ainda poderemos vê-lo e nos comunicar com ele. Por que isso ocorre?

10. [1, 3, 4, 7, 9, 10] De uma torneira caem gotas separadas por um intervalo de 2,0 segundos. Essas gotas ao atingirem a superfície da água produzem ondas circulares, cujas cristas distam 3,0 cm uma da outra. Determine para essas ondas, no Sistema Internacional de Unidades:

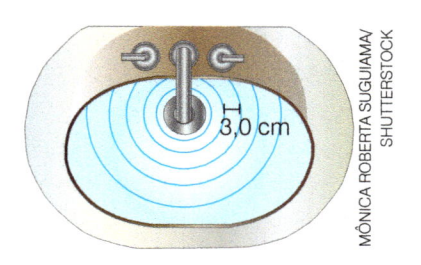

a) o período;
b) a frequência;
c) o comprimento de onda;
d) a velocidade.

11. [1, 9] Sabendo-se que por uma coluna de uma ponte sobre o mar passam 31 cristas de onda por minuto e que cada crista percorre 18 m em 2 segundos, determine para essas ondas:

a) a frequência;
b) a velocidade;
c) o comprimento de onda.

12. [1, 9] A figura a seguir representa uma onda no instante $t_0 = 0$, que se propaga para a direita com velocidade igual a 1 cm/s.

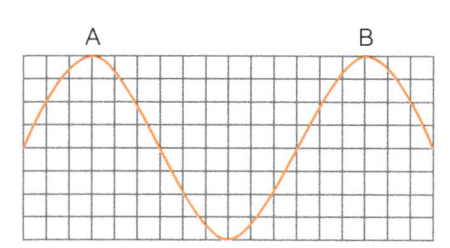

Em relação a essa onda determine:

a) a amplitude;
b) o comprimento de onda;
c) o período;
d) a posição ocupada pela crista A no instante $t_1 = 3$ s.
e) o tempo necessário para que a crista A atinja a posição ocupada no instante $t_0 = 0$ pela crista B.

13. [1, 9] Sobre as ondas do mar e sem vento encontra-se um barco à deriva. Levando-se em conta as informações fornecidas na figura, determine quanto tempo leva o barco para ir de uma crista ao vale mais próximo.

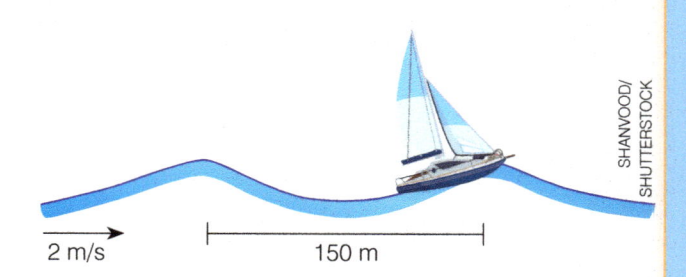

14. [1, 9] A figura a seguir representa um trecho de uma corda esticada, em que foi gerada uma onda que se propaga com velocidade igual a 80 cm/s.

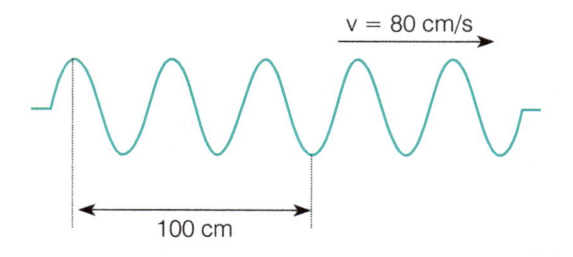

A partir dessas informações, determine:

a) o comprimento de onda;
b) a frequência.

15. [1, 9] Os morcegos emitem ultrassons que se propagam no ar com velocidade aproximadamente igual a 330 m/s. Determine a maior frequência emitida por eles, sabendo-se que o menor comprimento de onda pro-

duzido por um morcego é de aproximadamente 0,33 cm.

16. No violão existem duas cordas denominadas "mi": uma mais grossa, correspondente a um som mais grave, e outra mais fina, correspondente a um som mais agudo. Essas cordas vibram com a mesma frequência? Por quê?

17. (UFMG) Uma pessoa toca, no piano, uma tecla correspondente à nota "mi" e, em seguida, a que corresponde à nota "sol". Pode-se afirmar que serão ouvidos dois sons diferentes, porque as ondas sonoras correspondentes a essas notas têm:
a) amplitudes diferentes.
b) frequências diferentes.
c) intensidades diferentes.
d) timbres diferentes.
e) velocidade de propagação diferente.

18. Em relação às ondas sonoras, é correto afirmar que:
a) se propagam em qualquer meio.
b) são ondas longitudinais.
c) não podem contornar obstáculos.
d) a altura sonora é igual para todas as ondas.
e) o timbre é igual quando duas pessoas falam a mesma palavra.

19. (UFRGS – RS) Quais as características das ondas sonoras que determinam, respectivamente, as sensações de altura e intensidade (nível sonoro) do som?
a) Frequência e amplitude.
b) Frequência e comprimento de onda.
c) Comprimento de onda e frequência.
d) Amplitude e comprimento de onda.
e) Amplitude e frequência

20. (UEPA – adaptado) Sobre as características altura, intensidade e timbre do som, são feitas as afirmativas a seguir:
  I. A altura é a qualidade que permite distinguir um som forte de um som fraco de mesma frequência.
  II. Intensidade é a qualidade que permite distinguir um som agudo de um som grave.
  III. Timbre é a qualidade que permite distinguir dois sons de mesma altura emitidos por fontes diferentes.

Assinale a alternativa correta.
a) Somente I é correta.
b) Somente II é correta.
c) Todas estão corretas.
d) I e II estão corretas.
e) Somente III é correta.

capítulo 12 — LUZ E IMAGEM

Luz e imagem

Falar sobre luz e imagem é falar sobre como vemos e representamos o mundo. A visão é um dos sentidos mais evocados na tarefa de descrever e compreender o mundo natural. Como você caracterizaria a diferença entre as duas imagens acima? A imagem da direita é uma famosa pintura em óleo sobre tela (46,5 cm x 40 cm) do artista holandês Johannes Vermeer (1632-1675), intitulada "Moça com Brinco de Pérola", que data de 1665 (encontra-se no Royal Picture Gallery Mauritshuis, em Haia, Holanda). A figura da esquerda é uma fotografia que se propõe a reproduzir a pintura. Que semelhanças e diferenças podemos apontar entre os processos de pintura e fotografia?

As tentativas de construir representações do mundo por meio de figuras são quase tão antigas como a humanidade. Uma peculiaridade interessante sobre a pintura de Vermeer é que o *foco da imagem* está exatamente no brinco da moça. Podemos ainda perceber que a *luz* parece chegar à parte frontal do rosto da moça, produzindo *sombras* na região do pescoço.

O mecanismo que nos permite fazer imagens para codificar e decodificar o mundo é um processo físico muito completo, complexo e interessante. Que coisa é essa chamada "luz", que nos permite ver e representar o mundo?

O Sol é um corpo luminoso, uma fonte de luz.

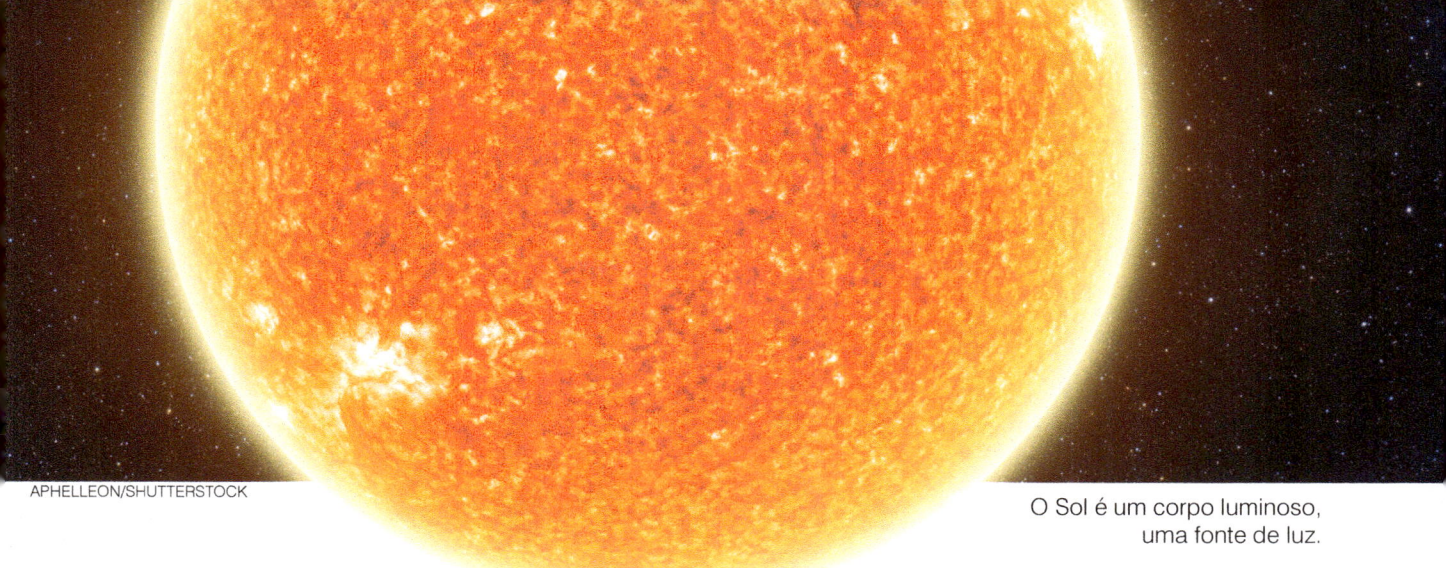

A natureza da luz

Para começarmos a entender como ocorrem os processos que nos permitem ver o mundo, talvez o mais importante seja relembrar o fato de que não enxergamos no escuro! É preciso que haja luz solar, luz de uma lâmpada, lanterna ou vela ou, ainda, um mísero raio luminoso que entre por alguma fresta na parede para que possamos enxergar o que quer que seja. Se não houvesse **fontes de luz**, nós, com certeza, só conheceríamos a mais absoluta e completa escuridão.

Existem corpos que possuem luz própria. São os chamados **corpos luminosos**, como o Sol. Outros corpos bloqueiam completamente a passagem da luz (são os **opacos**), outros mais permitem quase totalmente a passagem da luz (corpos **transparentes**) ou apenas parcialmente (corpos **translúcidos**).

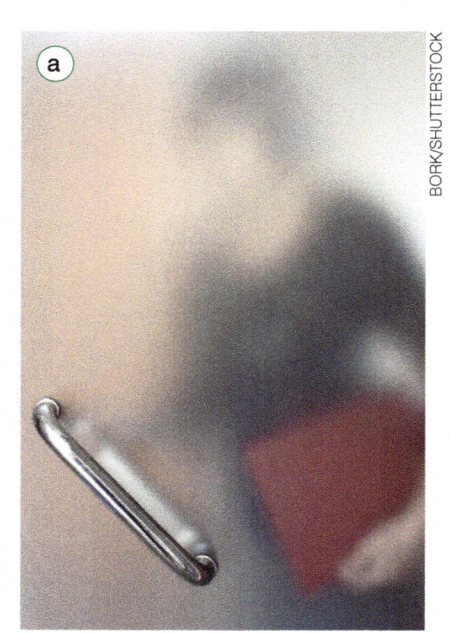

Corpos opacos, que não permitem a passagem de luz, como a porta de madeira em (c), não possibilitam que se veja o que há atrás dela, diferentemente de corpos que deixam passar completamente a luz, como o caso do vidro transparente em (b), ou dos corpos translúcidos, como a porta de vidro em (a), em que se pode perceber atrás dela um corpo, mas não de modo nítido.

Mas o que é a **luz**? Essa pergunta motivou o trabalho de grandes cientistas e já causou muita controvérsia ao longo da história da ciência. E, até hoje, a resposta a essa pergunta não é das mais simples...

A luz como onda

Já vimos que toda onda é resultante de um movimento oscilatório que a gera. A luz é uma **onda eletromagnética** gerada pela oscilação de cargas elétricas. É o único tipo de onda que pode se propagar mesmo no vácuo, ou seja, na ausência de um meio material. A velocidade de propagação da luz no vácuo é muito alta, cerca de 300.000 km/s. Até o momento, não se conhece nada que possa viajar tão rápido!

A propagação das ondas luminosas em um meio homogêneo ocorre em uma trajetória **retilínea** e, por isso, costuma-se representar os raios luminosos como segmentos de retas em que a direção e o sentido de propagação da luz estão indicados.

Segmentos: pedaços, trechos.

Descubra você mesmo!

A figura ao lado mostra uma lâmpada incandescente, que tem sido substituída nas casas por lâmpadas fluorescentes ou de led. Pesquise por que a população está sendo incentivada a fazer essa substituição.

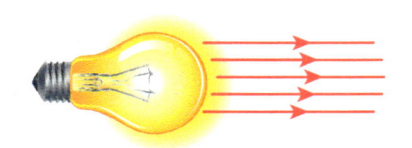

A ilustração mostra um **feixe** de luz, que é um conjunto de raios de luz. Observe que os raios são representados por segmentos de reta orientados, indicando a direção de propagação da luz. (Cores-fantasia. A fim de deixar mais clara a forma de representar os raios de luz, na imagem foram apresentados poucos e apenas à frente da lâmpada.)

É SEMPRE BOM SABER MAIS!

A luz como partícula

O físico e matemático inglês Isaac Newton (1642-1727) propôs um modelo em que a luz seria constituída por partículas, emitidas a partir de uma fonte luminosa. Esse modelo ficou conhecido como **modelo corpuscular da luz**. Apesar de que o modelo de Newton para a luz explicava alguns fenômenos, ele não conseguia explicar adequadamente muitos outros.

A partir das experiências do cientista francês Léon Foucalt (1819-1868) o modelo corpuscular da luz foi desacreditado pelos cientistas. Atualmente, é o **modelo ondulatório da luz** o mais aceito pela comunidade científica.

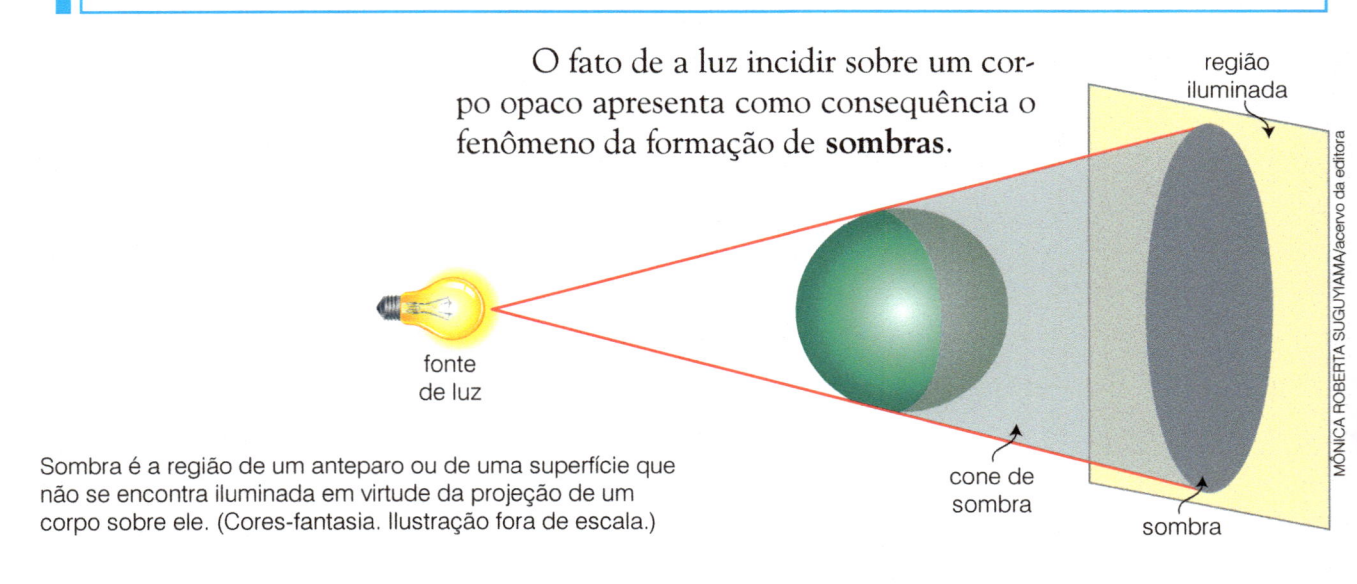

O fato de a luz incidir sobre um corpo opaco apresenta como consequência o fenômeno da formação de **sombras**.

fonte de luz

região iluminada

cone de sombra

sombra

Sombra é a região de um anteparo ou de uma superfície que não se encontra iluminada em virtude da projeção de um corpo sobre ele. (Cores-fantasia. Ilustração fora de escala.)

Quando a fonte luminosa é muito extensa, além da sombra teremos uma região vizinha que não se mostra totalmente escura ou totalmente iluminada, região a que se chama de **penumbra**.

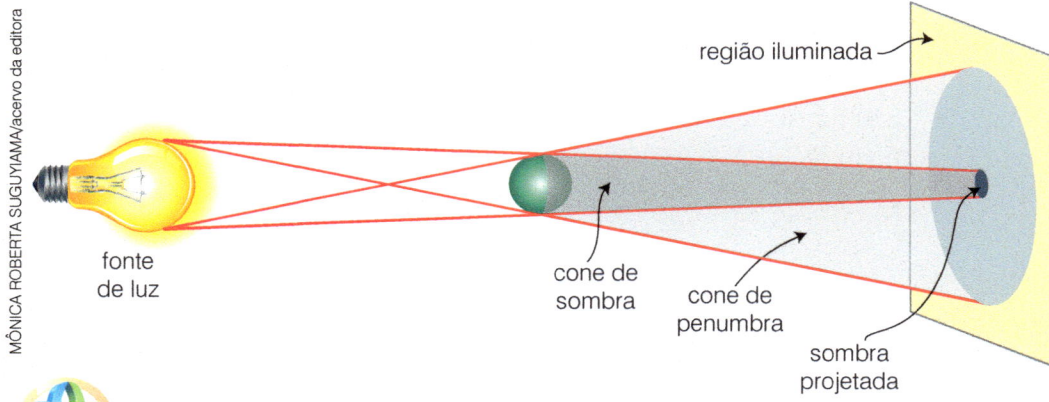

Esquema ilustrativo da formação de penumbra a partir de uma fonte de luz muito maior do que o objeto iluminado. (Cores-fantasia. Ilustração fora de escala.)

ESTABELECENDO CONEXÕES

Geografia

Eclipses solar e lunar

Em virtude do movimento de translação da Terra em torno do Sol e do movimento da Lua em torno da Terra, ocorrem os chamados **eclipses**, quando um dos corpos celestes se coloca entre os outros dois.

Nos eclipses, como os corpos celestes encontram-se alinhados, a sombra do astro que está no meio é projetada sobre outro, fazendo com que fique momentaneamente invisível a olhos nus.

Quando a Lua passa entre a Terra e o Sol temos o chamado **eclipse solar**, e quando a Terra passa entre o Sol e a Lua temos o **eclipse lunar**.

Fique por dentro!

O termo eclipse vem do grego e significa "desaparecer", "deixar para trás".

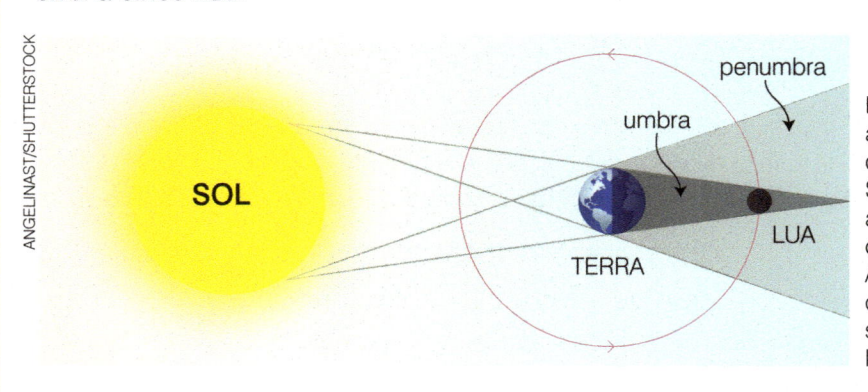

Eclipse lunar. Observe o alinhamento dos corpos celestes: a Terra, iluminada pelo Sol, projeta sua sombra sobre a Lua que, momentaneamente, deixa de ser visível a olho nu. A região chamada umbra é o cone de sombra que a Terra projeta sobre a Lua. (Cores-fantasia. Ilustração fora de escala.)

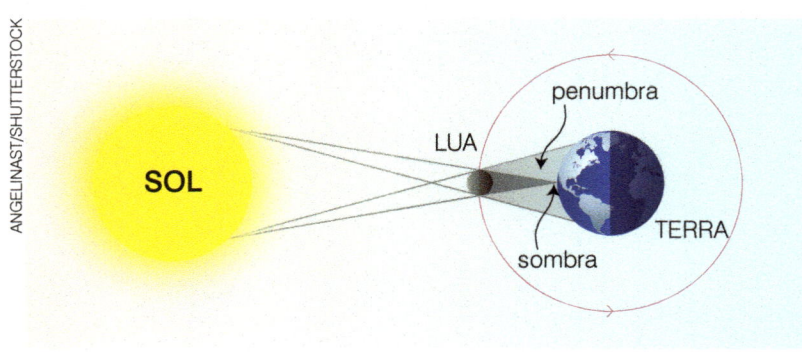

Eclipse solar. Novamente, os corpos celestes estão alinhados. Nesse eclipse, a Lua, iluminada pelo Sol, projeta sua sombra sobre a Terra. Para os observadores que se encontrem na região de sombra da Lua, o eclipse do Sol será total; para aqueles que estiverem na região de penumbra, o eclipse do Sol será parcial. (Cores-fantasia. Ilustração fora de escala.)

Fenômenos ópticos

Você deve estar se perguntando como podemos ver os corpos que não possuem luz própria, como, por exemplo, a Lua ou a própria Terra. Esses corpos podem ser visíveis porque a luz que incide em determinado corpo pode sofrer **reflexão**, **refração** ou mesmo **absorção**. Mas o que são esses fenômenos?

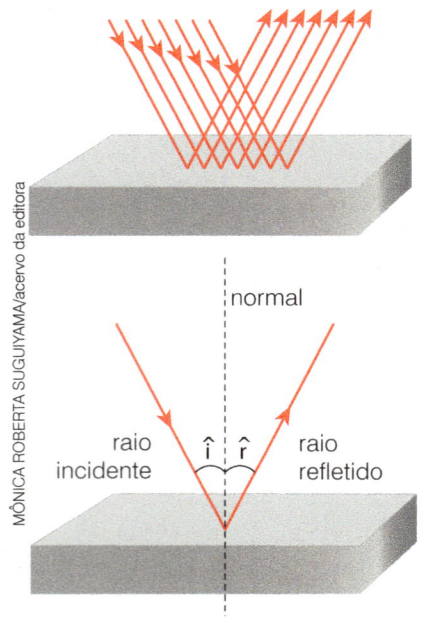

Reflexão da luz

A **reflexão** ocorre quando uma onda de luz incide sobre uma superfície e retorna ao mesmo meio do qual partiu. Quando os raios paralelos de luz incidem sobre uma superfície plana e polida, temos uma reflexão especular e, nesse caso, a imagem que se forma é idêntica ou muito parecida à do objeto. Na reflexão especular, há uma simetria nos ângulos de incidência e de reflexão dos raios.

> **Especular:** que se refere a espelhos; diz-se do que é invertido como uma imagem de espelho.

No fenômeno de reflexão especular da luz, os raios incidentes sobre uma superfície plana e polida retornam ao meio de onde vieram (raios refletidos), sendo que os ângulos de incidência ($\hat{i}$) e de reflexão ($\hat{r}$), que esses raios fazem com a linha normal (linha imaginária perpendicular ao plano), são iguais. (Cores-fantasia. Ilustração fora de escala.)

A superfície praticamente lisa do chão reflete a bailarina de forma especular.

CAPÍTULO 12 • Luz e imagem   231

No fenômeno da reflexão, pode ocorrer também o que se chama de reflexão **difusa**: nesse caso, os raios paralelos de luz incidem sobre uma superfície irregular, originando raios refletidos que não mantêm nenhuma simetria. Esse tipo de reflexão nos permite simplesmente ver os objetos em seus padrões de cores.

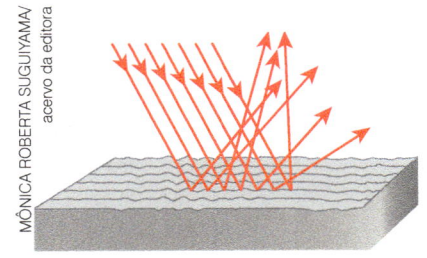

Observe na ilustração acima que os raios paralelos de luz que incidem sobre uma superfície irregular são refletidos de modo desorganizado. (Cores-fantasia. Ilustração fora de escala).

Jogo rápido

Analise as imagens abaixo e identifique o tipo de reflexão da luz que pode ser visto em cada uma delas. Justifique sua resposta.

Porto Alegre, RS.

Cidade de São Paulo, SP.

Refração da luz

Vimos que, no vácuo, a velocidade da luz atinge a espantosa cifra de 300.000 km/s! Mas essa velocidade varia de acordo com o meio em que a luz se propaga.

O fenômeno da **refração** da luz ocorre quando os raios de luz ultrapassam a superfície que separa dois meios de densidades diferentes (densidades diferentes levam a diferentes velocidades de propagação da luz). Essa diferença na velocidade de propagação da luz quase sempre é acompanhada por um desvio na *direção* de propagação, dando a falsa impressão de que a imagem é "quebrada" quando passa de um meio para outro.

Fique por dentro!

A palavra refração vem do latim *refractio*, que significa quebrar.

Observe os dois canudos da foto acima: eles parecem quebrados ao passarem do ar para a água, mas é uma ilusão causada pelo fenômeno de refração da luz.

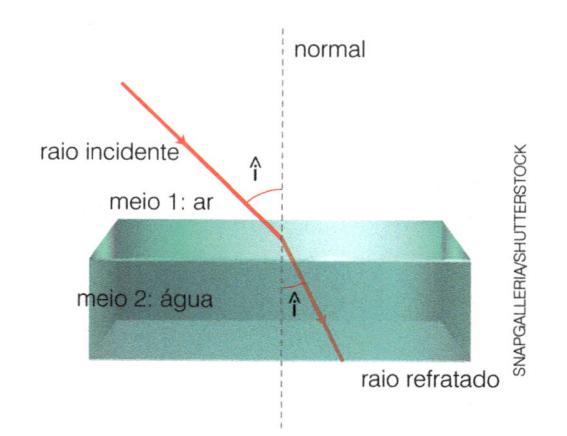

No fenômeno de refração da luz, o raio de luz incidente, ao ultrapassar a superfície que separa dois meios de densidades diferentes, sofre uma mudança na direção de propagação. Nesse caso, os ângulos de incidência e de refração, que esse raio faz com a linha normal (linha imaginária perpendicular ao plano), são diferentes. (Cores-fantasia. Ilustração fora de escala.)

Descubra você mesmo!

Você já deve ter ouvido falar no termo "miragem", fenômeno óptico muito comum em dias ensolarados, em paisagens desérticas ou mesmo em rodovias, em que se tem a impressão de ter uma poça d'água à frente.

Pesquise em livros da biblioteca ou mesmo na internet e procure explicar por que acontece esse fenômeno.

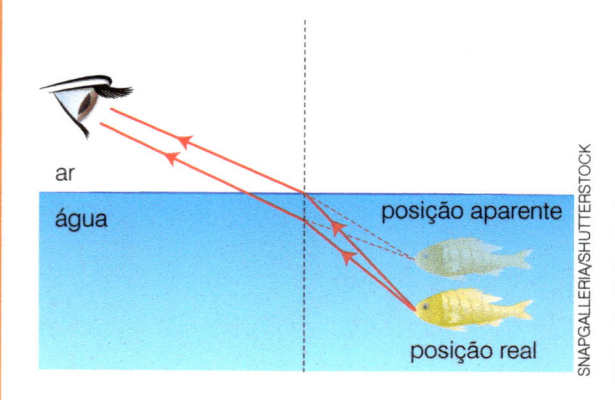

O fenômeno da refração também explica porque uma pessoa vê um peixe dentro d'água acima de sua posição real. (Cores-fantasia. Ilustração fora de escala.)

Prisma: sólido com faces superior e inferior paralelas, ligadas por arestas.

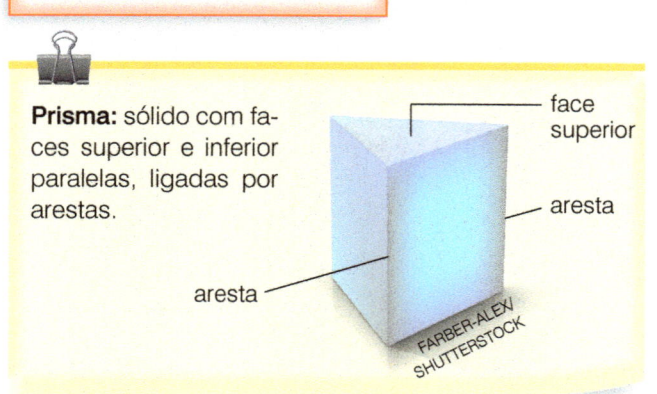

Decomposição da luz branca

Um fenômeno bastante interessante ligado à refração da luz é o da decomposição da luz branca (como a luz do Sol, por exemplo).

Ao passar um feixe de luz branca por um **prisma** de vidro, podemos ver que o feixe de luz sofre refração, porém não em um único feixe de luz branca, mas em um conjunto de luzes coloridas.

CAPÍTULO 12 • Luz e imagem

Isso ocorre porque o feixe de luz branca (luz visível) na verdade é composto por várias ondas oscilando em várias frequências. Quando a luz passa pelo prisma, o ângulo de refração é ligeiramente diferente para cada frequência. E cada frequência corresponde a uma cor.

Observe no espectro que se forma pela decomposição da luz branca que a luz violeta é a que mais sofre desvio, enquanto a vermelha é a que menos se desvia. (Ilustração fora de escala.)

vermelho
laranja
amarelo
verde
cian
azul
violeta

ESTABELECENDO CONEXÕES
Cotidiano

Arco-íris

Se você já teve a oportunidade de olhar para um céu, iluminado pelos raios do Sol, carregado com gotículas de água deve ter visto a formação de um arco-íris.

O arco-íris é formado porque as gotículas de água na atmosfera se comportam como se fossem um prisma óptico: os raios de luz do Sol (luz branca), ao atingirem essas gotas, sofrem refração, decompondo a luz em suas diferentes frequências.

A formação de arco-íris é mais comum próximo a quedas-d'água (cachoeiras, cataratas) ou quando há gotas de chuva na atmosfera sendo atingidas pelos raios de Sol. Na foto, Cataratas do Iguaçu, Paraná.

EM CONJUNTO COM A TURMA!

Disco de Newton

Newton mostrou a decomposição da luz branca por meio de um prisma, e também que era possível voltar a obter a luz branca a partir da luz decomposta: para isso, só era preciso passar o feixe decomposto por outro prisma. Mas ele também utilizou um disco, conhecido como disco de Newton, para comprovar suas ideias.

Para construírem o disco de Newton, vocês irão precisar:

- lápis;
- régua;
- cartolina branca (um quadrado de aproximadamente 25 x 25 cm);
- tesoura;
- pires redondo ou mesmo um CD;
- lápis ou tinta nas cores: vermelho, laranja, amarelo, verde, cian, azul e violeta;
- vareta (pode usar um lápis, uma caneta ou mesmo agulha de tricô).

Modo de fazer

- Coloquem o pires sobre a cartolina branca e com o lápis risquem seu contorno sobre o cartão.
- Com a tesoura, recortem cuidadosamente o disco riscado e marquem seu centro (com a régua tracem dois diâmetros perpendiculares: o centro do círculo estará no encontro das duas linhas).
- Agora, dividam o disco em sete seções iguais, marcando com o lápis a partir do centro do disco.
- Pintem cada seção com uma cor seguindo a sequência: vermelho, laranja, amarelo, verde, cian, azul e violeta. Deixem secar bem.
- Passem a vareta pelo centro do disco de modo que possam segurar por ela o conjunto.

Disco de Newton.

1. Se girarmos o disco, que cor vocês acreditam que irá prevalecer?
2. Agora, com a parte colorida para cima, girem o disco. O que vocês observam?

Absorção da luz

Por que um corpo se apresenta de determinada cor? Por exemplo, por que as folhas da samambaia que se encontra na foto ao lado se apresentam da cor verde?

Quando um corpo é iluminado por uma luz branca, que é composta por todas as cores, o corpo reflete apenas a luz de sua própria cor e **absorve** as parcelas de luz das outras cores do espectro de luz visível. No caso da samambaia, as folhas refletem a luz verde e absorvem todas as outras cores.

Folhas de samambaia, uma pteridófita.

O espectro eletromagnético

As ondas eletromagnéticas não se limitam apenas às ondas da luz visível. Também são ondas eletromagnéticas as ondas de rádio e televisão, micro-ondas, infravermelho, ultravioleta, raios X e raios gama, entre outras. A esse conjunto de ondas eletromagnéticas, devidamente organizadas por ordem de suas frequências, dá-se o nome de **espectro eletromagnético**.

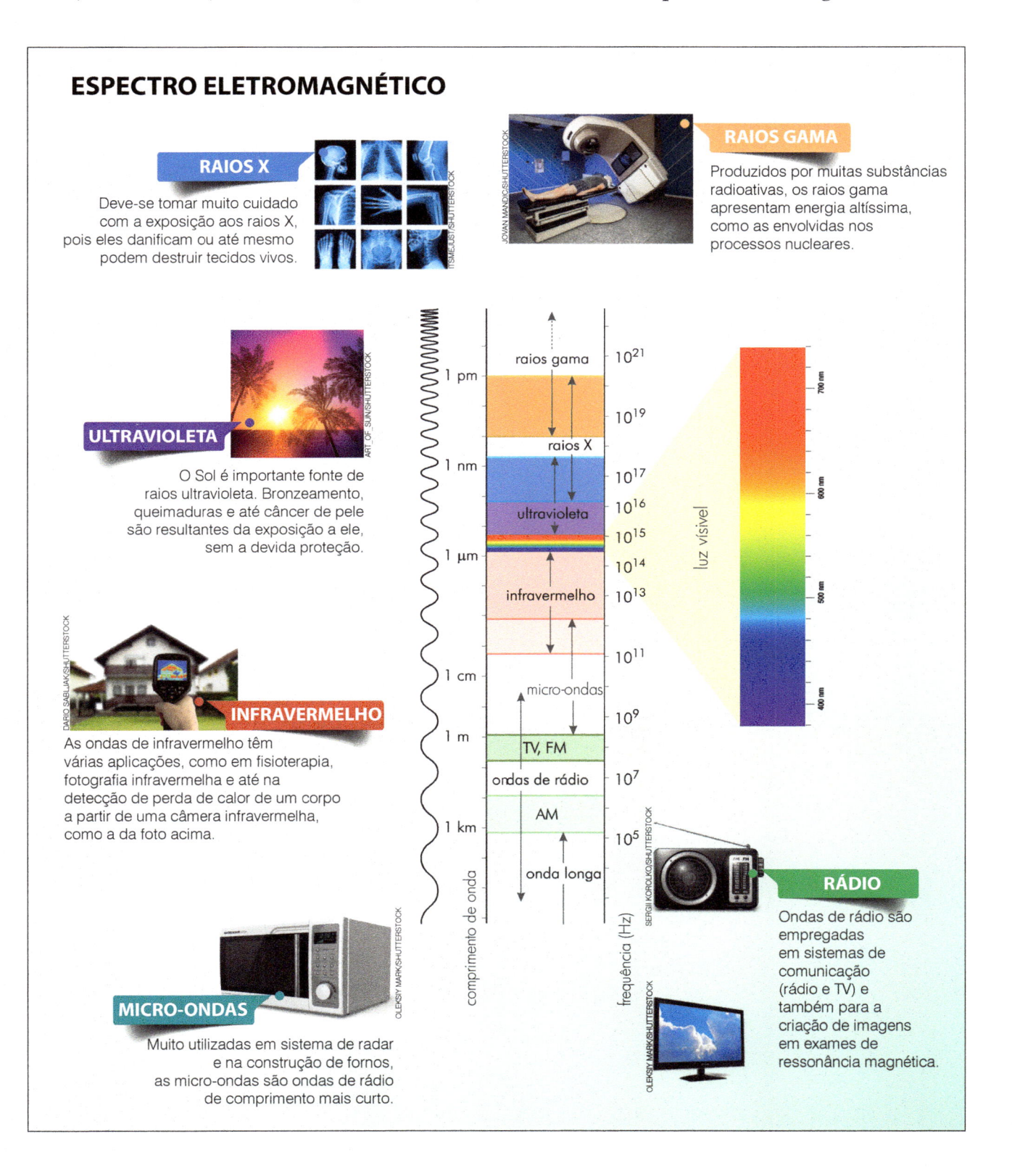

ESPECTRO ELETROMAGNÉTICO

RAIOS X
Deve-se tomar muito cuidado com a exposição aos raios X, pois eles danificam ou até mesmo podem destruir tecidos vivos.

RAIOS GAMA
Produzidos por muitas substâncias radioativas, os raios gama apresentam energia altíssima, como as envolvidas nos processos nucleares.

ULTRAVIOLETA
O Sol é importante fonte de raios ultravioleta. Bronzeamento, queimaduras e até câncer de pele são resultantes da exposição a ele, sem a devida proteção.

INFRAVERMELHO
As ondas de infravermelho têm várias aplicações, como em fisioterapia, fotografia infravermelha e até na detecção de perda de calor de um corpo a partir de uma câmera infravermelha, como a da foto acima.

MICRO-ONDAS
Muito utilizadas em sistema de radar e na construção de fornos, as micro-ondas são ondas de rádio de comprimento mais curto.

RÁDIO
Ondas de rádio são empregadas em sistemas de comunicação (rádio e TV) e também para a criação de imagens em exames de ressonância magnética.

Comprimento de onda / frequência (Hz):
- 1 pm — raios gama — 10^{21}
- — 10^{19}
- 1 nm — raios X — 10^{17}
- — ultravioleta — 10^{16}
- — luz visível — 10^{15}
- 1 μm — — 10^{14}
- — infravermelho — 10^{13}
- — — 10^{11}
- 1 cm — micro-ondas — 10^{9}
- 1 m — TV, FM —
- — ondas de rádio — 10^{7}
- — AM — 10^{5}
- 1 km — onda longa —

Luz visível: 400 nm – 700 nm

Observando as frequências do espectro eletromagnético notamos que acima da luz visível temos os raios ultravioleta, emitidos pelo Sol, os raios X, utilizados em medicina diagnóstica, por exemplo, e os raios gama, emitidos por material radioativo, como os utilizados no tratamento de radioterapia contra determinados tumores.

Ondas eletromagnéticas com frequências menores do que as da luz visível são as ondas de rádio e TV, as micro-ondas, cuja aplicação mais conhecida é nos chamados fornos de micro-ondas, e os raios infravermelhos, cujas aplicações são várias no tratamento de doenças de pele, no alívio de dores musculares, em alarmes contra roubos e controles remotos, e até mesmo em questões de segurança, na geração de imagens térmicas.

Formação de imagens

Onde e como se formam as imagens? Uma das principais maneiras que nós, seres humanos, conseguimos compreender o mundo é por meio do nosso sentido da visão. Possuímos uma completa e complexa máquina capaz de captar a luz, formar imagens, decodificar e interpretar cores, formas e intensidades. Para além do nosso sentido de visão desenvolvemos e utilizamos cotidianamente muitos instrumentos que emitem, capturam, amplificam e corrigem sinais luminosos, formando imagens. Na sequência do capítulo vamos aprender como funcionam alguns instrumentos, chamados **instrumentos ópticos**.

Espelhos planos

Espelhos são geralmente peças de vidro cobertas por uma fina película de prata, o que lhes dá a propriedade da reflexão especular. Os raios, refletidos pelo objeto, incidem na superfície do espelho de onde são refletidos de forma muito ordenada. No caso de **espelhos planos**, essa reflexão chega aos olhos do observador onde se forma uma imagem idêntica à do objeto.

Imagens formadas por espelhos planos são chamadas diretas, isto é, a orientação das imagens é idêntica à dos objetos.

CAPÍTULO 12 • Luz e imagem 237

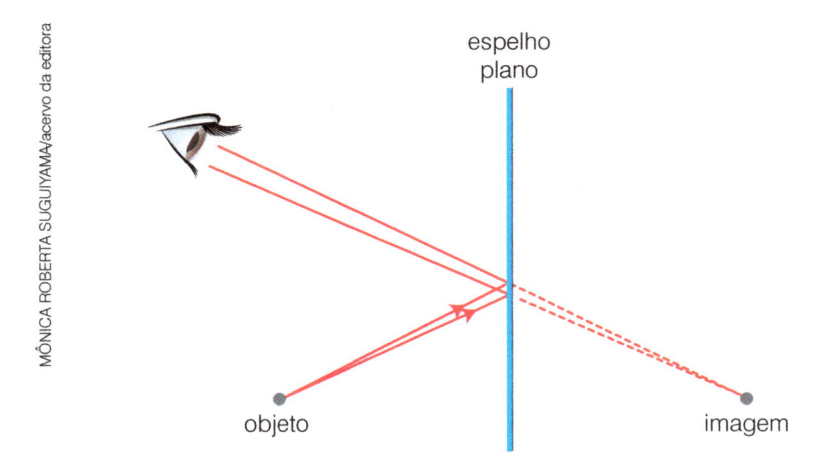

Formação de imagem em um espelho plano. Para o observador, a imagem que se forma em um espelho plano parece estar atrás do espelho, no encontro do prolongamento dos raios. Esse tipo de imagem é chamado de **virtual**. (Cores-fantasia. Ilustração fora de escala.)

Embora a imagem que se forme em um espelho plano tenha a mesma orientação do objeto, ela não é igual ao objeto, mas sim invertida longitudinalmente (invertida com relação à vertical). Isso significa que uma frase ou palavra aparece escrita ao contrário.

Você já deve ter reparado que caminhões de bombeiros apresentam em sua parte frontal a palavra escrita SORIEBMOB, isto é, a palavra bombeiros invertida. Por que isso é feito?

É SEMPRE BOM SABER MAIS!

Espelhos esféricos

Espelhos esféricos são aqueles formados por superfícies esféricas bem polidas, capazes de refletir a luz. Quando a superfície interna do espelho é a superfície refletora, então temos um **espelho côncavo**. Ao contrário, quando a superfície externa da calota é a refletora, então temos um **espelho convexo**.

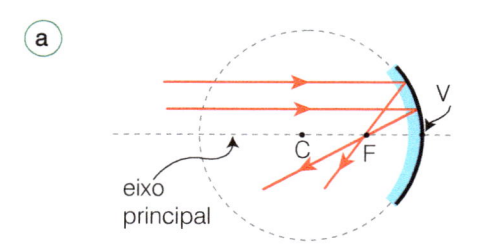

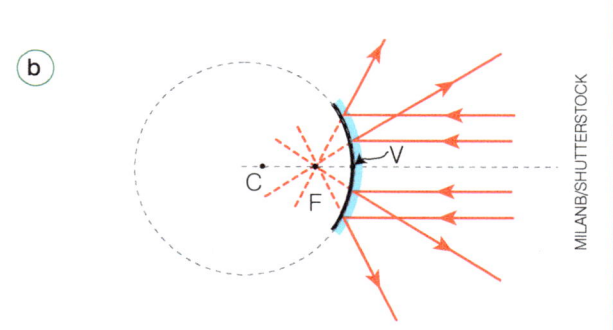

Ilustrações das superfícies refletoras de (a) espelho côncavo e (b) espelho convexo. Nos espelhos côncavos, os raios de luz refletidos convergem (se dirigem) para um ponto chamado **foco** (F), que se situa na metade da distância entre o centro da calota esférica e o vértice (V) do espelho. Já nos espelhos convexos, após a reflexão os raios divergem (se afastam), mas seus prolongamentos se encontram no foco (F). (Cores-fantasia.)

Os espelhos côncavos podem ser usados para se obter uma imagem aumentada dos objetos enquanto os espelhos convexos fornecem uma imagem diminuída.

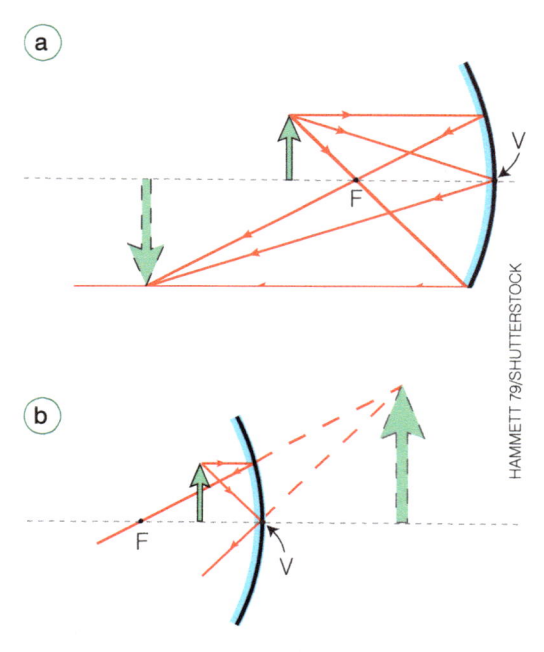

Formação de imagem em um espelho côncavo. (a) Quando o objeto estiver antes do foco, a imagem formada será invertida, maior do que o objeto e real (formada pelo encontro dos próprios raios refletidos). (b) Se o objeto estiver situado entre o foco e o vértice, a imagem formada será direta, maior do que o objeto e virtual (formada pelo encontro do prolongamento dos raios). (Cores-fantasia.)

Os espelhos côncavos podem produzir imagens aumentadas e são muito empregados para fazer maquiagem ou barba.

CAPÍTULO 12 • Luz e imagem   239

Formação de imagem em um espelho convexo. A imagem formada será sempre direta, menor do que o objeto e virtual (formada pelo encontro do prolongamento dos raios refletidos). (Cores-fantasia.)

Os espelhos convexos produzem imagens menores do que o objeto, podendo ampliar bem o campo de visão. São usados em retrovisores de carros e espelhos de corredor como os de lojas, supermercados, ônibus e outros tipos de lugares públicos.

Lentes

Lentes são objetos que possuem uma ou duas faces curvas, produzidas a partir de um material transparente (vidro, plástico, acrílico, cristal etc.). Elas podem aumentar, diminuir, inverter uma imagem ou mesmo mudar o local de sua formação.

biconvexa plano-convexa côncava-convexa

bicôncava plano-côncava convexa-côncava

Tipos de lentes. (Cores-fantasia.)

Uma lupa é fabricada a partir de uma lente biconvexa. Esse tipo de lente aumenta o tamanho da imagem.

O fenômeno por trás do funcionamento das lentes é a refração da luz. A luz, ao passar para outro meio, que pode ser vidro ou acrílico, e de volta para o ar, sofre desvios de acordo com as características geométricas da lente.

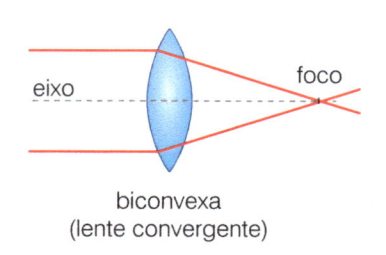

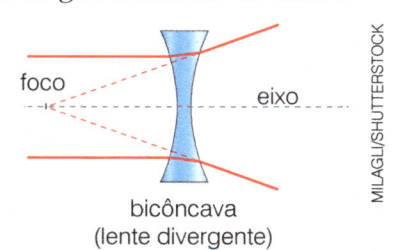

Uma lente biconvexa faz com que o feixe de luz que a atravessa saia convergente para determinado ponto, enquanto os raios de luz que atravessam uma lente bicôncava saem divergentes. (Cores-fantasia.)

biconvexa (lente convergente)

bicôncava (lente divergente)

ESTABELECENDO CONEXÕES
Saúde

O olho humano

De certa forma, podemos considerar o olho humano como sendo um instrumento óptico. As imagens que se formam na retina são transmitidas através do nervo óptico até o cérebro, onde são "entendidas".

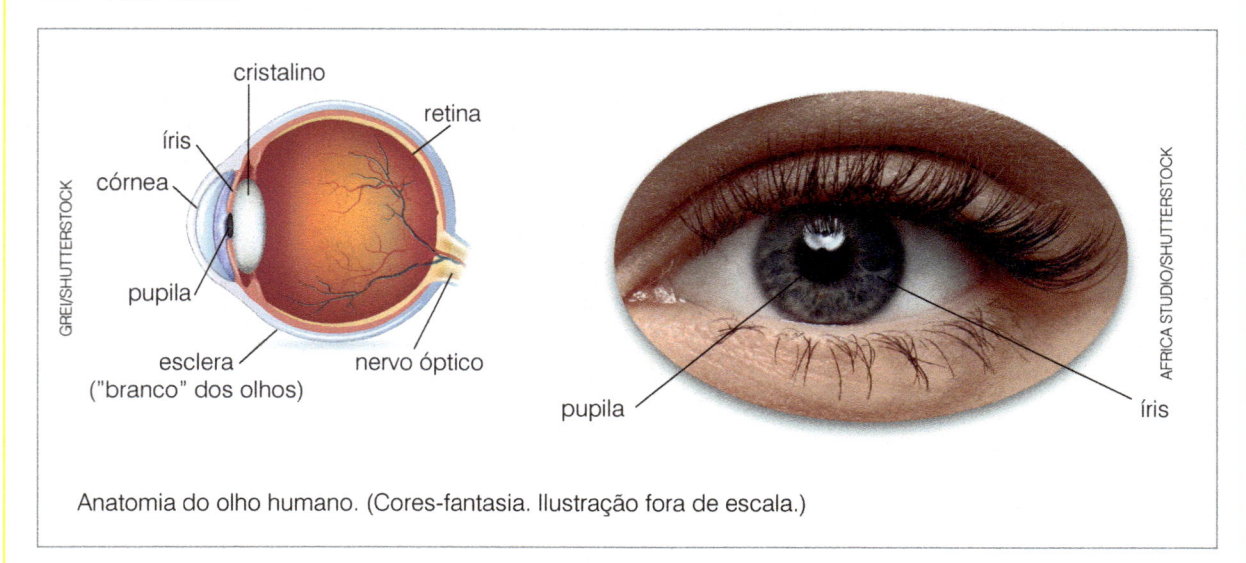

Anatomia do olho humano. (Cores-fantasia. Ilustração fora de escala.)

Os raios de luz que atingem nossos olhos inicialmente passam por uma membrana muito fina, chamada **córnea**, penetram em nosso globo ocular por meio da **pupila**, passam pelo **cristalino**, estrutura em forma de lente biconvexa, atingindo a **retina**, local onde a imagem é inicialmente formada.

Já ao passar pela córnea, os raios luminosos sofrem uma primeira refração que depois é completada ao passarem pelo cristalino. A imagem formada na retina é invertida com relação ao objeto e, naturalmente, menor do que ele. Somente depois de transmitida ao cérebro é que enxergamos a imagem no tamanho e sentido corretos.

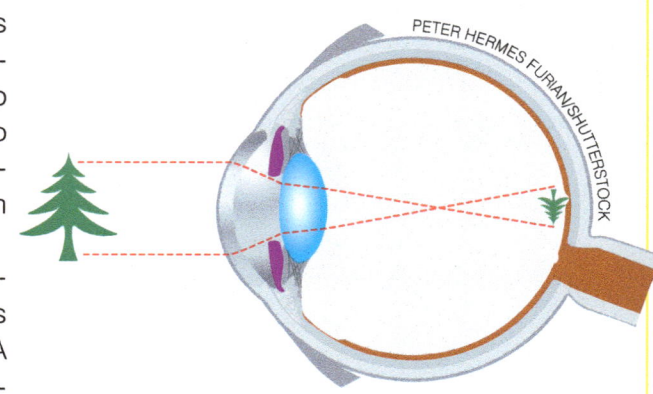

Esquema da formação de uma imagem na retina. As estruturas internas do olho foram simplificadas para uma melhor compreensão do caminho dos raios luminosos até a retina. (Cores-fantasia. Ilustração fora de escala.)

Algumas alterações na estrutura ocular fazem com que certas pessoas tenham dificuldade de visão. Duas dessas alterações são mais frequentes, a hipermetropia e a miopia, e podem ser corrigidas com o uso de lentes adequadas.

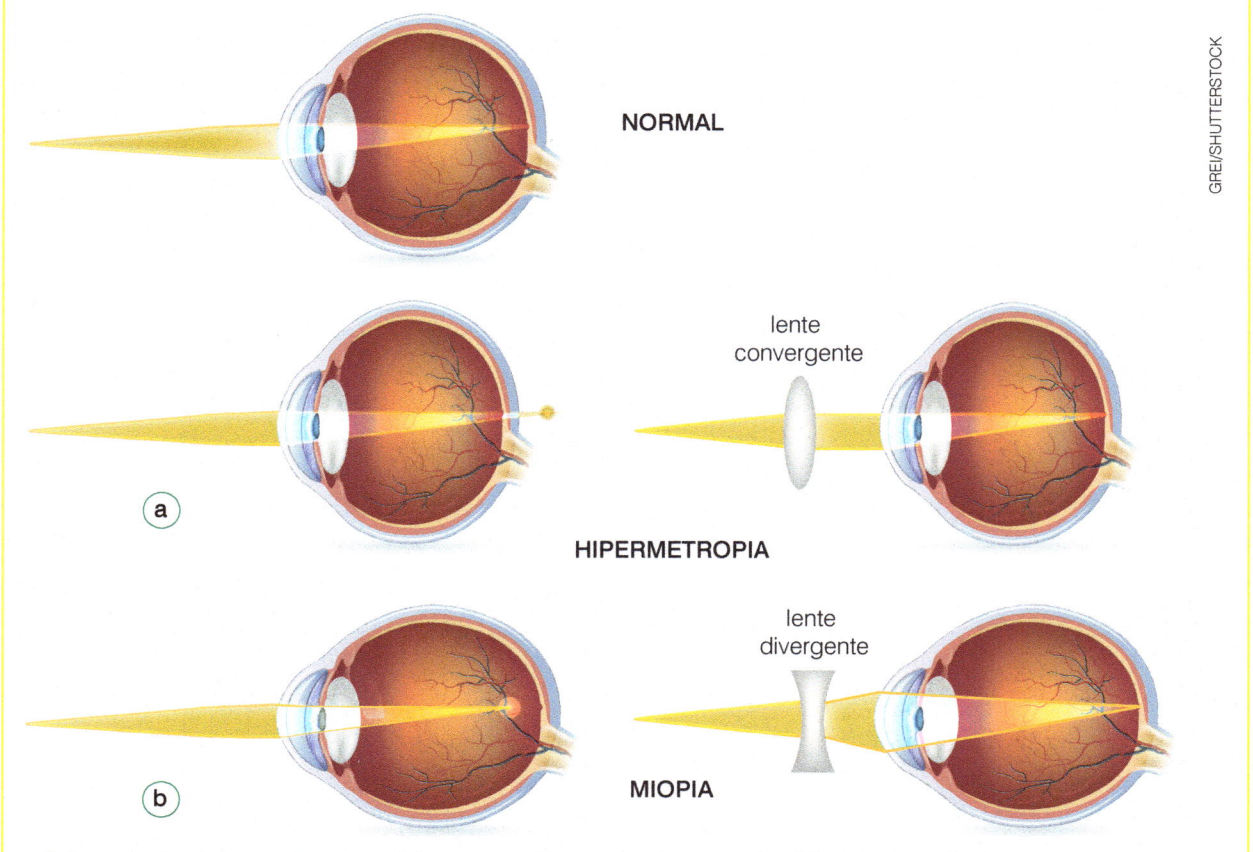

NORMAL

HIPERMETROPIA — lente convergente

(a)

MIOPIA — lente divergente

(b)

O formato do globo ocular menor (a), como na hipermetropia, ou maior (b), como na miopia faz com que as imagens não sejam corretamente formadas na retina, levando a uma falta de nitidez. Nesses casos, uma lente corretiva pela qual a luz passe antes de chegar ao olho pode resolver o problema. Daí o uso de óculos e lentes de contato. (Cores-fantasia. Ilustrações fora de escala.)

Câmaras fotográficas

As máquinas fotográficas mudaram muito nos últimos anos, estando agora incorporadas aos celulares e *tablets*, revolucionando nossa maneira de registrar imagens. No entanto, o princípio de captação de imagem continua sendo o mesmo das primeiras máquinas criadas pelo homem.

Os raios que saem do objeto atingem a máquina fotográfica e por meio de uma pequena abertura, chamada **diafragma**, chegam a um conjunto de lentes. Desse conjunto de lentes (chamado **objetiva**) os raios são direcionados para um filme sensível à luz, onde, por meio de reações químicas, a imagem é gravada.

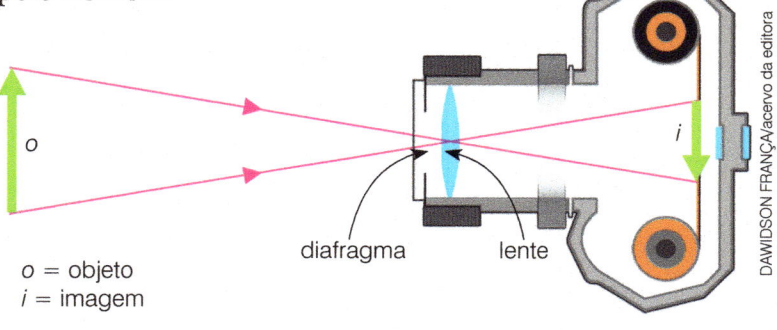

o = objeto
i = imagem

Formação da imagem em uma máquina fotográfica de filme.

Descubra você mesmo!

Pesquise a respeito das máquinas fotográficas de filme e descubra por que o processo de revelação precisa ser feito em um quarto escuro.

Nas máquinas fotográficas, a imagem que se forma é menor, invertida e em negativo. Depois, por meio de um processo químico chamado revelação, a fotografia (em positivo) é fixada.

Imagem em negativo: tipo de imagem em que o objeto claro se apresenta escuro e o escuro se apresenta claro.

O mecanismo de registro das imagens é que se transformou muito com a evolução das máquinas fotográficas. Nas máquinas digitais, as informações de cada ponto da imagem são registradas de forma eletrônica.

DE OLHO NO PLANETA
Ética & Cidadania

Monitoramento remoto

Não só as grandes cidades estão cada vez mais cheias de câmeras por todos os lados.

O monitoramento por imagens de satélites permite acompanhar à distância mudanças meteorológicas, como a aproximação de tempestades e furacões, alterações na paisagem, como grandes desmatamentos, além de ser utilizado para garantir a segurança – a partir de câmeras de segurança, que enviam dados aos satélites, é possível visualizar à distância o que está ocorrendo em determinada rua ou determinado imóvel.

Toda essa vigilância, que, por um lado, gera em todos uma maior sensação de segurança, por outro lado costuma gerar também um debate sobre a questão da privacidade e a questão ética envolvida no possível uso dessas imagens.

Câmeras de segurança são colocadas no alto de postes das várias cidades, a fim de monitorar o que acontece.

➢ Em sua opinião, quais são os prós e contras de tanta vigilância?

ENTRANDO EM AÇÃO

Construa sua própria câmara escura!

Você poderá perceber como se formam as imagens em uma máquina fotográfica construindo o que se chama "câmara escura". Para isso, você vai precisar de cartolina preta fosca, papel vegetal ou manteiga, um prego, cola ou fita adesiva.

Você vai fazer duas caixas retangulares de cartolina, uma maior e outra um pouco menor, de modo que uma se encaixe dentro da outra. Feche bem os lados com a cola ou fita adesiva.

Com o prego, faça um furo no centro de uma das faces da caixa menor, tomando cuidado para deixá-lo o mais redondo possível. Cuidado: não exagere no tamanho do furo.

Feche um dos lados da caixa maior com o papel vegetal ou manteiga, tomando o cuidado para deixá-lo bem lisinho.

Agora basta você encaixar a caixa menor dentro da caixa maior.

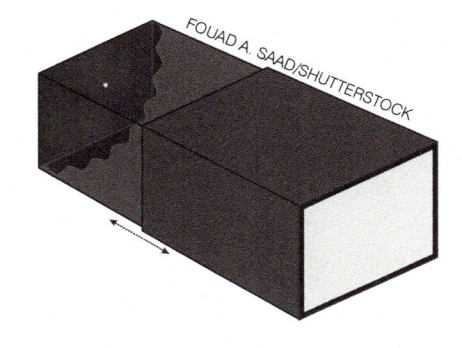

CAPÍTULO 12 • Luz e imagem 243

O deslize entre as duas caixas é que permite ao observador ajustar o foco até que a imagem apareça nítida no papel manteiga.

Apague as luzes, mire sua câmara para um objeto bem luminoso como uma vela, por exemplo. Deslize uma caixa dentro da outra até obter a melhor imagem do objeto no papel manteiga.

1. Que características você observa na imagem formada?

Microscópios ópticos

Microscópios ópticos são aparelhos usados para se obter uma imagem muito ampliada de pequenos objetos, podendo chegar a um aumento superior a 1.000 vezes. Possuem conjuntos de lentes que possibilitam diferentes aumentos do objeto a ser analisado. Como a luz precisa atravessar o objeto para que ele possa ser visto, ele é posicionado sobre uma lâmina de vidro. Quando o material a ser observado for muito espesso, será necessário cortar uma fina fatia dele.

A luz refletida pelo espelho atravessa o objeto, passa pela lente chamada objetiva, e uma primeira imagem é formada. A ocular (uma segunda lente) amplia a imagem que foi formada pela objetiva.

- ocular
- objetivas (de diferentes aumentos)
- suporte para lâmina
- espelho para direcionar a luz

Telescópios e lunetas

Esses instrumentos nos permitem observar corpos celestes que se encontram a grandes distâncias da Terra. De modo bem simplificado, podemos dizer que utilizam, assim como o microscópio, a objetiva e a ocular.

(a) Luneta astronômica, também conhecida como telescópio refrator, em que a objetiva é uma lente.
(b) Telescópio refletor utiliza como objetiva um conjunto de espelhos.

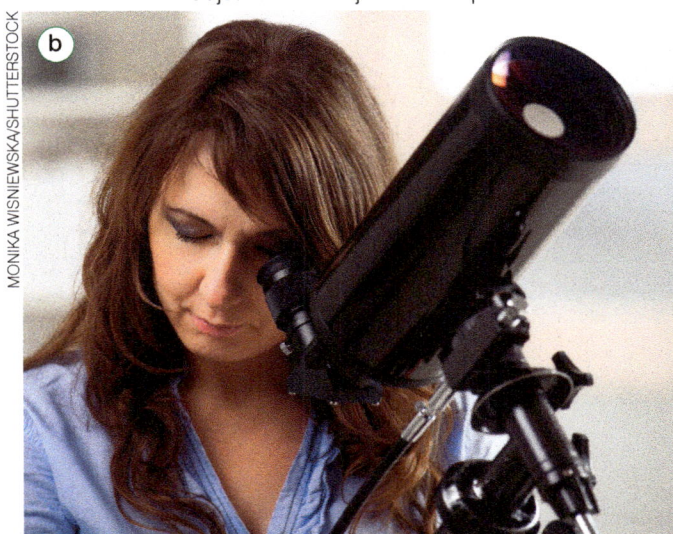

Nosso desafio

Para preencher os quadrinhos de 1 a 9, você deve utilizar as seguintes palavras: absorção, corpuscular, difusa, espectro eletromagnético, especular, ondulatório, reflexão, refração, retilínea.

À medida que você preencher os quadrinhos, risque a palavra que escolheu para não usá-la novamente.

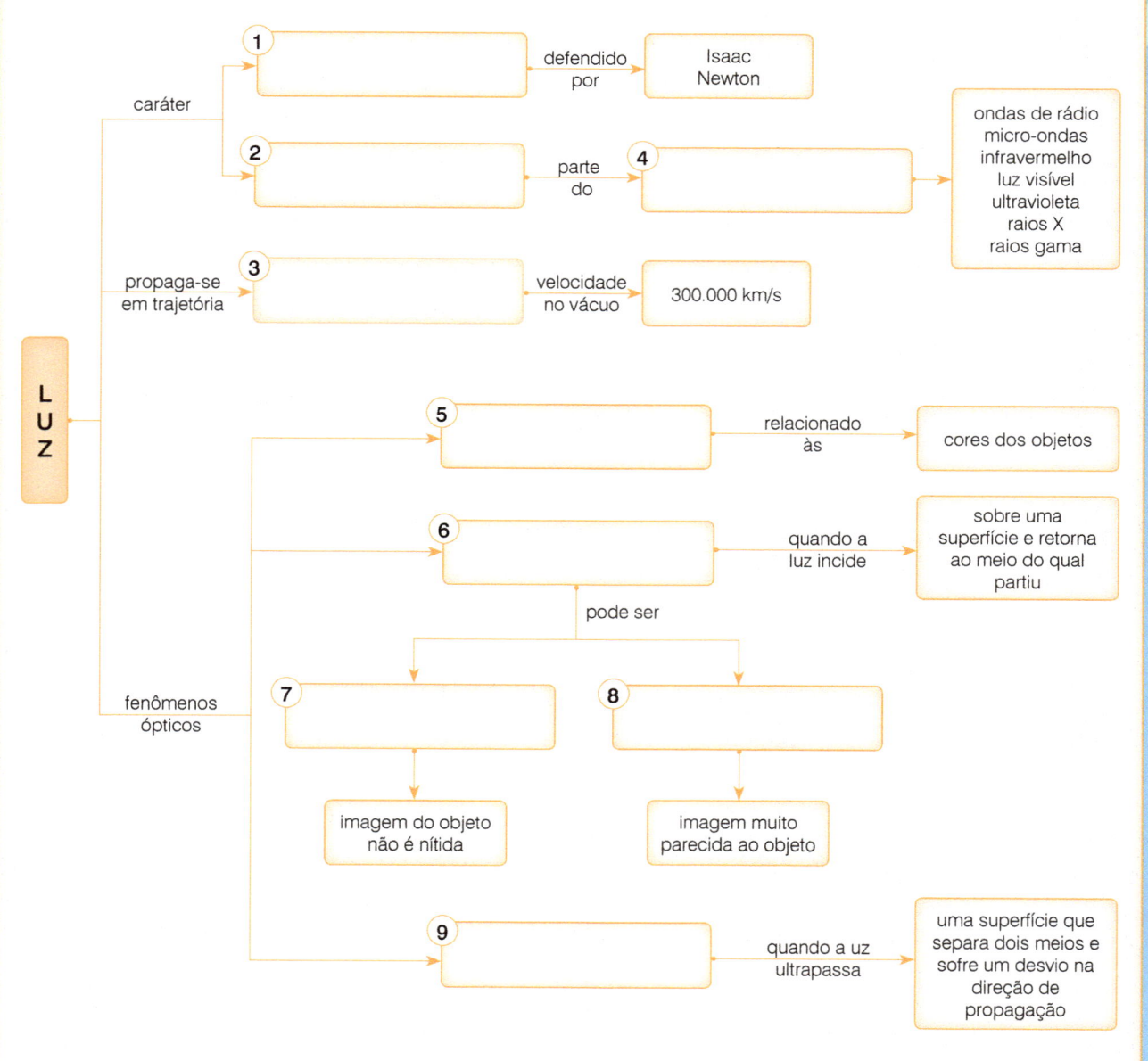

LUZ

- caráter
  - 1 ⟶ defendido por ⟶ Isaac Newton
  - 2 ⟶ parte do ⟶ 4 ⟶ ondas de rádio, micro-ondas, infravermelho, luz visível, ultravioleta, raios X, raios gama
- propaga-se em trajetória
  - 3 ⟶ velocidade no vácuo ⟶ 300.000 km/s
- fenômenos ópticos
  - 5 ⟶ relacionado às ⟶ cores dos objetos
  - 6 ⟶ quando a luz incide ⟶ sobre uma superfície e retorna ao meio do qual partiu
    - pode ser:
      - 7 ⟶ imagem do objeto não é nítida
      - 8 ⟶ imagem muito parecida ao objeto
  - 9 ⟶ quando a luz ultrapassa ⟶ uma superfície que separa dois meios e sofre um desvio na direção de propagação

Atividades

1. [1, 9] Por que não enxergamos nada na ausência de luz?

2. [10] Dê exemplos de corpos luminosos, transparentes, translúcidos e opacos.

3. [1, 9] Sabendo que para ver algum objeto precisamos de uma fonte de luz, além do nosso olho e do objeto, desenhe no esquema abaixo o trajeto que seria percorrido pelo raio de luz (representando esse raio de luz por uma linha reta) para que pudéssemos ver a flor.

4. [1, 9, 10] Ao olharmos pela janela de nossa sala durante o dia vemos com clareza o que tem lá fora. Já durante a noite, com a sala iluminada, vemos no vidro o reflexo da imagem do interior da sala. Por que isso acontece?

5. [10] Identifique os fenômenos aos quais os esquemas abaixo se referem:

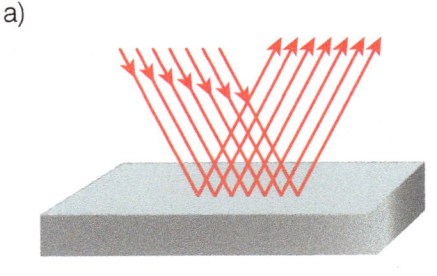

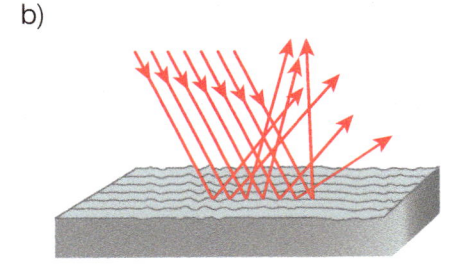

a)

b)

c)

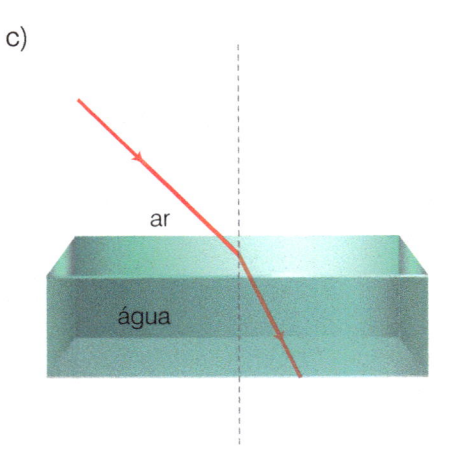

6. [10] O que produz uma onda eletromagnética?

7. [10] Qual é a diferença entre uma onda luminosa e um raio X? e a diferença entre uma onda luminosa e uma onda de rádio?

8. [1, 9] O fenômeno de decomposição da luz branca ao atravessar um prisma ocorre porque
a) a luz branca tem uma frequência muito alta.
b) no interior do prisma acontece uma dupla reflexão.
c) a luz branca é composta de várias ondas oscilando em várias frequências.
d) o ângulo de reflexão não depende da frequência.

9. [10] Com que cor aparece a luz de mais baixa frequência? e a de mais alta frequência?

10. [10] A luz é uma onda ou uma partícula? Explique.

11. [10] Por que nas ambulâncias e nos carros de bombeiro a palavra que identifica esses veículos aparece escrita ao contrário na parte da frente deles?

12. [1, 3, 6, 7, 9, 10] Observando os raios refletidos é possível identificar o tipo de superfície refletora. Analise a figura a seguir, em que um feixe de luz constituído de raios paralelos entre si incide sobre a superfície de uma mesa e identifique o tipo de superfície refletora.

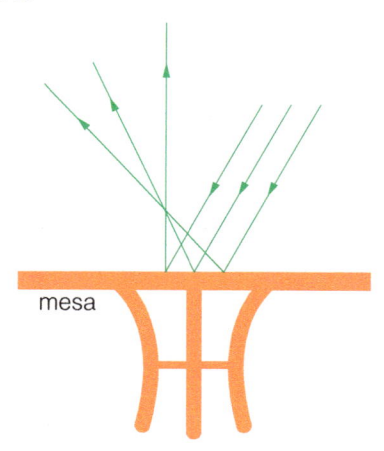

13. **[1, 3, 6, 7, 9, 10]** Quando o Sol está a pino, ao meio-dia, um garoto coloca um lápis paralelamente ao solo horizontal e bem próximo deste. Observa a sua sombra projetada no chão e nota que ela é bem nítida, porém, à medida que ergue o lápis e o afasta do solo, a sombra perde pouco a pouco a nitidez até desaparecer, restando apenas a penumbra. Como é possível explicar isso?

14. **[1, 9, 10]** Um garoto de 1,6 m de altura está a 2,0 m de distância de um espelho plano vertical de 2 m de altura. Se o garoto afastar-se do espelho, para uma nova posição, a 4 m deste, a imagem terá uma altura H. Para essa situação, determine a altura H da imagem do garoto.

15. **[10]** Um raio de luz incide em um espelho plano formando um ângulo de 70° com a sua superfície. Nessas circunstâncias, qual é o ângulo de reflexão desse raio de luz?

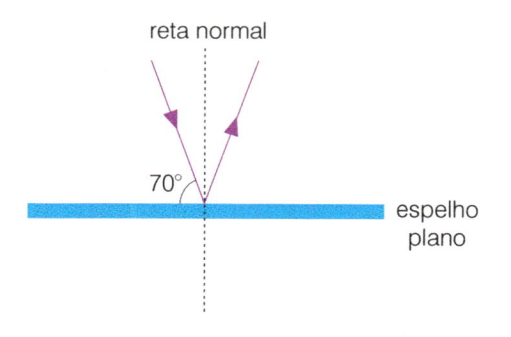

16. **[1, 3, 4, 6, 7, 9, 10]** Um professor entregou para um aluno uma haste de 50 cm de comprimento e sugeriu que a utilizasse para a determinação aproximada da altura de uma palmeira que se encontrava no pátio da escola. O aluno, então, mediu a sombra projetada da palmeira e, no mesmo instante, com a haste verticalmente fixada no solo, mediu a sombra projetada por ela. Os valores encontrados foram, respectivamente, 15 m e 0,30 m. Supondo que o aluno efetuou corretamente os cálculos, qual foi a altura da palmeira encontrada pelo aluno?

17. **[1, 3, 4, 6, 7, 9, 10]** (PUC – SP – adaptado) Observe atentamente a imagem abaixo. Nela temos uma placa metálica de fundo preto sobre a qual foram escritas palavras com cores diferentes. Supondo que as cores utilizadas sejam constituídas por pigmentos puros, ao levarmos essa placa para um ambiente absolutamente escuro e a iluminarmos com luz monocromática azul, quais são as únicas palavras e cores resultantes que serão percebidas por um observador de visão normal?

18. **[1, 9, 10]** O globo ocular humano pode apresentar alteração em seu formato com consequências na qualidade da visão. Sem o uso de lentes corretivas, na hipermetropia e na miopia onde se formam as imagens com relação à retina?

19. **[10]** Para que servem as lentes?

20. **[10]** Que fenômeno físico está por trás do funcionamento das lentes?

CARGAS, CORRENTE ELÉTRICA E MAGNETISMO

capítulo 13

Incidência de raios no Brasil

Com mais de 100 milhões de incidências ao longo de um ano, o Brasil é o país onde mais caem raios. São mais de 100 mortos e centenas de feridos todos os anos em consequência dessa incrível liberação de energia elétrica pela natureza. Mas como se formam os raios? Do que são feitos? Será que podemos capturar sua imensa energia para suprir nossas demandas de energia elétrica?

Para investigar essas perguntas, precisamos entender algumas propriedades das cargas elétricas, como e onde estão localizadas, de que tipo são e como interagem, além de estudar os processos de eletrização dos corpos.

Neste capítulo, estudaremos fenômenos elétricos que ocorrem com cargas em repouso (eletrostáticos) e também aqueles em que se considera que ocorra um movimento ordenado de cargas (eletrodinâmicos). Por fim, veremos que a eletricidade tem relação com o magnetismo – ramo da Física que é capaz de explicar desde o funcionamento de uma bússola até a operação dos aparelhos de ressonância magnética.

Princípios fundamentais da eletricidade

Você já tomou um pequeno choque ao tocar a maçaneta de uma porta, a lataria de um carro ou mesmo quando encostou em outra pessoa?

Esses pequenos choques, também conhecidos como **descargas eletrostáticas** ocorrem porque, em certas condições, nossos corpos deixam de ser eletricamente neutros e ficam **eletrizados**, isto é, *possuem certa quantidade de carga elétrica*. Quando encostamos em outro material não eletrizado, essa carga elétrica é conduzida para o outro corpo, gerando a sensação de choque.

Mas, afinal, o que é **carga elétrica**?

Assim como a massa, a carga elétrica é uma propriedade de partículas e corpos. Os átomos apresentam em seu núcleo cargas elétricas positivas (prótons) e em torno do núcleo, em uma região denominada eletrosfera, cargas elétricas negativas (elétrons).

Dentre os vários cientistas que, ao longo da história, dedicaram sua vida ao estudo da eletricidade, foi o cientista francês Charles François de Cisternay Du Fay (1698-1739) um dos primeiros a identificar que existiam cargas de dois tipos, e que entre elas poderia haver *atração ou repulsão*.

Em 1735, Du Fay publicou uma carta na revista inglesa *Philosophical Transactions of the Royal Society* em que apresentava dois princípios da eletricidade. O primeiro deles estabelecia que havia dois tipos de cargas elétricas, o que hoje conhecemos como **cargas positivas e cargas negativas**. O segundo princípio estabelecia como ocorre a atração e a repulsão entre cargas:

- cargas elétricas de mesmo sinal se repelem e
- cargas elétricas de sinais diferentes se atraem.

Modelo atômico em que nêutrons e prótons se encontram no núcleo e os elétrons orbitam em uma região em torno dele.
(Cores-fantasia. Ilustração fora de escala.)

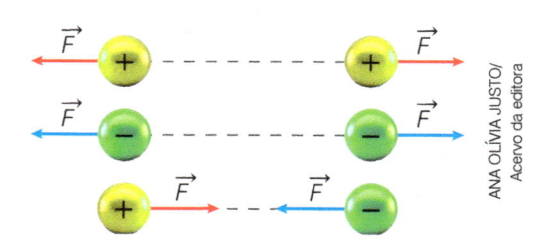

Se há uma aproximação ou uma repulsão entre as cargas é porque uma força está causando isso; neste caso, uma força elétrica. (Cores-fantasia. Ilustração fora de escala.)

Charles François Du Fay.
Gravura em madeira, autor desconhecido, século XVIII.

É SEMPRE BOM SABER MAIS!

A nomenclatura de cargas elétricas positivas e negativas como a usamos hoje é uma contribuição do cientista e inventor estadunidense Benjamin Franklin (1706-1790). Por volta do ano 1750, ele procurou descrever de que forma as forças elétricas poderiam atrair e repelir corpos mesmo sem que existisse contato entre elas. Suas contribuições, juntamente com os trabalhos do físico francês Jean-Antoine Nollet (1700-1770), permitiram a formulação do princípio de conservação da carga elétrica:

> Em um sistema isolado de cargas, a soma das cargas elétricas antes e depois de qualquer processo é constante.

No caso de contato entre dois condutores de mesmas dimensões e formato, onde pelo menos um deles está eletrizado, ambos ficam com a mesma quantidade de cargas. Assim, por exemplo, se antes do contato um condutor tinha carga 4 e o outro carga 2, após o contato ambos terão carga 3.

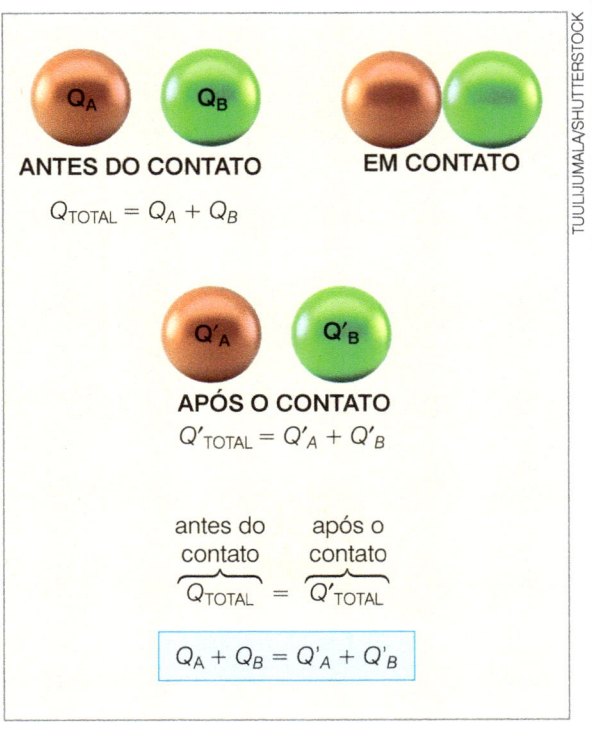

ANTES DO CONTATO
$Q_{TOTAL} = Q_A + Q_B$

EM CONTATO

APÓS O CONTATO
$Q'_{TOTAL} = Q'_A + Q'_B$

$$\underbrace{Q_{TOTAL}}_{\text{antes do contato}} = \underbrace{Q'_{TOTAL}}_{\text{após o contato}}$$

$$Q_A + Q_B = Q'_A + Q'_B$$

Supondo que o sistema acima esteja isolado, ou seja, não há troca de nenhuma forma com o meio externo, a soma das cargas elétricas (Q_A e Q_B) iniciais é igual à soma das cargas elétricas (Q'_A e Q'_B) finais. (Cores-fantasia. Ilustração fora de escala.)

Condutores e isolantes

Quanto ao seu comportamento elétrico, os materiais podem ser classificados em **condutores** ou **isolantes**. Esse fato está relacionado com a força com que os elétrons da última camada eletrônica de alguns átomos são atraídos por seus núcleos.

Assim, são **condutores** os materiais em que os elétrons da última camada de seus átomos estão fracamente atraídos pelo núcleo, o que possibilita que esses elétrons fiquem "livres", isto é, se movimentem com facilidade entre os átomos do material. Exemplos de materiais condutores são os metais, o solo, o corpo humano, o carvão e as soluções eletrolíticas.

> **Lembre-se!**
> Não temos um condutor ou um isolante perfeitos, mas, sim, um bom condutor ou um bom isolante.

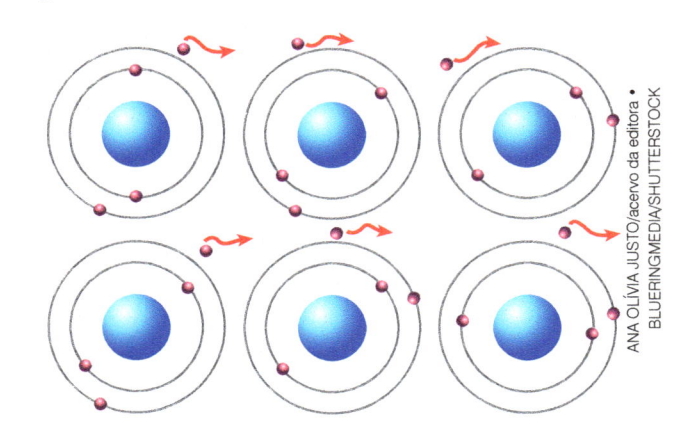

Nos materiais condutores, os elétrons da última camada do átomo se movimentam livremente por todo material. (Cores-fantasia. Ilustração fora de escala.)

UNIDADE 2 • MATÉRIA E ENERGIA

Fique por dentro!

Um material eletrizado, quando colocado em contato com a Terra por meio de um fio de material *condutor* (chamado **fio terra**), se descarrega, tornando-se neutro. Se o corpo estiver eletrizado negativamente, os elétrons livres se deslocarão em direção ao solo.

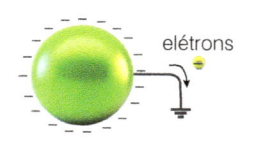

elétrons

Ao contrário, se o corpo estiver eletrizado positivamente, o fluxo de elétrons será do solo para o corpo.

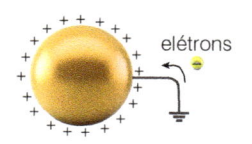

elétrons

(Cores-fantasia. Ilustrações fora de escala.)

Já materiais **isolantes** ou **dielétricos** são aqueles em que os elétrons da última camada de seus átomos estão fortemente atraídos pelo núcleo, não encontrando facilidade de movimento. Exemplos de materiais isolantes são o ar, a água pura, o vidro, a borracha, o plástico, a seda, a lã e a porcelana.

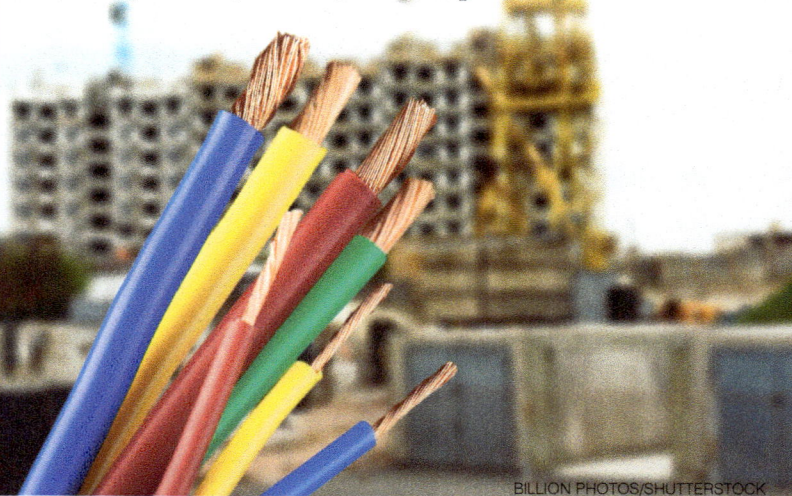

Os fios elétricos utilizados nas instalações residenciais são feitos de cobre no interior (material condutor), mas revestidos por plástico ou borracha (material isolante) para evitar choques elétricos.

É SEMPRE BOM SABER MAIS!

Semicondutores

Encontramos ainda uma classe de materiais intermediários entre condutores e isolantes, a dos **semicondutores**, muito utilizados em microeletrônica (por exemplo, em circuitos integrados). Os mais conhecidos semicondutores são o germânio e o silício.

Materiais semicondutores são empregados para a construção de circuitos integrados (*chips*).

Os semicondutores são materiais que, em determinadas condições, conduzem corrente elétrica e em outras não. São utilizados para construir processadores de computador que codificam a informação, ou seja, transformam a informação em códigos que podem ser retransmitidos. Essa codificação é binária, isto é, com base apenas em dois números (0 e 1), dependendo se há corrente elétrica (código 1) ou não (código 0).

Com o código binário podem ser escritas todas as letras, números, palavras e sentenças. A palavra CIENCIAS, por exemplo, por essa codificação seria escrita:

01000011 01001001 01000101 01001110
01000011 01001001 01000001 01010011

Tela de computador em que se pode ver uma sequência escrita em código binário.

Processos de eletrização

Em condições normais, toda matéria está eletricamente neutra, ou seja, seu número de prótons é igual ao número de elétrons. Quando ocorre uma diferença entre esses números dizemos que o corpo está **eletrizado**.

A **eletrização**, processo ou ato de eletrizar um corpo ou objeto, ocorre com a perda ou ganho de elétrons.

Corpo eletrizado positivamente – o número de elétrons é menor do que o de prótons (o corpo perdeu elétrons).

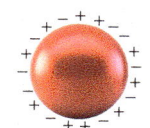

Corpo neutro – o número de elétrons é igual ao número de prótons.

Corpo eletrizado negativamente – o número de elétrons é maior do que o de prótons (o corpo ganhou elétrons).

(Cores-fantasia. Ilustrações fora de escala.)

Vamos conhecer agora três processos capazes de eletrizar um corpo: **eletrização por atrito, por contato** e **por indução**.

Eletrização por atrito

A eletrização por atrito ocorre quando dois corpos, inicialmente neutros, são atritados. Nesse caso, um deles cede elétrons e o outro os recebe, o que faz com que esses corpos fiquem eletrizados com cargas de sinais contrários.

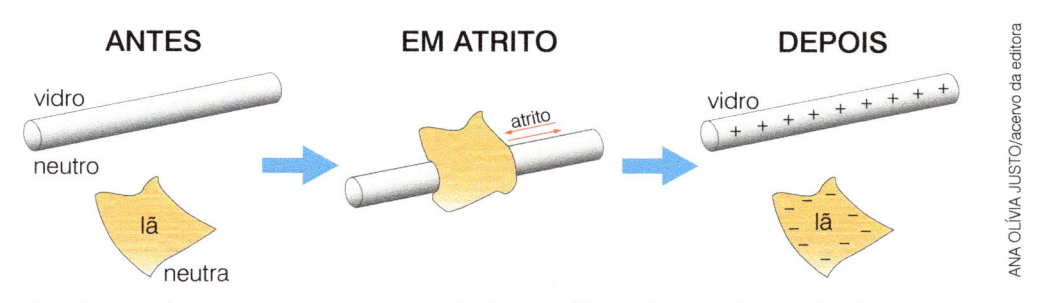

Quando atritamos dois corpos, eles se tornam eletrizados. (Cores-fantasia. Ilustrações fora de escala.)

ENTRANDO EM AÇÃO

Uma experiência simples para que você possa comprovar a eletrização por atrito consiste em passar um pente de madeira ou de plástico várias vezes no cabelo e, em seguida, aproximá-lo de pequenos pedacinhos de papel. Você verá que os pedacinhos de papel são atraídos pelo pente.

Repita a operação atritando agora o pente em uma flanela e aproximando-o dos pedacinhos de papel. O que acontece? Por quê?

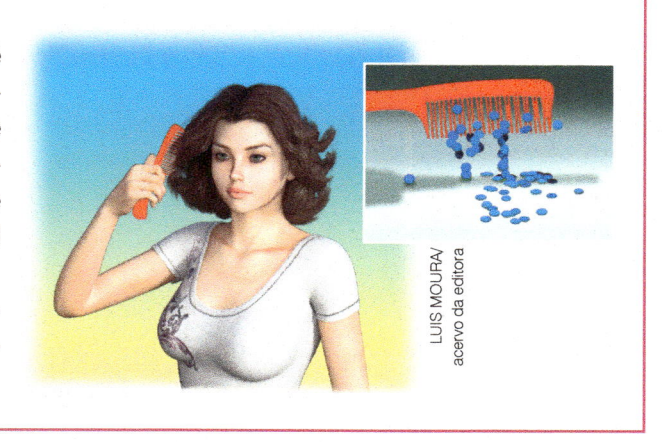

É SEMPRE BOM SABER MAIS!

Na eletrização por atrito, um dos materiais apresenta tendência para ceder elétrons, enquanto o outro, em receber elétrons.

Mas como saber o que irá acontecer quando dois materiais são atritados?

Para responder a essa pergunta, os cientistas elaboraram, com base experimental, uma tabela conhecida como série *triboelétrica*. Nela, os materiais foram dispostos em uma sequência segundo sua resposta quando são atritados com outros. Assim, quando dois materiais dessa tabela são atritados, aquele que está na parte superior dela fica eletrizado positivamente (perde elétrons), enquanto o que está na parte inferior fica eletrizado negativamente (recebe elétrons). Observe que determinado material pode ficar eletrizado positiva ou negativamente, dependendo do material com que é atritado.

SÉRIE TRIBOELÉTRICA
POSITIVO
- pele humana seca
- couro
- vidro
- cabelo humano
- náilon
- lã
- chumbo
- seda
- alumínio
- papel
- algodão
- aço
- madeira
- âmbar
- borracha dura
- níquel e cobre
- prata e latão
- ouro e platina
- poliéster
- isopor
- filme de PVC
- silicone
- teflon

NEGATIVO

ESTABELECENDO CONEXÕES

Cotidiano

Eletricidade estática

Parece que algumas pessoas quando saem de seus carros estão tão agitadas que ao nos cumprimentar até dão choque! Não, não é pelo nervosismo que há a descarga elétrica. Ocorre que o estofamento de alguns veículos é feito com tecido que, ao ser atritado contra o corpo da pessoa, causa uma eletrização por atrito. Ao sair do veículo e em contato com outra pessoa, ocorre a descarga, o choque – a passagem da eletricidade pelo corpo.

Outro exemplo de eletricidade estática pode ser visto nas corridas de automóveis: talvez você já tenha observado que, na hora do abastecimento, os veículos são conectados à terra. Isso porque durante a corrida o carro vai se atritando com o ar, o que acarreta eletricidade estática. Com o aterramento, as cargas são desviadas para o solo e diminui o perigo de explosão durante o abastecimento.

Um bom exemplo da aplicação da eletricidade eletrostática está no funcionamento das máquinas fotocopiadoras. Nelas, o que se quer copiar é direcionado para um cilindro, que permanece eletrizado onde as imagens são projetadas, atraindo as partículas de toner (um pigmento), que, por aquecimento, são fundidas sobre o papel.

Cilindro de máquina fotocopiadora.

▶ Eletrização por contato

Esse processo ocorre principalmente entre dois corpos condutores de eletricidade, estando um eletrizado e o outro, neutro. Vamos estudar dois casos:

1.º caso – Um corpo eletrizado negativamente é colocado em contato com um corpo neutro: nesse caso, ocorrerá transferência de elétrons para o neutro. Porém, nem todos os elétrons são transferidos e ambos os corpos ficam eletrizados negativamente.

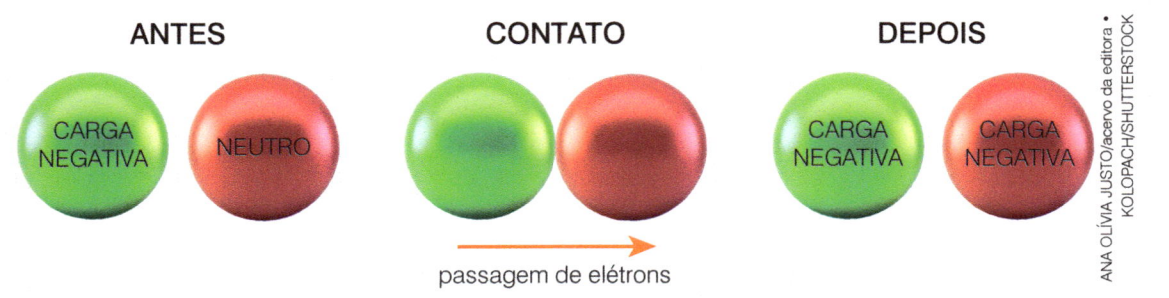

2.º caso – Um corpo eletrizado positivamente é colocado em contato com um corpo neutro; nesse caso, ocorrerá transferência de elétrons do neutro para o eletrizado, com isso o corpo neutro ficará positivo. Porém, a quantidade de elétrons transferida não é suficiente para anular as cargas positivas; assim, os dois corpos ficam eletrizados positivamente.

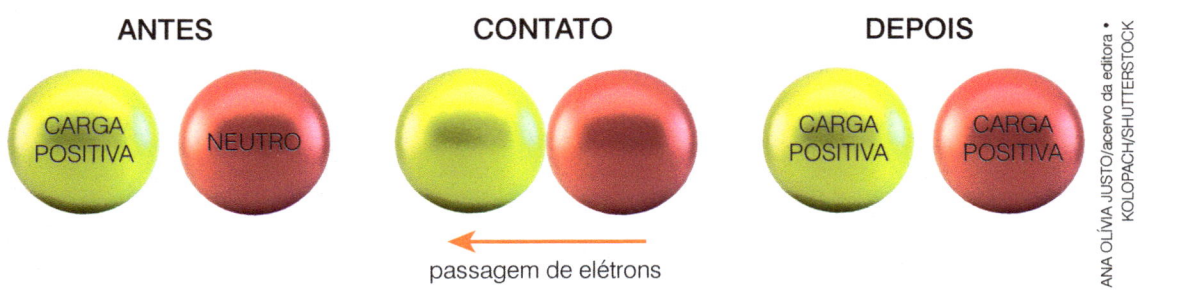

▶ Eletrização por indução

Indução eletrostática é o fenômeno que ocorre quando um corpo eletrizado (**indutor**) é colocado próximo a um condutor neutro (**induzido**), provocando uma separação de cargas elétricas.

Quando aproximamos um indutor negativo de um condutor neutro e isolado, ocorre um rearranjo de cargas no corpo neutro: os elétrons do induzido deslocam-se para a extremidade oposta, enquanto as cargas positivas tendem a ficar mais próximas das negativas do indutor.

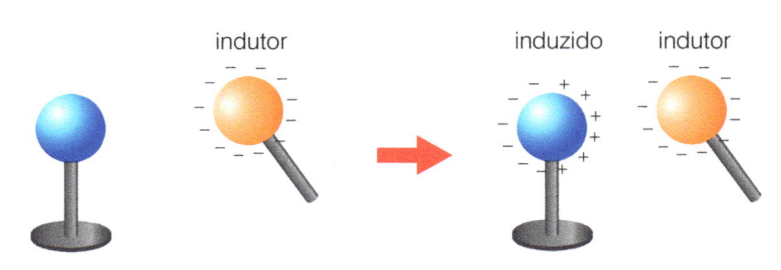

Agora, se ligarmos o induzido a um fio terra, os elétrons livres serão deslocados para a Terra. Ao rompermos a ligação, o corpo estará eletrizado positivamente.

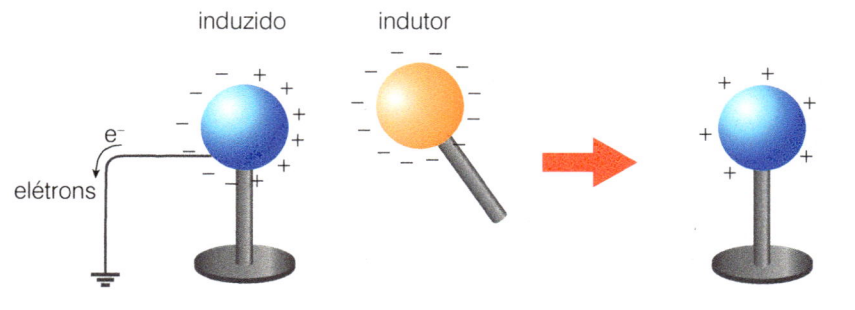

ESTABELECENDO CONEXÕES
Cotidiano

No início deste capítulo, falamos sobre a incidência recorde de raios no Brasil. Você tem perguntas sobre raios? O pesquisador do Grupo de Eletricidades Atmosféricas do Instituto Nacional de Pesquisas Espaciais (INPE), Marcelo M. F. Saba, responde algumas dúvidas comuns no trecho da entrevista a seguir.

A Física das tempestades e dos raios: questões e dúvidas frequentes

Por que as nuvens se eletrificam?

Ainda não há uma teoria definitiva que explique a eletrificação da nuvem. Há, no entanto, um consenso entre os pesquisadores de que a eletrificação surge da colisão entre partículas de gelo, água e granizo no interior da nuvem. Uma das teorias mais aceitas nos diz que o granizo, sendo mais pesado, ao colidir com cristais de gelo, mais leves, fica carregado negativamente, enquanto os cristais de gelo ficam carregados positivamente. Isso explicaria o fato de a maioria das nuvens de tempestade ter um centro de cargas negativas embaixo e um centro de cargas positivas na sua parte superior. Algumas nuvens apresentam também um pequeno centro de cargas positivas próximo à sua base.

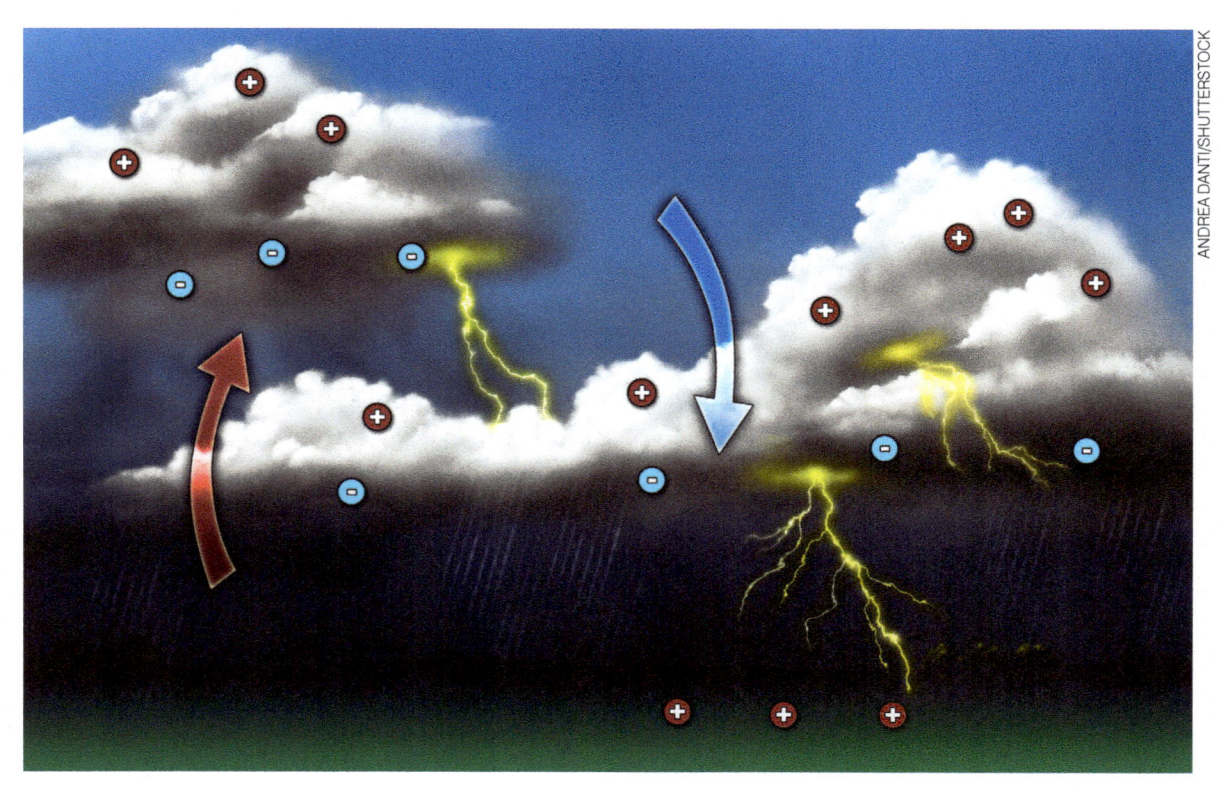

Por que existem relâmpagos?

Quando a concentração de cargas no centro positivo e negativo da nuvem cresce muito, o ar que os circunda já não consegue isolá-los eletricamente. Acontecem então descargas elétricas entre regiões de concentração de cargas opostas que aniquilam ou pelo menos diminuem essas concentrações. A maioria das descargas (80%) ocorre dentro das nuvens, mas como as cargas elétricas na nuvem induzem cargas opostas no solo, as descargas podem também se dirigir a ele.

Como funciona o para-raios?

Um para-raios nem atrai nem repele os raios. Ele também não descarrega a nuvem como pensava Benjamin Franklin. Ele simplesmente oferece ao raio um caminho fácil até o solo que é ao mesmo tempo seguro para nós e para o que pretendemos proteger.

Quais os tipos de relâmpagos?

Aqueles que tocam o solo (80%) podem ser divididos em descendentes (nuvem-solo) e ascendentes (solo-nuvem). (...) O tipo mais frequente dos raios é o descendente. O raio ascendente é raro e só acontece a partir de estruturas altas no chão (arranha-céus) ou no topo de montanhas (torres, antenas). Os raios ascendentes têm sua ramificação voltada para cima. (...)

Adaptado de: SABA, M. M. F. *A Física das tempestades e dos raios:* questões e dúvidas frequentes. A Física na Escola, v. 2, n. 1. *Disponível em:* <http://www.sbfisica.org.br/fne/Vol2/Num1/raios.pdf>. *Acesso em:* 21 jul. 2019.

Colocados no alto de edifícios, os para-raios consistem de hastes metálicas, de 3 ou 4 pontas, ligadas por um condutor à Terra. Com isso, as cargas elétricas podem ser encaminhadas para o solo.

Navegando na net

No site do Instituto Nacional de Pesquisas Espaciais (INPE), na aba "Curiosidades", você encontrará uma série de informações interessantes sobre raios, sua incidência, sua formação, entre outros detalhes (*acesso em:* 13 jul. 2019).

<http://www.inpe.br/webelat/homepage/>

A medida da carga elétrica

A quantidade de elétrons ou de prótons em excesso em um corpo é o valor da carga desse corpo. No Sistema Internacional, a unidade de medida de cargas é o **coulomb** (C). Para que um corpo adquira carga negativa de −1 C, é necessário que apresente um excesso de $6{,}25 \times 10^{18}$ elétrons (6.250.000.000.000.000.000 elétrons!).

Como as quantidades de carga envolvidas em processos de eletrização cotidianos são tipicamente pequenas, é comum o uso de prefixos multiplicativos. Veja os principais deles na tabela abaixo.

> **Fique por dentro!**
>
> A queda de um raio transporta cargas da ordem de dezenas de coulombs.

Principais múltiplos do coulomb		
prefixo	como se lê	valor
1 mC	milicoulomb	10^{-3} C
1 µC	microcoulomb	10^{-6} C
1 nC	nanocoulomb	10^{-9} C
1 pC	picocoulomb	10^{-12} C

Corrente elétrica e circuitos elétricos

Até aqui estudamos a Eletrostática, que descreve situações envolvendo cargas elétricas em repouso ou em movimento, mas em um movimento desordenado. Agora vamos apresentar alguns elementos da Eletrodinâmica, ramo da eletricidade que estuda as causas e os efeitos das cargas elétricas em movimento ordenado, o que é fundamental nos dias de hoje, pois é esse movimento que possibilita o funcionamento dos diversos dispositivos elétricos.

Nós já estudamos nesta coleção (volume 8) o que é corrente elétrica, mas é sempre bom relembrar o que já aprendemos.

Para compreender o que é corrente elétrica, vamos novamente fazer uma analogia com o movimento de água no interior de um cano. Enquanto o cano com água permanecer na horizontal, não haverá um fluxo ordenado de água de um lado para outro. Mas basta inclinar um dos lados do cano para que esse desnível, essa diferença, faça com que a água passe a fluir ordenadamente de um lado para outro. Em um condutor elétrico, um efeito análogo ocorre com os elétrons.

Se visualizássemos a estrutura atômica de um condutor, por exemplo, um fio de cobre, observaríamos que seus elétrons se movimentam em todas as direções, totalmente desordenados. No entanto, quando ligamos esse condutor aos polos de uma bateria, criamos uma diferença entre esses polos e estabelece-se um movimento ordenado de elétrons, ou seja, uma **corrente elétrica**.

> **Lembre-se!**
>
> Quando um conjunto de elétrons segue em movimento *ordenado* por um condutor (circuito elétrico) temos uma **corrente elétrica**.

No passado, pensava-se que o sentido da corrente, ou seja, o sentido do movimento ordenado de elétrons, ocorreria do polo positivo da bateria para o polo negativo. Esse é o **sentido convencional** da corrente (ainda em uso), porém oposto ao sentido real do movimento dos elétrons.

Lembre-se!

A montagem ao lado, ou seja, o conjunto formado por pilha, fios, chave e lâmpada, forma o chamado **circuito elétrico**.

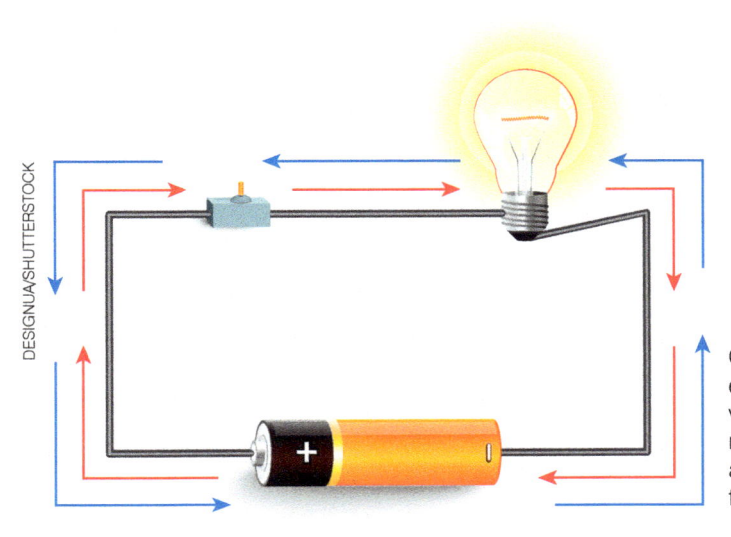

O sentido convencional da corrente elétrica está indicado pelas setas vermelhas, enquanto o movimento real dos elétrons é dado pelas setas azuis. (Cores-fantasia. Ilustração fora de escala.)

A **intensidade** (*i*) de corrente elétrica pode ser determinada pela razão da quantidade de carga elétrica (*Q*) que passa por uma seção transversal de um condutor por unidade de tempo (Δ*t*):

$$i = \frac{Q}{\Delta t}$$

Seção transversal: é a região determinada pela intersecção de um corpo com um plano perpendicular a ele.

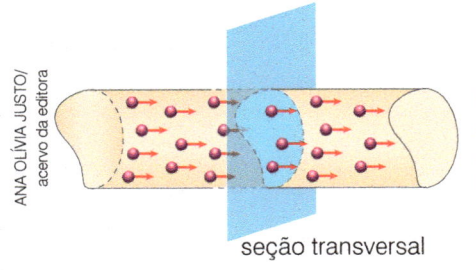

Representação artística de elétrons atravessando a seção transversal de um fio condutor. (Cores-fantasia. Ilustração fora de escala.)

seção transversal

Descubra você mesmo!

Pesquise a diferença entre circuito elétrico aberto e circuito elétrico fechado.

A unidade de corrente elétrica no SI é o C/s, chamado de **ampere** (A), em homenagem ao físico e matemático francês André-Marie Ampère (1775--1836).

Lembre-se!

1 A = 1 C/s

Jogo rápido

Supondo que por uma seção transversal de um condutor passe, em 10 s, uma quantidade de carga *Q* igual a 50 C, qual é a intensidade da corrente elétrica nesse condutor?

Enquanto nos condutores metálicos as cargas são os elétrons (portadores de carga elétrica), nas soluções eletrolíticas (bateria de um carro, por exemplo) as partículas portadoras de carga são os íons (cátions e ânions). Nos gases (interior de uma lâmpada fluorescente, por exemplo), temos íons e elétrons.

Diferença de potencial (ddp)

Diferença de potencial: diferença de energia elétrica potencial entre dois pontos.

Para ocorrer uma corrente elétrica é preciso estabelecer entre dois pontos do condutor uma **diferença de potencial (ddp)**, também chamada **tensão elétrica** ou **voltagem**, que é medida em **volts** (V).

A ddp ou tensão força os elétrons a entrar em movimento no interior do condutor. As fontes de ddp são pilhas, baterias ou mesmo as tomadas elétricas.

É SEMPRE BOM SABER MAIS!

Pilhas e baterias

Pilhas e baterias são dispositivos capazes de, por meio de reações químicas, transformar em energia elétrica a energia química presente nas substâncias que as compõem. São, portanto, **geradores** de energia elétrica.

Alessando Volta, em 1800, foi quem criou a primeira bateria, a partir de uma montagem de camadas alternadas de zinco, papel mata-borrão embebido em água salgada e prata. Conectando por um fio a parte superior e inferior dessa bateria era possível estabelecer uma corrente elétrica.

Atualmente, as baterias são construídas à base de chumbo e ácido sulfúrico e as pilhas têm em sua composição zinco, manganês e potássio. Como essas substâncias são potencialmente danosas, o descarte de pilhas e baterias não deve ser feito no lixo comum, mas sim em postos de coleta especialmente destinados a esse propósito.

Pilhas e bateria de carro, geradoras de corrente elétrica.

Reconstrução da bateria de Volta.

ESTABELECENDO CONEXÕES
Saúde

Efeitos fisiológicos da corrente elétrica

A consequência de um choque elétrico varia muito de pessoa para pessoa. Os cientistas analisaram o comportamento do organismo humano exposto a uma corrente alternada de frequência igual a 60 Hz (a corrente elétrica de nossas residências), fluindo através do corpo de uma mão à outra, com o coração no caminho. Concluíram que, em geral, existe uma variação intermediária de corrente, de cerca de 0,1 a 0,2 A, que é provavelmente fatal, pois nesse intervalo ela é capaz de produzir fibrilação ventricular (o cessar das contrações normais dos músculos do coração).

Acima desse intervalo, a corrente tende a fazer com que o miocárdio se contraia fortemente, mas que pode voltar a bater por si só cessada a fonte do choque. Daí, a intensidade da corrente nem sempre determina a intensidade da lesão e muitas correntes altas podem não ser tão danosas quanto as de baixa intensidade. Para uma descarga de relâmpago, os danos poderão ir de sequelas gravíssimas até a morte. Veja a tabela abaixo, que associa os prováveis efeitos da corrente elétrica com sua intensidade.

Corrente elétrica (em A)	Efeitos fisiológicos
10^{-3} a 10^{-2}	Princípio da sensação de choque.
10^{-2} a 10^{-1}	Ponto em que um estímulo é suficiente para produzir um efeito doloroso; paralisia muscular, dor severa, dificuldade respiratória; parada cardíaca.
10^{-1} a 2×10^{-1}	Fibrilação ventricular, normalmente fatal se não houver intervenção.
2×10^{-1} a 1	Parada cardíaca; recuperação possível desde que o choque seja terminado antes da morte.
1 a 10	Queimaduras graves e não fatais, a menos que os órgãos vitais tenham sido atingidos.

Disponível em: <http://fisica.icen.ufpa.br/aplicada/choques.htm>. *Acesso em:* 13 maio 2015.

Resistência elétrica

A corrente elétrica pode ser estabelecida em um condutor fechado (circuito elétrico) e mantida por uma fonte de ddp (pilha, por exemplo) para alimentar uma lâmpada ou outro componente. Interruptores podem ser utilizados para ligar e desligar o sistema.

No caso das residências, a fonte de ddp é a rede de transmissão elétrica, um sistema de cabos condutores, que vem desde a usina geradora de energia elétrica até os postes nas ruas, passando por vários elementos intermediários.

Mas o fluxo de elétrons no interior de um condutor não ocorre livre de certa resistência – a **resistência elétrica**. As ligações entre átomos e moléculas dos materiais por onde a corrente passa formam estruturas geométricas que dificultam a passagem da corrente elétrica. Quando os elétrons fluem pelos materiais, perdem parte da energia para a estrutura do material. Essa energia é dissipada na forma de calor.

Quanto maior for a resistência do condutor, menor será a corrente elétrica que passa por ele. Esquematicamente, os elementos de um circuito elétrico podem ser representados como mostrado ao lado, onde i é a corrente elétrica, R é a resistência elétrica e U é a ddp (diferença de potencial).

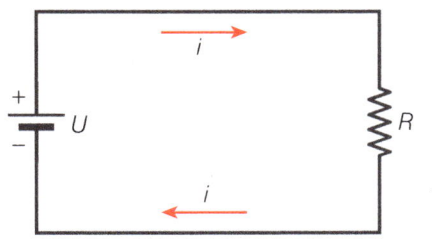

A resistência de um condutor é identificada por R e sua unidade de medida é o **ohm** (Ω), uma homenagem ao físico e matemático Georg Simon Ohm (1789-1854).

As contribuições de Georg Simon Ohm levaram à formulação de uma lei que relaciona as grandezas ddp, resistência e corrente elétrica – a **Lei de Ohm**:

$$U = R \cdot i$$

Potência elétrica

Em termos de eletricidade, a potência também desempenha um papel importante. Chuveiros elétricos de 3.200 W aquecem mais a água do que os de 2.400 W. Lâmpadas de 100 W brilham mais do que as de 40 W; secadores de cabelo de 1.200 W são mais efetivos do que os de 800 W... Esses são alguns exemplos nos quais a **potência elétrica** determina os benefícios de aparelhos elétricos e eletrônicos.

Potência elétrica é a energia consumida por unidade de tempo, e é dada por

$$P = \frac{E}{\Delta t}$$

em que P é a potência elétrica, E é a energia consumida e Δt é a unidade de tempo.

No Sistema Internacional, a unidade de medida de potência elétrica é o **watt** (W).

Suponha, por exemplo, um aquecedor elétrico de potência 1.500 W utilizado durante 30 dias, 1 hora por dia, e vamos calcular o consumo de energia, em kWh, desse aparelho:

$$E = P \times \Delta t$$
$$E = 1{,}5 \times 1 \times 30 = 45 \text{ kWh}$$

Portanto, a energia elétrica consumida pelo aquecedor nas condições de uso apresentadas no exemplo é de 45 kWh.

A potência elétrica pode ser determinada por meio da ddp e da corrente elétrica:

$$P = U \cdot i$$

em que P é a potência elétrica, U é a diferença de potencial (ddp) e i, a corrente elétrica.

Lembre-se!

Potência mecânica de um aparelho ou dispositivo está relacionada com a eficiência com que um trabalho (aplicação de força e consequente deslocamento) é realizado ou a energia é transformada:

$$P = \frac{\tau}{\Delta t} \quad \text{ou} \quad P = \frac{E}{\Delta t}$$

em que P é a potência, τ é o trabalho, E é a energia consumida e Δt é a unidade de tempo.

Efeito Joule

Quando da passagem de corrente elétrica por uma resistência, ocorre certo aquecimento (a resistência se aquece), conhecido como **efeito Joule**.

Isso acontece porque, como vimos, a corrente elétrica é o resultado de movimentação de elétrons livres. Ao existir corrente elétrica, as partículas que estão em movimento acabam colidindo com outras partículas da resistência, causando um aumento na excitação dessas partículas, o que por sua vez irá gerar o efeito de aquecimento.

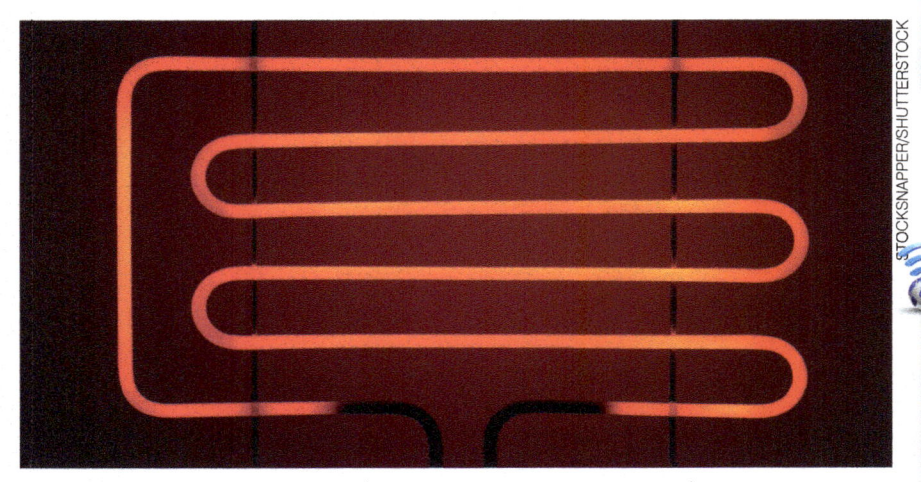

> **Jogo rápido**
>
> A água do chuveiro está em contato com a resistência para se aquecer. Se a água é condutora de eletricidade, por que não tomamos choque durante o banho?

Resistência aquecida de forno elétrico. Quando uma corrente elétrica passa pela resistência ela se aquece por efeito Joule.

> **Descubra você mesmo!**
>
> Pesquise que aparelhos presentes em sua casa se utilizam do efeito Joule em seu funcionamento.

DE OLHO NO PLANETA
Ética & Cidadania

Economizar energia elétrica? Por quê?

Apesar de termos a possibilidade de obtenção de energia elétrica a partir do vento, do Sol ou até mesmo das marés, em nosso país a obtenção mais comum é por meio das hidrelétricas, termelétricas e, também, das usinas nucleares.

As hidrelétricas são responsáveis por cerca de 70% da geração de energia elétrica no Brasil. Para sua construção são necessários grandes reservatórios de água, obtidos a partir do alagamento de grandes extensões de terra e do desvio do curso natural de rios, com reflexos sobre a fauna, a flora e a própria comunidade da região.

Nos períodos de estiagem, a escassez de água faz com que essas hidrelétricas não consigam trabalhar em sua plenitude, o que leva a uma deficiência do fornecimento de energia elétrica. Nesses casos, aumenta o uso das termelétricas, em que se utiliza a queima de gás, carvão, petróleo ou biomassa para gerar eletricidade. Além de utilizar em sua maioria recursos não renováveis, esse processo acarreta resíduos que devem ser tratados antes de serem lançados para a atmosfera.

Menos usadas, mas ainda assim responsáveis por cerca de 2% da geração de energia elétrica no Brasil, as usinas nucleares originam lixo radioativo, cujo acondicionamento requer cuidado especialíssimo para que não tenhamos vazamentos com sérias e danosas consequências.

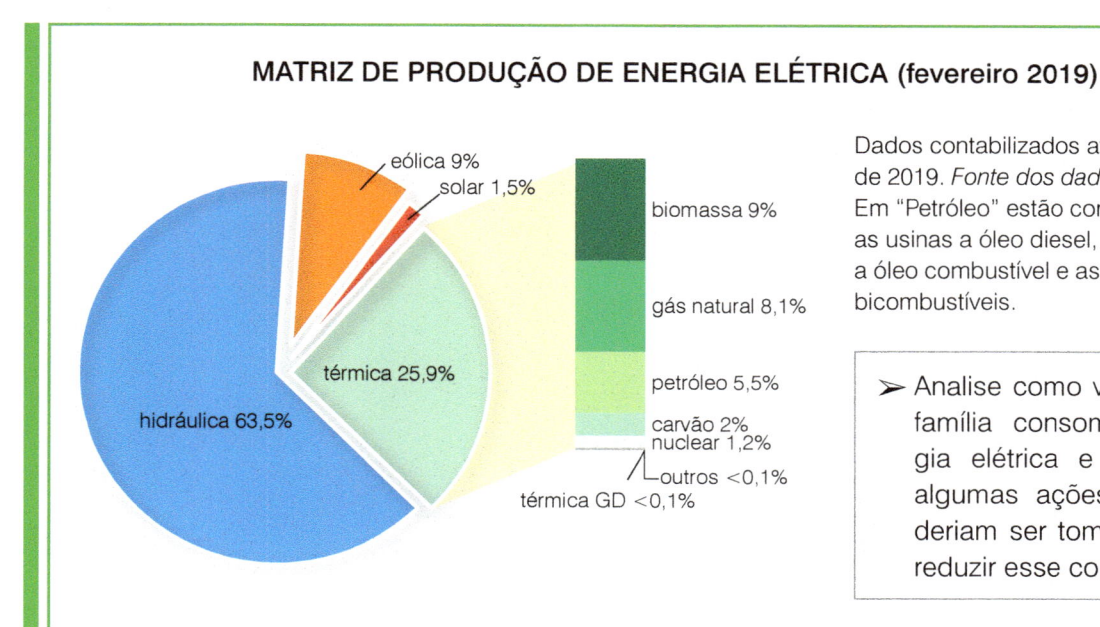

MATRIZ DE PRODUÇÃO DE ENERGIA ELÉTRICA (fevereiro 2019)

- eólica 9%
- solar 1,5%
- biomassa 9%
- gás natural 8,1%
- térmica 25,9%
- petróleo 5,5%
- hidráulica 63,5%
- carvão 2%
- nuclear 1,2%
- outros <0,1%
- térmica GD <0,1%

Dados contabilizados até fevereiro de 2019. *Fonte dos dados:* CCEE. Em "Petróleo" estão consideradas as usinas a óleo diesel, a óleo combustível e as usinas bicombustíveis.

➢ Analise como você e sua família consomem energia elétrica e proponha algumas ações que poderiam ser tomadas para reduzir esse consumo.

Magnetismo

De acordo com a história, a palavra magnetismo tem como origem a cidade Magnésia, localizada na Turquia, onde um mineral que apresenta propriedade de atrair partículas de ferro foi descoberto. Esse mineral é constituído de óxido de ferro (Fe_3O_4), denominado magnetita – um **ímã** natural. A magnetita é capaz de atrair pequenos fragmentos de ferro e, quando aproximada de outra magnetita, pode exercer atração ou repulsão. Apesar da similaridade com a atração elétrica, aqui temos um fenômeno diferente.

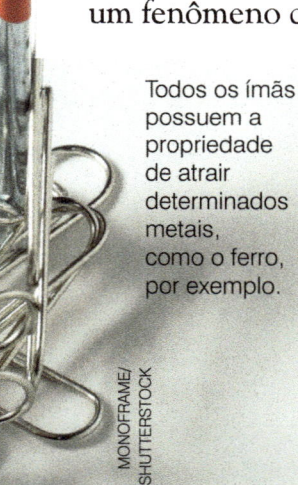

Todos os ímãs possuem a propriedade de atrair determinados metais, como o ferro, por exemplo.

Magnetita.

Substâncias ferromagnéticas: aquelas que são atraídas por ímãs.

Mais tarde descobriu-se que substâncias **ferromagnéticas** podem ser transformadas em ímãs, em um processo denominado **imantação**. Um experimento simples utilizado para imantar consiste em atritar (sempre no mesmo sentido, pois o atrito no sentido oposto desfaz a imantação) uma barra de ferro neutra com um ímã.

Polos de um ímã

Podemos entender os princípios do magnetismo por meio de algumas propriedades:

1 – independente de seu formato, todo ímã apresenta dois **polos magnéticos**: o polo **norte** (N) e o polo **sul** (S);
2 – aproximando-se dois ímãs, podemos observar atração ou repulsão. Polos de mesmo nome se repelem e polos de nomes diferentes se atraem;
3 – dividindo-se um ímã em vários pedaços, cada um deles comporta-se como um novo ímã. Na região onde ocorreu a divisão, aparecem polos de nomes opostos às extremidades existentes.

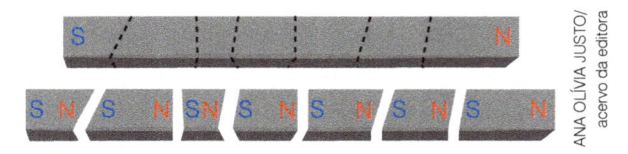

atração   repulsão

Os ímãs formam ao seu redor um campo magnético, que não pode ser visto a olho nu. Porém, seus efeitos podem ser observados por meio de uma ação muito simples: se jogarmos limalhas de ferro ao redor de um ímã, poderemos observar a formação das chamadas **linhas de força** do campo.

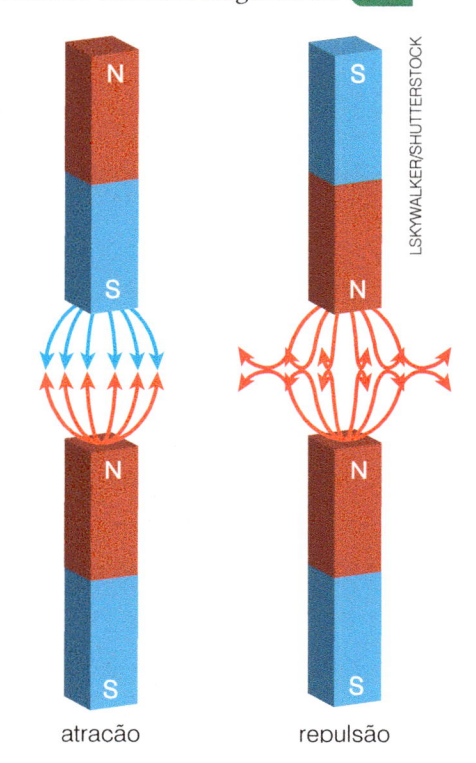

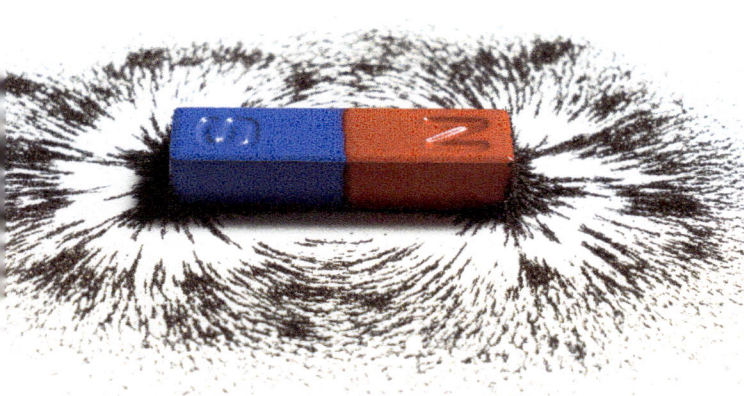

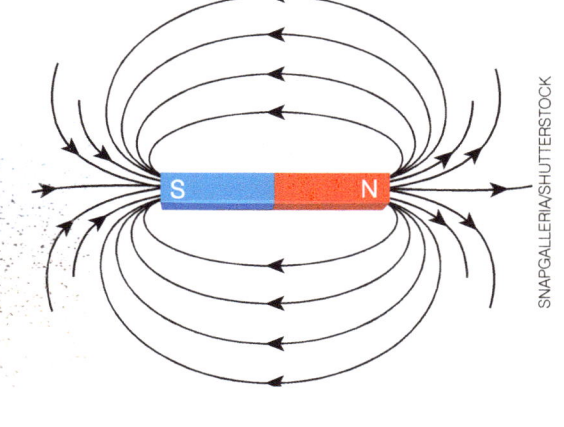

Sob a influência do ímã, as limalhas de ferro se dispõem evidenciando as linhas de força do campo magnético. (Cores-fantasia.)

Uma das aplicações mais antigas e importantes do magnetismo é a bússola. Inventada pelos chineses no século I a.C., a bússola permitiu grandes avanços nas navegações quando foi apresentada aos europeus no século XIII.

Bússola magnética.

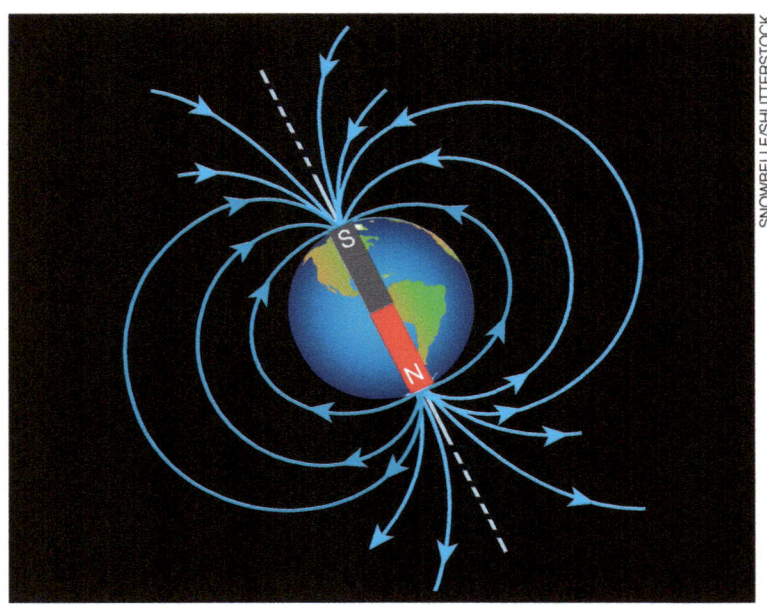

Uma bússola nada mais é do que um ímã bastante sensível, que aponta sempre na direção norte-sul da Terra, pois se orienta pelo magnetismo terrestre. É que nosso planeta se comporta como um grande ímã, porém o norte magnético se encontra no sul geográfico, e o sul magnético encontra-se no norte geográfico.

Ilustração do campo magnético terrestre e suas linhas de força.
(Cores-fantasia. Ilustração fora de escala.)

Assim, se a agulha da bússola (polo norte do ímã da bússola) aponta para o norte geográfico da Terra, isso significa que o polo norte da bússola foi atraído pelo sul magnético terrestre.

Eletromagnetismo

Até meados do século XIX, acreditava-se que os campos magnéticos eram gerados apenas por ímãs naturais e artificiais. Isso mudou com um experimento realizado pelo físico dinamarquês Hans Christian Oersted (1777-1851), que descobriu que correntes elétricas também poderiam gerar campos magnéticos.

Para chegar a essa conclusão, Oersted posicionou uma agulha magnética abaixo de um fio condutor em um circuito elétrico e verificou que quando a corrente elétrica percorria o circuito a agulha magnética sofria um desvio.

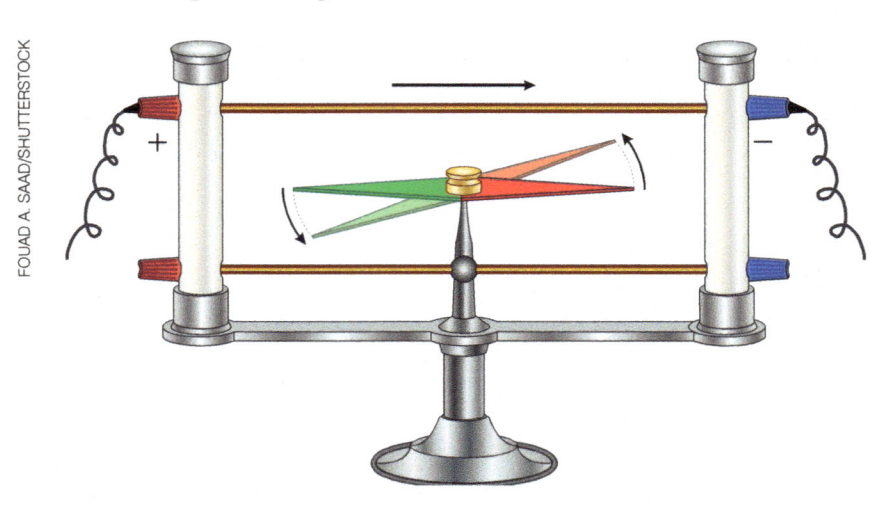

Montagem da experiência de Oersted. Quando a corrente passa pelo circuito, a agulha magnética se movimenta, evidenciando que a corrente elétrica gerou um campo magnético em torno dela.
(Cores-fantasia. Ilustração fora de escala.)

CAPÍTULO 13 • Cargas, corrente elétrica e magnetismo

Esse experimento foi o ponto de partida para a compreensão de que eletricidade e magnetismo são fenômenos intimamente relacionados, tanto que eletricidade e magnetismo são estudados em conjunto no Eletromagnetismo, um dos ramos da Física.

Estudos posteriores ao experimento de Oersted mostraram que é possível obter campos magnéticos a partir de correntes elétricas. Por exemplo, se ligarmos um **solenoide**, também chamado de **bobina**, a uma bateria elétrica, a corrente que passará pelo fio criará um campo magnético ao redor do solenoide e em seu interior também. Esse é o princípio dos chamados **eletroímãs**, isto é, dos ímãs obtidos por meio de corrente elétrica.

Solenoide: é um fio condutor, enrolado várias vezes como um espiral.

Ilustração de um campo magnético gerado por corrente elétrica em um solenoide. (Cores-fantasia. Ilustração fora de escala.)

Dentre os frutos tecnológicos relacionados aos avanços do eletromagnetismo, podemos citar: eletroímãs, motores elétricos, geradores de energia elétrica, equipamentos de ressonância magnética etc.

Os eletroímãs são ímãs que podem ser desligados interrompendo-se a passagem da corrente elétrica. São muito utilizados para mover grandes quantidades de aço nos ferros-velhos.

ESTABELECENDO CONEXÕES
Geografia

Auroras polares

Observe a foto abaixo. Ela mostra uma **aurora polar**, fenômeno luminoso que acontece próximo aos polos terrestres. Existem duas auroras polares: a **boreal**, próxima ao polo Norte, e a **austral**, próxima ao polo Sul. Mas qual é a origem desses fenômenos?

Os ventos solares são carregados de elétrons e quando atingem nosso planeta são "direcionados" para as regiões polares em virtude do campo magnético da Terra naquelas regiões ser mais intenso.

Interagindo com os gases da atmosfera terrestre, os elétrons dos ventos solares, que se encontram em grande velocidade, provocam choque entre as moléculas com a produção do fenômeno luminoso, cuja cor depende dos gases envolvidos.

Aurora boreal (Noruega).

Fique por dentro!

Michael Faraday (1791-1867) foi quem primeiro observou o fenômeno de uma **corrente induzida** por um campo magnético.

Indução eletromagnética

Vimos que uma corrente elétrica pode induzir um campo magnético. Agora, vamos aprender que um campo magnético pode induzir uma corrente elétrica.

Se movimentarmos um ímã, afastando-o ou aproximando-o de uma bobina em repouso, haverá passagem de corrente elétrica, fenômeno chamado de **indução eletromagnética**.

CAPÍTULO 13 • Cargas, corrente elétrica e magnetismo

Uma corrente elétrica também será induzida se o ímã for mantido em repouso e a bobina for movimentada. Portanto, para que haja uma corrente induzida é preciso que ou o solenoide ou o ímã se movimentem.

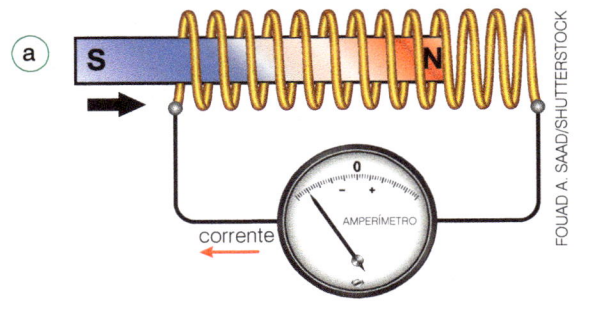

Gerador de usina hidrelétrica.

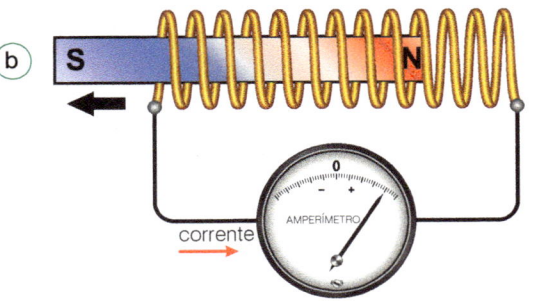

(a) Se aproximarmos o ímã do solenoide ou bobina, a passagem da corrente elétrica **induzida**, percebida pelo amperímetro, aparelho que mede a corrente elétrica, será em determinado sentido. (b) Se afastarmos o ímã do solenoide, o sentido da corrente será o contrário. (Cores-fantasia. Ilustração fora de escala.)

A indução eletromagnética é empregada em geradores de energia elétrica, transformadores e motores elétricos.

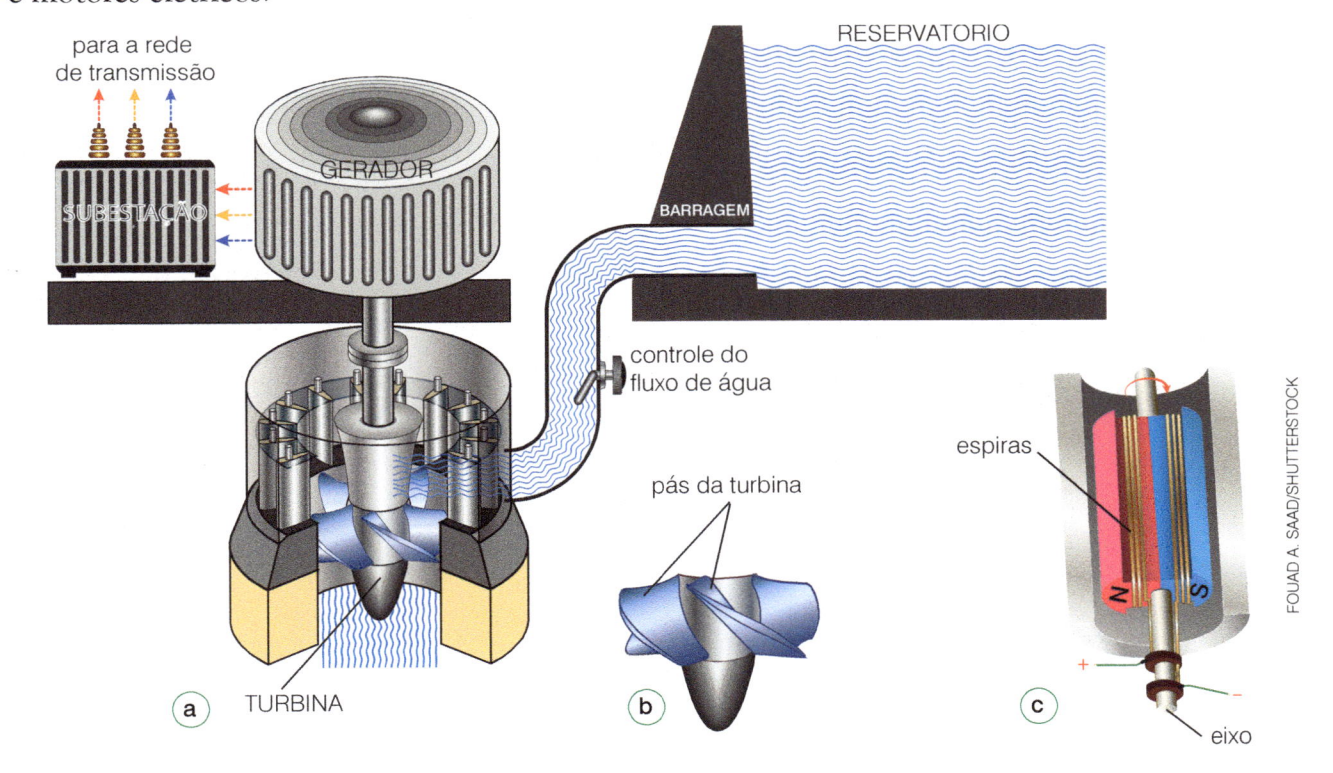

(a) Em usinas geradoras de energia elétrica, turbinas estão acopladas a geradores elétricos, formados por um conjunto de espiras envolvido por eletroímãs. (b) As pás das turbinas são movidas pela água, nas hidrelétricas, ou pelo vapor, nas termelétricas, e esse movimento faz com que as espiras dos geradores (c), que se encontram sob um campo magnético gerado por ímãs, também se movimentem, induzindo corrente elétrica. (Cores-fantasia. Ilustração fora de escala.)

EM CONJUNTO COM A TURMA!

Que tal fazer uma competição com seus colegas de coleta de metais com eletroímãs?

Combine com eles para que cada um construa um eletroímã. Para isso, você vai precisar de um prego, um fio de cobre e uma pilha ou bateria. Enrole o fio de cobre no prego e conecte à pilha, conforme ilustração ao lado.

Verifique o funcionamento do seu eletroímã tentando atrair clipes de papel.

A competição consiste em tentar coletar o maior número de clipes de papel colocados sobre uma mesa. Quem fez o melhor eletroímã terá maiores chances!

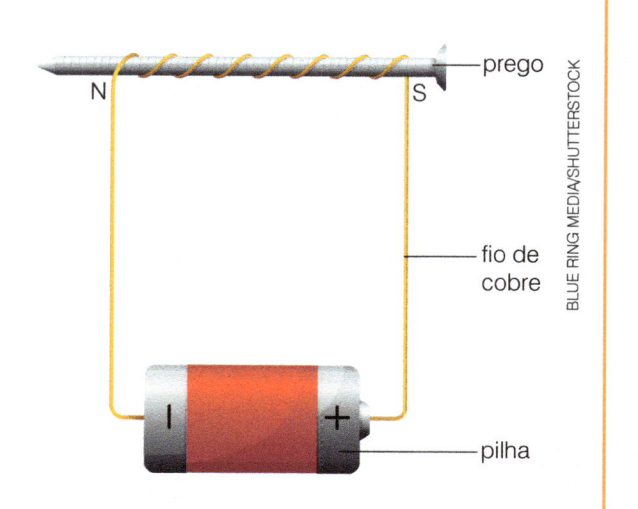

ESTABELECENDO CONEXÕES
Cotidiano

Aplicações do eletromagnetismo

São várias e importantes as **aplicações do eletromagnetismo**, como, por exemplo, nos cartões magnéticos dos bancos, disco rígido dos computadores, aparelhos de ressonância magnética, celulares, motores elétricos, dínamos, na geração de energia elétrica.

Nos **discos rígidos dos computadores**, as informações são armazenadas a partir da orientação das partículas de um material magnético que entra na fabricação desses dispositivos.

A **telefonia celular** utiliza geradores e receptores de campos eletromagnéticos. É por meio das ondas eletromagnéticas, que se deslocam pelo espaço, que ocorre a comunicação entre os aparelhos celulares.

CAPÍTULO 13 • Cargas, corrente elétrica e magnetismo   269

Dínamos, como os das bicicletas, por exemplo, são aparelhos que transformam a energia mecânica em energia elétrica por meio de indução eletromagnética. São formados por uma bobina e um ímã. O movimento da roda da bicicleta faz girar o eixo em que se encontra o ímã e esse movimento alterna os polos positivo e negativo da bobina, gerando uma corrente elétrica que pode ser utilizada para acender o farol.

Os modernos cartões de banco se utilizam de materiais magnéticos para que as informações sejam validadas.

Motores elétricos transformam a energia elétrica em energia mecânica e são a base do funcionamento de vários aparelhos de nosso dia a dia, como máquinas de lavar, secadores de cabelo, geladeiras, batedeiras, entre outros. Quando uma corrente elétrica passa pelas bobinas circundadas por ímãs, elas ficam sob a ação do campo magnético dos ímãs, o que faz com que o rotor desses aparelhos comece a girar.

Aparelhos de ressonância magnética são muito utilizados para diagnóstico médico. Campos magnéticos gerados por suas bobinas agem sobre o organismo do paciente, fazendo com que os átomos de hidrogênio (presentes nas moléculas de água da região do corpo a ser analisada) se alinhem como pequeninos ímãs. A partir daí, ondas de rádio são direcionadas para essa região e, ao passarem pelos pequenos ímãs, ocasionam vibrações que são captadas e interpretadas por computadores acoplados a esses aparelhos.

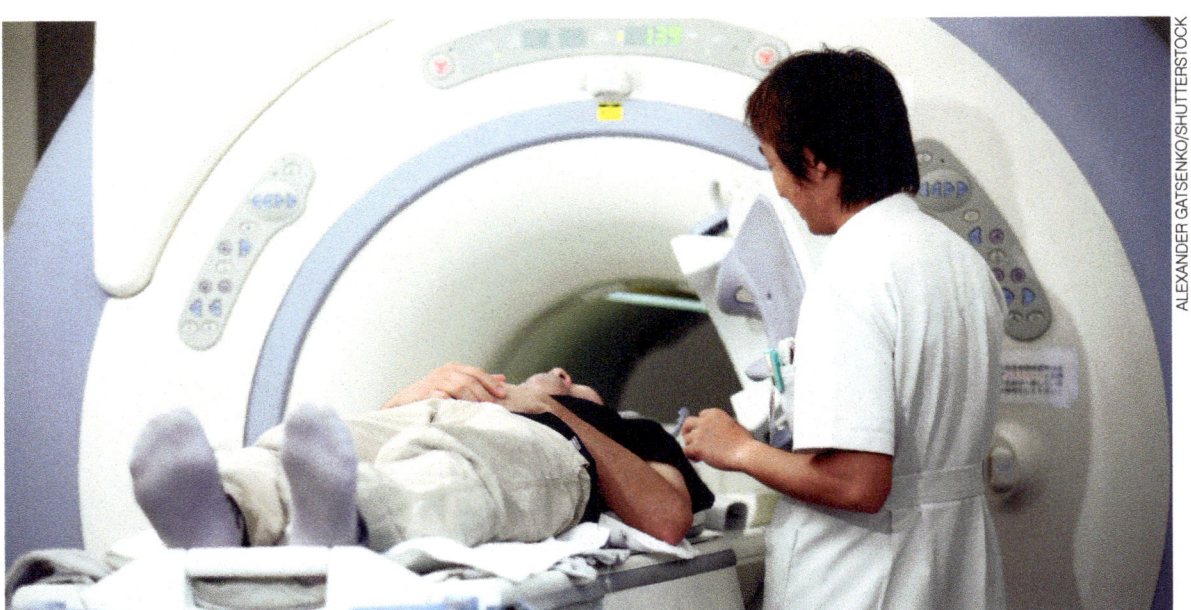

Nosso desafio

Para preencher os quadrinhos de 1 a 13, você deve utilizar as seguintes palavras: atraem, cargas elétricas, condutores, de mesmo sinal, de sinais diferentes, eletrização, ímãs, indução, isolantes, polos, repelem, se atraem, se repelem.

À medida que você preencher os quadrinhos, risque a palavra que escolheu para não usá-la novamente.

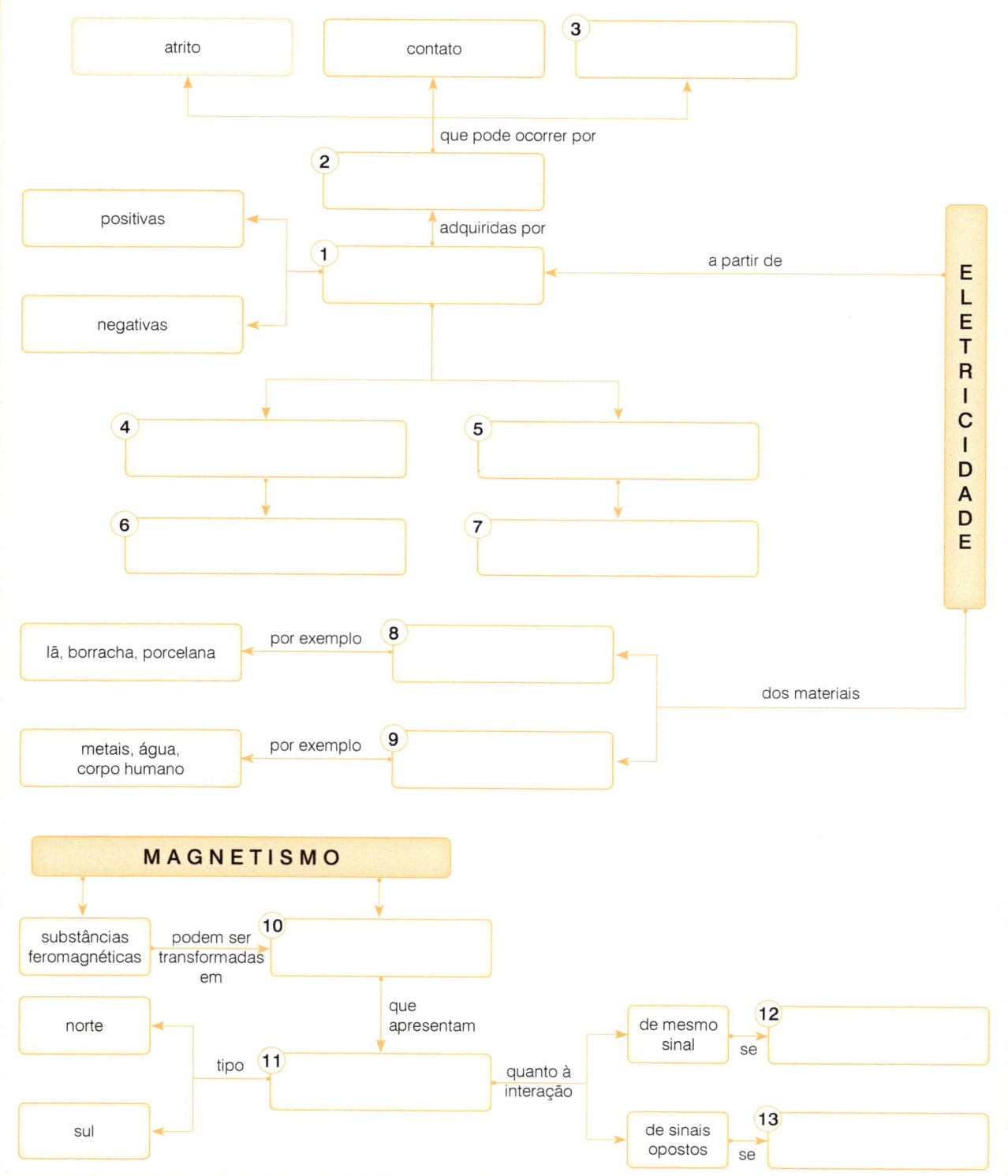

- atrito
- contato
- 3

que pode ocorrer por

- 2

adquiridas por

- positivas
- 1
- negativas

a partir de **ELETRICIDADE**

- 4
- 5
- 6
- 7

lã, borracha, porcelana — por exemplo — 8

dos materiais

metais, água, corpo humano — por exemplo — 9

MAGNETISMO

- substâncias ferromagnéticas — podem ser transformadas em — 10
- norte
- tipo — 11
- sul

que apresentam — quanto à interação

- de mesmo sinal — 12 — se
- de sinais opostos — 13 — se

Atividades

1. [1, 7, 10] Alguns materiais se comportam como isolantes e outros como condutores. Qual é a diferença entre materiais isolantes e condutores?

2. [1, 7, 10] Os fios de cobre, principalmente aqueles que usamos em nossas residências, são encapados, ou seja, são envolvidos por um tipo especial de plástico. Por que isso é necessário?

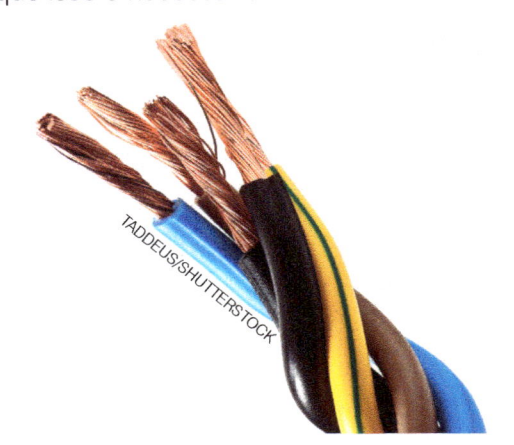

TADDEUS/SHUTTERSTOCK

3. [1, 3, 6, 7, 9, 10] Pedro e Paulo, após participarem de uma aula sobre eletricidade, conversavam sobre a natureza elétrica da matéria. Pedro insistia que todos os seus materiais de estudo (lápis, borracha, canetas etc.) eram neutros porque nenhum deles possuía cargas elétricas positivas ou negativas. A afirmação de Pedro está correta? Caso contrário, como Paulo poderia ter corrigido a afirmação de Pedro?

Para resolver os exercícios **4** a **6**, utilize a série triboelétrica fornecida na teoria (p. 252).

4. [1, 2, 4, 6, 9, 10, 11] Em um experimento, foram atritados diversos materiais. Indique o sinal das cargas elétricas adquiridas por cada um após a eletrização.
 a) Bastão de vidro com algodão.
 b) Isopor com papel.
 c) Bastão de madeira com cabelo humano.

5. [1, 2, 4, 6, 9, 10, 11] Depois de eletrizados, descreva o que irá ocorrer (atração ou repulsão) ao aproximarmos:
 a) Bastão de vidro do papel.
 b) Algodão do bastão de madeira.
 c) Bastão de vidro do isopor.

6. [1, 2, 4, 6, 9, 10, 11] Duas pequenas esferas, A e B, de isopor são envolvidas em papel-alumínio e penduradas a uma pequena distância uma da outra. Um bastão de vidro foi eletrizado por atrito com um tecido de seda e em seguida colocado em contato com a esfera A. Outro bastão de borracha dura foi eletrizado por atrito com papel e colocado em contato com a esfera B.
 a) Qual é o sinal das cargas elétricas das esferinhas A e B?
 b) Entre as esferinhas A e B ocorre repulsão ou atração? Por quê?

7. [1, 3, 6, 7, 9, 10] Leia o trecho da reportagem sobre a queda de um raio:

Trinta bovinos de uma propriedade rural de Francisco Beltrão, no sudoeste do Paraná, morreram após a queda de um raio na manhã de domingo. Todos os animais estavam embaixo de uma árvore para se proteger da chuva.

G1. Raio cai em propriedade rural e mata trinta bois no sudoeste do Paraná. *Disponível em:* <http://g1.globo.com/pr/parana/noticia/2012/10/raio-cai-em-propriedade-rural-e-mata-trinta-bois-no-sudoeste-do-parana.html>. *Acesso em:* 25 jul. 2019.

Os bovinos morreram embaixo da árvore por mera coincidência ou o local é indevido para se proteger da incidência de raios? Explique.

8. [1, 3, 6, 7, 9, 10] Caminhões que transportam combustíveis têm sempre uma corrente em contato com o chão. Sem a corrente, o que pode ocorrer? Justifique.

9. [1, 3, 6, 7, 9, 10] Chuveiros elétricos têm sempre um fio condutor, chamado fio terra, que deve ser conectado em um cano de metal ou na própria parede onde foi instalado. Se isso não for feito, a pessoa que abrir o chuveiro levará um choque. Por que acontece o choque?

10. [1, 3, 6, 7, 9, 10] Se atritarmos uma barra de metal, segurando-a diretamente com a mão, ela não fica eletrizada. Por que isso acontece?

11. [1, 2, 4, 6, 9, 10] (UEL – PR) Um bastão isolante é atritado com tecido e ambos ficam eletrizados. É correto afirmar que o bastão pode ter
a) ganhado prótons e o tecido ganhado elétrons.
b) perdido elétrons e o tecido ganhado prótons.
c) perdido prótons e o tecido ganhado elétrons.
d) perdido elétrons e o tecido ganhado elétrons.
e) perdido prótons e o tecido ganhado prótons.

12. [1, 2, 4, 6, 9, 10] Três esferas condutoras idênticas possuem originalmente cargas elétricas iguais a +4 C, –2 C e 0. Se os dois primeiros corpos são colocados em contato, e depois um deles é colocado em contato com o corpo originalmente neutro, qual será a carga final do corpo neutro?

13. [1, 6, 9, 10] Uma corrente de 8 A carrega um isolante durante 3 s. Qual será a carga acumulada?

14. [1, 6, 9, 10] (UEL – PR) Pela secção reta de um condutor de eletricidade passam 120 C a cada minuto. Nesse condutor, qual é a intensidade da corrente elétrica, em amperes?

15. [1, 6, 9, 10] Um condutor é percorrido por uma corrente de 20 A. Calcule a carga que passa através de uma secção transversal em 2 minutos.

16. [1, 6, 9, 10] Determine a energia elétrica consumida por um ferro cuja potência é 750 W, utilizado 3 horas por dia durante 5 dias do mês. Dê sua resposta em kWh.

17. [1, 6, 9, 10] (UFBA) Pares de ímãs em forma de barra são dispostos conforme indicam as figuras a seguir:

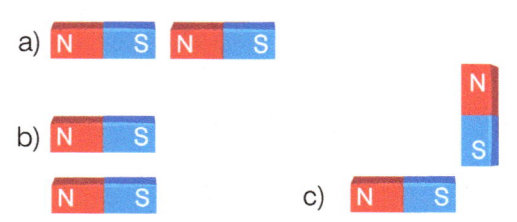

a) N S N S

b) N S
   N
   S

c) N S

A letra N indica o polo norte e S o polo sul de cada uma das barras. Entre os ímãs de cada um dos pares anteriores (a), (b) e (c) ocorrerão, respectivamente, forças de:
a) atração, repulsão, repulsão.
b) atração, atração, repulsão.
c) atração, repulsão, atração.
d) repulsão, repulsão, atração.
e) repulsão, atração, atração.

18. [1, 3, 6, 7, 9] (FUVEST – SP) A Figura I abaixo representa um ímã permanente em forma de barra, onde N e S indicam, respectivamente, polos norte e sul. Suponha que a barra seja dividida em três pedaços, como mostra a Figura II.

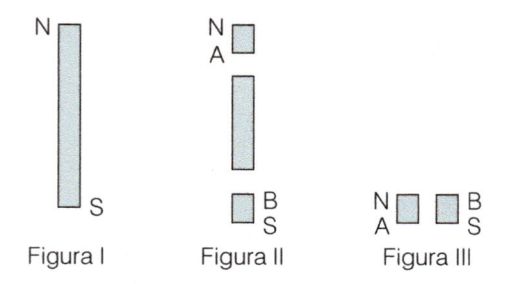

Figura I — N ... S
Figura II — N A ; B S
Figura III — N A ; B S

Colocando lado a lado os dois pedaços extremos, como indicado na Figura III, é correto afirmar que eles
a) se atrairão, pois A é polo norte e B é polo sul.
b) se atrairão, pois A é polo sul e B é polo norte.
c) não serão atraídos nem repelidos.
d) se repelirão, pois A é polo norte e B é polo sul.
e) se repelirão, pois A é polo sul e B é polo norte.

19. [1, 2, 4, 6, 9, 10] (ITA – SP) Um pedaço de ferro é colocado nas proximidades de um ímã. Assinale a afirmação correta.
a) É o ferro que atrai o ímã.
b) A atração do ferro pelo ímã é mais intensa do que a atração do ímã pelo ferro.
c) A atração do ímã pelo ferro é mais intensa do que a atração do ferro pelo ímã.
d) A atração do ferro pelo ímã é igual à atração do ímã pelo ferro (em módulo).

20. [1, 2, 4, 6, 9, 10] (PUC – RS) Três barras, PQ, RS e TU, são aparentemente idênticas.

P   Q   R   S   T   U

Verifica-se experimentalmente que P atrai S e repele T; Q repele U e atrai S. Então, é possível concluir que:
a) PQ e TU são ímãs.
b) PQ e RS são ímãs.
c) RS e TU são ímãs.
d) as três são ímãs.
e) somente PQ é ímã.

Navegando na net

Aumentando ou diminuindo valores da ddp e da resistência, a simulação disponível no endereço abaixo exemplifica as relações de proporção presentes na Lei de Ohm:

<http://phet.colorado.edu/en/simulation/ohms-law>

(Para iniciar, clique em "Run Now". *Acesso em:* 27 jun. 2019.)

Leitura

Você, desvendando a Ciência

Técnicas de imagens médicas

Imagens das estruturas internas do corpo humano possibilitam diagnosticar e tratar muitas doenças que estão ocultas em órgãos internos sem que um instrumento seja introduzido no corpo do paciente. As principais técnicas estão descritas a seguir.

Radiografia: é o processo de produção de imagens por meio de raios X. Raios X são ondas eletromagnéticas, de natureza semelhante à da luz, porém de alta energia e, por isso, fazem parte do grupo de *radiações ionizantes*. Radiações ionizantes são aquelas que possuem energia suficiente para ionizar átomos e romper ligações moleculares; portanto, são prejudiciais aos seres vivos e podem induzir a formação de câncer. É interessante notar que essa característica também permite que esse tipo de radiação seja utilizado pela radioterapia para destruir células cancerígenas. Isso é feito a partir de doses de radiação mais elevadas do que as usadas para gerar imagens.

As imagens são obtidas quando parte dos raios X incidentes são bloqueados por algum tecido denso, produzindo uma sombra. Isto ocorre porque esse tipo de radiação não é absorvido igualmente por diferentes tipos de tecidos, como ossos, músculos e gordura. Os raios X que atravessam o tecido são capturados por um detector e as imagens geradas são formadas por regiões claras e escuras. As radiografias de tórax são muito utilizadas para identificar doenças pulmonares, como, por exemplo, a tuberculose. Com a utilização de contrastes (como o bário e o iodo), também podem ser diagnosticadas úlceras no estômago e alguns tipos de câncer nos intestinos, como o câncer de cólon.

Tomografia: utiliza feixes de raios X que penetram o objeto em múltiplos ângulos. Depois de atravessá-lo, esses feixes são captados por detectores e as informações coletadas são analisadas por um computador, que constrói uma imagem detalhada do objeto e de seu interior. É importante destacar que a radiação ionizante recebida por um paciente submetido a um exame de tomografia é muito maior do que em um exame de radiografia.

Ressonância nuclear magnética: utiliza campos magnéticos intensos que atuam sobre o núcleo dos átomos de hidrogênio contidos nas moléculas de água dos tecidos. Os sinais produzidos por essas alterações são detectados e transformados em imagens do corpo humano. É importante ressaltar que, ao contrário dos equipamentos de raios X, a ressonância magnética não utiliza radiação ionizante e, portanto, não há limite para o número de exames aos quais o paciente pode ser submetido.

Ultrassom: imagens de ultrassonografia são produzidas por ultrassons e ecos que se propagam no interior dos tecidos. Ultrassons são ondas mecânicas semelhantes às ondas sonoras audíveis, porém inaudíveis e de alta frequência. Submeter-se a uma ultrassonografia é seguro para pacientes de todas as idades, pois não apresenta riscos como nos procedimentos que envolvem radiação. A *ultrassonografia obstétrica* é a técnica de imagem utilizada em mulheres grávidas e não apresenta nenhum risco para a mãe ou para o feto. Quando o ultrassom é utilizado para obter imagens do coração, recebe a denominação de *ecocardiografia*.

> **?** Comparando as técnicas de processamento de imagens descritas acima, indique aquela(s) que apresenta(m) maior risco para os seres vivos. Justifique a resposta.

TecNews

O que há de mais moderno no mundo da Ciência!

Como são produzidos os raios X

Em geral, os raios X utilizados para a formação de imagens médicas são produzidos a partir de elétrons que se movem com altíssima velocidade em um tubo onde se efetuou o vácuo. Esses elétrons são emitidos a partir de um filamento de tungstênio (cátodo), aquecido pela passagem de corrente elétrica. O aquecimento é necessário para fornecer energia aos elétrons, que, então, são "expelidos". Esse processo é chamado de *emissão termiônica*. Depois de expelidos, os elétrons são acelerados por alta tensão no interior do tubo em direção ao ânodo, com o qual colidem. O ânodo em geral também é feito de tungstênio, que possui um número atômico elevado e alto ponto de fusão (3.370 °C). Como resultado dessa colisão são gerados os raios X.

As voltagens usadas nos tubos de raios X para acelerar e incorporar energia cinética aos elétrons variam de aproximadamente 20 kV a 150 kV. Apenas 1% da energia cinética adquirida pelo elétron é transformada em raios X, o restante é convertido em energia térmica, provocando um grande aquecimento no alvo.

Note que o raio X é produzido na eletrosfera dos átomos e, portanto, não é um fenômeno nuclear. Quando a radiação eletromagnética é produzida no interior do núcleo do átomo recebe a denominação de *raios gama*.

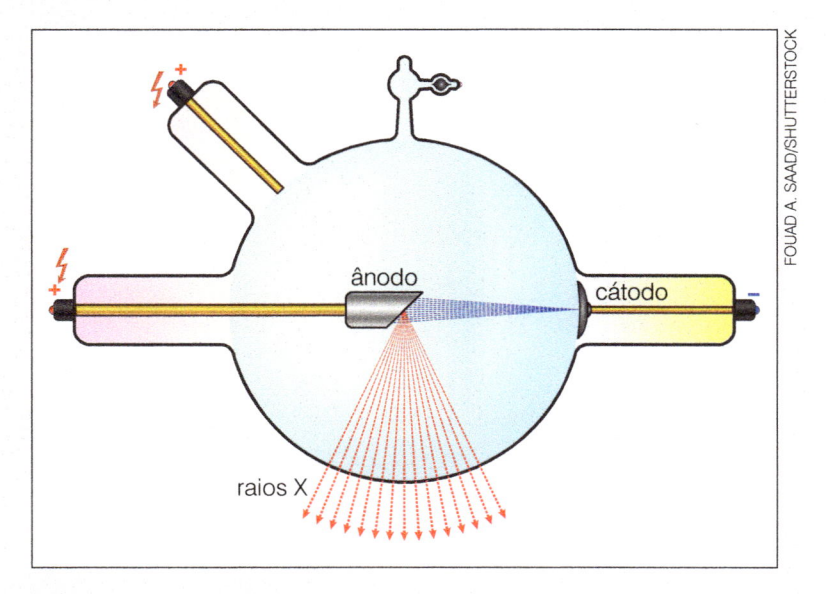

Investigando

Faça uma pesquisa na internet ou consulte profissionais especializados na utilização de raios X e investigue as possíveis aplicações desse recurso em Medicina e na indústria. Por exemplo, na Medicina, quais as especialidades que mais utilizam o recurso dos raios X no esclarecimento de diagnósticos? e na indústria, quais as aplicações desse recurso tecnológico?

UNIDADE 3

TERRA E UNIVERSO

Estrelas, galáxias, planetas, asteroides, cometas, meteoros, meteoritos, Lua, Sol, Terra. Curioso, mas somente em nosso planeta é que atualmente se constata a existência de vida como a conhecemos, embora haja muita especulação a respeito da presença de diferentes formas de manifestações, que também poderiam ser chamadas de "vida", em outros corpos do Universo.

Afinal, por que somente na Terra houve condições para que a vida, como a conhecemos, pudesse se desenvolver, seja em formas primitivas ou mais complexas? Será que o Sol teve alguma participação fundamental nesse processo? Ou foi a Lua e outros satélites que permitiram que a Terra abrigasse formas de vida, após a ocorrência do que se costuma denominar de Big Bang, ou seja, a grande explosão que teria dado origem à expansão do Universo e à formação de vários planetas, inclusive o nosso, com sua valiosa biosfera? Ao ler o texto desta unidade, você poderá elaborar possíveis respostas a essas e outras questões.

PAVEL CHAGOCHKIN/SHUTTERSTOCK

capítulo 14
MUITO ALÉM DO PLANETA TERRA

Os povos sempre olharam para o céu, não apenas para contemplar a beleza de uma noite estrelada, mas também para usá-lo como mapa, calendário ou relógio.

Além de sua utilidade prática para prever acontecimentos ligados ao cotidiano, como as estações do ano, a observação do céu sempre suscitou algumas perguntas: De onde viemos? Tudo o que existe teve um começo? Terá um fim? Se existiu um começo e terá um fim, então, como foi o início de tudo? Como será o fim de todas as coisas?

Neste capítulo, vamos abordar as condições que possibilitaram a existência do planeta Terra até os dias atuais.

NASA/JPL-CALTECH

Você já sabe que o planeta Terra está localizado em uma galáxia chamada Via Láctea. Vale a pena relembrar o que são as galáxias.

Galáxias são gigantescos aglomerados de estrelas, planetas, gás interestelar e poeira cósmica. A nossa galáxia, cujo nome quer dizer "caminho leitoso", possui mais de 200 bilhões de estrelas semelhantes ao nosso Sol.

Mas essa galáxia é apenas uma entre bilhões de outras e, como todas, ela não está imóvel, mas viajando pelo Universo arrastando consigo todo o **Sistema Solar**.

Fique por dentro!

A partir dos dados fornecidos pelo telescópio espacial Hubble, lançado ao espaço pela agência espacial norte-americana (NASA) em 1990, acreditava-se que existissem entre 100 e 200 bilhões de galáxias. Mas essa estimativa está sendo questionada por novos estudos de astrofísicos que têm analisado a densidade de galáxias, entre outros minuciosos elementos, o que os leva a acreditar que o Universo tem 10 vezes mais galáxias do que se acreditava antes!

SISTEMA SOLAR

Concepção artística da Via Láctea. Observe que o Sistema Solar estaria localizado em um dos braços da espiral nessa galáxia. Estudos publicados pela NASA em junho de 2019 sugerem que as bordas da Via Láctea seriam onduladas em consequência de choques que teria sofrido com outras galáxias.

NASA/JPL-CALTECH

O Sistema Solar

O **Sistema Solar** é a região do espaço onde todos os corpos estão sob influência gravitacional do Sol, isto é, são atraídos por ele. É composto por um conjunto de corpos celestes que inclui nossa estrela, o Sol, planetas, planetas anões, luas, meteoroides, asteroides, cometas, gás e poeira. Esses objetos celestes estão em permanente movimento em torno do Sol, descrevendo uma trajetória chamada **órbita**.

As órbitas em torno do Sol, possuem a forma elíptica (aproximadamente oval).

> **Órbita:** trajetória descrita no espaço celeste por um astro em torno de outro, sob a influência de uma força gravitacional.

Representação artística do Sistema Solar. A trajetória da órbita dos planetas em torno do Sol, levemente elíptica, está representada pelos fios de cor laranja. Ceres, Plutão e Eris são planetas anões. (Ilustração fora de escala.)

Sol

A superfície do Sol está a uma temperatura de aproximadamente 6.000 °C.

O Sol é a fonte mais rica de energia (principalmente sob a forma de luz e calor) do Sistema Solar. A energia solar é gerada no núcleo do Sol, onde a temperatura (15 milhões de graus Celsius) e a pressão (340 bilhões de vezes a pressão atmosférica da Terra ao nível do mar) são tão intensas que levam à ocorrência de reações nucleares.

Planetas

Os planetas do Sistema Solar se dividem em dois grupos. Os quatro pequenos planetas mais próximos do Sol – Mercúrio, Vênus, Terra e Marte – são chamados de planetas **rochosos**, pois possuem um núcleo metálico, envolto por um manto rochoso revestido por uma crosta.

Júpiter, Saturno, Urano e Netuno são chamados de planetas **gasosos**. Eles possuem dimensões muito superiores aos rochosos, sendo também chamados de *gigantes gasosos*. Possuem um núcleo composto de rocha e gelo, envolvido por um manto líquido de hidrogênio e hélio.

Todos eles descrevem, pelo menos, dois movimentos: o de **rotação**, em que o planeta gira em torno de si mesmo, sempre no mesmo sentido, e o de **translação**, em que ocorre o deslocamento em torno do Sol segundo determinada trajetória (órbita).

Atualmente, existem três regras que precisam ser cumpridas para que um corpo do espaço seja chamado de **planeta**:

- estar em órbita em torno do Sol;
- ter massa suficientemente grande para que a gravidade o molde em forma quase esférica;
- sua gravidade precisa atrair tudo o que estiver no espaço próximo dele, enquanto ele gira em torno do Sol, "limpando" assim a sua órbita, isto é, seu caminho.

Imagem do Sol, obtida por meio de um potente telescópio. As áreas mais claras indicam as regiões mais quentes dessa estrela.

NASA

Jogo rápido

Com base na tabela abaixo:
1. Qual é o planeta com maior variação de temperatura e qual é o de maior temperatura?
2. Comparando com a Terra, como são os movimentos de rotação e de translação de Marte?
3. Levando-se em conta o raio dos planetas, qual é a sequência do maior para o menor planeta?

	O Sistema Solar em números*						
	Localização (a partir do Sol)	Distância do Sol (em milhões de km)	Raio (em milhares de km)	Luas	Rotação	Translação	Temperatura (em °C)
Mercúrio	1º planeta	58	2,5	0	59 dias	88 dias	−180 a 430
Vênus	2º planeta	108	6,0	0	243 dias	225 dias	470
Terra	3º planeta	150	6,4	1	24 horas	365 dias	−88 a 58
Marte	4º planeta	228	3,4	2	24 horas	687 dias	−87 a −5
Júpiter	5º planeta	778	71,5	79	10 horas	12 anos	−148
Saturno	6º planeta	1.427	60,3	62	10,5 horas	30 anos	−178
Urano	7º planeta	2.871	25,6	27	17 horas	84 anos	−216
Netuno	8º planeta	4.498	24,7	14	16 horas	165 anos	−214

*Valores arredondados. Novas luas foram descobertas em Júpiter e Saturno, mais ainda não foram oficialmente confirmadas.

Fonte: NASA. Our Solar System. *Disponível em:* <www.nasa.gov>. Acesso em: 3 jun. 2019.

PLANETAS DO SISTEMA SOLAR

Terra – também é conhecida como "planeta azul" porque sua atmosfera é vista do espaço com a cor azulada. É o maior dos planetas rochosos e o terceiro planeta mais próximo do Sol. Como você já sabe, a Terra completa uma volta em torno do Sol (movimento de translação) em 365 dias e 6 horas e leva 24 horas para dar uma volta completa em torno de seu eixo (rotação). O eixo da Terra não é vertical, mas um pouco inclinado em relação ao plano de sua órbita.

Marte – de noite aparece como uma "estrela" avermelhada, razão porque os antigos romanos lhe deram o nome de Marte, deus da guerra, ao qual a cor vermelha está associada. Já se sabe que existe água em Marte, porém não no estado líquido. Sua atmosfera é pouco espessa, exerce uma pressão muito baixa sobre a superfície do planeta e é formada, principalmente, por gás carbônico. A rotação de Marte é 42 minutos mais longa que a terrestre e seu movimento de translação é o dobro do nosso (687 dias). O planeta é frio, seco, com ventos que produzem enormes tempestades de areia e poeira que duram semanas. Sua cor rosada deve-se à alta concentração de pequenas partículas de ferrugem (óxido de ferro) no solo e na atmosfera.

SOL

MERCÚRIO

VÊNUS

TERRA

MARTE

Mercúrio – é o planeta mais próximo do Sol. Praticamente não possui atmosfera, já que os gases se perdem pelo espaço devido à baixa gravidade e intenso calor. O movimento de rotação de Mercúrio é muito mais lento que o da Terra e equivale a 59 dias terrestres. O tempo de sua órbita em torno do Sol, por sua vez, é mais rápido do que o de qualquer outro planeta do Sistema Solar: corresponde a 88 dias terrestres. Por isso recebeu o nome do veloz deus da mitologia romana, Mercúrio.

Vênus – está continuamente coberto por uma espessa camada de nuvens, formadas principalmente por gás carbônico. Devido à sua proximidade do Sol, juntamente ao forte efeito estufa provocado pela presença do gás carbônico, a temperatura em sua superfície atinge 470 °C, tornando-o seco e o mais quente do Sistema Solar. Seu movimento de rotação equivale a 243 dias terrestres e o de translação leva 225 dias terrestres. Isso quer dizer que Vênus dá uma volta completa em torno do Sol antes mesmo de completar um único movimento de rotação. As densas nuvens de sua atmosfera refletem intensamente a luz do Sol, produzindo um brilho que, à distância, fornece uma imagem muito bonita. Por isso recebeu o nome da deusa romana da beleza e do amor, Vênus.

JPL/CIT/NASA

NETUNO

URANO

SATURNO

JÚPITER

Netuno – é o último planeta do Sistema Solar, portanto o mais distante em relação ao Sol. Netuno leva quase 165 anos para completar seu movimento de translação. O planeta tem uma rápida rotação de pouco mais de 16 horas. Possui 14 luas conhecidas. Por sua cor azulada, leva o nome de Netuno, deus romano do mar.

Urano – é o sétimo planeta a partir do Sol. Possui uma das mais frias atmosferas planetárias, sendo sua temperatura mínima de –216 °C. Urano completa uma volta em torno do Sol a cada 84 anos terrestres (translação) e seu movimento de rotação leva 17 horas. Esse planeta tem 27 luas conhecidas. Urano é o nome romano do deus do céu.

Saturno – é o mais distante planeta visível a olho nu. Tem o nome romano do deus do tempo. Leva aproximadamente 30 anos pra completar sua órbita em torno do Sol (translação). O seu período de rotação corresponde a 10,5 horas. Circunda o planeta um fascinante sistema de anéis formados de poeira e gelo, partículas cujas dimensões vão de pequenos grãos a blocos de vários metros. Saturno tem 62 luas conhecidas.

Júpiter – é o maior planeta do Sistema Solar. Júpiter leva 10 horas para completar uma volta em torno do seu eixo (rotação) e 12 anos terrestres para dar uma volta em torno do Sol (translação). Possui 79 satélites (luas), dos quais quatro descobertos por Galileu Galilei em 1610. O planeta leva o nome do deus dos deuses na mitologia romana.

Ilustração fora de escala.

Plutão
1.200 km

Lua
1.700 km

Terra
6.400 km

Ilustração destacando o diâmetro de Plutão comparado com o da Terra e o da Lua.

▶ Planetas anões

Alguns corpos celestes
- estão em órbita ao redor do Sol;
- possuem massa suficientemente grande para que a gravidade os molde em formato quase esférico;
- sua gravidade não atrai os corpos próximos a eles durante sua órbita;
- não possuem as características de uma lua.

Ao corpo celeste que apresenta essas características dá-se o nome de **planeta anão**. No Sistema Solar, temos cinco planetas anões, sendo o mais conhecido deles Plutão.

Jogo rápido

Planetas e planetas anões têm algumas características em comum. Quais são elas?

▶ Cometas e asteroides

Cometas são corpos celestes formados por poeira, gelo e gás. O núcleo dos cometas é sólido, constituído de gelo e poeira, rodeado por uma camada de gases. Os cometas encontram-se em órbitas ao redor do Sol.

Quando os cometas se aproximam do Sol, o gelo do núcleo passa diretamente para o estado gasoso (sublimação) e há liberação de gases e poeira formando uma *cabeleira* ao redor do núcleo e uma ou mais *caudas brilhantes* que podem atingir milhões de quilômetros.

Fique por dentro!

Os cometas, que não possuem luz própria, refletem a luz do Sol, o que os torna visíveis por nós na Terra. Sua cauda sempre aponta em direção oposta ao Sol.

Cometa de Halley, descoberto em 1705 por Edmund Halley. Sua órbita em torno do Sol leva 76 anos.

núcleo   cauda

CAPÍTULO 14 • Muito além do planeta Terra

Asteroides são objetos rochosos em órbita do Sol. Mais de 200.000 já foram descobertos, embora deva haver mais de um bilhão deles. Estão localizados entre as órbitas de Marte e Júpiter. Alguns cientistas acreditam que são rochas e fragmentos de até algumas centenas de quilômetros que não se aglutinaram para formar um planeta. Mesmo os maiores são pequenos demais para reterem uma atmosfera. Alguns possuem satélites naturais.

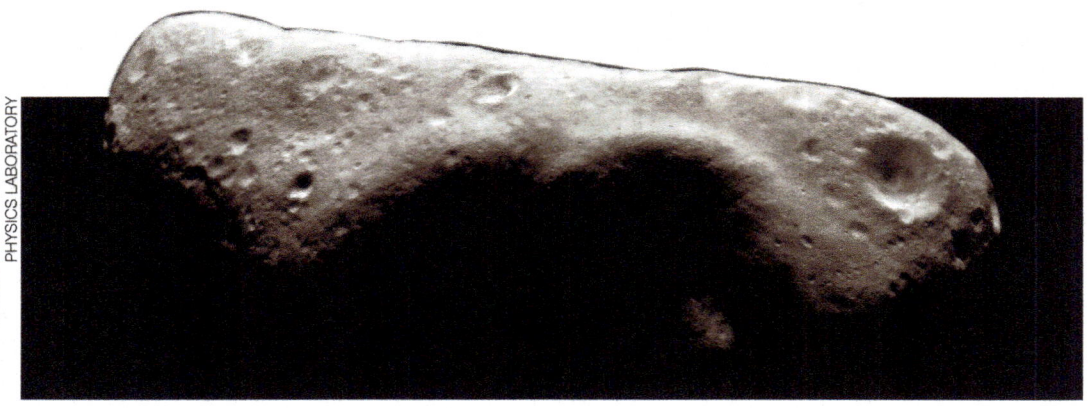

O asteroide Eros não é um agregado de fragmentos de rochas, mas é formado por um único bloco sólido de rocha com 33 km de comprimento.

É SEMPRE BOM SABER MAIS!

Meteoroides, meteoros e meteoritos

Qualquer corpo sólido menor que um asteroide e maior do que uma molécula ou átomo, que se desloca pelo espaço cósmico, é chamado de **meteoroide**. Alguns são atraídos pela força gravitacional da Terra e, ao entrarem em atrito com os gases da atmosfera, tornam-se incandescentes, deixando um caminho ou rastro luminoso de curta duração, chamado **meteoro**. Às vezes, ele é visto a olho nu e é popularmente conhecido como estrela cadente; mas apesar do nome não se trata de uma estrela. Se o meteoroide não for consumido totalmente no seu atrito com a atmosfera, ele atinge a superfície terrestre e recebe o nome de **meteorito**.

Acredita-se que há cerca de 65 milhões de anos um gigantesco meteorito caiu na Terra e gerou uma enorme quantidade de poeira que impediu a entrada de uma parte da luz solar por um longo período de tempo. Com isso, o processo de produção de alimentos pelas plantas (fotossíntese) foi prejudicado, o que levou ao desaparecimento de inúmeras espécies de seres vivos, incluindo os dinossauros.

Com 5.360 kg, medindo 1,5 m de largura e 0,7 m de altura, o meteorito do Bendegó foi encontrado no sertão da Bahia em 1784. Em 1888 foi incorporado ao acervo do Museu Nacional do Rio de Janeiro e, felizmente, resistiu ao grande incêndio que em 2018 destruiu aquele museu.

UNIDADE 3 • TERRA E UNIVERSO

EM CONJUNTO COM A TURMA!

Reúna seu grupo de trabalho e preencham corretamente os quadrinhos de 1 a 11 abaixo. Para isso, vocês devem utilizar as seguintes palavras: anéis, cometas, Júpiter, Lua, Marte, Mercúrio, Netuno, planetas, Terra, Urano, Vênus.

À medida que preencherem os quadrinhos, risquem a palavra escolhida para não usá-la novamente.

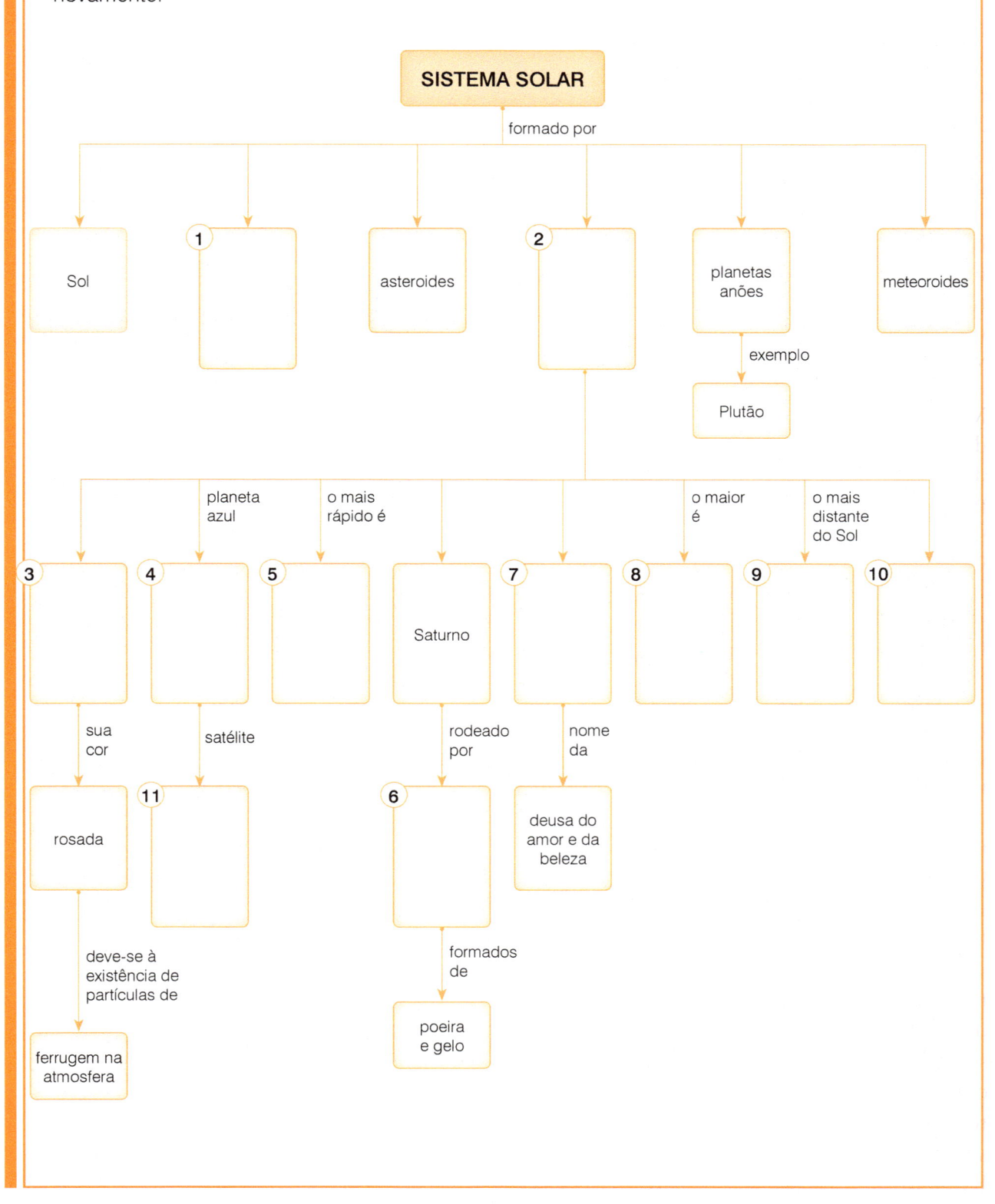

SISTEMA SOLAR

formado por:
- Sol
- 1. _____
- asteroides
- 2. _____
- planetas anões (exemplo: Plutão)
- meteoroides

- 3. _____ (planeta azul) — sua cor rosada deve-se à existência de partículas de ferrugem na atmosfera
- 4. _____ — satélite: 11. _____
- 5. _____ (o mais rápido é)
- Saturno — rodeado por 6. _____ (formados de poeira e gelo); nome da deusa do amor e da beleza: 7. _____
- 8. _____ (o maior é)
- 9. _____
- 10. _____ (o mais distante do Sol)

Astronomia e cultura

Muitos filósofos gregos ficaram conhecidos por suas ideias e pela forma como tentaram explicar a origem e o destino da vida e do Universo.

Inicialmente, a explicação de tudo o que existe tinha como base uma visão **mitológica** do mundo. Cada cultura, em diferentes regiões do planeta, desenvolveu seus próprios mitos sobre a origem e o funcionamento do Universo. Esses mitos são muito diferentes, pois refletem o ambiente e a sociedade onde se originaram. Por volta do século IV a.C., alguns filósofos da Grécia Antiga começaram a abandonar as explicações mitológicas e desenvolveram suas próprias teorias.

Tales de Mileto (623-546 a.C.) foi o primeiro filósofo a romper com a mitologia para explicar a origem do Universo. Dizendo que a origem de todas as coisas era a água, tentou explicar os fenômenos naturais utilizando-se de teorias e hipóteses, sem recorrer a deuses ou artimanhas sobrenaturais. Embora estivesse muito distante da verdade, é considerado o precursor da ciência moderna.

Pitágoras (570-495 a.C.), por volta de 540 a.C., mostrou como a Matemática podia ser usada para formular teorias científicas e tentou descobrir as regras matemáticas que regeriam os movimentos do Sol, da Lua e dos planetas através do céu. Foi Pitágoras quem propôs pela primeira vez uma Terra esférica, sem, contudo, apresentar qualquer evidência física. Pitágoras, como muitos gregos, apenas acreditava que a esfera era a forma mais perfeita que existia.

O primeiro a propor uma Terra esférica baseada em evidências físicas foi Aristóteles (384-322 a.C.). Ele apresentou alguns argumentos para justificar sua suposição: durante um eclipse lunar, a Terra sempre projeta uma sombra circular na Lua e diferentes constelações são visíveis em diferentes latitudes (estrelas visíveis no Egito e Chipre não o são da Grécia). Mas ele não tinha ideia do tamanho da Terra. Foi somente por volta de 240 a.C. que Eratóstenes (276-194 a.C.) inventou um método muito simples, que combinava cálculos geométricos com observações físicas, para estimar com grande precisão a circunferência da Terra. Por volta de 150 a.C., Hiparcos (190-120 a.C.) calculou com grande precisão a distância da Terra à Lua.

Para Aristóteles, a Terra estava situada no centro de um Universo esférico e perfeito (*geocentrismo*). Em torno da Terra, uma sucessão de esferas cristalinas concêntricas, sustentavam a Lua, o Sol e os planetas nas suas viagens ao longo dos céus. Para ele, na região abaixo da Lua, denominada esfera sublunar (ou esfera terrestre), toda a matéria era composta pela combinação em diferentes proporções por quatro elementos: terra, ar, água e fogo. A segunda região, denominada mundo supralunar, começava na Lua e se estendia até os limites do Universo, onde estariam localizadas as estrelas fixas. Estas se-

Mitológico: que não tem ou teve existência real; fictício.

Tales de Mileto, matemático, filósofo e astrônomo grego.
Fonte: WALLIS, E. *Illustrerad Verldshistoria*, 1875-9.

Escultura retratando Aristóteles, localizada em Estagira, Grécia, cidade em que o filósofo nasceu.

riam compostas por um quinto elemento, o éter celestial. Também chamado de quintessência (quinto elemento), era a substância divina que compunha as esferas celestes, estrelas e planetas.

Ptolomeu (90-168 d.C.), em sua obra *Almagesto*, sintetizou a obra de seus predecessores, tentando proporcionar um embasamento matemático para o sistema geocêntrico de Aristóteles. Tal sistema se tornou um **dogma** católico e vigorou desde a Antiguidade até a "Revolução" de Copérnico.

Dogma: princípio fundamental de uma doutrina religiosa, considerado como certo e indiscutível.

Cláudio Ptolomeu, matemático e astrônomo grego (gravura do século XVI).

Em 1543, ano de sua morte, Copérnico (1473-1543) publicou sua obra *Sobre a Revolução dos Corpos Celestes* em que apresentou seu modelo *heliocêntrico* do Universo. Nesse modelo, o Sol ocupa o centro do Universo, e a Terra e todos os planetas conhecidos em sua época girariam em torno dele. A noite e o dia são explicados pelo movimento de rotação da Terra.

É SEMPRE BOM SABER MAIS!

Algumas evidências de que a Terra é redonda

Planeta Terra visto da superfície da Lua.

1. Em uma Terra completamente plana, sem bloqueio do campo de visão por montanhas, edifícios, árvores ou neblina, sempre seria possível ver objetos distantes. Isso não ocorre em superfícies esféricas. Por exemplo, uma pessoa em pé na praia pode ver o horizonte marinho a uma distância menor do que se estivesse no alto de um edifício olhando para a mesma direção. É por isso que ao observar um navio se aproximando da costa, vê-se primeiro a parte mais elevada da embarcação.

2. Em um eclipse lunar sempre vemos a sombra da Terra na Lua como um círculo escu-

CAPÍTULO 14 • Muito além do planeta Terra 289

Disponível em: <https://apod.nasa.gov/apod/ap181224.html>. *Acesso em:* 23 jun. 2019.

ro que se move de um lado para o outro, independentemente do movimento de rotação do planeta. Os filósofos da Grécia Antiga já haviam concluído que a Terra é esférica, pois sabiam que a única forma geométrica que projeta uma sombra circular, independentemente da direção da projeção, é uma esfera.

3. Diferentes constelações são visíveis de diferentes latitudes, ou seja, a visualização das constelações é função do local em que nos encontramos. Constelações observadas no hemisfério Norte não são vistas a partir do hemisfério Sul. Se a Terra fosse plana, veríamos sempre as mesmas estrelas de qualquer ponto e a qualquer momento. Aristóteles já havia observado que algumas estrelas que são visíveis do Egito não são visíveis da Europa. Isso não seria possível se a Terra fosse plana.

4. Somente a existência de uma Terra esférica pode explicar o dia e a noite, os fusos horários e as estações, que são diferentes em hemisférios diferentes no mesmo mês do ano. Quando a metade do planeta se encontra à luz do dia (hemisfério voltado para o Sol), a outra metade está passando pela noite.

Sombra projetada da Terra sobre a Lua durante um eclipse lunar.

O céu indígena

No Brasil, muitas tribos indígenas também observaram o céu e criaram suas próprias explicações sobre as estrelas e o Universo. Da mesma forma como os gregos e romanos veneravam planetas e estrelas, nossos indígenas também se relacionavam com os astros.

O céu para os índios sempre foi visto como uma extensão da Terra, por isso o viam repleto de figuras que representavam pessoas e animais. A essas figuras estavam associados mitos, que ensinavam os valores morais da tribo e a importância de cada astro para a sobrevivência da tribo.

Algumas constelações indígenas. (a) *Constelação da ema*, surge no hemisfério sul na segunda metade de junho, indicando a chegada do inverno; (b) *constelação da anta*, como é conhecida pelos indígenas do norte do Brasil, surge na segunda quinzena de setembro.

Fonte: AFONSO, G. B. As Constelações Indígenas Brasileiras. Disponível em: <http://www.telescopiosnaescola.pro.br/indigenas.pdf>. Acesso em: 23 jun. 2019.

Sabiam identificar pela observação dos astros a chegada da estação chuvosa, a época da caça e pesca, a duração das marés, as fases da Lua, as estações do ano e muitos outros fenômenos da natureza.

Para algumas tribos, Tupã, chamado de o "espírito do trovão", era o criador de todas as coisas e responsável por ensinar a agricultura, a caça e o artesanato. Acreditavam que sua morada era o Sol e que o trovão era sua voz, que podia ser ouvida durante as tempestades. Chamavam o trovão de "Tupacinunga" e o relâmpago, que era a sua manifestação luminosa, "Tupã beraba".

O gnômon indígena é formado por uma haste fincada verticalmente no chão ou uma pedra talhada com quatro faces, que projeta uma sombra no chão. O tamanho da sombra indica o tempo (horas) durante o dia.

> **Fique por dentro!**
>
> O Sol, que para os gregos e romanos era Apolo e para os egípcios Osíris, na mitologia tupi-guarani é chamado de Guaraci. Era filho de Tupã e auxiliou o "pai na criação" de todos os seres vivos, por isso é o guardião de todas as criaturas. A Lua é a deusa Jaci, filha de Tupã e irmã-esposa de Guaraci. Guardiã da noite e protetora dos amantes e da fecundação, desperta a saudade nos corações dos guerreiros e caçadores, trazendo-os de volta para suas esposas.

É possível ao ser humano viver fora da Terra?

Hoje, não estamos apenas estudando a Lua, os planetas e as estrelas para conhecermos como influenciam a vida na Terra, mas também suas condições para receber vida humana, pois planejamos visitar e morar em mundos que nossos antepassados vivenciaram apenas em suas imaginações. Se nós, seres humanos, ainda não fomos além da Lua, nossas máquinas já ultrapassaram os limites do Sistema Solar. Nossa Terra é o nosso berço, mas ninguém vive para sempre no berço!

Talvez a vida no espaço mude nossas mentes e nossos corpos, e a evolução nos adapte a outros mundos. Os ambientes conhecidos até agora são mais inóspitos do que em qualquer lugar da Terra. Como vamos lidar com isso? Como sobreviveremos a uma noite lunar congelante de 354 horas? Como os futuros exploradores do espaço irão lidar com o isolamento em missões que se estendem de meses a anos? Ainda não conhecemos as respostas, mas vamos em frente. Começaremos com a Lua, depois Marte, e assim prosseguiremos.

Uma base na Lua

A sobrevivência humana na Lua é possível, mas alguns obstáculos terão de ser superados. Com apenas um sexto da atração gravitacional da Terra e sem campo magnético, a Lua não reteve a sua atmosfera como o fez nosso planeta. Sem atmosfera e sem campo magnético, sua superfície recebe alta intensidade de radiação cósmica e apresenta variações de temperaturas, que, no equador, oscilam entre 127 °C e –173 °C.

A luz do dia em determinado ponto da superfície de nosso satélite dura cerca de duas semanas, seguida por aproximadamente duas semanas de noite. Isso significa que cada noite ou cada dia lunar tem a duração de duas semanas na Terra. Portanto, uma base lunar irá enfrentar duas semanas de calor extremo durante o dia, podendo chegar a 127 °C, seguida por duas semanas de frio congelante de –173 °C durante a noite. Construída em um local como esse, com grande variação de temperatura, a base deve não apenas fornecer isolamento contra o frio congelante e o calor intenso, mas ser confeccionada com um material que resista a essa grande amplitude térmica.

Uma opção para diminuir a alta amplitude térmica do equador lunar é construir uma base subterrânea. Quanto mais profunda for a sua localização, maior será a proteção térmica. A superfície lunar é recoberta por uma areia cinza e muito fina, semelhante à areia vulcânica da Terra, denominada *regolito*. Essa camada mineral resulta da erosão cósmica, provocada pela radiação, amplitude térmica, choque de meteoritos, entre outros. Como possui baixa condutividade térmica e alta resistência à radiação solar, poderá ser usada para cobrir uma base subterrânea. Para a construção de uma base lunar, alguns estudos mostram que é possível usar o regolito para produzir tijolos em diversos formatos, inclusive na forma de blocos que se encaixem uns nos outros. No entanto, a construção de uma base subterrânea é extremamente complicada. Provavelmente será executada por máquinas robóticas, operadas remotamente.

Pegada de Buzz Aldrin, astronauta da Apolo 11, na superfície lunar. Perceba que a fina areia da superfície do satélite foi facilmente compactada sob o peso do astronauta.

DIGITAL IMAGES STUDIO/SHUTTERSTOCK

Outra opção seria construir a base lunar em um dos polos da Lua. A NASA tem planos de construí-la no polo Sul lunar. Essa localização evitaria o problema das grandes amplitudes térmicas que ocorrem no equador do satélite. Outra vantagem da base nessa localidade seria a possibilidade de obtenção de água, pois já foi comprovada a existência de gelo de água nesses locais. Porém, ainda teríamos de administrar as 354 horas de noite lunar – um problema para equipamentos movidos à energia solar: os polos lunares, como os da Terra, são extremamente frios e com baixa incidência de raios solares e como o Sol se move na linha do horizonte, os painéis solares deverão ser construídos verticalmente, e não horizontalmente como os que se colocariam no equador lunar.

Outra dificuldade pode ser a adaptação do ser humano. Ainda não se tem certeza da extensão dos problemas físicos e psicológicos que podem surgir com uma permanência mais longa em nosso satélite. Embora o astronauta russo Gennady Padalka tenha completado cinco missões em órbita da Terra, totalizando 879 dias, o ser humano não permaneceu por mais de três dias consecutivos na Lua.

A radiação e as partículas liberadas nas tempestades solares provavelmente serão os maiores desafios a serem superados. A radiação recebida por um astronauta na Lua é três vezes maior do que a que ele recebe na Estação Espacial Internacional (ISS) em órbita da Terra, onde está protegido pelo campo magnético terrestre. Isso aumenta o risco de problemas de saúde, como o câncer.

1. voos comerciais
2. Estação Espacial Internacional
3. lançamento de veículos comerciais
4. módulos comerciais para aterrissagem lunar

Considerando todos esses fatores, é fácil perceber que obstáculos terão de ser superados, o que inclui o altíssimo custo de construção de uma base em nosso satélite. Teremos de utilizar recursos lunares para atender nossas necessidades. Por exemplo, o oxigênio poderá ser obtido da água proveniente do gelo ou de um mineral abundante na Lua, a ilmenita ($FeTiO_3$), que, quando combinada com o hidrogênio a temperaturas de 1.000 °C, produz vapor-d'água, que pode ser separado em hidrogênio e oxigênio.

Com proteção térmica adequada e um sistema apropriado de geração de energia durante a longa noite lunar, poderemos ter uma colônia tripulada nas próximas duas décadas. Então, teremos uma base para ser utilizada como laboratório científico e como ponto de partida para a exploração do espaço. Essa é a maior motivação para voltarmos à Lua: usá-la como um "entreposto" para ir além; Marte e os asteroides são os alvos para exploração espacial.

A campanha de exploração espacial da NASA, agência do governo estadunidense para administração espacial e aeronáutica, inclui a liderança dos EUA na órbita ao redor da Terra, ao redor da Lua e também em sua superfície, e em outros destinos, incluindo Marte.

⑤ SLS – sistema de lançamento espacial
⑥ Projeto Orion
⑦ missões robóticas na superfície lunar
⑧ exploração robótica de Marte (tecnologia em desenvolvimento)

retorno à Lua para exploração de longo prazo — "entreposto" lunar — pesquisas para o envio a Marte de missões tripuladas

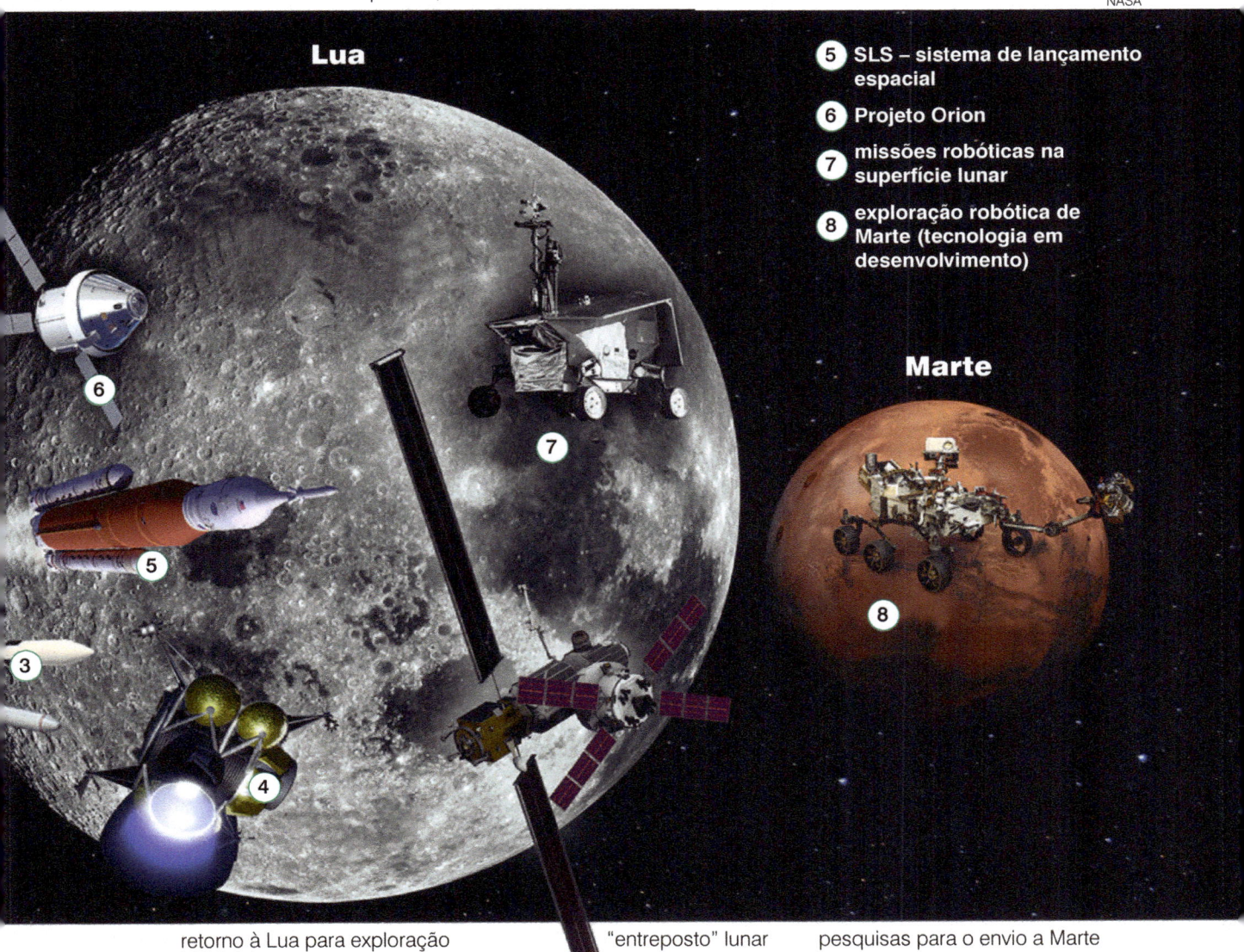

Medidas astronômicas

A distância entre os planetas é enorme. As estrelas estão ainda mais distantes. Se fôssemos expressar essas distâncias em quilômetros teríamos de usar muitos "zeros". Por isso os cientistas criaram métodos para expressar essas distâncias usando números pequenos, como o **ano-luz** (al) e a **unidade astronômica** (ua).

A unidade de medida geralmente usada para as medidas astronômicas é o **ano-luz**. Um ano-luz *é a distância que a luz percorre no vácuo em um ano*, ou seja, aproximadamente 9,5 trilhões de quilômetros. Os cientistas falam 1 ano-luz, em vez de falar 9.500.000.000.000 km. Por exemplo, o sistema estelar mais próximo, Alpha Centauri, situa-se a pouco mais de 4,37 anos-luz da Terra. É claro que você poderia dizer: Alpha Centauri está a aproximadamente 41.300.000.000.000 km da Terra, porém expressar-se usando a unidade ano-luz é bem mais simples!

Para distâncias menores podemos utilizar a **unidade astronômica** (ua), que é definida como a *distância média entre a Terra e o Sol*, ou seja, a distância média da Terra ao Sol equivale a 1 ua (aproximadamente 150.000.000 km).

> **Fique por dentro!**
>
> Outra medida astronômica usada para a medida de distâncias muito grandes, como a distância entre galáxias, por exemplo, é o **parsec** (pc), cuja unidade equivale a $206,26 \times 10^3$ ua. Essas medidas são inimagináveis, não é mesmo?

Ciclo de vida das estrelas

Como os seres vivos, as estrelas têm um ciclo de vida. Elas nascem, brilham por milhares ou milhões de anos, entram em declínio e morrem.

As estrelas "nascem" quando gigantescas nuvens formadas principalmente por hidrogênio começam a se concentrar, ficando cada vez menores e mais quentes. Com o aumento da pressão e a temperatura chegando a 10 milhões de graus Celsius no centro da nuvem, núcleos de átomos de hidrogênio se fundem e se transformam em hélio. A fusão nuclear do hidrogênio produz quantidades imensas de energia que aquecerão ainda mais o núcleo da estrela, transformando a nuvem em uma enorme esfera de gás incandescente. Quando a estrela atinge essa fase, ela se torna estável e, assim, o seu tamanho e a sua temperatura se mantêm praticamente constantes por bilhões de anos. O nosso Sol atualmente passa por uma fase semelhante. Essa estabilidade é muito importante, pois o desenvolvimento da vida em nosso planeta depende de um fluxo constante de energia: se a temperatura e o tamanho do Sol se alterarem, mudanças profundas e até catastróficas poderiam ocorrer em nosso planeta. Porém essa fase de "tranquilidade" do Sol deve durar ainda cerca de 6,5 bilhões de anos.

Como as estrelas morrem?

Com o passar do tempo, a quantidade de hidrogênio do núcleo da estrela diminui e ela começa a "morrer", porém, as estrelas não morrem todas da mesma maneira. Estrelas com mais massa gastam mais rapidamente o seu combustível e duram "apenas" alguns milhões de anos.

Com a diminuição das reações nucleares, a temperatura do núcleo da estrela diminui, diminuindo também a pressão. Com uma pressão menor no núcleo, as camadas que o envolvem acabam desabando em direção ao centro da estrela. Isso provoca novamente uma repentina elevação da pressão e da temperatura. As reações nucleares se intensificam novamente, queimando o hidrogênio que existe nas camadas próximas ao núcleo. Esse processo é tão violento que empurra as camadas externas da estrela para fora, fazendo com que aumente muito o seu tamanho. Se a estrela tiver entre 0,5 e 10 vezes a massa do Sol, nesse momento de sua vida ela recebe o nome de **gigante vermelha**. Uma estrela assim é Betelgeuse, da constelação de Órion, que fica perto das Três Marias. Seu diâmetro é, aproximadamente, 900 vezes o do Sol. Se essa estrela estivesse no lugar do Sol, sua superfície se aproximaria da órbita de Saturno.

Imagem da estrela Betelgeuse, uma das maiores estrelas conhecidas, obtida pelo ALMA (observatório do Atacama). Essa gigante vermelha, de cerca de 8 milhões de anos, faz parte da constelação de Orion.

▶ Nebulosa planetária

Quando uma gigante vermelha chega ao fim de sua vida, suas camadas exteriores são expelidas, espalhando-se pelo espaço e formando uma imensa nuvem de gás. O que resta no interior é um pequeno núcleo que permanece brilhando intensamente. Nessa fase, a estrela passa a ser denominada de **nebulosa planetária**, um dos corpos mais bonitos do céu.

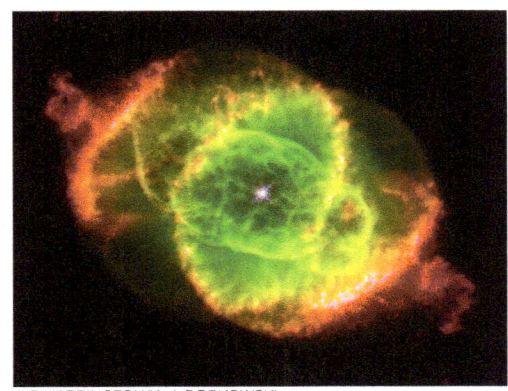

Nebulosa Olho de Gato. Com idade aproximada de 1.000 anos, essa nebulosa é o que restou do fim de uma estrela. Na constelação de Draco, dista cerca de 3.000 anos-luz da Terra.

Disponível em: <https://www.spacetelescope.org/images/?search=cat%27s+eye+nebula>. *Acesso em:* 28 jun. 2019.

▶ Anã branca

Ao mesmo tempo em que a camada externa se espalha, a parte interna da estrela se torna cada vez menor, transformando-se em uma **anã branca**, uma estrela pequena, quente e muito densa: uma pequena colher cheia de material que forma essa estrela teria o peso equivalente a algumas toneladas em nosso planeta!

▶ Anã negra

Com o passar do tempo, a anã branca esgota o seu combustível e vai esfriando aos poucos até se transformar em uma **anã negra**. Pequena e praticamente invisível, a anã negra é a "cinza" que restou da estrela.

▶ *Supernova*

Se a estrela tiver no mínimo 10 vezes a massa do nosso Sol, sua morte é mais violenta e espetacular. Esgotado o combustível, o núcleo colapsa violentamente sob o peso de sua própria gravidade. As camadas ao redor do núcleo, contendo aproximadamente 90% da massa da estrela, desabam em direção ao centro e, após comprimirem o núcleo, dão início a reações nucleares descontroladas e são empurradas para fora com velocidades de milhares de quilômetros por segundo. A energia liberada é tão grande, que a estrela brilha durante alguns dias com luminosidade equivalente a uma galáxia inteira com 200 bilhões de estrelas. Essas explosões de estrelas recebem o nome de **supernovas**.

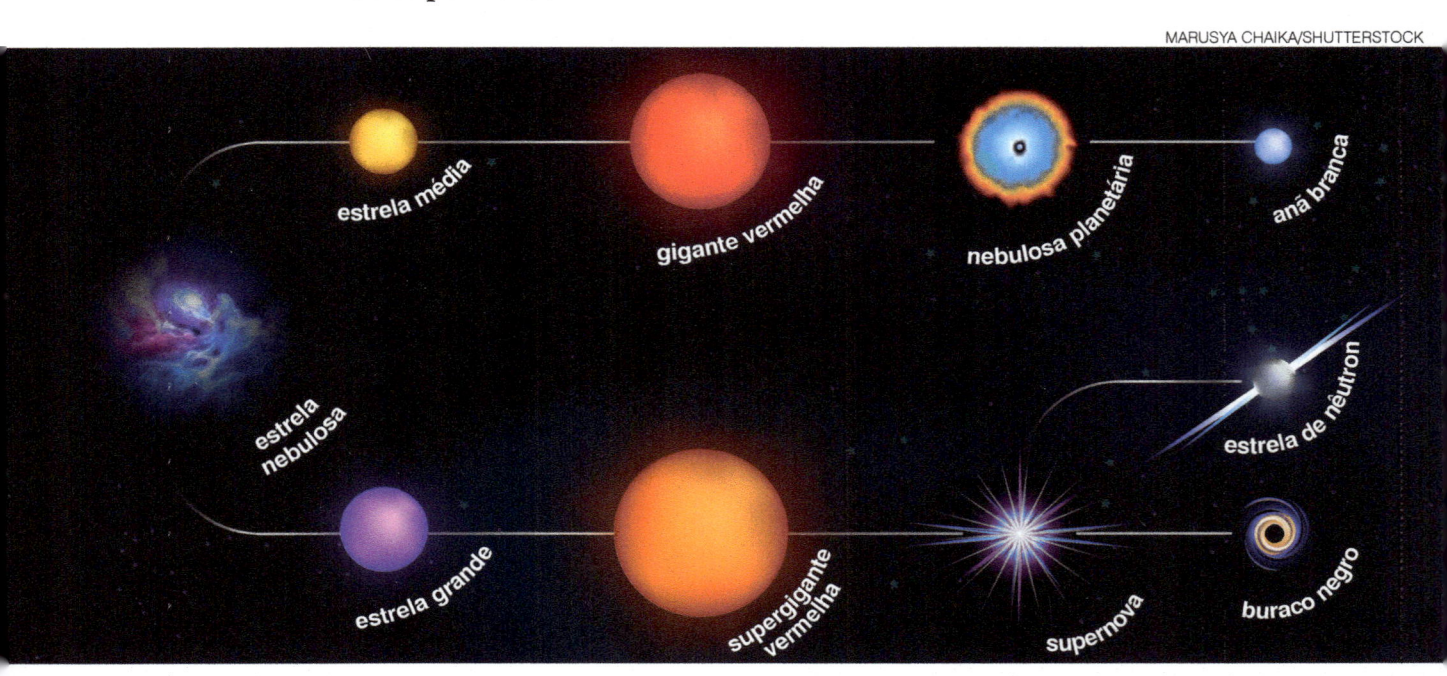

Concepção artística sobre o ciclo de vida das estrelas.

▶ *Buracos negros*

Se a estrela iniciar sua vida com massa acima de 25 vezes a massa do nosso Sol, após a fase de supernova, em vez de uma anã branca, restará um **buraco negro**. Nessas estrelas a gravidade é tão intensa que elas se contraem até atingir o tamanho da ponta de um alfinete. O resultado é um corpo com uma força de atração tão intensa que nada pode escapar de suas proximidades, até mesmo a luz é atraída de volta. Sem luz não é possível ver, por isso esse corpo é escuro e recebeu o nome de buraco negro.

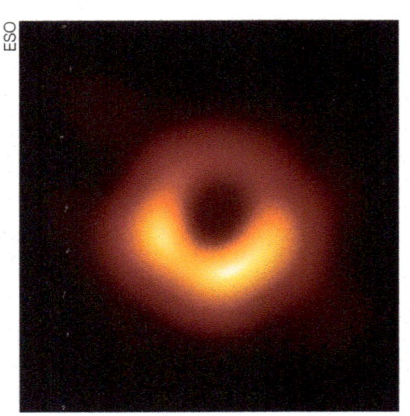

Gigantesco buraco negro no coração da distante galáxia Messier 87. Observações feitas pela National Science Foundation em cooperação com o Event Horizon Telescope.

A 27 mil anos-luz da Terra, no centro de nossa galáxia, os astrônomos observaram um movimento de gás e de estrelas anormais, que indicam que ali existe um gigantesco buraco negro com massa igual a 4 milhões de vezes a massa do Sol.

O Sol

A energia solar é gerada no núcleo do Sol, onde a temperatura (15.000.000 °C) e a pressão (340 bilhões de vezes a pressão atmosférica da Terra) são tão intensas que levam à ocorrência de reações nucleares. A cada segundo cerca de 700.000.000 de toneladas de hidrogênio são convertidas em 695.000.000 de toneladas de hélio e 5.000.000 de toneladas desaparecem, sendo convertidas em energia, pricipalmente na forma de luz e calor. A energia gerada no interior do Sol leva um milhão de anos para chegar a sua superfície.

Daqui a 5 ou 6 bilhões de anos nosso Sol se tornará uma gigante vermelha, com sua superfície atingindo a órbita da Terra. O Sol, então, se transformará em uma nebulosa contendo em seu centro uma anã branca. Ainda não se sabe se a Terra será, de fato, engolida pelo Sol ou se continuará em órbita, porque à medida que o Sol queima hidrogênio, perde massa e isso pode alargar as órbitas dos planetas. Antes disso, os oceanos da Terra evaporarão e a sua biosfera terá sido destruída pelo aumento do brilho do Sol. Provavelmente, a atmosfera e a litosfera da Terra ficarão como as de Vênus, ou seja, a Terra se tornará um planeta sem vida, seco e com uma superfície contendo rochas fundidas.

Mas nem tudo está perdido, pois há quem acredite que até lá os seres humanos já terão descoberto alguma forma de proteger de seu fim a vida no planeta.

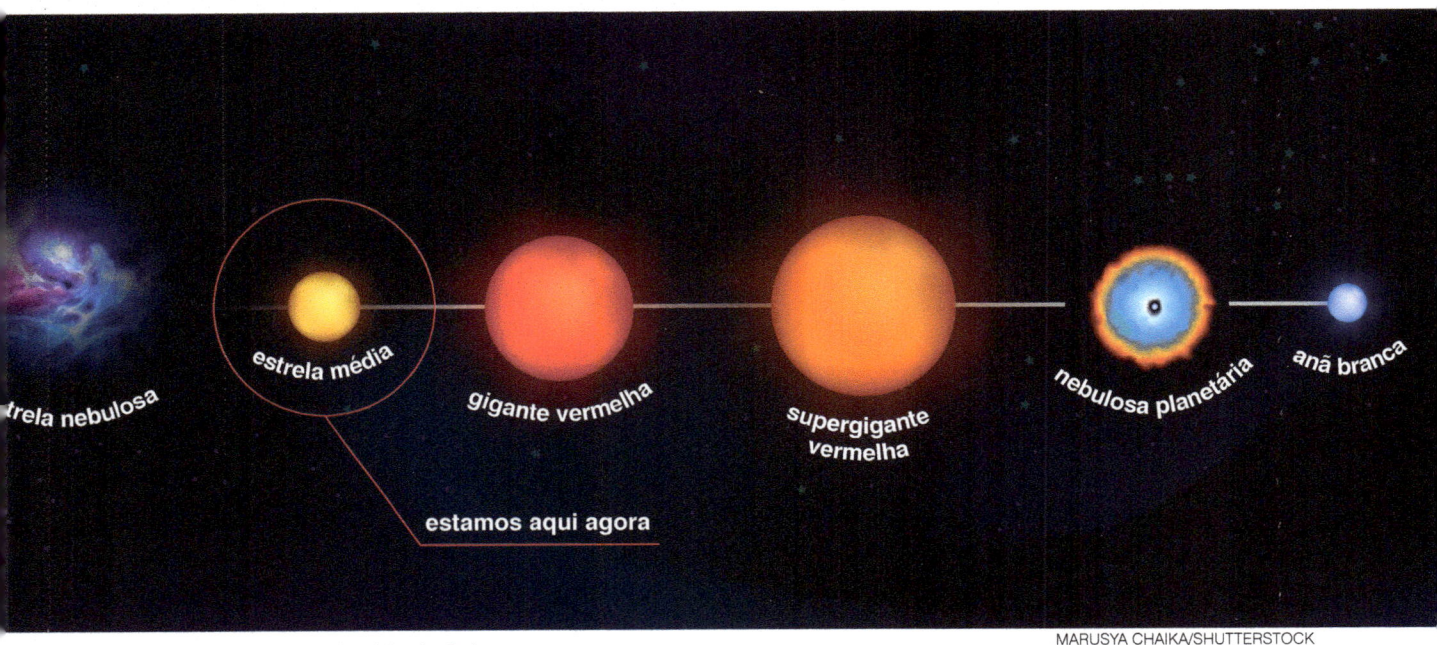

Concepção artística do ciclo de vida do Sol.

Nosso desafio

Para preencher os quadrinhos de 1 a 10, você deve utilizar as seguintes palavras: 10 milhões de graus Celsius, desabarem, energia, hélio, hidrogênio, intensidade, núcleos, reação nuclear, reações nucleares, temperatura e pressão no núcleo.

À medida que você preencher os quadrinhos, risque a palavra que escolheu para não usá-la novamente.

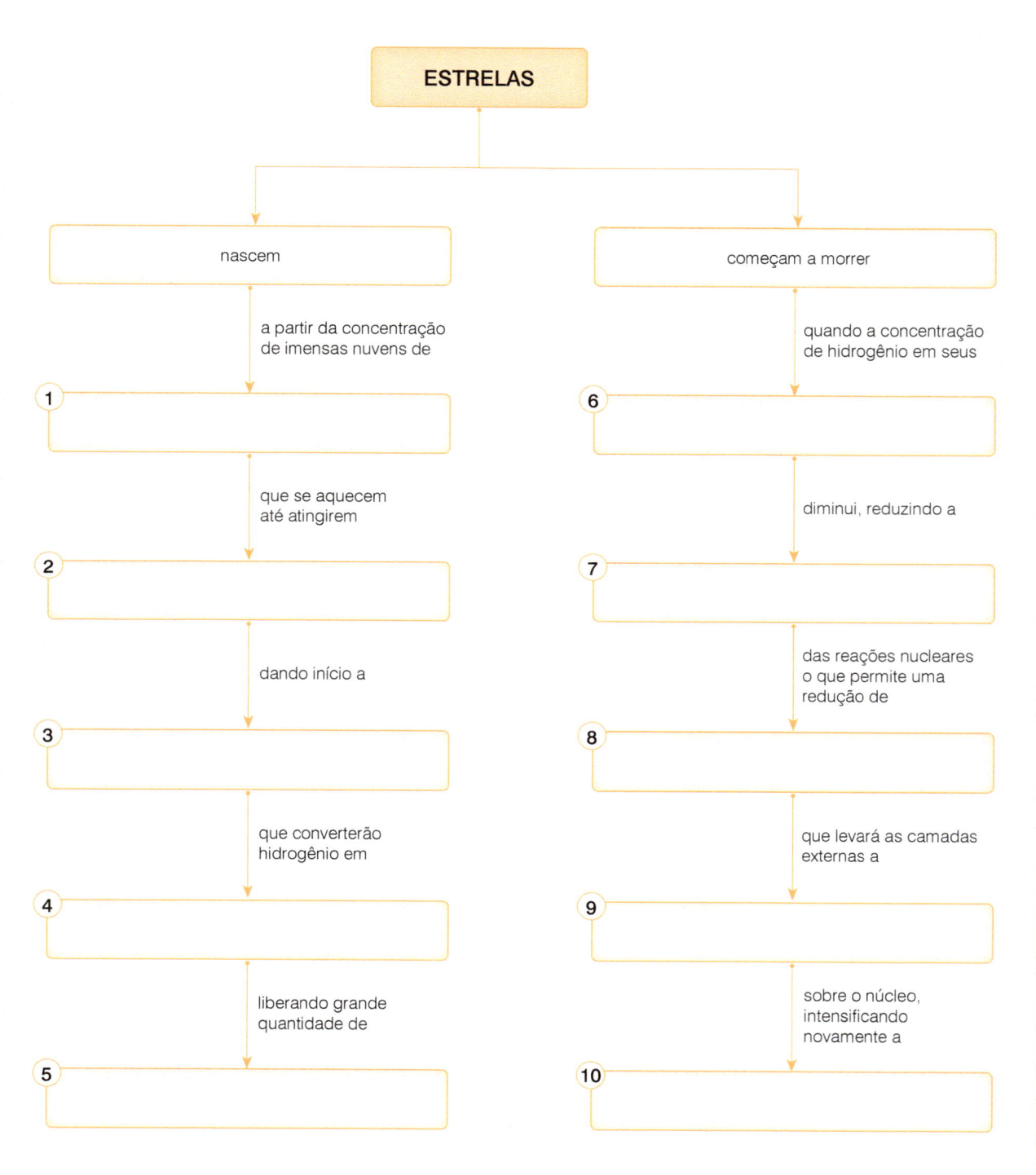

ESTRELAS

nascem → a partir da concentração de imensas nuvens de

1. ☐

que se aquecem até atingirem

2. ☐

dando início a

3. ☐

que converterão hidrogênio em

4. ☐

liberando grande quantidade de

5. ☐

começam a morrer → quando a concentração de hidrogênio em seus

6. ☐

diminui, reduzindo a

7. ☐

das reações nucleares o que permite uma redução de

8. ☐

que levará as camadas externas a

9. ☐

sobre o núcleo, intensificando novamente a

10. ☐

Atividades

1. **[1, 6, 7, 8, 10]** Quem foi o primeiro filósofo a romper com a mitologia para explicar a origem do universo?

2. **[1, 6, 7, 8, 10]** Pitágoras, utilizando a Matemática, tentou encontrar regras que pudessem explicar os movimentos do Sol, da Lua e dos planetas através do céu. É considerado também o primeiro homem a propor uma Terra esférica. Sua proposição pode ser considerada como científica?

3. **[1, 6, 7, 8, 10]** Quem foi o primeiro filósofo a propor uma Terra esférica baseada em evidências físicas, que justificassem sua proposição? Quais foram essas evidências?

4. **[1, 6, 7, 8, 10]** Por volta de 150 a.C., o tamanho da Terra e sua distância à Lua já tinham sido determinadas. Quais foram os filósofos responsáveis pela obtenção, por meio de observações e alguns cálculos geométricos, dessas informações?

5. **[1, 6, 7, 8, 10]** Em que consiste o modelo heliocêntrico do Universo apresentado em 1543 por Copérnico?

6. **[1, 6, 7, 8, 10, 12, 18]** Por que cada cultura, em diferentes regiões do planeta, desenvolveu seus próprios mitos sobre a origem e o funcionamento do Universo?

7. **[1, 6, 7, 8, 10, 12, 18]** Por que o céu para os índios sempre foi visto como uma extensão da terra em que habitavam?

8. **[1, 6, 7, 8, 10, 12, 18]** Aos astros e às constelações observadas no céu, os índios associavam vários mitos. Qual é a importância dos mitos para as tribos indígenas?

9. **[1, 2, 3, 6, 7, 8, 9, 10]** O ambiente encontrado na Lua é muito hostil à vida, porém muitas dificuldades podem ser superadas. Entre todas, cite duas que podem ser consideradas as mais difíceis.

10. **[1, 2, 3, 6, 7, 8, 9, 10]** A amplitude térmica na Lua é muito alta, com temperaturas variando entre 127 °C e –173 °C. Além disso, as noites e os dias lunares são longos, durando duas semanas. Quais são as propostas para superar essas dificuldades no caso de uma base lunar?

11. **[1, 2, 3, 6, 7, 8, 9, 10]** Como poderia ser obtido o oxigênio na Lua?

12. **[1, 2, 3, 6, 7, 8, 9, 10]** A NASA planeja construir uma estação espacial em órbita lunar semelhante à Estação Espacial Internacional (ISS), que permanece em órbita da Terra. Por que a NASA considera a construção dessa estação espacial fundamental em seu programa espacial?

13. **[1, 2, 3, 6, 7, 8, 9, 10]** Por que o campo magnético é tão importante para a sobrevivência humana, tanto na Lua como em Marte?

Leitura

Você, desvendando a Ciência

Projeto Orion

Até hoje temos recebido informações sobre o Universo a partir da observação e análise dos dados que nos chegam por meio de pesquisas e dos telescópios espaciais, como o Hubble, por exemplo. Mas muito mais está por vir a partir dos novos programas espaciais.

Orion é a designação do projeto (da NASA e Agência Espacial Europeia) de uma cápsula espacial, que tem como objetivo servir de base para a criação de futuras naves espaciais, inclusive para aquela que irá levar o homem a Marte. A proposta é usar a Orion para ajudar os astronautas a construir a nova Estação Espacial em órbita lunar. O foguete que vai transportar a Orion está sendo desenvolvido para levar para o espaço até 130 toneladas. É mais alto do que um prédio de 30 andares.

O módulo de tripulação da Orion apresenta formato cônico e lembra os módulos de comando da Apollo, bem diferentes do estilo dos ônibus espaciais que vieram depois. A nave de 10 toneladas usa uma tecnologia que era inimaginável nos anos 1960, e até os métodos de sua construção são inovadores. Os engenheiros trabalham guiados pela realidade aumentada, tecnologia que permite que o mundo virtual seja misturado ao real. Isso significa que instruções e modelos se sobrepõem ao mundo real, permitindo que os técnicos possam determinar facilmente onde fazer qualquer alteração sem que precisem parar para verificar os manuais.

Com quatro computadores para controle de voo, preparados para suportar altas doses de radiação e vibrações intensas, eles podem fazer praticamente tudo sem intervenção humana. Por exemplo, se uma falha causar despressurização na Orion, a nave é capaz de voltar sozinha para casa. Os astronautas precisam apenas dos trajes pressurizados que os manterão vivos na viagem de volta para casa. Durante a sua reentrada na atmosfera, um escudo térmico será capaz de suportar temperaturas de até 3 mil graus Celsius. Para pousar no oceano Pacífico serão utilizados 11 paraquedas que permitirão que a velocidade de impacto com a água seja 27 km/h.

Antes de enviar ao espaço astronautas dentro da Orion, é preciso testar todos os sistemas e só há uma forma de fazê-lo corretamente: lançando a nave ao espaço. E Orion foi lançada pela primeira vez, sem tripulação a bordo, a partir do Cabo Canaveral (Flórida, EUA), em 5 de dezembro de 2014.

NASA/BILL INGALLS

> O telescópio espacial Hubble tem nos permitido receber imagens maravilhosas dos corpos celestes e conhecer com mais detalhes o espaço cósmico. Visite o site <http://hubblesite.org/videos/> e conheça alguns fascinantes vídeos obtidos com esse telescópio. A propósito: que tal investigar sobre o que é o projeto Hubble?

BIBLIOGRAFIA

ANDERY, M. A. et al. *Para Compreender a Ciência*. Rio de Janeiro: Garamond, 2007.

BRESINSKY, A. et al. *Tratado de Botânica de Strasburger*. 36. ed. Porto Alegre: Artmed, 2012.

BRUSCA, R. C.; BRUSCA, G. J. *Invertebrados*. 2. ed. Rio de Janeiro: Guanabara Koogan, 2007.

CANIATO, R. *As Linguagens da Física*. São Paulo: Ática, 1990. (coleção Na sala de aula).

CHALMERS, F. A. *O que É Ciência Afinal?* São Paulo: Brasiliense, 1993.

CHANG, R. *Chemistry*. 9. ed. New York: McGraw-Hill, 2007.

CLEMENTS, J. *Darwin's Notebook* – the life, times and discoveries of Charles Robert Darwin. Philadelphia: The History Press, 2009.

CUNNINGHAM, W.; CUNNINGHAM, M. A. *Environmental Science* – a global concern. 10. ed. New York: McGraw-Hill, 2008.

LEPSCH, I. F. *Formação e Conservação dos Solos*. São Paulo: Oficina de Textos, 2010.

MILLER, T. G. *Living in the Environment* – principles, connections, and solutions. 13. ed. Belmont: Cengage Learning, 2004.

NELSON, D. L.; COX, M. M. *Lehninger Principles of Biochemistry*. 5. ed. New York: W. H. Freeman, 2008.

POUGH, F. H.; JANIS, C. M.; HEISER, J. B. *Vertebrate Life*. 6. ed. New Jersey: Prentice-Hall, 2002.

PRESS, F. et al. *Para Entender a Terra*. 4. ed. Porto Alegre: Artmed, 2008.

RAVEN, P. H.; EVERT, R. F.; EICHHORN, S. E. *Biology of Plants*. 7. ed. New York: W. H. Freeman, 2005.

SILVERTHORN, D. U. *Fisiologia Humana* – uma abordagem integrada. 5. ed. Porto Alegre: Artmed, 2010.

STARR, C. et al. *Biology* – the unity and diversity of life. 13. ed. Stamford: Brooks/Cole, 2009.

TAIZ, L.; ZEIGER, E. *Plant Physiology*. 3. ed. Sunderland: Sinauer Associates, 2002.

TecNews

O que há de mais moderno no mundo da Ciência!

As micro-ondas, o forno e o Big-Bang

Percy Spencer (1894-1970) foi um cientista estadunidense brilhante. Durante a Segunda Guerra mundial, ele trabalhava no desenvolvimento de radares que utilizavam micro-ondas. Um dia, Spencer estava próximo a um de seus equipamentos, gerador de micro-ondas, quando notou que uma barra de chocolate que estava em seu bolso derreteu e se tornou líquida como água. Para confirmar sua suposição de que as micro-ondas foram as responsáveis pelo rápido derretimento do chocolate, Spencer utilizou milho de pipoca e um ovo e os posicionou próximos ao seu equipamento – a pipoca estourou e o ovo explodiu. De forma acidental, Spencer acabara de inventar o forno de micro-ondas.

Por outro lado, outra descoberta que teve sua origem de forma acidental e está ligada com as micro-ondas impactou a ciência nos últimos anos. Os cientistas Arno Penzias e Robert Wilson, trabalhando nos laboratórios Bell, construíram um equipamento para a realização de experiências de radioastronomia e comunicação via satélite. O instrumento tinha, no entanto, um ruído excessivo que não conseguiam eliminar nem explicar. Após diversos testes, os dois cientistas notaram que aquele ruído não era proveniente de fontes de ondas de rádio de origem humana, nem do Sol ou de qualquer outro corpo celeste. Os cientistas chegaram até mesmo a tirar um ninho de pombos que havia na antena acreditando que poderia estar interferindo. Mesmo assim, o ruído se mantinha. Constatou-se então que eram micro-ondas que vinham de todas as direções do céu e nada mais eram do que a radiação cósmica de fundo prevista pelos cosmologistas da Universidade de Princeton. Segundo esses cientistas, se o Universo tivesse, realmente, seu início em um estado quente e denso, como prevê a teoria do Big-Bang, ele deveria estar repleto dessa radiação. Penzias e Wilson receberam o Prêmio Nobel de Física por sua descoberta.

O primeiro forno de micro-ondas foi construído em 1947. Com 1,8 m de altura, pesava 340 kg e, sendo refrigerado a água, consumia três vezes mais energia do que os atuais.

Investigando

Com seu grupo de trabalho, expliquem de forma simplificada como agem as micro-ondas em um forno para cozinhar os alimentos.